信息化教育丛书

Xinxihua Jiaoyu Congshu

丛书主编／祝 智 庭

Youxiao Xuexi Sheji

有效学习设计

——问题化、图式化、信息化

王天蓉　徐　谊　编著

教育科学出版社

·北京·

"十五"国家重点图书出版规划项目

全国教育科学"十五"规划青年基金课题"基于网络的问题化学习"（课题批准号：CCA030047）

全国教育科学"十五"规划国家重点课题"教育信息化理论与实践模式"（课题批准号：AYA010035）

总　序

　　以教育信息化带动教育现代化已经成为新世纪我国教育发展的一项基本国策，也是广大教育工作者的心愿。我们把教育信息化看作是一个利用信息技术催化教育革新、促进教育现代化的过程，而信息化教育是指以信息技术为支撑的新颖教育方式。如此看来，教育信息化与信息化教育好比一枚硬币的两面，它们既是概念上不同的又是不可分割的。如果从教育信息化的视角，我们需要考察信息化环境建设、资源建设、队伍建设、应用开发、规制建设、效益评估等问题；如果从信息化教育的视角，我们特别关注信息化条件下的教育观念—理念革新、信息化教学模式的创新、信息化教学过程的新颖设计和评价、信息化资源和工具的有效利用、学生的信息化学习能力养成、教师的信息化教学能力发展等。当然，在许多情况下我们不需要刻意作视角分割，而采用透视法来综合考察这枚"信息化硬币"，可以从一个侧面贯穿到另一侧面。

教育信息化给教育发展带来空前巨大的机遇，也使广大教育工作者面临前所未有的挑战。首先是理性问题，比如：信息技术在教育中的根本作用是什么？在信息化条件下我们应该树立什么样的教育观念？信息化教育对师生素质提出什么新要求？其次是实践问题，比如：如何设计信息化教学过程？如何进行信息化教学评价？如何进行信息化教育管理？还有信息化教育环境问题，比如：信息化教育需要什么样的资源结构和支持工具？信息化教育环境应该采取什么样的系统架构？最后是教育者自身的专业发展问题，比如：信息化教育需要教师具备什么专业能力以及如何发展这种专业能力？所有诸如此类的问题已经成为当前教育研究的关注点，更是现代教育技术研究的重点。

从 20 世纪 90 年代后期以来，我与我的学习团队就开始了关于教育信息化/信息化教育的研究。我们承担了全国教育科学"十五"规划国家重点课题"教育信息化理论与实践模式研究"，在全国百余所中小学设立了研究基地；我们承担了教育部的教育信息化技术标准研制、基础教育资源建设、教师继续教育网络课程开发等课题，取得一系列研究成果；我们还承担了英特尔®未来教育教师培训项目的教材本地化和骨干教师培训任务，在信息化教育实践层面积累了许多宝贵经验。如果没有这些研究与实践的基础，我们无法设想能够承担本"丛书"的编著任务。此外，我们还特别邀请了一些在信息化教育研究方面颇有建树的中青年学者承担部分编著任务。

本"丛书"以我国教育信息化的大发展为背景，从信息化教育的视角出发，在理论研究、实践探索、技术手段等方面来透视信息技术给教育带来的深刻变化，特别是在理论与实践结合方面进行了深入的发掘。在理论方面，我们将在吸纳与整合国内外相关研究成果的基础上提出许多自己的见解，特别是在信息化创新学习模式、学习过程设计、信息化教育环境建构、教师专业发展等领域，愿意与读者共享我们许多原创性的理论观点与实证研究成果。在实践探索方面，我们将重点介绍一批经过我们提炼的信息化教学模式及其应用实例，其中包含许多在信息化教学第一线的中小学教师创建的优秀案例。在技术手段方面，我们将向读者介绍一些适用于信息化教学的实用工具及其应用方法。在编写过程中，我们力图做到理论性与实践性相结合，新颖性与实用性相兼容，每个分册基本上都有一定的理论引领，结合适量的案例研究，并辅以适当实用工具和参考资源，以便增强可应用性与可操作性。

　　本"丛书"可以作为广大教师特别是中小学教师的教研参考书和继续教育教材，也可作为高等院校教育学及教育技术学专业的研究生与本科生的学习参考书。我们期望这套"丛书"能够引起更多学者与教师对信息化教育的广泛关注、讨论与研究，更欢迎读者提供批评与建议。

祝智庭
2003 年仲夏

目　　录

前　言 ……………………………………………………………… 1

导　论

第一章　有效学习的观点 ………………………………………… 3

　　第一节　什么是有效学习 …………………………………… 4

　　第二节　为什么需要有效学习 ……………………………… 9

　　第三节　如何实现有效学习 ………………………………… 13

第一部分　问题化学习——基于问题系统优化

导　读 ……………………………………………………………… 21

第二章　问题无处不在 …………………………………………… 23

　　第一节　问题在哪里 ………………………………………… 24

　　第二节　什么是问题与问题化学习 ………………………… 27

　　第三节　我们需要怎样的问题化学习 ……………………… 36

第三章　学习中的问题系统 ……………………………………… 39

　　第一节　问题的类型有哪些 ………………………………… 39

　　第二节　什么是系统的问题观 ……………………………… 47

　　第三节　问题系统的理论基础 ………………………………… 49

　　第四节　学习中会有哪些问题系统 …………………………… 53

第四章　三位一体设计学习问题 ……………………………………… 68

　　第一节　以学科的问题为基础 ………………………………… 68

　　第二节　以学生的问题为起点 ………………………………… 73

　　第三节　以教师的问题为引导 ………………………………… 80

第五章　定义问题的目标属性 ………………………………………… 85

　　第一节　目标的分类学依据 …………………………………… 86

　　第二节　课程标准与学习目标 ………………………………… 96

　　第三节　目标与问题的系统设计 …………………………… 104

第六章　基于问题系统优化的过程设计 …………………………… 110

　　第一节　基于单元的中观设计 ……………………………… 111

　　第二节　基于课时的微观设计 ……………………………… 120

　　第三节　运用问题系统优化学习过程 ……………………… 126

第七章　问题化学习的评价 ………………………………………… 158

　　第一节　对问题的评价 ……………………………………… 159

　　第二节　对问题化学习成效的评价 ………………………… 165

　　第三节　对学习指导的评价——基于师生交互的评价 …… 170

小　结 ……………………………………………………………… 175

第二部分　图式可视化——思维导图运用

导　读 ……………………………………………………………… 177

第八章　图式与思维导图 …………………………………………… 179

　　第一节　图式与问题 ………………………………………… 179

　　第二节　图式可视化的认知工具 …………………………… 191

第三节　根据条件充分运用思维导图…………………………… 202

第九章　如何绘制思维导图…………………………………………… 219

第一节　思维导图的组成要素…………………………………… 219

第二节　思维导图的绘制………………………………………… 220

第三节　典型思维导图的制作工具……………………………… 222

第十章　思维导图——学与教的应用与示例………………………… 229

第一节　思维导图作为教的工具………………………………… 230

第二节　思维导图作为学的工具………………………………… 238

小　结……………………………………………………………………… 244

第三部分　信息化支撑——资源、工具与环境

导　读……………………………………………………………………… 245

第十一章　技术如何支撑有效学习…………………………………… 247

第一节　为有效学习提供信息资源……………………………… 248

第二节　为有效学习提供工具资源……………………………… 251

第三节　为有效学习提供环境资源……………………………… 254

第十二章　基于网络的问题化学习…………………………………… 257

第一节　网络探究典型模式简介………………………………… 257

第二节　网络共享协商课程的学习……………………………… 267

第三节　基于网络的学科拓展学习……………………………… 282

附：网络头脑风暴器的开发…………………………………… 290

第十三章　情境模拟及其他信息化支撑模式………………………… 299

第一节　情境模拟交互环境中的学习…………………………… 299

第二节　其他信息化支撑模式…………………………………… 313

小　结 ……………………………………………………………………… 320

第四部分　学科教学实践

导　读 ……………………………………………………………………… 321

第十四章　问题化学习的学科实践 ………………………………………… 323

　　第一节　科学探究与人文感悟的问题 ………………………………… 325
　　第二节　语文课程中的问题化学习 …………………………………… 331
　　第三节　数学课程中的问题化学习 …………………………………… 348
　　第四节　科学领域的问题化学习 ……………………………………… 363
　　第五节　综合领域的问题化学习 ……………………………………… 374

小　结 ……………………………………………………………………… 385

踏歌而行——七年实践行动追忆 ………………………………………… 386

　　一、为学而教 …………………………………………………………… 386
　　二、区域教育实验的行动纪实 ………………………………………… 390
　　三、成长的故事 ………………………………………………………… 395

参考文献 …………………………………………………………………… 409

后　记 ……………………………………………………………………… 417

前　言

在新的历史时期，我们所面临的中小学教学创新实践问题可能包括了：

——如何从有效的教走向有效的学。

——如何从知识掌握走向智慧生成。

——如何从书本化走向人本化、生活化、信息化。

——如何从课堂、课时走向课程。

——如何从强调有效率，到统筹有效益、有效果、有效能。

——如何走向全面的质量观。

……

在我们看来，有效学习是学习在效率、效果与效能三个维度上的有机统一，在教学上它具体表现为：在学习速度与发展学习潜能之间，在学习基本知识、基本技能与发展问题解决能力之间，在形成知识系统与创新能力发展之间，在课程知识与学生经验之间，在实现学科知识目标与获得学习体验之间寻求平衡一致与完美统一。有效学习还包括了积极的态度与主动地求索、灵活的认知策略与行动的效率、系统的思维与整体的认知、敏锐的洞察力与良好的心智模式。而这些，都成为了我们追求有效学习的逻辑起点与现实考量。

那么，如何在实践中保障有效学习？每个人对有效学习和如何实现有效学习，都会有自己的见解。在这里，我们并不致力于探讨有效学习的系统性设计框架，而着力于为大家提供我们在行动中积累的有效的实践点——那就是问题化学习、图式可视化与信息化支撑，以及围绕这些实践点的具体实践与操作。这些实践点，恰巧是教师们能够马上进入的行动起点。

本书以新一轮基础教育课程改革为背景，以基层教师实施新课程的困惑与障碍为出发点，以提高教与学的有效性为目标，以系统论的视角结合课程论、教学论、教育技术学等原理，研究"问题化学习"，优化学习内容和学习过程的作用，试图寻找提高教与学有效性的实践模式。提炼归纳出"基于问题系统优化的学科教学模式""基于思维导图运用的知识图式化建构方法"和"基于信息化支撑的资源开发与教学运用"，从三个部分以大量案例为大家呈现实现有效学习的丰富策略、途径与方法。

需要特别说明的是，为了实现有效的学习，问题化、图式化、信息化并不是彼此孤立的三者，它们并不仅仅是有效学习的三个方面，而是一个有机联系的整体与互为促进的系统。更确切地说，我们的有效学习是以问题化学习为中心，以图式化建构为学习机理，以信息化支撑为技术条件的有效整体。它们共同为促进自主的学习、整体性的认知、学习的迁移、提高元认知的水平发挥作用。问题化学习最主要体现为一种基于问题系统优化的学习，图式的获得与完善则是借助于可视化的认知工具——思维导图的教学应用，信息化的支撑具体表现为技术为问题化学习提供信息资源、环境资源与工具资源。无论是思维导图的应用，还是更多信息技术条件下的学习，如基于网络的学习、情境模拟的学习，我们都毋庸置疑地坚持以问题为中心，并致力于通过建构一个问题系统来优化学习内容、优化学习过程，从而优化学习结构，最终实现有效的学习。

本书的结构如下。

导论，即第一章"有效学习的观点"。着重讨论了什么是有效学习，为什么需要有效学习，以及有效学习与"问题化、图式化、信息化"之间的关系。

第一部分"问题化学习"。第二章重点阐述了基于问题系统优化的学习，从什么是问题、什么是问题化学习，以及今天我们需要怎样的问题化学习几方面进行论述；第三章进一步探讨了问题的类型有哪些、什么是系统的问题观、问题系统的哲学、系统论基础，学习论与教学论基础，以及问题系统形成的基本规律；第四章提出了以"学科问题为基础、学生问题为起点、教师问题为引导"的"三位一体"学习问题的设计；第五章介绍了如何基于教育目标分类学原理，以及具体学科的教学目标分类，定义问题的目标属性，并在单元学习目标与单元问题系统之间、课时学习目标与课时问题系统之间建立联系；第六章说明了如何基于问题系统优化学习过程的设计，其中包括基于单元的中观设计与基于课时的微观设计、目标取向的问题系统优化设计、内容取向的问题系统优化设计和认知过程取向的问题系统优化设计；第七章是关于问题化学习的评价，包括对问题的评价，对问题化学习成效的评价，以及基于师生交互的教师教学行为评价。

第二部分"图式可视化"。第八章阐述了图式与问题、问题系统之间的关系，图式可视化的认知工具，以及如何根据条件充分运用思维导图；第九章介绍了如何绘制思维导图，包括思维导图的组成要素、思维导图的具体绘制、典型思维导图制作工具；第十章从学与教两个角度出发，呈现了思维导图的具体应用与示例，其中包括教师用于辅助教学、教学设计、教学评价与教学研究的应用示例，学生用于知识梳理、问题解决的应用示例。

第三部分"信息化支撑"。第十一章阐述了信息技术作为信息资源、工具资源与环境资源如何为有效学习提供支撑；第十二章是我们在信息化环境中着力探索的一个实践领域，其创新成果包括了网络共享协商课程的学习、基于网络的学科拓展学习与自行开发的网络头脑风暴器；第十三章介绍了情境模拟交互环境中的学习模式与进行实践的策略，其他的一些实践如物理 DIS 实验、研究性学习中的智能导师系统，则为新课程改革的实施与深化提供了实践经验。

第四部分"学科教学实践"。第十四章主要探讨了科学探究型问题与人文感悟型问题解决的学习比较，以及问题化学习在语文、数学、科学、综合课程领域的教学实践。就学科的一些具体领域，做较为深入的探讨，如问题化阅读、问题化写作、问题化综合活动、跨学科共同主题学习、超学科问题化学习、以某一学科为主的拓展性学习、研究性学习中问题化扩展模式等。

本书的最后"踏歌而行——七年实践行动追忆",以叙事的方式具体回顾与反思了研究与行动的缘起,实践的过程、收获与困惑,成长的艰辛、快乐与感悟。

本书从基层一线教师着眼,从科学实践着墨,聚焦课堂教学品质提升,聚焦教师专业发展,聚焦学生学习能力提高,为基层教育科学研究工作者、学校管理者和一线教师实施新课程、提高实践效能提供了很好的研究视角和操作内容。

王天蓉 徐谊

2009 年 11 月 7 日

导　　论

第一章

有效学习的观点

怎样才算是有效学习，是有效率的，有效果的，还是有效能的？有效学习的追求是什么？是建构知识，获得经验，保持探究的锐气与兴趣，还是获得深刻的、举一反三的、学以致用的能力？

有效学习取决于什么？积极的态度，行动的效率，认知的策略，结构化的意义建构，还是有意义的情境、资源与工具？

为什么需要有效学习，是知识爆炸惹的祸吗？那么，掌握怎样的知识才算是有效学习？"静态的知识"，还是"动态的知识"？"显性的知识"，还是"隐性的知识"？"零碎的知识"，还是"组块的知识"？

如何实现有效学习呢？如何学得更快？学得更容易？学得更经济？学得更灵活？学得更深刻？学得更快乐？

如何在实践中保障有效学习？每个人对有效学习和如何实现有效学习，都会有自己的见解。在这里，我们并不致力于探讨有效学习的系统性设计框架，而着力于提供给大家我们在行动中积累的有效的实践点——即问题化学习、图式可视化与信息化支撑，以及围绕这些实践点的具体操作模式。这些实践点，恰巧是教师们能够马上进入的行动起点。

第一节　什么是有效学习

我们常说：教是为了不教。这不仅是我们教师最朴素的愿望，其背后也深藏着我们教育的价值与目标——为学生的终身发展奠定基础和提供可能！正如新课程要求我们教师：我们的教学策略应该由重知识传授向重学生发展转变；由统一规格教育向差异性教育转变。① 美国当代著名经济学家加尔布雷思（John K. Galbraith）说得好：未来一个人能否取得成功将不再取决于他已经知道多少，而是看他怎样才能学到更多，这便是知识劳动者的一个显著特征。于是，从达尔文的"适者生存"转向更人道的"人人成才"成为了当今世界教育的主流价值观，即从教育的"重分等选拔"转向"重促进学生学习"。教学越来越回归它的主体——学习，正如加涅（R. M. Gagne）在其《教学设计原理》一书开篇中指出的那样：教育系统的功能之一就是促进有目的的学习，以便达成许多在没有教学的情况下可能需要更长时间才能达成的目标。② 而我们追求的有效教学则有了其明确目的——学生愿意学习和在教学后能够从事教学前所不能从事的学习的教学。③

一、什么是学习

在探讨什么是有效学习之前，我们首先需要知道什么是"学习"。

拉尔夫·W. 泰勒（Ralph W. Tyler）认为"学习是通过学生的主动行为而发生的，取决于学习者做了些什么，而不是教师做了些什么。"④ 加涅认

---

① 吕世虎，刘玉莲. 新课程与教学研究 [M]. 北京：首都师范大学出版社，2003：总序5.

② R. M. 加涅，W. W. 韦杰，K. C. 戈勒斯，J. M. 凯勒. 教学设计原理（第五版）[M]. 王小明，庞维国，陈保华，汪亚利，译. 上海：华东师范大学出版社，2007：3.

③ R. Ballentyne, et al. Researching university teaching in Australia [J] . Studies in Higher Education, 1999, 24（2）：237-257. 转引自姚利民. 论有效教学的多样性 [J]. 大学教育科学, 2005（2）：38-41.

④ 拉尔夫·W. 泰勒. 课程与教学的基本原理 [M]. 罗康，张阅，译. 北京：中国轻工业出版社，2008：55.

为"学习是指人的心理倾向和能力的变化，这种变化要能持续一段时间，而且不能把这种变化简单地归结为生长过程。"① 美国当代学者理查德·梅耶（Richard E. Mayer）的观点是"学习是指学习者的知识发生持久的变化，这种变化是由经验带来的。因而，学习可以被定义为基于个人的经验而带来的相对持久的变化。"② 国内已故学者施良方教授在其《学习论》中作这样的总结：心理学界对学习的解释众说纷纭，每个学习理论家都对学习下了特定的定义。归纳起来，大致可以分为三类：①学习是指刺激—反应之间联结的加强（行为主义）；②学习是指认知结构的改变（认知学派）；③学习是指自我概念的变化（人本主义）。他给出的定义是"学习是指学习者因经验而引起的行为、能力和心理倾向的比较持久的变化。这些变化不是因成熟、疾病或药物引起的，而且也不一定表现为外显的行为。"③

从上述学者们对"学习"的定义，我们可以看出，无论持哪种心理学观点，对于学习引起的那种改变的持久性以及其触发的原因——经验，观点基本一致，但这种改变究竟改变的是什么，显然上述三种学派（行为主义、认知学派、人本主义抑或建构主义）是有分歧的。然而，如果我们从行为主义——认知主义——建构主义逐渐右移，则可以清晰地看到这样的一种对"学习"的认识趋势，即由学习引起的变化从"外部"逐渐走向"内在"，并最后走向综合。

因此，如果说教学的目标是促进学习，那么我们教师应该对"学习"有比较清晰的理解。因为我们必须知道我们每天面对的学生是否在发生着变化？正发生着怎样的变化？这种变化的原因是什么？与我的教学有着怎样的联系？教师的教学是在促进这种变化还是阻碍这种变化？如果说，人本主义者认为的"在合适的条件下，每个人所具有的学习、发现、丰富知识与经验的潜能和愿望是能够释放出来的。这种心理倾向是可以信任的。"④如果因为我们的教学而导致学生"渴望学习的天性"被泯灭，那教育、教

---

① R. M. 加涅. 学习的条件和教学论［M］. 皮连生，王映学，郑葳，等，译. 上海：华东师范大学出版，1999：3.

② 理查德·E. 梅耶. 学习与教学概说［M］//现代教学原理、策略与设计. 马兰，程昉，编译. 杭州：浙江教育出版社，2006：171.

③ 施良方. 学习论［M］. 北京：人民教育出版社，2001：5.

④ 张华. 课程与教学论［M］. 上海：上海教育出版社，2000：387.

师抑或是课改"以学生为本"的意义和价值又何在呢？

二、学习的原理是什么

美国当代教育技术专家马西·P. 德里斯科尔（Marcy P. Driscoll）提出了学习的四条原理——学习发生于一定的情境中；学习是主动的；学习是社会化的；学习是反思的。[①] 希腊学者斯特拉·沃斯尼亚道（Stella Vosniadou）则同时从学习和教学两个方面提出了12条原理：学习离不开学生积极主动的参与和意义建构；学习主要是一种社会交往活动，学生应积极介入到学校的社会交往生活中；学生应参与到他们认为在现实生活中是有用的学习活动和在文化上是与自己密切相关的学习活动中去；新知识是建立在已经理解和接受的基础上的；通过采用有效且灵活的学习策略来帮助学生理解、推理、记忆和解决问题；学生必须学会如何制订学习计划和监控实施，学会如何提出自己的学习目标以及纠正错误；学生必须学会如何解决新旧知识之间的不一致性，必要时应对知识进行重构；学习内容应围绕一般原理和说明进行编排，而不是重在记忆孤立零散的事实；应努力将学习内容运用于实际生活情境；学习是一项复杂的认知活动，需要花费大量的时间和不断操练，如此才能在某一个领域成为行家里手；估计儿童的个别差异是学习成功的前提；学生自身的学习动机对学习来说至关重要；教师可以通过言传身教帮助学生成为一个有自我发展动力的人。[②]

显然，我们可以从两位学者所阐述的原理背后读出他们相同的、鲜明的心理学基础——建构主义，即认为学习是一种主动建构。这当然也与当前国际教学、教学设计与学习论的主流价值取向相吻合。在2000年度美国国家研究理事会（NRC）提交的一份报告——《人如何学习：大脑、心理、经验和学校》中，也体现了研究者对学生学习类似的思考：学生总是带着已有的经验进入课堂；为了发展探究能力，学生必须具有深厚的知识基础，了解具体概念结构中的事实和观念并加以组织，从而有助于他们回忆知识

---

① 马西·P. 德里斯科尔. 人是如何学习的——兼谈技术在学习中的作用 [M] // 现代教学原理、策略与设计. 胡平州，译. 杭州：浙江教育出版社，2006：164.

② 斯特拉·沃斯尼亚道. 学生如何学习 [M] // 现代教学原理、策略与设计. 盛群力，译. 杭州：浙江教育出版社，2006：150-162.

和运用知识；掌握元认知，帮助学生对自己的学习进行反思，它能帮助学生控制自己的学习，监控学习进程以及提高成绩。[①]

从以上对众多"学习"概念与原理的解读让我们看到了这样的一个事实，即并不是所有的教学行为都能促进学习，学习行为的产生是需要条件的。这些学习原理给我们教师至少有以下启发：

1. 学习应该是一种积极主动的行为。

2. 学习是一种社会化的交往活动，包括在课堂中的交互与合作。

3. 学习应该符合学生的经验基础，符合最近发展区的发展要求。

4. 学习应该致力于学以致用、举一反三，能够实现有效的学习迁移。

5. 学习应掌握元认知，具有自我反思的能力与灵活的学习策略。

6. 恰当的情境是有意义学习发生的重要条件，它是安全的、融洽的、符合学生经验且有驱动力的。

7. 学习内容的合理安排，学习过程的优化以及教师的示范与引导都是促进学习的重要保障。

三、什么是有效学习

所谓有效学习，是指学习者在一定情境中，主动地、有效地运用认知策略和方法重构经验，促进知识的结构化、整合性与有意义联结，在提升元认知水平的同时，提高知识迁移与应用的能力。正是基于对学习本质的理解与学习原理的认识，我们所认为的有效学习，可以用如下几方面来概括。

1. 主动探索。有效学习首先建立在学生是否自主的学，认为学习是自己的事，学习自己感兴趣的问题，解决自己想要解决的问题；其次，有效学习是一个带着问题与探究思考的求索过程；再次，学习是合作交往、共同发展的互动过程。

2. 经验获得。首先，有效学习应该建立在学生已有的经验基础上；其次，经验又是在当前情境中基于活动获得的体验。

---

① 美国21世纪技能联盟．21世纪的学习［M］//现代教学原理、策略与设计．王耐，马兰，编译．杭州：浙江教育出版社，2006：35.

3. 整体建构。有效学习表现在对知识结构、知识体系的整体认知，形成组块的知识，从而避免学习的结果只见树木不见森林；有效学习还应表现为能够多层次、多角度的整体把握、领悟知识；能够系统地考察问题解决的内在要素，体会系列问题之间的相互关系、过程规律，形成程序性的知识包。

4. 学习迁移。有效学习应表现为不仅能解决老问题，还能解决新问题。而多元情境下的变式学习与图式建构，都有助于学习迁移。

5. 反省认知。有效学习还应反映在具有自我反思、自我规划、自我管理和灵活的认知策略上。

在我们看来，有效学习是学习在效率、效果与效能三个维度上的有机统一。《辞海》对"效率"与"效果"的解释是：效率是指消耗的劳动量与所获得的劳动效果的比率或者一种机械（原动机或工作机等）在工作时的输出能量与输入能量的比值；效果是指由行为产生的有效的结果、成果或者在哲学上与"动机"相对，组成辩证法的一对范畴。[①] 因此，有效学习首先具有"高效率"的特征。学生能够顺畅地提取旧有的信息和经验，程序化建构新知识并实现知识的有效迁移，这个过程充分体现了"投入"与"产出"的高"比值"。其次，有效学习又是"高效果"的。这种学习有明确的目标定向，学生通过恰当的自我调节，能够合理运用认知策略，使"动机"逐步转化为真实情境下对他们来说具有确切价值的知识累积与经验建构。最后，有效学习还是"高效能"的。我们所谓的效能是指学习对学生潜在的有利作用和价值。从行为主义、认知主义到建构主义，学习的情境性越来越受到关注，有效学习的情境性与社会性（正如上文德里斯科尔的学习原理指出的）使学生形成潜在的良好的认知习惯和知识获得策略，这种潜在的作用又进一步提升了学生新的学习行为的效果和效率，促使知识的有效迁移。

因此，追求效率、效果与效能之间的统一在教学上具体地表现为：在学习速度与发展学习潜力之间，在学习基本知识、基本技能与发展问题解决能力之间，在形成知识系统与创新能力发展之间，在课程知识与学生经验之间，在实现学科知识目标与获得学习体验之间寻求平衡一致与完美统一。

---

① 辞海编辑委员会. 辞海 [M]. 上海：上海辞书出版社，1999：4, 175.

第二节　为什么需要有效学习

一、什么是知识

当前，从认识论角度对于知识主要有三种观点：客观主义、实用主义和解释主义。客观主义者认为知识是外在的、客观的，当学习者能客观地证实或验证某事物为真实时，就可认为他们知道了某事物。我们熟知的行为主义、认知信息加工理论就根植于这种客观主义的认识假设。很长一段时间内，客观主义是心理学与教育学中的主导认识论；解释主义者则持相反的立场，他们认为知识是内在的、主观的，真理取决于知晓者的参考框架而非事物本身。比如，美国当代课程论专家多尔（William E. Doll, Jr.）认为"意义是个人创造的和历史性生成的，并非仅仅是由经验发现的和得到有效证明的。"[①] "正是这些主观意义形成了个人经验的核心，并在转化过程中为我们提供一种经验的认识论。这一关于知识的新理论——互动的、对话的知识——强调知识的创造而非发现，强调知识的协调而非检验。"[②] 从 20 世纪 80 年代末期开始，这种知识观逐渐被重视并且成为世界各国教育改革的重要理论基础之一；实用主义者持中间立场，他们认为知识具有一定的客观性，但不能被直接知晓。学习者可以通过推理或经验而得到知识，但同时也必须知道这种"知识"并不一定能够反映现实。[③] 这种观点比较符合实践的需求，但我们认为从严格意义上来说它更多的是一种工作哲学。

总之，客观主义从"证实"的角度阐述了学生知识获得的机理，即使认知主义者的信息加工模型多少带有科学假设的色彩，但它以其"可观察、可检测"等特征以及操作上的规范化和程序化使教学的科学性得到极大的

---

① 小威廉姆·E. 多尔. 后现代课程观［M］. 王红宇，译. 北京：教育科学出版社，2000：177.

② 同①，108.

③ 关于这三种观点，详见马西·P. 德里斯科尔. 学习心理学——面向教学的取向（第 3 版）［M］. 王小明，等，译. 上海：华东师范大学出版社，2008：10-14.

提高；而解释主义从"证伪"的角度对客观主义提出了强烈的质疑，从知识的个性化意义阐述学生知识获得的动态建构特征，从而使教学的系统性、社会性和伦理性受到前所未有的关注。与此同时，两种认知论却也都有其明显的为人所诟病的短处，客观主义由于其"现代主义"色彩，使教学中"学生"这一最重要、最复杂和最值得关注的要素在"工具理性"的追求下失去了聚焦；而解释主义则以其浓郁的"后现代主义"色彩也似乎让学习陷入了某种不可知论，至少在实证上明显不如客观主义更让人信服，并且在否定了他人的同时，其自身却"仍处于形成的初级阶段"。① 尽管如此，从客观主义到解释主义都是对于知识理解的一种不断深化，这种深化对于研究学生的学习和教师的教学意义巨大。

二、掌握怎样的知识

对于知识的认识将会直接影响学习（教学）的内容和方式。日本著名学者佐藤正夫指出，"教学过程的重点在于使学生掌握各门科学的基本知识。在这种知识中包含了现实世界的各种事实与现象、它们的特质、它们之间的互动关系以及它们的发展法则。但是，教学的目标不是把这些知识单纯作为知识来掌握的，还要使学生作为改善社会、建设生活的工具来掌握。因此，它要与生活中应用这些知识的态度与能力互相结合，即作为进行'活动的知识''活的知识'来掌握的。"②

他的这段话至少给我们这样一些启发：首先，教学是为了学生掌握知识（学习）；其次，知识是有不同类型的；第三，学生掌握知识（学习）是为了真实的生活（改善社会、建设生活）。可以看出，佐藤教授的这些观点带有鲜明的实用主义色彩，同时他也为我们指出了学生应该掌握怎样的知识。

1. 需要掌握静态与动态的知识。学习不仅是掌握客观的事实性、概念性知识，还需要在应用这些知识的时候获得策略，提高能力。也就是说，对于学生的学习，知识既意味着静态的、客观的事实，也意味着动态的、

---

① 小威廉姆·E. 多尔. 后现代课程观［M］. 王红宇，译. 北京：教育科学出版社，2000：183.

② 佐藤正夫. 教学原理［M］. 钟启泉，译. 北京：教育科学出版社，2001：243-244.

内在的感悟，而后者也许对学生提高终身学习能力更具意义和价值。正如泰勒在后期的认识那样，他更倾向于把知识作为一种动态的存在（"活动的知识"），知识是一种引导学生进行批判性思维的力量。

2. 需要掌握显性与隐性的知识。学习不仅是掌握那些能够以证实的语言明确表达的显性知识，因为这种知识能够正式地、方便地在人们之间交流与传递。学习也需要掌握那些建立在个人经验基础上的情境性的默会知识，因为它常常包含那些难以表达的技能、技巧、经验和诀窍；也包含那些认识方面的洞察力、直觉、心智模式与价值观。

3. 需要掌握科学世界与生活世界的知识。学习不仅是一种学校活动也是一种社会活动，需要让学生掌握书本知识，也需要让他们掌握学以致用的"社会"知识。一方面，学生学习的内容、途径和方法不仅仅存在于课堂中，还存在于学生真实的生活中；另一方面，学生掌握知识并不是为了从知识到知识（例如考试），而是从学校走向真实的生活，也就是"改善社会、建设生活"。从这个意义上来讲，知识又是一种促使学生改造生活世界的力量。

4. 需要让学生掌握组块式的结构优化的知识。一个人所储备的知识，一般是以"组块"的形式保存在人脑中，它是一个复杂的网络结构。若要顺畅地提取知识、解决问题，就要使组块的结构优化，包括让每个组块、组块之间包含更多有密切联系的信息。

三、为什么需要有效学习

掌握知识的过程也就是学习的过程，学生之间学业成就的差异归根到底是他们在掌握知识的效率、效果和效能上的差异。因此，当我们认识了什么是知识、学生应该掌握怎样的知识之后，我们也许就能理解，为什么需要有效学习，以及需要怎样的有效学习。

首先，有效学习为学生发展奠定基础。事实上，纵观教育发展的整个历史，无论是哪个时期，也无论秉持怎样的哲学观或认识论，让学生成为"有文化"的人、对社会"有贡献"的人始终是教育的核心价值观。"有文化"意味着他们储备了相当的知识，"有贡献"意味着他们能够运用知识"改善社会"。因此，长期以来我们教育或者教师一直孜孜以求地让我们的学生尽可能多地掌握"人类智慧的结晶、文明的成果"。

其次，有效学习为学生发展提供潜能。有效学习既实现了高质量的知识储备同时也实现了学习能力的持续提高。对学生来说它的意义并不仅限于即时的课堂或学校，还在于未来的社会和生活。正如前文所述，有效学习还表现为一种"高效能"，一种潜在的"有利作用和价值"。它不仅是一种显性的行为、业绩，还是一种隐性的策略、情意。有效学习联结了学校与社会，联结了教材这一客观世界与学生的主观世界，它在学生的现实与未来之间架设了桥梁，它为学生终身发展提供了巨大的潜能。

所以，从关注"有效的教"到关注"有效的学"就成了一种发展的必然。随着"知识爆炸"时代的来临（事实上与其说是"知识爆炸"，毋宁说是"信息爆炸"），我们突然发现学校教育或者我们的课程似乎变成了一个小碗，已经越来越难以盛下"知识的海洋"，于是选择"学什么""怎么学"也就比选择"教什么""怎么教"显得更有价值。当然，学生学会选择、学会学习需要教师的"教"，也需要教师的"导"。而今天我们提出的"以学生为本"，从教学意义上讲更意味着通过有效教学促进学生的有效学习，"为学而教""以学论教""以学评教"就成了追求有效教学与有效学习的主流。

为了掌握有用的知识，有效学习就需要以下几个方面。

1. 积极的态度与主动的求索。有效学习首先表现为一种对知识积极求索的态度，也才能积蓄探知科学、改善生活的力量。

2. 灵活的认知策略与行动的效率。有效学习表现为独特的认知策略，这种策略使学生知识的获取不再是简单的记忆信息或积累经验，而是一种结构化、程序化的意义建构，它使知识"活"起来，也提高了行动的效率。

3. 系统的思维与整体的认知。由于知识是有前后联系的，它通常是一个庞大的整体，而人的学习时间非常有限。为了使学习更有效也使我们变得更智慧，有效学习还表现为系统的思维与整体的认知，才能形成组块式的结构优化的知识，从而提高了知识的固着度，也提高解决问题时信息提取的顺畅程度。

4. 敏锐的洞察力与良好的心智模式。为了获取那些缄默的知识，发展智慧，有效学习还应表现为敏锐洞察力的获得以及心智模式的改善。

以上四方面，都成为了我们追求有效学习的逻辑与现实的起点。

第三节 如何实现有效学习

如何实现有效学习，这不是一个如何论述的问题，而是一个如何行动的问题。为了更好地掌握知识，掌握有用的知识，也使我们的学习更有效率、更有效果、更有效能，我们必须致力于探索积极行动的起点，那就是问题化学习、图式可视化与信息化支撑。

需要特别说明的是，为了实现有效学习，问题化、图式化、信息化并不是彼此孤立的三者，而是一个有机联系的整体。更确切地说，我们的有效学习是以问题化学习为中心，以图式建构为学习机理，以信息化支撑为技术条件的有效整体。它们共同为促进自主的学习、整体性的认知、学习的迁移、提高元认知的水平，发挥作用。

问题化学习最主要体现为是一种基于问题系统优化的学习，图式的获得与完善则是借助于可视化的认知工具——思维导图的教学应用，信息化的支撑具体表现为技术为问题化学习提供信息资源、环境资源与工具资源。无论是思维导图的应用，还是更多信息技术条件下的学习，如基于网络的学习、情境模拟的学习，我们都毋庸置疑地坚持以问题为中心，并致力于通过建构一个问题系统来优化学习内容、优化学习过程，从而优化学习结构，最终实现有效学习。

一、问题化学习

问题化学习何以促进与实现有效学习？①问题具有本体论与生存论的意义，基于问题的学习是主动探索的过程；②问题属于认识论与方法论的范畴，问题不仅仅是客观知识的载体，学生对问题求解与探索的过程，也是认知策略与方法获得的过程；③问题作为一种矛盾和冲突，它可以激活思维空间的矛盾运动，从而获得更为动态的知识。我们追求永恒动态的课堂形态，即学习的过程是在发现问题中解决问题，在解决问题中发现问题；④问题可以促进课堂中的合作与互动，使学习成为一种社会化的交往活动；⑤我们所追求的问题系统优化的学习，本质上是一种整体建构的认知活动，它帮助我们形成结构优化的具有程序价值的组块知识；⑥我们对效率、效果、效能的统一性追求还表现在问题化学习的三位一体设计取向，那就是强调以学科问题为基础、学生问题为起点、教师问题为引导的设计模式。既关注学生问题解决能力的提升，也关注学科知识体系的整体建构，同时强调教师的有效引导，走的是理性中道之路。

问题无处不在，学习在原初状态下是围绕问题来学习的，是传授式教学变异了学习的本来面目，使得人们对问题的探究转化为知识陈述的理解记忆，而我们所应该做的，就要抓住这个陈述所要回答的那个问题。

孩子从出生开始，总是伴随着问题而生存，对于问题的探索与学习是一种本能；问题是孩子自主探索的小舟，问题将承载着他们学习探究的过程；此外，"学"和"问"是联系在一起的，问题是导引知识的线索，是产生知识的来源，是验证知识和能力的试金石，问题化也是知识组织的方式；罗杰斯认为，若要使人全身心投入到学习活动中去，那就必须让学生面临对他们个人有意义的有关问题。因此对任何教师来说，明智的做法是要发现那些对学生来说现实的，同时又与所教课程相关的问题，只有这样的学习才能做到既有意义又有效果，既能使学生的情感和理智投入到学习中去，又能建构合理的知识体系；最后，问题/主题/项目，都将是未来人参与社会活动的结构模式，应该引起教育的足够重视。

美国学者吉纳·伯克哈特（Gina Burkhardt）和谢里尔·莱姆基（Cheryl Lemke）提到，学生为适应未来社会需要具备"创造革新思维"（Inventive Thinking），其中包括适应和应对复杂性（adaptability and managing complexity）、高层次思维和合理推理（higher-order thinking and sound reasoning）等要素。[1] 他们指出，学生创造革新思维表现在：面对复杂的问题或多种目标时，能够从多种角度考虑问题，知道可以用不同的策略来解决这些问题，也知道这些问题不限于只有一个答案；当问题发生时，能够积极辨析和改正，摒弃被证明是无效的策略；能够确定问题的各种基本要素及要素之间的相互作用，能运用电子工具来促进分析过程；能对某个问题的不同要素赋值并用有意义的方式对赋值的要素按轻重缓急排序，能够评估问题及

---

① 吉纳·伯克哈特，谢里尔·莱姆基. 21世纪的能力：数字时代的基本素养［M］//现代教学原理、策略与设计. 盛群力，褚献华，编译. 杭州：浙江教育出版社，2006：49-51.

其要素的异同；能够在问题的各个要素之间建立起联系，从而洞察问题、得出结论和从事实、前提与数据中引出结论；等等。可见，问题与学生的学习是如此密切，问题解决不仅成为学生获得知识、提高能力的重要途径，也成为学生学习绩效的重要体现。甚至"现今很多教学模式都认为，最有效的学习结果或学习环境是以问题为中心和将学习者置于四个明显的学习阶段中，即激活已有经验；展示知识技能；应用知识技能；将知识技能整合到实际生活中。"[①] "当学习者介入解决实际问题时，才能促进学习。"[②]

现代认知心理学认为，问题是指在信息和目标之间有某些障碍需要加以克服的情境。但是学者们对这种"情境"的界定却并非一致：一种观点认为，学习者在某个装置或某种模拟状态下介入，就算是面对问题了；而另一种观点认为，只有介入到实际生活中去，才算面对问题。在我们看来，前者代表了行为、认知主义的观点，而后者则持建构主义的认识。事实上，我们认为，就学习而言，"问题"总是与具体的任务相联系，是任务决定了"问题"的情境性，不管这种"情境"是真实的还是模拟的。从教学角度来说，任务所包含的问题都带有典型性，学生通过对这些典型问题的解决来掌握知识，获得认识策略，提高思维能力，最终轻松应对未来的生活。因此，以我们基层研究者与实践者的视角，问题对教与学的意义并不在于情境的真实与否，而在于其典型性以及任务所包含的问题的系统性、逻辑性。如果说学习能力的差异体现为问题解决的差异，那么这种差异性就体现在对任务问题化以及对问题系统化上的能力高低。

由此，我们得出"问题化学习"的问题。正如有学者指出的，"为了掌握某个复杂的问题，学生必须先从较简单的问题着手，逐步深入，循序渐进。通过对问题序列的层层推进，学习者的能力也在不断提高，最终能够解决复杂的问题。"[③] 被称为20世纪五六十年代三大新教学论流派之一的德国范例教学，在论述教学过程的"四个统一"时也指出，"问题解决学习与系统学习统一……个别问题不仅引导我们进入学科的整体，而且也使我们

①②　戴维·梅里尔．首要教学原理［M］//现代教学原理、策略与设计．盛群力，马兰，译．杭州：浙江教育出版社，2006：87.

③　同①，90.

意识到我们自己的盲目和局限性。即个别问题是通向系统与整体的通道。"①因此，部分学者开始探讨问题的不同类型，不同类型的问题与知识结构、组成技能的关系以及在此基础上对有效学习的意义。②同时，问题的视域成为指导教学设计的认识论基础，即微观（单个问题）、中观（一个问题系统或问题域）和宏观（问题全域或问题总体或问题网络）。

问题化学习正是基于以上对问题的认识，对学生问题解决的规律（也可以认为是学习的规律）的认识而提出，它是一种通过系列问题的推动来实现持续性学习的活动，它要求学习活动以问题的发现与提出为开端，用有层次、结构化、可扩展、可持续的问题系统贯穿学习过程和整合各种知识，通过系列问题的解决，追求学习的有效迁移，实现知识的连续建构。

因此，有效学习的关键可能还不在于需不需要问题化学习，而是如何进行问题化学习。

1. 任务问题化

问题化学习把学习任务转化为系列的问题，既符合学生心理发展的特点，也符合人类认知的规律，让学习真正成为学生内在的一种主动需求；其次，从教学层面，问题化体现的是对问题不同视域、不同类型的考察，也体现了对问题相对应的知识类型、认知思维层次的思考。它把任务所涉及的所有典型问题在层次、结构、技能等方面进行逻辑整合，使学习活动更符合认知规律，让学生能够沿着相对应领域内"专家"的思维、视角和方法来解决问题，建构知识，从而大大提高学习的效果和效率。

2. 问题系统化

我们对有效学习的追求还表现在问题化学习是教师引导下的问题系统化的自主学习，就是站在一个中观的层面探索系列化问题的解决。探索基于问题集、问题链、问题网、问题域等形态的具有内在联系的问题系统来优化知识结构，优化学习过程。我们觉得 PBL 模式在很大程度上并不适合

---

① 张华. 课程与教学论［M］. 上海：上海教育出版社，2000：137.
② 美国学者迪克斯特拉（Dijkstra）和冯·梅里伯（1997）认为有三种问题类型：（1）分类问题；（2）设计问题（计划与程序）；（3）解释问题（原理、模式和理论）。

讲求效率的中国课堂（研究性学习例外），对熟练掌握概念与技能也缺乏保障。问题系统化的学习尝试着让他们既能高效地掌握知识，又能举一反三地解决问题，从而实现学习效率、学习效果与学习效能之间的完美统一。因此，我们就提出了一种改良的基于问题学习，即基于问题系统优化的整体认知的结构化的有效学习。

二、图式可视化

图式可视化何以促进与实现有效学习？①图式本质上就是一种组块的知识所构成的稳定的心理结构，无论图式的获得是自动的还是策略的，都要通过教学使图式更精制化、结构化。因为图式的形成有助于问题解决、知识建构、学习迁移和减轻认知负荷；②思维导图作为一种可视化的认知工具，可以使隐性的知识显性化。同时，在共享与交流中，促进图式的获得、归纳、修正与建构。运用思维导图进行启发式教学，可以改善人的心智模式。

无论是概念的学习，还是问题解决，形成认知图式都可以减轻认知负荷。如在问题解决中，专家和新手之间为什么会存在这么多的差异，这是因为专家具备新手所没有的问题解决图式。图式是一种认知结构，是领域专门知识的表征方式，它允许问题解决者根据问题解决方式对问题进行分类，是造成专家和新手问题解决技能差异的根本原因。新手的问题解决基本上是搜索驱动的，而专家是图式驱动的。图式使用对认知负荷有什么影响呢？如果被试有与问题相应的图式，它就有可能以更大的组块记忆问题状态，也能把问题直接归入已有认知结构，直接调用强方法解决问题，而不再使用手段—目的分析这种弱方法，这些都有助于减轻认知负荷，也有助于问题的解决以及新图式的获得。

图式影响人们对所呈现信息的理解，因为它可以提供有助于理解的背景知识。图式也可以使人们超越给定的信息，做出预测和推理。图式也具有迁移的作用，使人们习得新知识、解决新问题。最重要的是在问题解决过程中图式不仅有助于问题表征的形成，而且结合问题解决的策略、方法和程序，可以指导整个问题解决过程。正如 Best 指出的："图式知识一旦被激活，就能引导问题解决者以特定的方式搜寻问题空间、寻找问题的有关特征"，有助于提高问题解决的效率。

思维导图是图式表征的可视化工具，也是促进图式获得、归纳与建构的有效认知工具。在大量的学与教的实践中，广泛采用 Inspiration，MindMap 等思维导图工具进行教学实践，就会发现这种可视化的思维表征模式有助于学生迅速表征对问题的理解，促进图式归纳与获得，从而有效解决问题，提高学科学习与教学的效率与效能。

心智模式是指一个人在思想、心理、思维方式诸方面比较趋于定型化，并且外显为习惯性的行为方式。一个人学习上的成功与否，不仅靠勤奋与能力，还与一个人的心智模式密切相关。心智模式上的误区往往阻碍有效学习的进程。所以，发现心智模式上的误区并予以改善，对提高学习效能极为重要。思维导图作为一种心智地图，合理的运用可以有效地改善学习者的心智模式。

三、信息化支撑

信息化支撑何以促进与实现有效学习？信息技术为有效学习提供信息资源、环境资源与工具资源。通过对恰当的技术过程、技术资源进行创建、应用、管理，从而达到促进学习，改善绩效的目的。信息化支撑有效学习的具体途径：①可以为有效学习提供丰富多元的学习情境；②为有效学习提供资源搜集的空间；③为有效学习提供交流协作的空间；④为有效学习提供知识建构、思维建构的工具。

在网络时代，丰富的信息资源及对资源的有效组织，可以为有效学习提供更多的保障。系列化问题的组织与超文本资源导航，面向学习过程的资源组织，以及主题学习网页、学习网站等具有丰富资源的集成化教育环境的创建，都为优化学习内容、学习过程提供技术支撑。

信息技术尤其是网络技术还可以为有效学习提供更为宽广的环境资源与人力资源，为师生之间、生生之间提供更为充分的交流与智慧共享。通过构建学习共同体的网络协作空间，协商学习的网络创生平台，以及问题解决的思维共享库，在知识共享机制下，加速知识创新的循环，从而实现更为高效的学习。

信息技术还为有效学习提供认知工具，包括思维可视化工具，建模工具与知识管理工具。

最后，还需要特别强调的是，问题化、图式化、信息化并不仅仅是有效学习的三个方面，它们三者之间也是一个互为促进的系统。比如，信息化工具为优化学习中的问题系统提供技术支撑，通过开发一个网络头脑风暴器，从议题发散，到运用树形结构梳理系列问题，理清问题间的隶属关系，再用逻辑结构器进行问题间的关系描述，将问题系统化。它结合了可视化思维工具、知识管理工具的技术优势，为实现有效学习提供显性的思维、优化的结构与共享的智慧。

因此，在我们的教学中，问题化——是实践有效学习的核心所在。无论是思维导图的教学应用，还是信息化背景下的教学实践，为了更好地实现有效学习，学生的学习行动也都尽可能地围绕系列问题而展开。然而，每个人对有效学习都可以有自己的理解与价值取向，实现有效学习的方法、途径也不尽相同。问题化学习并不是唯一的实践方式，图式化的建构也不是知识习得的唯一解释，信息化支撑更不是唯一的技术条件。我们的工作，是与大家共同探索可以进行实践行动的着力点。

我们的理想是，三位一体设计学习问题，使我们更关注学生的问题起点，从而促进实现自主的学习，基于问题系统优化的学习则有助于知识的整体建构，实现思维的广度与深度发展，帮助学生形成较为稳定的图式化的经验与策略。循环往复的问题化学习可促进有效学习的迁移，而信息技术在此间的作用，不再是简单的媒介，更多的是思维与认知的工具。

第一部分

问题化学习——基于问题系统优化

导 读

1. 在有效学习的基本理念下，我们是基于怎样的视角来研究问题与问题化学习？

2. 问题的类型有哪些？问题与问题之间又组成了怎样的问题系统？

3. 为什么问题系统可以优化我们的学习？

4. 在问题化学习中，如何平衡学生的问题、学科的问题与教师的问题？

5. 问题与学习目标之间存在着怎样的关系？如何建立联系？

6. 如何设计基于问题系统优化的学习过程？

7. 如何评价问题、评价问题系统？如何评价问题化学习的成效与教师教学行为的有效性？

第二章

问题无处不在

英国科学哲学家卡尔·波普尔认为："科学和知识的增长永远始于问题，终于问题，越来越深化的问题，越来越能启发新问题的问题。"

人出生后刚刚牙牙学语，便会指手画脚地问："妈妈，这是什么呀，那是什么？"晚上你牵着孩子的手在林中散步，他们便会睁大眼睛，"为什么月亮总跟着我们啊？""树叶是怎么样变黄的？"……"假如我到火星上生活会怎样呢？"……"人为什么要死呢？我要是死了，会到天堂吗？那里是一个美丽而幸福的地方吗？"……

人类从出生开始，总是伴随着问题生存着，对于问题的探索与学习是一种本能。围绕问题的探索对于人类来说是与生俱来的。

当你颇费口舌，告诉孩子：由于叶子中含有各种色素，有绿色、红色和黄色等，当叶子内含有叶绿素比较多时，看起来便呈绿色。春天和夏天，植物产生大量叶绿素，制造养分，这些绿色色素便遮盖了叶子中的其他色素。而秋天，叶绿素少了，叶子自然就变黄了。

你还不如让他们走在树林里，感受那一片片秋日的落叶，让那些好奇的眼睛发出疑问。

老师："告诉我，你最感到奇怪的事？"

孩子："树叶为什么会变成黄色的呢？"……

你可以直接告诉那些纯真好奇的孩子，你也可以去猜这个谜语。后者与前者的区别在于，他们是带着问题来的，并且这个问题是属于他自己的，这才是关键。因为问题是孩子自主探索的小舟，并使学习具有了个人意义。

第一节　问题在哪里

一、生活中的问题

"如果你想做什么，但你不知道如何去做，那你就碰到了问题。"

在直觉的水平上，每个人都知道什么是问题，我们大家都需要解决问题。例如，医生要诊断出患者的疾病；桥梁工程师要设计出一座跨海大桥；作家要写出一个好的剧本；小学生要解答一道应用题；棋手要选择一步好棋；等等。在现实生活中，问题是多种多样的，内容和形式是千差万别的。但是，一般来说，当人们面临一项任务而又没有直接的手段去完成时，于是便产生了一个或几个问题。而一旦找到了完成任务的手段或方法，问题也就得到了解决。

二、哲学视野中的问题

在西方哲学史上有这样一个故事：维特根斯坦在英国剑桥大学哲学系先后师从于大哲学家罗素和穆尔。有一天罗素问穆尔："谁是你最好的学生？"穆尔毫不犹豫地说："维特根斯坦。""为什么？""因为在我的所有学生中，只有他一个人在听我的课时老是露出迷茫的神色，老是有一大堆问题。"

维特根斯坦的名气后来超过了他的老师罗素。有人问他："罗素为什么落伍了？"维特根斯坦答道："因为没有问题了。"①

问题以现实为基础，把历史和未来联系在一起，把已知和未知联系起来，把认识和实践联系起来，把理论和实验联系起来。人生是一个不断发

---

① 张掌然. 问题的哲学研究［M］. 北京：人民出版社，2005：1.

现问题和解决问题的历史过程。生活就是由一连串的问题构成的，生活史就是问题史。问题是人生之网上的纽结，它把人生的多种经历串联起来[1]。借用笛卡尔的"我思故我在"的著名公式，我们也可以说，人类的本质特征之一是"我问故我在"。[2]

波普尔提出了"科学始于问题"的著名命题，从而取代培根"科学始于观察"的认识论命题。波普尔的论点是："我们不是从观察开始而总是从问题开始：从实践的问题，或者从遇到问题的理论开始。"[3]在《猜想与反驳》中，波普尔指出："科学应该被看成是从问题到问题的进步。随着这种进步，问题的深度也不断增加。"

劳丹在《进步及其问题》一书中主张：科学的主旨在于解决问题。他认为科学本质上是一种解决问题和以问题为定向的活动，科学的目标是获得解决问题或澄清问题的理论，即具有高度解题效力的理论。因为问题是科学思维的焦点，理论是科学思维的结晶。[4]

狄尔泰则提出了人文科学方法论的独特性："自然界需要解释说明，对人则必须去理解。"[5]因此人文科学要解答的问题不应该仅仅概括为"是什么"，还应该包括"应该是什么"。

皮亚杰从问题的角度考察了学科独立的标志问题与学科之间的关系问题，这有助于我们从更宏观的角度理解问题系统和问题网络的特征，建立系统的问题观。

三、心理学家对问题的研究

从桑代克（E. L. Thorndike，1898）起，心理学家就不断地探讨"问题解决"心理机制。他们从不同的角度对"问题解决"进行解释：行为主义心理学家强调解决问题的过程是尝试错误而最后成功的过程；格式塔心理学派认为问题解决是"顿悟"的结果；奥苏贝尔等把问题解决看作是填补空白的过程；信息加工心理学家则视其为搜索算子的过程，如纽厄尔和西蒙（Newell & Simon）认为问题解决就是在问题空间进行搜索，以找到一条从问题的"初始状态"转化到"目标状态"的通路；加涅则将问题解决看成

---

[1][2][3][4][5]　张掌然. 问题的哲学研究 [M]. 北京：人民出版社，2005：2；3；59；68；75.

是最高层次规则学习的结果；建构主义则把问题解决视作经验（问题图式）的重新建构过程。

四、课程教学中的问题

课程中的学与教处处是问题，有是什么/为什么/怎么样/的问题；有事实性问题与思考性问题；有核心问题与辅助问题；有学科的基本问题，单元的主要问题与具体的内容问题；需要解决老问题、解决新问题、解决疑难题以及发现新问题……比如：

在中东地区，是否会爆发新一轮的战争，该地区的危机将意味着什么？什么势力将参与这场战争？你将如何判断新一轮的世界格局？（这是一个涉及分析、综合、评价的高级思维问题，你如何引导学生去解决？）

假如你是一只濒临灭绝的动物，你的栖息地将遭受人类的破坏，你准备如何将人类告上法庭？（写一份控诉信）（这是一个情境性问题，围绕这个问题的学习整合了科学、人文与法律领域的知识，而学习方式则可以通过角色扮演移情理解）

一个长方体的体积是 12，你知道它的长、宽、高分别是多少吗？$12 = 1 \times 1 \times 12 = 1 \times 2 \times 6 = 1 \times 3 \times 4 = 2 \times 2 \times 3$ 。（这是一个较为开放的数学题，远比已知长、宽、高，求体积更有韵味更具挑战性）

读了《骆驼祥子》，对文中的人与故事，你还想了解什么？（试图让学生自己发现问题）

……

既然问题无处不在，我们为什么还需要问题化学习呢？也许伽达默尔的这句名言会给我们启示："我们可以将每一个陈述都当作是对某个问题的反应或回答，而要理解这个陈述，唯一的办法就是抓住这个陈述所要回答的那个问题。"

第二节 什么是问题与问题化学习

一、什么是问题

先来探讨一下什么是问题。英语中，有关"问题"的词汇也很多，表达的意义也不尽相同：issue 议题，论题；problem 问题、难题；question 疑问、问题。英国著名历史哲学家柯林伍德认为问题就是困难（或疑难或困境），波普尔认为问题是已知知识与无知之间的张力，也有哲学家认为问题是客观事物之间的矛盾在人头脑中的反映，或把问题看成是智慧迷宫。现代认知心理学认为，问题就是指在信息和目标之间有某些障碍需要加以克服的情境。

从认知心理学观点看，一个问题可以分为客观与主观两个方面。问题的客观方面，反映问题的客观存在，包括问题的任务领域（task domain）。问题的主观方面，是解题人对问题的主观理解，也就是问题空间（problem space）。所谓表征问题，就是问题解决者在头脑中以某种理解来呈现问题，使问题的任务领域转化为问题空间。问题空间是问题解决的一个基本范畴，是个体对一个问题所达到的全部认知状态。问题空间一般包括以下三个基本成分：

1. 给定（given）：是指一组已经是明确知道的，关于问题的条件的描述。即问题的起始状态（Initial State）。

2. 目标（goals）：是指关于构成问题结论的明确的描述。即问题要求的答案或目标状态（Goal State）。

3. 障碍（obstacles）：是指问题正确的解决方法不是显而易见的，必须间接地通过一定的思维活动，才能找到答案而达到目标状态。

任何一个"问题"，都是由"给定""目标"和"障碍"这三个成分有机地结合在一起的。

我们可以用认知心理学中一个著名的问题——教士与食人者过河问题，来理解问题的三个要素。①三个教士和三个食人者来到河边；②只有一条可乘两人的小船；③如果在河岸的任一边食人者的数目超过教士，教士就会被吃掉；④他们该怎样过河？在上述问题中，①②③就是给定条件，其中③是限制性条件；④就是目标：按照要求过河。障碍就是需要设计一个往返划船的方法策略，使教士和食人者都能过河，但必须保证教士的生命安全。障碍就是阻碍达到这一目标的因素或条件。

在具体的课堂中，问题一般通过设问以疑问句形式出现，最常见的有"是什么""为什么""怎么样""假如"等形式；也可以呈现为有待完成的任务，可以是在创设的情境中，或是在真实的状态下，学生所面临的困惑、挑战、机遇、欲达的目标等。"问题"可以是练习中的习题，也可以是课堂中讨论的议题，更可以是值得探究的课题。

马克思主义哲学站在系统的高度，用辩证的方式，开放发展地看待问题。在《问题的哲学研究》一书中，张掌然从哲学的高度探讨了问题可以从微观（单个问题）、中观（一个问题系统或问题域）、宏观（问题全域或问题总体或问题网络）三个层面来考察。他认为，先前逻辑学、心理学、学习理论中涉及问题解决研究，大多是从问题的微观特征着手的，他们研究什么是真问题、问题的结构、问题的条件、问题的解决过程、问题的答案、如何来表述问题、谁来解决问题，等等，却忽略从中观与宏观的视野去思考问题与解决问题。而引入问题系统的概念，就可以为我们研究问题与解决问题打开全新的视野。

马克思主义哲学又启示我们，由于问题是发展的，所以发现和解决问题也应该是发展的，从而问题观也应该是发展的。没有一成不变的问题，今天对我们来说这个问题是新问题，明天可能就是老问题了，所以也没有一成不变的解题模式。我们不仅要从发展的角度去认识问题与理解问题，还应不断适应问题的发展变化，在发展中通过发展解决问题。我们要把握事物的运动发展和相互作用，人类思维要经常为变化做准备，用发展的眼光看问题，随时接受新问题的挑战。这样的解题观能够动态地、发展地理解问题的结构要素，即给定目标、障碍和问题情境，通过发展来改变问题结构的要素及其相互关系，从而使问题的性质和类型以及在问题系统中的地位发生转变，朝着有利于问题的消除或解决的方向发展。

由此，我们秉持广义的问题观、系统的问题观与动态发展的问题观。

二、我们的问题观

1. 广义的问题观：问题化学习中的问题涉及事实性问题、经验性问题、创造性问题，包括是什么、为什么、怎么样、假如的问题，也包括老问题、新问题与疑难题。

2. 系统的问题观：包括从系统的高度透视问题与问题之间的关系，把握每一个问题的诸要素及相互关系，关注这个问题在全局中的位置，也包括从更广阔的视野全面多视角地透视某个问题系统，或对问题全域或问题网络进行全方位透视，把握问题系统之间的联系，并在问题系统的相互联系中理解问题、分析问题和解决问题。①

3. 动态与发展的问题观：通过问题生发问题，通过发展来解决问题。比如，要让小学生解决"如何判断磁铁的南北极？"，也许学生还没掌握磁铁同极相斥、异极相吸的科学原理，看起来他们还不具备解决这个问题的知识基础，但也没有关系，我们可以让学生去探究……他们在探究中会产生问题："为什么磁铁的两头碰在一起有的会相吸，有的会相斥呢？"……在学习的过程中不断生成新的问题，解决问题，然后又生成新的问题。

那么，什么又是问题化学习呢？

三、什么是问题化学习

在探讨什么是问题化学习之前，我们不妨先来耐心地梳理一下与问题化学习相近的问题解决、基于问题的学习、问题教学（或提问教学），它们之间有着什么样的区别与联系？

1. 相关研究述评

问题解决是一种智慧技能和高级规则的学习与应用，就是学习者运用规则以达到一定目标的一系列事件②构成的一种学习形式。

---

① 张掌然. 问题的哲学研究［M］. 北京：人民出版社，2005：142.
② R. M. 加涅. 学习的条件与教学论［M］. 皮连生，王映学，郑葳，等，译. 上海：华东师范大学出版社，1999：203.

还有一个概念是"基于问题的学习"（Problem-Based Learning，PBL），它作为一种教学方式在全球范围内流行，强调把学习设置于复杂的、有意义的问题情境中，通过让学生以小组合作的形式共同解决复杂的、实际的或真实性的问题，来学习隐含于问题背后的科学知识，以促进解决问题、自主学习和终生学习能力的发展。PBL 关注的是真实性的劣构问题解决，因此比较适合研究性学习，但并不适合学科课程中的大部分课堂教学。

而问题教学（有时候也称提问教学），是教师经常采用的一种教学方法，它倡导通过"提问—答问"的过程来传授知识，启发学生的思维。其中比较受关注的是苏格拉底式问答法，这种方法不直接传授各种具体知识，而是通过问答、交谈、争辩、诱导或暗示，把学生导向预定的结论，重视通过问题来让学习过程"学思结合"，使学习者在获得知识的同时又能获得思维方法，因此受到研究者的肯定与赞赏。① 这种方法对教师的素质要求甚高，教师必须能随时应对、适时引导。同时，问题选择与呈现的艺术性非常重要。

从本质上讲，学习理论中的问题解决是一种学习类型而非学习方式，而且需要注意的是，加涅对学习的分类是指向学习结果的。而基于问题的学习与问题教学，包括本课题所研究的问题化学习，都是一种教学方式或学习方式，它们通常指向学习过程。比如，我们可以用"谁向谁通过什么途径说什么并产生什么效果？"，这种问题化学习的方式理解传播和交流的定义。从学习类型的角度，这只是一个概念的学习，并不涉及问题解决。但从学习方式的角度，则是一种用问题化学习的方式实现对概念的理解。

而更多基于问题的教学设计模式，近年来比较有代表性的有麦卡锡（McCarthy，1996）的 4MAT 模式（又称自然学习模式），他认为各类学习风格所感兴趣的问题不同，问题的编列对于学习至关重要。"具体—反思"型学习者偏好"为何"（why）类问题，关注意义；"具体—行动"型学习者偏好"是何"（what）类问题，关注概念；"抽象—行动"型学习者偏好"如何"（how）类问题，关注应用；"抽象—反思"型学习者偏好"若何"（if）类问题，关注创造。②

---

① 胡小勇. 问题化教学设计 [M]. 北京：教育科学出版社，2006：20-21.
② 胡小勇. 问题化教学设计 [M]. 北京：教育科学出版社，2006：26.

梅里尔（M. David Merrill）"首要教学原理"又称"五星教学原理"（First Principles of Instruction or Five Star Principles of Instruction，FPI）。它强调有效的学习环境是根植于问题的，学习涉及四个阶段的过程："激活原有知识""展示论证新知""尝试应用练习"和"融会贯通掌握"，共有 15 个要素①：①交代学习任务；②安排完整任务；③形成任务序列；④回忆原有经验；⑤提供新的经验；⑥明晰知识结构；⑦紧扣目标施教；⑧提供学习指导；⑨善用媒体促进；⑩紧扣目标操练；⑪逐渐放手操练；⑫变式问题操练；⑬实际表现业绩；⑭反思完善提高；⑮灵活创造应用。再辅以"指引方向、激发动机、协同合作和多向互动"四个教学环境因素的配合。该模式的实质是具体的教学任务应被置于循序渐进的实际问题情境中来完成，即先向学习者呈现问题，然后针对各项具体任务展开教学，接着再展示如何将学到的具体知识运用到解决问题或完成整体任务中去。

还有就是 David H. Jonassen 的面向问题解决的设计理论（Toward a Design Theory of Problem Solving，DTPS）。Jonassen 在良构型问题（well-structured）与劣构型问题（Ⅲ-structured）连续体中鉴别定义了 11 类问题：逻辑问题、算法问题、情节问题、规则运用问题、决策制定问题、故障排除问题、诊断问题、策略运用问题、个案分析问题、设计问题与两难问题。

关于问题连续体的教学研究，还有美国亚利桑那大学梅克（J. Maker）等人的分类，是把问题按解决它所需要的创造性程度，即随着问题结构性的递减来划分等级。从教师和学生两方面，就问题本身、解决问题的方法、问题结论这三个维度的已知或未知状况，或从问题的答案是唯一的、系列的还是开放的这些不同层次，构成问题连续体矩阵（Problem Continuum Matrix，PCM），简称问题连续体。② 类型一：师生知道该问题及解法，但问题的答案只有老师知道，学生是未知的。问题、方法、答案各只有一个；类型二：问题已为师生所知，但问题的解法与答案只有老师知道，问题、方法、答案各只有一个；类型三：问题为师生所知，有一系列的方法可以解决，且有一系列的答案或结论，解决方法及答案对学生来说是未知的；类

---

① 盛群力，等 . 教学设计 [M] . 北京：高等教育出版社，2005：249.

② 陈爱苾 . 课程改革与问题解决教学 [M] . 北京：首都师范大学出版社，2004.

型四：有一个定义清楚的问题，且问题为师生所知，但方法与答案师生都不知道；类型五：对问题的提出者与解决者而言，问题、解答、方法都是未知的。

而由华东师范大学祝智庭教授提出的问题化教学，胡小勇[①]博士将其定义为"是指一系列精心设计的类型丰富、质量优良的有效教学问题（教学问题集）来贯穿教学过程，培养学习者解决问题的认知能力与高级思维技能的发展，实现其对课程内容持久深入理解的一种教学模式。"[②] 胡小勇博士强调了教学问题集在教学设计中的中心地位，以及对实现学习者学习潜能的作用。我们的问题化学习，正是在问题化教学思想的指引下，实践发展而来。"问题化教学"中提出的"教学问题集"的思想是对其他基于问题的教学模式的一种突破，也是我们问题化学习的立论依据之一，在问题化学习中被称之为"问题系统"。

表 2-1　各类学习模式的比较分析

	问题的来源	问题系统化	可借鉴之处	不足之处
问题教学	以教师预设为主，多为直接反映学科学习内容的问题。	依赖于教师的经验，通常没有考虑将问题系统化或没有形成科学的问题系统。	注重问题的启发性，通常也更聚焦学科学习的重要内容，学习不会偏离主题。	忽略了给予学生提问的空间，以及对学生问题意识的培养，没有将问题系统化。
基于问题的学习（PBL）	真实的社会性的、生活中的问题。	围绕一个中心问题的学习。	强调真实情境中的研究性、体验式学习，对学生问题解决能力的获得，以及社会性发展具有独特的价值。	围绕一个大问题的探究学习通常需要进一步把子问题分解。PBL 模式未能在围绕大问题的学习过程中提供系列子问题支架的教学建议。

① 现任职于华南师范大学。

② 胡小勇.问题化教学设计 [M].北京：教育科学出版社，2006：50.

续表

	问题的来源	问题系统化	可借鉴之处	不足之处
自然学习模式（4MAT）	可以由教师设计不同风格的问题进行教学，也可以由学生提出问题教师进行判断并加以引导。	代表不同学习风格的四种问题并未给出教学设计的框架。	通过判断学习者的学习风格，进行有针对性的教学，并通过让学习者尝试各种类型的问题，有助于促进学习者的全面发展。	对各类问题的具体解决过程关注不深，没有提供问题设计的系统方法和指导原理。
面向问题解决的设计理论（DTPS）	（未加说明）	良构型—劣构型的问题连续体。	不同问题类型有着不同的解决特性，需要引用不同的教学设计模式，以支持学习者问题求解能力的发展。	没有阐述教学中的问题设计方法，以及教学过程中的问题序列与实施方法。
首要教学原理（FPI）	教师设计的能够反映最主要的教学任务的问题。	围绕一个中心问题的序列化的任务解决。	围绕一个中心问题的教学流程的设计非常详尽，体现了循序渐进的问题解决过程。	没有设计系列的问题，并将问题系统化。
问题连续体矩阵（PCM）	主要由教师预设的教学问题连续体。	封闭—创造性问题连续体。	能够按照不同的认知水平，提供一个由低到高的问题化的教学设计序列。	较多地考虑教师如何设计循序渐进的问题序列，未能关注学生的提问；问题系统的类型不够丰富。
问题化教学（PEI）	主要由教师预设的教学问题集。	类型丰富、质量优良的教学问题集。	深化了教学问题集的内涵与类型。	未能在设计与教学实施中充分考虑学生的问题与学生的自主学习。

2. 问题化学习的特征

相比之下，我们的问题化学习具有以下四个特征。

（1）从研究范围看，问题化学习中的问题涉及事实性问题、经验性问题、创造性问题等，因此是一种广义的问题解决。在学习理论中，与问题化学习概念最接近的是教育心理学中狭义的"问题解决"与"基于问题的学习"，从学习方式的角度看，三者并没太大区别，都是通过问题来建构自主学习过程的活动。但问题解决是指涉及高级思维水平的智慧技能，基于问题的学习则侧重于复杂的、真实性、劣构型问题的自主合作解决，从学习类型来说，它也属于狭义的问题解决。三者在问题涉及范围上的差异如图2-1所示。

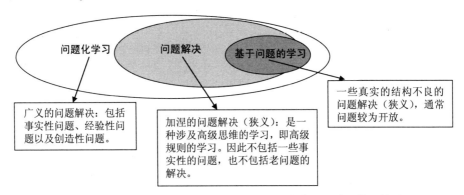

图2-1　"问题化学习、问题解决、基于问题的学习"涉及范围的差异

如无特殊注明，本书所提及的"问题解决"，是指广义上的问题解决，而非学习论中狭义的问题解决。

（2）受到问题连续体研究的启发，问题化学习更强调一种持续的学习行为，即围绕问题的学习是一种无处不在的连续状态。通过系列问题的解决，促进学习的有效迁移，实现知识的连续建构。它更侧重研究一系列问题解决的学习行为，探索一系列问题之间的相互关系，研究这种有层次、结构化、可扩展、可持续的问题连续体的学习规律、教学策略、评价方式，等等，而不是单个问题解决的研究。

（3）学习通常以一个具有内在联系的问题系统而展开。问题系统内的问题与问题之间，可以有不同的逻辑关系。教学的目的是让学习者把握问题之间的联系，理顺关系和思路。实践证明，了解问题系统内部问题间的关系有助于问题的解决。在课堂实践中，问题系统的表现形态通常可以是问题链（有层次的问题链：如记忆/理解/运用/分析/评价/创造的问题，或递进式的问题链，如解决老问题/解决新问题/解决疑难题/发现新问题），也可以是呈现一种集合状态的问题集，或是一种更为复杂的问题网。因此问题系统可能是点状的数个问题组成的集合也可能是线状的问题链，或是由两个维度建构的系列问题坐标；可能是不断生成的网状结构，也可能是呈中心发散式的放射系统。问题系统构建的维度可以是单维的，也可以是二维或多维的。

（4）与问题教学（提问教学）以及问题化教学相比较，从设计取向上讲问题化学习更强调以学习为中心。当然它不是学生中心主义，更不是学科中心主义和教师中心主义。这种价值取向决定了它更侧重研究学生的学，当然在这个过程中必须兼顾学科课程目标与教师的教学引导。

表 2-2 问题教学、基于问题的学习、问题化学习的比较

类 型	问题的来源	学习过程
问题教学	以教师的提问为中心	预设为主
基于问题的学习	以现实生活中的真实问题为起点	生成为主
问题化学习	以学科问题为基础、学生问题为起点、教师问题为引导的三位一体模式	预设与生成相结合

问题化学习的特点：基于问题系统优化的学习；强调系列问题的持续解决——在发现问题中解决问题，在解决问题中发现问题；以学习为中心——学科问题为基础、学生问题为起点、教师问题为引导。

3. 什么是问题化学习

从词源学意义去考察"化"。加在名词或形容词之后构成动词，表示转变成某种性质或状态，如绿化/美化/恶化/电气化/机械化/水利化。问题化学习，就是通过解决问题的状态而进行的学习。

此外，"问题化"这一概念，与"信息化教育""电子化产品""数字

化校园""绿化"一样，"化"表示一种状态与特征，意指围绕问题的学习是一种无处不在，无时不有的行为状态；另外，"化"也表示变化中，是动态的，是一种不断生成的矛盾运动。在本课题中，这种动态变化与广泛存在就表现为系列问题的连续解决，在发现问题中解决问题，在解决问题中发现问题。

因此，"问题化学习"，就是通过系列的问题来推动持续性学习行为的活动，它要求学习活动以问题的发现与提出为开端，用有层次、结构化、可扩展、可持续的问题系统贯穿学习过程和整合各种知识，通过系列问题的解决，追求学习的有效迁移，实现知识的连续建构。

信息技术支撑的问题化学习，是指在信息化背景下，谋求整合信息技术的作用，来支持与提升问题化学习的效果。

第三节　我们需要怎样的问题化学习

一、"创新教育猜想"的提出

1984年5月，著名华裔物理学家、诺贝尔奖获得者李政道教授在拜访邓小平时，提出了国内大学应该办博士后流动站的建议。邓小平问："博士已经很博了，为什么还要办博士后呢？"李政道解释道：在大学阶段老师出题目给学生做，学生按老师教的方法去答题；到了研究生阶段，老师给学生出了题目，让他们按照各自的想法去解决问题，老师并不一定有预设答案；博士后不是一种学位，而是一个过程，让学生学习和锻炼如何自己找方向、找方法、找结果出来。①

受李政道谈话的启发，华东师范大学祝智庭教授提炼出了"创新教育猜想"：培养创新能力要经历学习解决老问题、解决新问题、解决疑难题、发现新问题的过程，在传统教育中这一过程是漫长的和线性发布的，体现在本科、硕士、博士、博士后各阶段（如图2-2（1）所示）；如果我们设

---

① 齐欣，林娟，佳盈. 邓小平与六十人 [M]. 上海：上海人民出版社，2000.

法缩短这一过程，把长周期的线性模式变为短周期的循环模式，并且在教育过程的各阶段，从小学、初中、高中到大学，都渗透问题化学习的思想，让学生不断经历学习解决老问题、解决新问题、解决疑难题和发现新问题的学习循环，就可能找到创新教育的突破口（如图2-2（2）所示）。祝智庭教授还指出：我们不能一味地认定传统教育不能培养创新能力，而是过程太长，试想有多少人能够经历到博士和博士后呢？

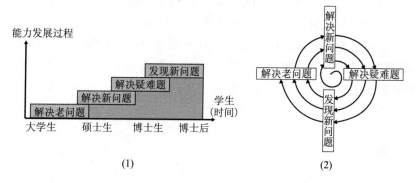

图 2-2　基于问题的创新教育模式

我们十分认可祝智庭教授的创新教育猜想，因为按照祝氏猜想的思路，我们似乎清晰地看到了在基础教育中开展创新教育的实践路线。

二、探索系列化问题的解决

正是以"创新教育猜想"的思路为研究起点，我们一路探索前行。

总结起来，作为问题化学习，我们是基于怎样的一种创新视角来研究问题解决？我可以很明确地说，我们研究系列问题的解决，而不是单个问题的解决。因此其学习的对象是一个问题系统，我们研究学习者在解决前一个问题之后，如何解决后一个问题，前后的问题之间又有着怎样的联系，系列问题之间又构成一个怎样的整体影响学习。你也许又会问，那你们为什么要研究系列问题的解决呢？打个比方，我们不能只教给孩子种瓜得瓜、种豆得豆，而是要让他明白，当他种瓜时会不会影响豆的收成。不能让孩子只见树木不见森林，而是让他们知道，种了这棵树，下一棵该种什么，与前一棵又是什么关系，而整个树林在森林中又处于怎样的生态地位。我们希望学习者通过对一个问题系统内诸多问题的持续性解决，催生智慧，从而帮助他们从整体上建构知识树，并获得举一反三的问题解决能力。因此，从理想的角度，这是一种高效的学习。

系列问题的解决需要我们从更宏观的角度，从更系统的高度思考问题解决、研究学习过程。在这之前，有必要就问题的类型、问题的属性、问题的层次、不同学习领域的问题，以及问题之间的逻辑关系、如何构成一个问题系统、与知识整体之间内在关系，作更为深入的研究。

除了这个重要的研究焦点之外，对于课堂中充斥大量事实性问题，不涉及高级思维的学习；涉及的思维与领域范围都过于狭窄，缺少一些整合性好的问题；缺乏挑战性，缺少创造性解决的问题，以及不注重学生提出问题与发现问题，我们也会努力去探索。

第三章

学习中的问题系统

第一节　问题的类型有哪些

问题是否有不同类型？问题究竟有哪些类型？

要研究问题系统，就需要对这个问题系统中的问题类型、问题属性、问题层次、问题侧面，有一个基本的研究。这样才能搞清每个问题具有怎样的属性，从而构成问题之间的逻辑关系、部分与整体之间的内在关系，以及最终如何构成一个问题系统等。

关于问题的类型，在心理学的经典研究中有字谜游戏问题、谜箱问题、接棒问题、容器倒水问题等；有单一解答"收敛性"（convergent）问题与多重解答"发散性"（divergent）问题；有低水平回忆性问题（recall questions）与高水平思考性问题（thought questions）；有良构型问题与劣构型问题。事实上，如果我们基于不同的视角，对问题就可以有丰富多彩的分类，这也进一步揭示了问题解决的多样性。

美国学者迪吉克斯特拉（Dijkstra）和冯·梅里伯（Van Merrienboer）认为问题有三种类型：（1）分类问题；（2）设计问题（计划与程序）；（3）解释问题（原理、模式和理论）。这些不同的问题类型分别需要不同的知识结构（与预期的认知结构相一致）和不同的组成技能（概念、活动和过程），这样学习才会有效。①

因此，按照不同的视角与维度，就可以形成不同的分类模式。以下我们将按类别化思路、层级化思路与多极化思路进行问题分类，对探讨基于问题系统的学习提供灵活的思路，起到抛砖引玉的作用。需要说明的是，我们所进行的分类更多是相对意义上的，具体的类型也无法穷尽，只是有助于为实践提供行动的启发。

一、问题的类别化思路

在麦卡锡的 4MAT 模式中，曾采用"四何"问题分类法，即"是何、为何、如何、若何"。祝智庭教授将"由何"概念引入问题归类之中，形成了"五何"分类法。下面，我们就"五何"分类的实质与习得方式进行分析与列举。

1. 是何（what）：一些表示事实内容的问题，说明是什么，有关本质、实质、要素，在答案中含有事实性要素。

【例如】

树叶一般是什么颜色的？——本质。

What are you doing?（你正在做什么?）——内容。

学习的基本方式：信息搜集、记忆、理解。

麦卡锡认为"具体—行动"型学习者偏好"是何"（what）类问题，关注概念。

2. 为何（why）：一些表示目的与理由的问题，说明为什么，有关目的、价值、意义、理由的问题。

【例如】

树叶为什么一般都是绿色的？——原由。

Why did you do it?（你为什么这样做?）——目的。

学习的基本方式：反思、信息搜集，也可以通过探究获得。

① 戴维·梅里尔. 首要教学原理［M］//现代教学原理、策略与设计. 盛群力，马兰，译. 杭州：浙江教育出版社，2006：93.

麦卡锡认为"具体—反思"型学习者偏好"为何"（why）类问题，关注意义。

3. 如何（how）：一些表示方法、途径与状态的问题，说明怎样，用什么方法、手段、途径，处于怎样的状态或情况等问题。如果是表示一种方式，通常需要了解其过程；如果是表示一种状态，通常需要了解其具体的程度。

【例如】

你是如何做这件事的？——方式。

How is she today？（她今天怎么样？）——状态。

学习的基本方式：方式——做中学，也就是只有通过经历才能获得经验；状态——体验中学习。

麦卡锡认为"抽象—行动"型学习者偏好"如何"（how）类问题，关注应用。

4. 若何（if）：一些表示情境条件变化的问题，当条件发生变化时，"如果""要是""是否""即使"等情况下的问题。

【例如】

如果下雨我们该怎么办？

If that is true，what should we do？（假如那是真的，我们该怎么办呢？）

学习的基本方式：猜想、情境中学习、发散与创造性地学习。

麦卡锡认为"抽象—反思"型学习者关注"若何"（if）类问题，关注创造。

5. 由何（where/when/who）：表示问题发生的条件、来历、起因，通常可以通过分析问题产生的情境（context），并由此进一步确定问题的性质以及问题解决的方式。

【例如】

问题是怎么被发现的？——根源。

由于"五何"问题在不同的领域普遍存在着，因此它在问题化学习中具有非常广泛的通适性。另外，"五何"问题指向思考的不同视角，因此它为问题集的形成提供了结构基础。

二、问题的层级化思路

1. 不同认知水平的问题

问题分类的层级化思路主要体现在问题之间的层次差异，这种层次差异最主要体现在认知维度的差异，最经典的莫过于布卢姆的六级分类。它表现为对知识理解应用的不同层次，表现的是学习同一个知识所对应的不同认知层次的问题。

布卢姆将人的认知程度从低到高分为记忆、理解、运用、分析、评价和创造六级。根据布卢姆对认知领域的分类，我们把问题也相应地分为从低到高的六大类。

①记忆性问题：学生通过回忆所学知识即可获得答案的问题，答案往往能够在材料中找到，学生无需多加思考。

②理解性问题：学生通过对所学内容进行一定的转换、解释、比较、推论方可获得答案的问题，要求学生对内容进行一定程度的加工。

③运用性问题：要求学生把所学的知识应用于熟悉与不熟悉的任务情境，解决老问题与新问题。

④分析性问题：要求学生把材料分解成各个要素，弄清各要素之间的相互关系及它们的组织和结构的问题。

⑤评价性问题：要求学生运用规则和标准对观念、作品、方法、资料等做出价值判断的问题。

⑥创造性问题：要求学生在自己头脑中迅速检索与问题有关的各种资料，把它们组织成一个新的整体或模式的问题。

吉尔福特（J. P. Guilfort）在1956年发表了智力结构学说，他把心智运算分为认知、记忆、收敛思维、发散思维、评价思维五个层次。莫利（Moore）在吉尔福特智力结构学说和布卢姆教育目标分类学（认知领域）的基础上，提出了心智运算系统，把问题分为四类。

①事实性问题：要求学生根据事实、回忆或再认回答问题，主要用于测量学生的记忆力，属于最狭窄的问题。例如：第二次世界大战在哪一年结束？

②经验性问题：要求学生对已有的信息进行分析和综合，提供一个或几个确定的答案。此类问题需要大量的思考，但一经思考，答案往往是固定的，属于较狭窄的问题。例如：已知三角形的高为 3 厘米，底为 4 厘米，求三角形的面积？

③创造性问题：要求学生超越对知识的简单回忆，运用自己的想象力和创造性思维对原有知识和经验进行重新组合，产生一种独特、新奇的答案，它往往没有确定的标准答案，属于思路较宽的问题。例如，月亮被文人赋予了什么样的内涵？看到月亮，你曾经有过哪些想象？

④评价性问题：要求学生根据一定的准则和标准对事物进行价值判断或选择，往往没有确定的标准答案，回答这类问题往往需要某些内部的或外部的价值标准，因此，有时候它要比创造性问题更难于回答。例如，如何看待"追星"现象？

其他学者的层级化分类体系，如按照布朗和埃特蒙森的分类系统可以将问题分为认知性问题，猜测性、情感性与管理性问题。又如，按照克拉克和斯塔的分类体系，可以有以下几种思维水平的问题。

①认知记忆性问题：要求学生依据所知事实，采取回忆或再认的方式来回答问题。

②收敛性问题：要求学生根据所记忆的资料进行分析和组织，并朝某一特定的方向进行思考，只有一个或几个答案是正确的。

③发散性问题：要求学生利用已有的知识进行思考，没有特定的思维方向，可以采取创新、独特的方式来回答问题，没有标准答案。

④评价性问题：要求学生先设定价值标准，然后对所问事物或行为进行判断或选择。

综上所述，从认知维度，我们根据布卢姆的六级分类体系，莫利的四级分类体系，克拉克和斯塔、Big6 模式①及国内学者的分类体系进行了汇总与梳理（如表 3-1 所示）。

---

① The Big6 ［DB/OL］. http：//www. big6. com/index. php，2003.

表 3-1 认知性问题的层次

布卢姆	莫利	克拉克和斯塔	Big6 模式	国内学者
记忆性问题	事实性问题	认知记忆性问题	记忆水平的问题	记忆性问题
理解性问题	经验性问题	收敛性问题	集中思维的问题	推理性问题
运用性问题				
分析性问题				
评价性问题	创造性问题	发散性问题	发散思维的问题	创造性问题
创造性问题	评价性问题	评价性问题	评价性思维的问题	评价性问题
				管理性问题

从表 3-1 中可以看出，对于创造与评价的等级排列上，不同的学者还存在着差异。不过从总体上讲，认识问题的认知层次有助于我们在教学中设计循序渐进的问题系统，也让教师对问题解决实现不同层次的课程目标有更精准的把握。

2. 分层次推进的问题

层次的差异还可以体现为同类问题解决的变式学习，它通常以循序渐进的方式进行，表现的是同一类问题在情境条件、解题方法方面的变化。

正如前面提到的"创新教育猜想"，我们依据学习者解决问题的经验，根据问题的三要素，即问题的条件、解决的方法与答案的不同，区别了对于学习者来说，什么是解决老问题，什么是解决新问题、疑难题及发现新问题。

①解决老问题：对学习者来说，面对呈现过或类似的问题情境，运用自己熟知的方式或规则来建构类似的问题空间，解决问题。

②解决新问题：对学习者来说，面对未曾呈现过的问题情境，运用各种方式或规则来建构新的问题空间，解决问题。

③解决疑难题：对学习者来说，面对未曾呈现过的复杂性问题情境，综合运用一些方式或规则建构新的问题空间，解决复杂性问题。

④发现新问题：对学习者来说，发现了无法用原有的方法与规则解决新出现的问题，暂时无法建构自己的问题空间进行解决。

解决老问题、解决新问题、解决疑难题以及发现新问题的区别主要表现在问题的情境与条件、解决的方法与规则以及答案与解决方案。

表3-2　解决老问题、解决新问题、解决疑难题、发现新问题的区别

差　异	解决老问题	解决新问题	解决疑难题	发现新问题
情境与条件	呈现过或类似的问题情境；一些老的条件	未曾呈现过的问题情境；条件变化或出现新条件	问题情境中含有两难问题或条件不充分、两难条件或有无关条件干扰	自己在新的问题情境中发现问题条件
解决方法与规则	直接使用相同或类似问题情境中的方法与规则解决问题	可以用老方法解决新问题，也可以在解决问题过程中形成新方法	方法、规则与解决的途径是多方面的或条件不充分的，需要创造性地解决问题	（未知）
答案或解决方案	答案是明确的或说是可以预见的	答案不能直接预见	答案的不确定性，或答案为开放的	（未知）

这种分类的思路，为以后问题链学习的设计提供了基础。

三、问题的多极化思路

对同一个事物/问题的多侧面思考，通常表现在解决一个较大问题时，可从多视角形成各侧面的子问题。

1. 探究问题的四个侧面

①解释性问题：如果说推理性提问是要求学生找出缺失的信息，那么解释性问题是要求学生理解信息或思想的结果。

②推理性问题：这类问题要求学生对眼前的信息进行进一步的推理，要求学生去发现线索、检验线索，讨论什么样的推理是正确的。

③转换性问题：如果说推理性问题和解释性问题是要求学生对问题有更深的理解，那么转换性问题就是要求学生转变角度形成更宽的思考，将

知识转换到一个新的情境中。

④假设性问题：假设性问题是对科学的猜想、预测与验证。实际上假设性问题存在于各个领域。

2. 理解的六个侧面

格兰特·威金斯和杰伊·麦克泰（Grant Wiggins & Jay McTighe）从理解的复杂性出发，将理解分为"解释""释译""应用""洞察""移情""自我认识"六个维度①，得到了学术界的广泛关注。

图 3-1　理解的六个侧面

①侧面一：解释，对事物进行合理、恰当的论证说明。解释往往涉及这样的问题：为什么是这样的？用什么来说明此类行动？怎样说明？它与什么相联系？它是怎样起作用的？有什么含义？

②侧面二：释译，提供有意义的阐释、叙述和翻译。释译往往涉及这样的问题：讲述意味着什么？为什么它会如此重要？它是什么？它与我有什么关系？它在人类的经历中说明了什么？怎样才能言之有理。

③侧面三：应用，一种能将所学知识有效地应用于新环境的能力。应用往往涉及这样的问题：我在哪里可以使用此知识、技巧或过程，又以什么方式使用？人们在学校以外的地方以什么方式来应用此知识？我应该如何调整思维与行动来适应某种特殊情况的需要？

④侧面四：洞察，具有批判性思维的洞察力。洞察往往涉及这样的问题：这是谁的观点？此观点的优势与弱势分别是什么？它的局限是什么？既

① 格兰特·威金斯，杰伊·麦克泰. 理解力培养与课程设计［M］. 么加利，译. 北京：中国轻工业出版社，2003：76-98.

然如此，那又该如何改进呢？事情为什么会这样？从另外的观点来看这个问题的价值会不会更清楚一些？与我持不同观点的人是如何看待这个问题的？

⑤侧面五：移情，进入其他人情感和世界观内部的能力。移情往往涉及这样的问题：这件事落到你身上会怎么样？我不这样做，他们会怎么看？我要理解这件事，需要什么体验？

⑥侧面六：自我认识，知道自己无知的智慧，知道自己的思维模式和行为是如何达到或妨碍了理解。自我认识往往涉及这样的问题：我理解的局限是什么？我的盲区是什么？由于我的偏见、习惯、性格与心智模式，我容易对什么产生误解？

第二节　什么是系统的问题观

系统的问题观包含四个层次①，一是用系统的观点看待系统中的每一个问题，二是从系统的高度透视问题与问题之间的关系，三是借助领域的经验透视某个问题系统，四是对问题全域或问题网络进行全方位的透视，把握问题系统之间的联系。

一、系统地透视每一个问题

从系统的观点看待每一个问题，就是把该问题放在全局中去考量，对单个问题作出全面深入的理解，从而作出有效的判断。也就是搞清楚一棵树跟树林的关系，要弄清一棵树在树林里处于什么样的位置，起到什么作用。这个问题在整个系统中属于什么问题，是核心问题还是辅助问题，是主干问题还是分支问题，缺少了它会怎么样。

从系统的观点看待每一个问题，还包括系统地考察每个问题是由哪些要素构成的，要素之间存在怎样的关系。解决问题的内在条件有哪些，所涉及的外部环境又有哪些。这些都对问题的成功解决有帮助。

---

① 张掌然. 问题的哲学研究［M］. 北京：人民出版社，2005：142.

二、透视问题与问题之间的关系

从系统的高度透视问题与问题之间的关系，简单地说就是探讨树林中树木与树木的关系。通过确定问题系统中每一个问题的属性，以及问题解决的次序、方法、切入点和重心及焦点，从而有效地解决系统内部诸问题。这也是从中观层面进行问题化学习的核心要点。

首先需要考虑，在问题系统中，每一个问题的属性是什么，比如说主次，谁是核心问题，谁是辅助问题，是"是什么"的问题，还是"为什么""怎么样"的问题。因为只有进一步明确每个问题的性质，才能更好地明晰问题之间的关系，而问题系统内问题之间的内在关系有并列关系、层次关系、递进关系、延伸关系、平行关系、包含关系、表里关系等。

三、透视问题系统

从更广阔的视野来透视某个问题系统，简单地说就是通过考察其他树林的构成，作为建设本树林的参考与借鉴。通过借鉴邻域的经验和方法，对问题系统进行全面的、多视角的透视，从而对系统问题做出全面的、综合的、合理的解决。

有一些问题系统具有跨域的通适性，如"五何"问题，既是科学探究的基本问题类型，也是人文感悟的基本问题类型。

四、透视问题全域

对问题全域进行全方位的透视，就是通过透视整个森林，把握树林与树林的关系。通过透视问题系统之间的联系，从而在问题系统的相互联系中理解问题、分析问题和解决问题。这对学习者有很高的要求，通常是对知识的理解上升到对学科的理解，从而有更宏观的视角，能够理解学科与学科之间的关系。作为教师，我们应该追求拥有这样的视角，能够把握自己所教授学科的基本问题与基本的问题系统。

第三节 问题系统的理论基础

问题化学习是一种通过系列问题的推动来实现持续性学习的活动。对于学习而言，一个重要的假设前提就是学生通过系列问题的解决，掌握知识、获得智慧。因此，对于"系列问题"（更准确地说是问题系统）的研究与思考本身也成为问题化学习的重点内容之一。

一、问题系统的哲学基础

问题可以从微观（单个问题）、中观（问题系统）或宏观（问题全域）三个层面来考察。"问题的中观特征是指问题的系统特征或一个问题域的特征。在现实世界，问题既有一定的独立性，又是相互联系、彼此制约的。一个学科、一个部门、一个领域的诸多问题构成一个问题集合或系统。"[①]问题的中观特征是研究问题系统的基础。

问题的中观特征具有整体性、层次性与从属性。整体性是指问题系统内部诸问题之间的相互制约性。在一个问题系统内部，不同的问题之间存在并列关系、层次关系、递进关系、延伸关系、平行关系、包含关系和表里关系。问题系统的整体性要求学习者把握问题之间的联系，理顺关系与思路，了解问题系统内部问题间的关系有助于问题的解决。层次性是指问题系统内的诸问题之间，表现为一定的层次。问题系统的层次性需要我们在解决问题时，学会分层次解决问题，也要学会从整体出发跨层次地解决问题。例如布卢姆的六级认知分类框架下的问题层次，在解题时可以采取分层次推进的方式，但也可以通过一个难题的解决，分解划归到各个层级的问题，跨越式地解决。问题系统的从属性反映的是主从关系，表现为核心问题和周边问题之间的关系，基本问题与次级问题之间的关系。聚焦核心问题的解决也是有效学习的具体表现之一。

---

① 张掌然．问题的哲学研究［M］．北京：人民出版社，2005：214．

二、问题系统与系统论

"系统"是指"处于一定的相互关系中的与环境发生关系的各组成部分的总体"。① 对于系统，传统上有两种认识，一种认为系统是静态的、可分解的，它由各种相互独立的要素累加形成，也就是整体等于部分之和。事实上，我们的实验科学从创立到现代实验活动都遵循了这样一种概念范式，即把复杂的现象分解成基本的部分和过程。另一种认为系统本身存在变数，它更类似于有生命的机体组织，虽然它是可以被分解的、被认识的，但组织的各要素间并不孤立存在，它们之间存在着紧密联系，相互发生着作用。为了理解组织的完整性，应当既认识各组成要素，也认识它们之间的关系。当代的普通系统论正是建立在此认识论基础上的。

我们提出的问题系统基于普通系统论的观点，它指向问题的中观特征，即问题的系统特征或一个问题域的特征。以此为出发点，我们认为，学生学习中的问题都不是孤立存在的，任何一个问题都可能（也应该）存在于一个问题系统中，这个问题系统应该是一个有机的整体，问题与问题间相互关联、相互作用。教师既需要考虑要素问题，即知识维度上对内容信息的问题化、要素化，又要考虑问题间的关联，即认知维度上的系统化、结构化，从而产生系统"各要素在孤立状态下所没有的新质"②，也就是亚里士多德所说的"整体大于部分之和"。

由此，我们提出了学习中的问题系统的优化。就是以普通系统论为认识论前提，以知识的内在关联性与学生的认知规律为思考前提，依据系统论思想，以促进有效学习为出发点，研究结构化的、系统化的整体如何优化知识结构、优化学习过程，提高单位时间（如课时）的教学效率与效果。

---

① 路·冯·贝塔朗菲. 普通系统论的历史和现状［J］. 王兴成，译. 国外社会科学，1978（2）：66-74.
② 黄正元. 认识系统与系统认识——谈系统论视域下的认识论［J］. 兰州学刊，2009（4）：25-28.

三、问题系统与学习论

有学者指出，"有效性学习必须满足这样的学习条件——结构化知识、一致性、整合性、有意义性的知识联结。并且有效性学习不仅仅是学得信息本身，而且要学会信息该用在什么地方，因此有效性学习要求知识的程序化、可用性。"① 事实上，这里提出了学习有效性必须考虑的三个要素：知识、认知和情境。这三个要素有自身特点，需要我们去分析，去把握它们的规律，如结构化知识、情境化知识的运用；也需要我们去研究三者的互动关系，从系统论的角度实现三者的最优化作用。由此，我们可以看出，我们对于问题系统的思考，特别是以提高知识内在关联性与学习认知效果为起点的实践，也符合学习论的观点。

另外，本书还引入了问题图式（problem scheme）的概念，以进一步阐释问题解决与学生学习的关系。在图式理论者看来，图式也可以是一种心理模型，它们不仅表征个体有关具体学科的知识，还包括对任务要求及任务表现的知觉。② 由此，在导致这种心理模型的修正或改变的因素中，教学材料的内容及组织结构就显得尤为重要。因为它们直接影响增生、调整或重建图式——心理模型的质量，也反过来作用于今后学习的效果。因此，我们提出的问题系统及其优化的概念就是从内容、组织等方面切入，促使学生知识的有效建构以及学习能力的有效提升。图式理论不仅为我们问题化学习提供了重要的心理学支撑，也为问题化学习的设计（包括对基于实践的问题系统的提炼）指明了方向。

四、问题系统与教学论

美国当代学者理查德·梅里尔（Richard E. Mayer）认为，"教学与学习是彼此互相联系的过程，通过教学促成学习者发生改变，正是教学操控导致了学习者知识的变化。因为所有的学习都涉及将新的信息与现有的知识

---

① 邢强孟，卫青.论有效性学习与教学环境的设计 [J].教育研究，2001（6）：16-19.

② 马西·P.德里斯科尔.学习心理学——面向教学的取向 [M].王小明，等，译.上海：华东师范大学出版社，2008：109.

联系起来，因此，帮助学习者形成知识结构，用以支持掌握有用的新知识，就是至关重要的事情。"① 事实上，现代教学论对教学系统中的教学材料要素的认识已经发生了很大的变化，知识的主观性与建构性特征越来越受到关注。由此，通过教学让学生实现有意义学习，能够更加有效地获得认知策略，掌握有效的学习方法，而不仅仅记忆事实性知识成为了研究与实践的重点。

现代教学越来越把教学过程视为一个系统，通过细致、综合分析各种交织在一起的影响成功学习的因素，如学生、教师、教学材料、学习环境等，选择应对策略、整合有效方法以引发和促进学生学习。由此，问题系统的形成以及优化又转变成了教学意义上的系统设计，对应于整个教学过程的设计，如问题任务的分析、问题系统的组织、问题活动的设计、问题过程的实施和问题化学习的评价等。显然，对于问题系统的关注与思考能够避免教师教学中对问题采取简单的问答式的处理与设计，让问题真正成为推动学生学习的内在驱动力。

五、问题系统形成的基本规律

组成问题系统的两个基本依据是知识的内在联系与学生的认知规律。知识的内在联系在具体的学科课程中，通常是指一门学科的概念、原理和规律具有内在联系，这种内在的本质联系就构成了这门学科的知识结构。学生的认知规律，则包括符合学生当前年龄特点的认知规律，也包括特定学科学习的基本规律。

问题系统在教学中如何形成？在一个具体的学习过程中，可能会有一系列的问题，这就需要我们考虑问题与问题之间存在着什么样的内在关系。然后根据关系的性质再来考虑问题系统的组成方式与表现形态，如并列关系可能就是问题集、层次关系可能就是一个问题的树状系统、递进延伸关系可能就是问题链……还需要考虑，在问题系统中，每一个问题的属性是什么，比如说主次，谁是核心问题，谁是辅助问题，等等。

---

① Richard E. Mayer. 为意义建构学习设计教学——学习与教学概说 [J]. 马兰，盛群力，编译. 远程教育杂志，2006（1）.

第四节 学习中会有哪些问题系统

根据问题系统组成的表现形式，可以是集合形式的问题集、线性的问题链，或各种形式的问题网。师生可以根据不同的学习任务对问题进行系统化处理，即对学习过程进行集约化，以提高学习有效性。实践中我们形成了六种问题系统的优化模式。

一、问题集——整体认知的问题学习集合

根据知识的内在要素或思维的结构模型，形成问题集。如围绕一个主题形成"是什么""为什么""怎么样"等的问题集合，此类模式结构稳定，可以帮助学生提高思维的系统性，并形成一种认知图式。在问题集中通常主问题与各子问题之间是包含关系，子问题之间是并列关系。

如传播学家拉斯韦尔（D. Lasswell）给传播和交流过程下了一个著名的定义："谁向谁通过什么途径说什么并产生什么效果。"这一定义实际上提出了传播过程的五个基本问题：1. 谁说？2. 说什么？3. 对谁说？4. 通过什么途径说？5. 产生什么效果？显然这五个问题构成了一个具有内在联系的问题系统。

又如基层教师的教育科研通常要回答几个基本问题：1. 在我的教学中需要解决什么问题？为什么要研究这一问题？（明确选题范围以及研究目的与价值）2. 解决这一问题，我的突破口——研究点和研究主题是什么？（确定命题与研究方向，界定基本概念及其操作性定义）3. 前人在这方面的有益经验是什么？与他们相比较我的创新之处在哪里？（情报研究与价值分析）4. 研究希望获得怎样的经验与结果？（研究目标）5. 我从哪些方面展开研究？（研究内容）6. 我应该在怎样的范围内有计划地落实研究？（明确研究对象、范围以及研究方法、步骤）7. 研究可能或者应该获得的成果是什么？（成果的内容与表达形式）

在学习中，也可根据知识（概念、定理、原理）的内在要素或相互关系，或是代表一些思考方法的认知模型，形成问题集。

示例1：　掌握动物的概念①

两栖动物的定义：体表裸露，有粘液；幼时在水中生活，用鳃呼吸，长大后水陆都能生活，用肺呼吸；用卵繁殖后代（卵生），不照顾幼仔。

判断"这种动物属于脊椎动物中的哪个种类？"需要考虑的问题集：

1. 这种动物身体表面有什么？
2. 它小时候生活在哪里？
3. 它长大后生活在哪里？
4. 它小时候用什么呼吸？
5. 它长大后用什么呼吸？
6. 它用什么繁殖后代？
7. 这种动物是否照顾它的幼仔？

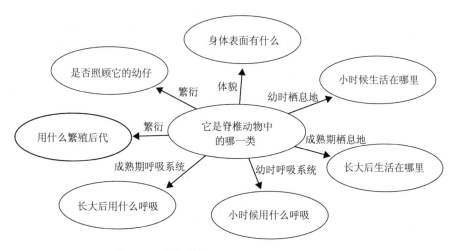

图3-2　如何判断它属于脊椎动物中的哪一类

示例2：　有关《耳朵》审题立意的问题集②

如果作文的命题是《耳朵》，那么围绕这个命题，如何通过问题化的方式进行审题立意呢？耳朵是一个具体的物象，这就需要思考它具有什么特点？最主要的功能是什么？可以揭示什么事理？耳朵最主要的功能是听，

它的特点从位置上看，长在脑袋中间，不在上也不在下——可蕴涵的事理"既要听上面的话，又要听下面的话，兼听则明"。耳朵一边长一个——可蕴涵的事理"耳听八方，声声入耳，事事关心"。长了两个耳朵——可蕴涵的事理"要能听进好话，也要能听进坏话"。从形状上看合起来是一颗"♡"——可蕴涵的事理"自然的声音（百姓的话语），要用心去倾听，才能有所感悟"。如图 3-3 所示，围绕耳朵听的功能进行"几何"式问题发散，最终可形成命题作文《耳朵》审题立意的问题集。

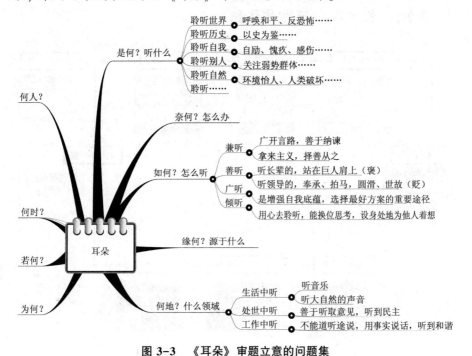

图 3-3　《耳朵》审题立意的问题集

二、问题链——循环往复的问题化学习链

根据问题的层次或推演过程，形成线性的问题链。系列问题之间通常是层次关系、递进关系或延伸关系。此类模式预设性强，适合教师掌控的课堂，通常是一种分层次推进的小步走模式，有助于达成教学目标，可以

推动学生持续地学习，提高思维的层次。

比如，有层次地解决同类系列问题：解决老问题——解决新问题——解决疑难题——发现新问题可以在一堂课中实现，但更适合整个单元的学习，所以我们也将这种模式作为单元教学设计的思路。同类问题的系列化解决本质上是一种变式学习，它对此类问题的图式归纳具有积极的作用。

示例： 长方体、 正方体体积①

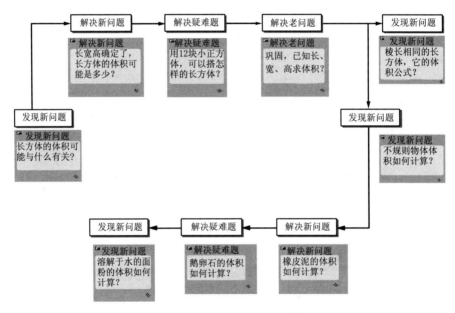

图3-4   问题链——长方体、正方体体积的学习

任何数学知识的学习，都是学生在已有知识经验基础上的主动建构。由于学生的生活经验、知识基础、智力水平等方面的差异，所以面对着同样的知识，学生们都在用自己的思维方式进行着建构活动。

---

① 设计者：课题组成员（数学组），上海市宝山区教师进修学院，冯吉．

为了能让每个学生进行真正自主的建构，应先提供材料让学生发现一个新问题：长方体体积可能与什么有关？当学生猜测可能与它的长、宽、高有关时，教师提出：既然大家都认为长方体的体积与它的长、宽、高有关，那么一旦长、宽、高确定了，长方体体积也就确定了吗？老师给你长方体的长（2厘米）、宽（3厘米）、高（4厘米），你能知道它的体积是多少吗？这是一个新问题，用已有知识无法解决。学生独立思考、动手动脑进行探究，随后组织学生以小组形式合作学习，展示不同的思考方法，进行交流、讨论与猜测。随后教师提出：你们认为一个长方体体积可能等于长×宽×高，那么已知一个长方体的体积是12立方厘米，那么它的长、宽、高各是多少？你能搭出这样的长方体吗？这是一道疑难题。在学生交流过程中，引导学生进行有序思考，验证长方体体积=长×宽×高。在学生建构长方体体积计算方法后，让学生运用公式计算体积。

在这一课时结束时，学生发现了新问题：不规则物体体积怎么求？于是在此基础上展开第二课时的教学：橡皮泥的体积如何求？这对于学生而言是一个新问题。通过实验，得出把容易变形的物体转化成规则物体，计算出它们的体积。随后教师提出：怎么求鹅卵石的体积呢？这是疑难题。因为它是不易变形的物体，学生无法用刚才的方法解决。通过探究，学生得到了以下方法：把石块放入水中，水位就会上升，说明石块占用了水的空间。水上升的体积就是石块的体积。也可以把它放在长方体容器中借助规则物体，求出体积。在学生学习过程中，教师始终跟着学生的思维，置学生于问题情境中，鼓励学生尝试、大胆猜想，让学生对自己所作的猜想通过实践活动进行验证，旨在充分发挥学生学习的自主能动性，渗透化归的数学思想方法，学会一般科学探究的方法。

在课结束时，学生联系实际提出问题：溶解于水的面粉的体积如何求？这一新问题有待于以后探讨。

循环往复的问题化学习链，其学习的过程，是在解决问题中发现问题，在发现问题中解决问题。解决一个问题，我们获得了知识；解决系列问题，我们催生了智慧。

另外，各种层级性的问题可以构成一个步步深入的问题链，包括布卢姆的六级问题分类体系和莫利的四级问题分类体系等都可以形成问题链。

三、问题网——纵横交错的问题化学习网

通常围绕中心问题放射出很多次级问题，而次级辅助问题之间又存在一定的关系，从而形成一个放射状的问题网。核心问题与辅助问题的解决，形成纵横交错的问题网状系统。此类模式生成性强，可以用来帮助学生理清线索。如《语文》学科设计一个单元的教学，教师可以围绕某一主题把关键点提炼出来，形成网状链接，然后再形成由不同属性问题组成的问题系统，以提高学生思维的广度和深度。

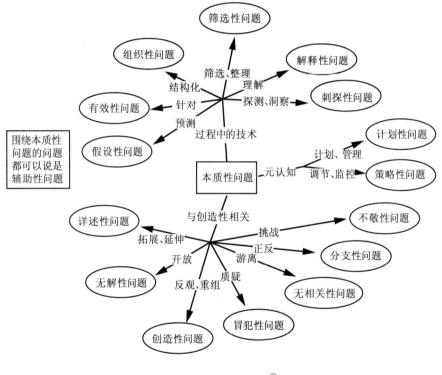

图 3-5　问题工具包①

———————————

① 问题工具包［DB/OL］. 徐谊，王天蓉，编译. http：//fno. org/nov97/toolkit. html.

如何聚焦一个中心问题发散、回拢并找到相互之间的联系。美国学者杰米·麦肯兹（Jamie McKenzie）在其网站上提供了一个问题工具包（A Questioning Toolkit），里面详尽列举了作者界定的不同类型的问题。在他看来，问题可以分成两大类，即本质性问题与辅助性问题，同时围绕本质性问题的辅助性问题又可以细分为 15 种类型的问题，如假设性问题（Hypothetical Questions）、计划性问题（Planning Questions）等。作为提问工具，这些问题指向不同的认知技能与思维层次（如过程中的技术、与创造性相关、元认知）。

示例：　周长与面积

在小学数学特级教师潘小明老师的"周长与面积"教学中，围绕核心问题"周长相等的长方形，面积会怎样？"师生互动不断生成一个个新问题，而这些问题通过学生探究、交流得到解决，小问题之间、小问题与核心问题之间的联结、推进、引导过程汇织成网。

问题是这样展开的：出示一根长 24 厘米的铁丝，教师提出："如果给你，你打算怎样围？可以围出几个不同规格的长方形？"进而教师提出问题："这些周长相等的长方形，面积会怎样？"引发学生猜想：1. 周长一样，面积也一样；2. 周长一样，面积不一样。教师提出："究竟对不对，想办法进行验证？"学生在方格纸上画长方形，探究后得出结论："周长相等的长方形，面积不相等。"之后教师将学生的疑惑作为问题抛出："周长相等的长方形面积不相等，用 24 厘米长的铁丝，可以围成多个不同的长方形。那么，在什么情况下画出来的长方形的面积比较大？有没有规律呢？如果有，怎样去发现呢？"学生通过列表分析得出："周长相等的长方形，长与宽越接近，面积越大。"教师追问："那么周长相等的长方形，长与宽怎样时，面积最大？""周长是 24 厘米的长方形，周长与面积有这样的规律，那么所有周长相等的长方形，都有这样的规律吗？怎样来验证？"在课的最后，学生提出："面积相等的长方形，周长一定相等吗？"

这节课围绕长方形周长与面积的关系，进行一系列有效的操作活动，所有生成的问题均来自学生，均由学生自己解决。学生在画图、计算中，熟练掌握了周长与面积的计算，掌握长方形与正方形的内在联系。在经历

"猜想—验证—结论，从特殊推广到一般"的过程中，获得了知识、提高了能力。

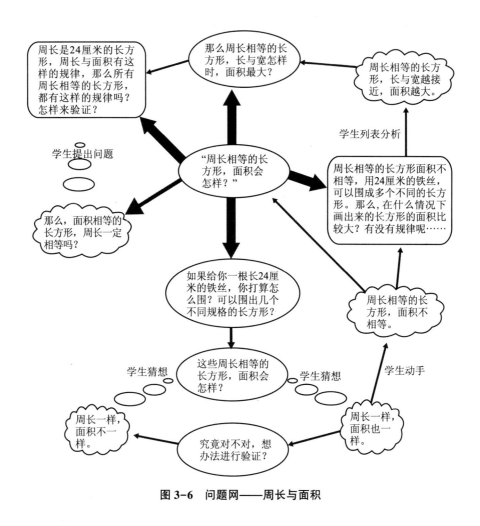

图 3-6　问题网——周长与面积

纵横交错的问题化学习网：这样一种围绕核心问题的开放式探究，关注了师生互动生成诸多问题之间的联结、推进与引导的过程，体现了问题化学习的内在组织系统。

四、多维矩阵问题系统

将第一类问题与第二类问题形成二维表，适合不同课程的学习。表3-3通常比较适合理科课程的学习；表3-4通常比较适合文科课程的学习；表3-5通常适合各类课程的学习。①

表 3-3　问题二维表

由何	解决老问题	解决新问题	解决疑难题	发现新问题
是何	能够直接在记忆中寻找到事实内容	需要查找资料才能获取事实内容	多角度、多途径获取答案，或通过推理才能获取事实内容	发现了一个问题，经验、查找与推理都无法获取事实内容
为何	能够直接找到反映目的与理由的证据	需要探究才能获得反映目的与理由的证据	多角度、多途径获取答案，或通过推理才能获取反映目的与理由的证据	发现了一个问题，经验、查找与推理都无法获取反映目的与理由的证据
如何	体验过做此类事情的经历，因此也就能直接寻求到方法	需要在新的问题情境中体验才能寻求到方法	问题情境中含有两难问题等复杂性条件变量，需要多角度的体验才能寻求到方法	发现了一个问题，无法获取经验，通过猜想或查询都无法获取相应的方法
若何	条件变量明确已知，呈现在已有或类似的问题情境中，答案则通过类似的经验而获得	条件变量明确已知，呈现在新的问题情境中，答案则通过类似的经验或通过新的猜想验证而获得	条件变量不明确、复杂或不充分，呈现在新的问题情境中，答案需要综合运用通过不同角度的猜想验证而获得	自己提出条件变量，提供猜想，且是前人未曾发现的

① 表3-3、表3-4、表3-5，参考胡小勇.问题化教学设计［M］.北京：教育科学出版社，2006：82.在此基础上，就表3-3中的内容进行了定义，表3-5根据布卢姆的最新分类学进行了调整。

表 3-4　问题二维表

由何	是　何	为　何	如　何	若　何
基本问题				
单元问题				
内容问题				

表 3-5　问题二维表

由何	是　何	为　何	如　何	若　何
记忆				
理解				
运用				
分析				
评价				
创造				

示例：　关于免疫的故事①

由何	解决老问题	解决新问题	解决疑难题	发现新问题
是何	1. 什么是传染病？ 2. 你知道有哪些传染病？引起这些传染病的病原体是什么？ 3. 你曾经患过哪些传染病？哪些患过一次后再没有患过？哪些又多次患过？	6. 请你查阅自己的预防接种卡，了解自出生以来计划免疫的情况：曾接种过哪些疫苗？这些疫苗分别预防哪些传染病？自己是不是又得过这些病？	9. 如果人体的皮肤阻挡不住病原体的侵入，那么人体还有哪些防线可以抵御病原体的侵害？	12. 结合问题5的结论，你认为预防传染病的有效方法是什么？

① 设计者：课题组成员（科学组），上海民办和衷中学，王斐.

续表

由何	解决老问题	解决新问题	解决疑难题	发现新问题
为何		7. 为什么在充满着病原体的环境中，绝大多数人仍能保持健康？而有些人却抵挡不住病原体的侵袭？	10. 为什么患过水痘的人永远不会再得这种病了？	13. 为什么当今预防传染病最经济、方便、有效的措施是计划免疫？ 14. 感冒几乎人人都患过，打喷嚏、鼻塞、流鼻涕，甚至发烧，真让人头疼，但是为什么计划免疫中没有预防感冒的疫苗？而人又为何会反复感冒呢？
如何	4. 传染病是如何得以传播的？模拟传染病的传播。		11. 人体的免疫系统是怎样发挥其防御功能的？	
若何	5. 假如面粉代表的是病原体，试描述病原体是如何从一个人传播到另一个人的。	8. 病原体每时每刻都在攻击着人类，试想我们人体表面的皮肤能否起到第一道屏障作用？请设计探究实验，来模拟皮肤的作用。		

五、树状结构问题系统

用问题来构建课程网：从主题——专题——问题，提供一种课程与教学设计的思路。

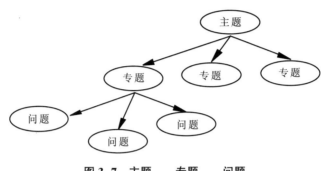

图 3-7　主题——专题——问题

在目前的课程设计中，很多课程设计采取了以主题为设计核心，希望通过围绕重大社会问题达到各学科知识的综合，按照问题的逻辑线索组织课程内容。

主题的选择既可以侧重社会问题，又可以侧重学术问题，还可以侧重学生问题，最佳选择是能将社会、学术和学生问题联系起来，形成统一的主题，将学生活动的目的、内容和方式综合起来，通过主题研究或问题的解决体现学生活动的目的、内容和方式。

但由于主题学习内容涵盖广，难以收得紧，效率低；问题学习较琐碎，不易形成知识与能力体系，两者的可操作性都有待于加强。用主题活动加问题操作，来实现高水平、高效益的教学。具体步骤：选取主题——主题分解——设计问题。

树状结构中的问题，如果子问题之间没有很强的关系，也可以理解是一个多层的问题集。

示例：　语文综合学习课程——说山道水①

把语文综合学习"山水与文化"这一主题分为"寻找诗中山水""领略画中名胜""感悟文化山水"（欣赏沿地风光、神游梦里世界）三个方面展开。全班分成六个小组，每个小组集中研究一项内容（小组也可以自选角度）。通过"读一读、看一看、说一说、写一写"等形式完成本次"说山道水"的学习过程。

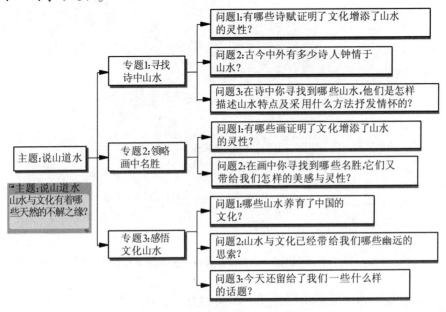

图3-8　树状问题系统——说山道水

六、问题域

不仅每一学科、每一领域自成问题系统，而且不同学科、不同领域之间还相互联结，形成更大的问题域。由全部问题构成问题域即问题全域或问题网络。在问题网络中，不仅各个问题系统或局域之间建立起复杂的系统联系或域际联系，如科学问题系统与技术问题系统和艺术问题系统之间的

---

① 设计者：课题组成员（语文组），上海市宝山区淞谊中学，蔡玉锐.

联系，而且也使每个系统内的具体问题与其他系统中的问题建立起错综复杂的联系。哲学问题、技术问题、艺术问题、宗教问题和日常生活问题等相互联结，构成一个错综复杂，精彩纷呈的巨大问题系统。①

为了区别于中观层面的问题集、问题链与问题网，我们把基于问题宏观特征（即问题的跨域特征和全域特征）的问题网络称为问题域。

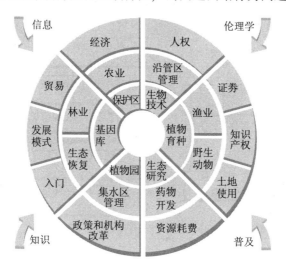

图 3-9　问题域——生物多样性保护的组成部分②

从问题总体上看，不同性质、不同种类、不同层次、不同领域、不同系统的问题之间既相互独立，又相互依存、相互联系、相互交叉、相互渗透，从而形成复杂多样、犬齿交错的关系。

例如，为了解决日益严重的生物多样性保护问题，一门新兴学科开始形成，这就是保护生物学。它是一门综合性学科，是一门多层次、多领域、多样性的交叉学科。它的目标是评估人类对生物多样性的影响，提出防止物种灭绝的具体措施。由于生物多样性保护问题的强烈渗透性，使得保护生物学既是一门理论科学，又是一门应用科学；既是一门决策科学，

---

① 张掌然. 问题的哲学研究 [M]. 北京：人民出版社，2005：220.

② 雷富民. 关心我们共同的朋友——著名科学家谈动物学 [M]. 桂林：广西师范大学出版社，1999.

又是一门管理科学。它不仅涉及自然科学，而且还涉及社会科学和人文科学。从方法上看，它要用到价值评价、系统分析和概率统计等多学科的方法。

在综合领域教学中，可根据多元智能的参与程度，跨领域的知识整合，形成一个更宏观的问题域。

第四章

三位一体设计学习问题

　　从设计取向上讲，问题化学习既不是学科中心主义，也不是教师中心主义，更不是学生中心主义，而是兼顾学科课程目标、教师引导的以"学"为中心的教学设计。问题化学习的设计是以学科问题为基础、学生问题为起点、教师问题为引导的三位一体模式。

第一节　以学科的问题为基础

一、学科基本问题

　　学科的基本问题通常代表着教师和学生对学科的本质理解。它可能包含了这门学科是什么，以什么为研究对象？在课程中我们主要学习什么，将按照怎样的方式去学习？通过学习我们最终将获得什么？所以，学科的基本问题，既是关于这个学科的本体论问题，也是认识论与方法论的问题，甚至还具有生存论的意义。

　　例如，数学是一门研究现实世界空间形式和数量关系的学科，包括算数、代数、集合、三角、微积分等。因此，数学学科最基本的问题就是探讨数与形的问题，数学最主要的方法就是逻辑推理。所以在学习数学之后，不仅要让学生掌握数学的概念、原理，获得计算的方法与能力，更重要的是在这个过程中让他们获得数学的思考方法。

又如，物理学是研究物质结构、物质相互作用和运动规律的自然科学。在物理学中，力学是最核心的部分，围绕力学，最基本的问题可能会有，力是什么？力有哪些特征？力的种类有哪些？运动状态与力有着什么样的关系？当然，如所有自然科学领域的学科一样，学习物理除了对科学内容的了解与掌握之外，更重要的是获得科学探究的能力。

又如，历史学科是研究人类社会发展过程的学科。所以，学习历史，不仅是让我们的学生了解史实，其终极的目标更是为了培养学生的历史思维，能够运用唯物史观对社会历史进行观察与思考，逐步形成正确的历史意识。

话说回来，学科的基本问题，是指向课程内容的关键和核心，将学科内容的丰富性与复杂性显示出来的问题，往往存在于研究领域中最具历史重要性与争议性的问题，在学科的发展与人们的学习过程中自然重演。① 学科的基本问题孕育了其他重要问题，也许没有明显的"正确"答案，但它是围绕这门课程学习的贯穿线索。

比如，我们在历史学科的学习中通常会问："'进步'的含义是什么？比如说，工业革命代表了进步，但工业革命也带来了很多生态的破坏，在人类历史的长河中，如何看待这个'进步'？"又如，"回顾历史，我们能看到怎样的未来？"历史思维具有历时性，强调的是历史发展演变的过程，强调理解今天的现实社会来源于过去的历史，要用辩证思维的发展观去理解，这是学习历史的要义。

又如，在语文阅读教学中，最基本的问题可能包含了这样几个方面：第一，"文章写了什么？怎样写的？"第二，"为什么这样写？"第三，"这样写好/不好在哪里？"第四，"我同意不同意作者的观点？"第五，"如果我是作者/文中人物我会怎样想，怎样做？"第六，"对我有什么启示？"

---

① 祝智庭，沈书生，顾小清．实用教育技术——面向信息化教育［M］．北京：教育科学出版社，2008：152.

二、单元主要问题

如果说学科的基本问题让我们站在更宏观的层面思考问题，是一种"会当凌绝顶，一览众山小"的境界的话，把握好单元的主要问题，应该就是学会从中观层面提升课程实施的能力了，它是让我们老师从课堂走向学科，从课时走向课程的重要通道。

单元是指学科的课程单元，如语文课程中的一个主题单元，数学与科学课程中的一个知识单元，研究型课程中的一项专题研究，或一个综合实践活动，通常需要多个课时完成，而课时与课时之间无论从课程内容还是目标上都有内在的联系。如果说整个学科教学属于宏观层面，具体的某一课时属于微观层面，那么课程单元应该属于中观层面。通俗地说，如果学科是森林的话，课程单元就是树林，而课时则是一棵树了。

一个新手教师向经验教师转变的重要标志之一，就是能够具有一定的学科视野，站在单元层面进行整体性教学设计。他清晰地知道这一单元最主要的课程内容是什么，与学科总体目标之间的关系是什么，单元的主要目标是什么，如何分解到各个课时，课时与课时之间的关系又是什么，前一个课时的教学如何影响后一个课时。因此，它的设计一定是一个中观层面系统化的教学设计。

如果我们对把握学科的基本问题需要一定时间积累的话，中观层面的单元系统思考是极其必要的。它是我们进行问题化学习设计的基本前提，也只有这样才更能体现基于问题系统优化的优势。因为问题系统的架构往往是基于一个单元的知识结构或学习进程的。从大量的实践看，中观层面单元设计对增进教师学科理解，提升教师综合设计能力与提高教学效果具有非常重要的意义。

单元的基本问题通常是指向这个主题/知识单元最主要的学习任务与学习目标。科学领域的学科（如物理、化学、生物）通常按照知识专题来组建单元，如初中物理共有"密度"、"运动"、"力"、"机械与功"、"热与能"、"压力与压强"、"电与功"、"电能与磁"、"从原子到星系"九个知识专题。需要说明的是，很多学科专家在教材设计时往往采用多条线索并行的方式，比如新课程语文教材中的课文系统，每册书6—7个单元，课文30

篇左右。每一个单元都有一个主题，如"金色年华"、"有家真好"、"春天来了"、"为生命喝彩"等等。因此，组成单元的明线是人文主题，但通常还会出现"单元提示"，"单元提示"通常是本单元的学习重点，如"学习因文而异地选择适当的方法，较为熟练地概括文章的主要内容"，又如"学会针对文中关键词提问"。因此，单元提示就是语文能力在本单元教学中的重要目标。

因此我们在把握单元主要问题的时候，既要考虑本单元的知识目标，还要考虑本单元的学科能力目标，包括情感目标。比如说上海市二期课改新教材《语文》六年级第一单元"有家真好"，围绕这个主题，教材选文有六篇，分别是《祖父和我》、《凡卡》、《父与子》漫画两则、《散步》、《妈妈的账单》、《离别的礼物》。这六篇选文对主题阐释的角度各不相同，涉及不同时期，不同文化背景，也展现了不同年龄层次的人对于"家"这个永恒主题的理解与思考。这个单元的教学重点是希望让六年级学生通过阅读作品感受亲情，进而促使他们对一直以来享受着的亲情产生思考，认识到亲情的可贵与值得珍惜，从而感悟责任，增进理解，表达爱心。基于此，以"家对我们每个人意味着什么？"作为这个单元的主问题。

由于新教材中对每个单元的教学目标还不够明确，需要教师进一步把握和确定每个单元的教学重点，比如说，你可以把"掌握文章的写作特点和方法"作为本单元的教学重点，因此贯穿于本单元的另一个主要问题应该是"文章是怎样写出来的？为什么这样写？好在哪里？"等等。

因此，中观层面的单元问题通常是宽泛而开放性的，没有明显而直接的"正确"答案。单元问题更应该是渗透于学科的，基于特定的情境主题或知识专题的主干问题，它通常体现了这个单元的学习重点。以问题的方式来呈现，就应该是情境化了的，能激发学生兴趣的启发性的论题。比如，在莎士比亚作品的专题学习中，我们可以设计这样的单元问题"为什么莎士比亚对21世纪的人们依然有吸引力？"

三、课时重点问题

课时重点问题通常指向本节课最主要的教学目标与教学重点，就是通过这节课最主要达到的目标是什么？换言之，通过这节课，最主要解决什么问题？

课时重点问题与单元主要问题不同，通常它指向具体的知识点或具体的学习任务与内容。比如，学习折线统计图这一课，课时重点问题就是"折线统计图的特点是什么？"围绕周长与面积的教学，课时重点问题是探究"周长与面积的关系是什么？"又如，在《孔乙己》一课中，主要的教学目标是剖析孔乙己这一典型的人物形象，学习小说通过描写人物的外貌、语言、动作等表现人物性格的写作手法，以及探究产生孔乙己这种人物的社会根源。为了实现这个重要的教学目标，课时重点问题就应落在"孔乙己是个什么样的人？文章是怎样塑造这个人物形象的？孔乙己悲剧的社会根源是什么？"

从学科的角度确定课时的重点问题对我们中小学教师来说并不陌生，也不会特别困难，因为这是大家经常要做的，而且时间上严格规范的授课制度，以及以单一课时为习惯的开课、评课活动，都为教师在这方面的能力训练提供了土壤。

所以说，难的不是就这个课时而言确定重点问题，而是能否在单元主要问题的架构下，确定课时与课时重点问题之间的转换、联系与循序渐进，而他们之间又怎样系统地构成了单元的系列问题。更难的是能否站在整个学科的高度，思考课时重点问题对学科基本问题的渗透、落实与具体化。如果课时问题是棵树的话，就得知道它在哪片林子里，它的身边有哪些树，它们构成了怎样的一个小生态。此外，你还得在登高之时，认真地审视这棵树对于整个森林的贡献，横看一下它在知识脉络中处于哪一个节点，纵观一下它在能力发展中位于怎样的阶段，再眺望一下它又为情感的发展做了哪些铺垫。当然，一个课时的重点问题不一定同时承载课程的三维目标，三维目标更多地指向课程，它不机械地在每一个课时中集中呈现，正因为此，我们就有必要登高看一看，这个问题在整个学科问题系统中的位置与前后关系是什么，在引导学生解决问题的过程中，就会明白哪些是需要熟练掌握的，哪些只需要点到为止，可以为将来的学习打开一扇窗。

在确立课时重点问题的时候，特别要注意同一个知识点的内容，不同年级的不同要求。比如摩擦力，一年级的学生是通过感受接触面的光滑程度初步感知摩擦力的大小，四年级学生则要学习设计实验比较摩擦力的大小。那么相应的问题就可能是，一年级：在粗糙与光滑的表面移动物体，你有什么发现？为什么？四年级：你能根据所给的材料设计一个实验，探究一下摩擦力的大小与什么相关吗？

总之，学科的问题，包括基本问题、单元主要问题与课时重点问题是教师对教材与教学要求的基本把握，也是教学设计的基础。

第二节　以学生的问题为起点

当然，谁都知道这样一个常识，科学家不一定能成为一个好的教师，文学家不一定能教会学生写作，艺术家也不一定能教会学生演奏作品，一个好的运动员不代表就一定是一个好的教练员。一个专家能够拥有他所代表的那个领域的专业知识，或学科知识，但要学会教学生，还需要研究很多内容。

我们拿着一本教材，照本宣科就能上好课吗？当然不能，因为这不是真正意义上的教学。学习的问题不能等同于学科的问题，教师在把握学科问题的基础上，需要充分预估学生的起点问题与生成问题，并以此作为有效学习的起点。

预估学生的问题就需要做好学情分析，包括知识基础、生活经验、学习动机与兴趣点、学习能力、差异状况。也许你会问，按照那几个方面做好学情分析就可以了，为什么还要预估学生的问题呢？这就是更进一步的工作了，因为问题是课堂实施的载体，如果你只了解学生知道什么，不知道什么，可能对什么有兴趣，却想象不出他会提什么问题，从哪个角度提出问题，那么你对课堂的准备还是不充分的。你对他们的分析可能更多是从知识角度而非认知角度去思考的。这样的话在课堂中你就可能无法应对来自学生四面八方的问题，除非你不给他们机会提问，或很少有机会给他们以至于他们也不知道问什么。

问题比一个陈述更具有定向功能，因此了解学生的问题比笼统的学情分析更有价值，因为它可以让你更深层次地了解学生在想什么，他在哪一个切入点上产生了思考，思考的方向是什么？比如，在理解课文"人生的开关"，学生提出的问题"为什么人生道路也有开关？""为什么人生的开关能把人带进光明与黑暗两种境遇？""为什么轻轻一按就把人带进光明和黑暗?"同样是对人生开关内涵的理解，但是学生的疑惑与思考点都不同，第一个问题是人生的开关与普通的开关有什么区别与联系，第二个问题探讨的是人生不同的选择会有不同的境遇，第三个问题是想探讨轻轻一按意味着什么，是人生道路上关键时刻的把握也许就在那不经意之间。如果教师能了解学生的问题，对决定课堂从哪个角度切入中心是有直接帮助的，随后在此基础上的师生交流才是一种实质意义的互动。另外，由于问题具有直接的定向与组织功能，通常它更指向具体的学习内容，就能使你在课堂上的教学交互行为更聚焦，对课堂实施的准备更具有直接的操作意义，所以预估好学生的问题就非常重要。

一、生命的本质问题

值得说明的是，学科学习是学校教育的重要内容，但却不是教育的终极目标，它是为了实现人——个体生命的社会性发展而存在的。学校教育的目标并不在于通过学科课程的学习将学生的知识体系与价值体系完全学科化，事实上他们离开学校作为一个社会人，更多是将学科学习中获得的知识与能力去解决现实中的问题，获得属于他的生命价值与生活意义。

生命的本质问题常常触及我们的内心和灵魂，探讨我们面临的最深层次的东西……三言两语不能回答的一些复杂而又令人困惑的事情：生命——死亡——身份——目的——背叛——荣誉——诚实——勇气——诱惑——信仰——沉溺——创造——灵感。生命的本质问题其核心就是探询真善美。

也许你会觉得对生命本质问题的思考可能更适合人文领域，而在理科，这些事功型知识占主导地位的学科却很少涉及。其实不然，科学领域对真理的追求、人与自然和谐的深层思考都与生命的本质问题有关。

不同年龄的学生，对于生命本质问题思考的深刻性水平存在较大差异，我们需要结合他们那个年龄的所思所想，以此为起点，将这些问题与学科学习联系起来。比如，友情意味着什么？我该成为怎样的朋友？我该怎样对待我的朋友？对于朋友、友谊，从小说中我可以了解到什么？等等。

在思考以学生的问题为起点时，作为教师还不应仅仅考虑孩子们在本学科领域的认知起点，更要从生命的本质问题——这一问题化学习的教育哲学高度，思考一个个体生命的价值与意义，通常他的逻辑起点在哪里，与我们要学习的具体课程的联系是什么。

二、课堂的起点问题与生成问题

在具体的学科学习中，预估学生的问题主要包括课前的起点问题与课中的生成问题。

预估学生的起点问题，就是要考虑没上课前，了解学生已经知道的内容是什么？他们不清楚的是什么？为什么？他们可能有什么样的问题？他们感兴趣的问题会有哪些？学习的内容与他们的知识基础、生活经验分别有着怎样的关系？

预估学生的生成问题，就是要考虑上课过程中，在进一步的学习中，学生会有什么困惑与障碍，会产生什么新的问题？生成问题的预估应该是指向某一个具体的学习任务或活动，就是设想在这个学习活动中学生可能产生的新问题。

预估学生的问题也是对教学难点的充分把握。如果说教学重点主要是指向学科的话，那么教学难点则主要是指向学生。重点通常是学科教学需要学生掌握的重要知识、技能与能力，难点则是学生在这节课的学习中最可能遇到的困难与障碍。

我们可以在自己的备课方案里专门插入一张学生起点问题预估表，也可以将预估的学生问题写入教学过程的相应环节中。例如，在《身边的力——物体的形状与大小》（《科学》（三年级），这个内容主要让学生研究物体的形状大小与承重力相关的问题）授课前，科学组的教师共同探讨了学生可能产生的问题（见表4-1）。

表4-1 "物体的形状与大小"学生问题预估

活 动	任 务	学生可能产生的问题
1. 角色扮演	根据经验说说，与桥梁承重力有关的。	我想知道桥建造在哪里？ 我想知道桥的跨度是多少？ 我想知道桥要造成什么形状的？ 我想知道……

续表

活　动	任　务	学生可能产生的问题
2. 纸桥大力士	观察比较两座外观一样但内部结构不一样的纸桥，它们的承重力有何不同。	我在想里面是不是放了不一样的纸？ 我在想里面的纸的形状不一样吗？ 承重多的一个里面有金属（铁制的东西）…… 是不是里面的纸变成了圆柱体……
3. 变形的纸片	使用一张纸，想办法让它承重更多的钉子。	我可以把它做成圆柱形的吗？ 我可以把它做成三角形的吗？……
4. 桥梁设计师	最多利用三张广告纸和一张粘纸制作一座纸桥横跨在湖面上，并可以承受尽可能多的重物。	我可以撕开这些纸吗？ 我可以使用剪刀吗？ 中间的跨度是怎样的？ ……
	对几次实验方法的效果比较。	我用三角形和圆形结合起来的结构。 把纸卷成纸棒，就可以变硬了。……

　　根据不同的活动任务，教师对学生的经验基础与可能产生的问题，关注方向/角度进行了充分的估计，这种细腻的学情分析，有利于教师在课堂中把握问题的生成与有效回应。

三、预估学生问题的方法与途径

　　教师们通常比较困惑的是，不知道如何预估学生的问题，通过什么方法与途径知学生所知，想学生所想。如果你是一位有经验的教师，而且是一个有心的记录者，那么同样的教学内容上一届学生曾经出现的问题就可以成为你这次上课的预估。如果在你的周围有很多有经验的同行，那么你也可以跟他们交流，问问在他们的课堂里学生会有哪些问题。再有，你实在没有把握，上课前就拉几个同学问问（可以是各种认识层次的学生），看看他们究竟怎么想。如果同一个内容你上很多平行班，那么前一个班学生的问题就可以成为下一节课的备课资源。当然，这些做法虽然有时还挺管用，但多少还有些经验主义。下面给你推荐一些我们在实践中积累的一些有意思且有效的做法。

第一种是"问题纸——预习中的提问"。这种做法比较适合学生问题意识与提问能力培养的初级阶段，在语文现代文阅读教学中比较常见。教师可以在上课前一天要求学生预习课文，并将自己的疑问写在小纸条上，第二天由科代表交予老师，老师将学生的问题进行分类筛选，重新调整备课方案。也有一些老师认为，直接让学生提问事实上并不能确切地发现学生的问题，因为学生往往是不会知道自己在理解文本上存在问题的。也就是说，如果学生能够提出一些深入主题的问题，那么也就意味着他已经对课文的主要内容有了一定的把握了，反之他则很难提出问题，特别是有质量的问题。因此，教师可以通过检查学生概括的课文主要内容来发现学生的问题在哪里。

第二种是"问题指南卡——课前课中课后综合运用"。这是由我们科学组朱文琴老师尝试实践的有效做法。由于在实际的课堂中，教学时间相对有限而班级人数较多的矛盾，使许多孩子的问题没有机会提，疑惑得不到解答，教师也无法了解所有学生关于一个"单元主题"或"课时内容"到底有哪些问题。当然，也存在许多学生无疑可问、不敢问或者不知怎样问。我们就通过"问题指南卡"帮助老师们了解学生的所思所想。在一个单元主题开始之前运用"问题指南卡"，引导学生尽可能地从不同方面提出问题。在前一个单元结束后，安排5—10分钟预览下一个单元要学习的内容，将自己不明白的地方记下来，或者列出自己认为想要探究的问题。如运用发散性思维导图让学生针对某一单元或主题提出自己的问题，如图4-1所示。

图4-1　关于摩擦力的问题发散

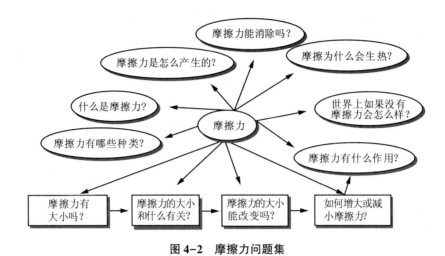

图 4-2　摩擦力问题集

在一个课时中可以运用"问题指南卡"表格，引导学生在观察、实验、交流等探究的过程中记录自己发现的问题，如表 4-2（针对科学探究过程）所示。

表 4-2　科学探究问题记录表

记录你的问题	1. 观察到（看到、闻到、听到……）什么？
	2. 发现了哪些问题或想法？（可以把你的问题或想法跟合作小组的同学交流，倾听一下他们的看法。）
	3. 对照单元"问题指南卡"，哪些问题已经解决，用符号标示出来。
	4. 把本课还没有解决的新问题写下来。

　　"问题指南卡"既可以帮助老师了解到学生的问题，也可以作为引导学生提问的工具。在学生提出各种问题的基础上，可以对问题进行整理、分类，然后引导他们讨论这些问题的研究方法和进行研究所需要的条件，选出典型的、利用现有条件可进行探究的问题。这样做既解决了让学生自己提出问题，又使他们兴趣盎然、探究愿望强烈，又解决了课堂时间有限，需要提高效率的问题。

四、有效课堂教学组织

　　以学生的问题为起点，并不意味着在课堂上全部放手让学生提问，而是说必须要让学生有空间提出自己的问题，在学生提出问题后，有效的课堂教学组织也是非常重要的。除了运用问题纸或问题指南卡在课前实现问题预知，然后经过问题筛选实现高效课堂的做法外，在课堂中进行科学合理的教学组织也能够平衡学生主体与课堂效率之间的矛盾。

　　比如，安排合理的小组互动也是实现"以学生的问题为起点"的有效课堂的途径。如果学生具备了一定的问题意识与提问能力，教师可以在课堂中安排学生通过圈画、记录等方式自主提问，然后进行小组交流，小组交流的过程中一定要明确要求，以免流于形式。比如，要求小组成员逐一地交流自己的问题，其他同学倾听完之后可以直接解答，要求不要重复别人的问题，小组中可以安排一个记录员，最后小组可以推选出一个大家解决不了的或最有价值的问题贴在黑板上供大家共同交流。小组讨论的时间一般以 3—5 分钟为宜，也可以根据学生年龄或解决问题的难易度统筹安排。在小组互动的过程中，教师要及时了解交流的动态，帮助学生选择有代表性的问题，通常是能聚焦课堂核心问题的问题贴在黑板上（一些有创意的虽然不能聚焦核心问题的问题也可以单列）。贴在黑板上的问题要进行有机的排列和组织，最终为形成这堂课的问题系统服务。当然这样的目标不可能一蹴而就，我们要有意识朝着这种理想的课堂努力。有时候也需要提供必要的评价工具，如出示 PPT 强调小组活动要求，或提供有指导性的记录纸（如思维导图），或安排记录员或评价员。

　　这样，可以使得全班交流的问题更加集中，又使得一些浅层次的问题在小组交流中就解决掉了，还锻炼了学生解决问题的能力，一举数得提高课堂的效率。电子白板，头脑风暴器等现代工具的使用也可以提高课堂的效率，但这必须建立在师生良好的信息化水平基础上。

我们常常觉得放手让学生提出问题与追求课堂效率之间永远是个两难问题，也常常抱怨没有办法突破这对矛盾，事实上只要我们有意识，你就会有智慧，懂得如何做才能平衡学科的问题、学生的问题及老师的问题，也使学生在自主的同时不至于偏离课程太远。

第三节　以教师的问题为引导

当我们充分地思考完学科的问题与学生的问题之后，才有充分的理由思考在课堂上该提出怎样的引导性问题。教师的引导问题是帮助学生生成问题、扩展问题、聚焦问题与解决问题的问题，也是最终为形成问题系统服务的问题。教师的引导性问题可能包括了在课堂导入时的驱动性问题，统领本课的核心问题，以及为了解决这个核心问题具有内在联系的具体推进的系列问题。

一、驱动性问题

驱动性问题是教师在课堂导入或某一个教学环节开始之时启动思考的问题，通常它需要具体的问题情境，以谋求与学生的经验产生联结，并能激发他们的兴趣、动机与自主学习的愿望。驱动性问题通常也是教师启发学生发现问题的问题。

比如，一年级数学"比较长短"，老师可以这样问："在生活中，你比较过长短吗？你是用什么方法比较的？能举例说明吗？"这个问题的意图是想知道学生已经熟悉和掌握了哪些比较长短的经验。在这个基础上，老师可以继续追问："你是否在比较长短时遇到困难？能举例说说吗？"这就是一个生发学生问题的问题。

又如，小学科学"物体的形状结构与承重力关系"，老师问："假如你是一个新手型的桥梁设计师，当地政府派你去设计一座桥梁，你最想了解什么？"生1：我想知道桥建造在哪里？生2：我想知道桥的跨度是多少？生

3：我想知道桥要造成什么形状的？生4：我想知道桥用什么材料来造……

二、课堂核心问题

核心问题是指在学科基本问题的引领下，依据学科在本课时的重点问题，在充分考虑学生的起点问题（生活经验、知识基础与认知冲突、学习动机与兴趣点）后，产生的课堂统领性问题，它是最能集中体现"以学科知识为基础，学生疑难为起点，教学意图为导向"的"三位一体"的设计取向。在问题化学习的起步阶段可以由教师课前预设，在课上抛出。到了发展或成熟阶段则可以通过学生的筛选或思考得出。

衡量核心问题是否有效要考虑的基本方面：①问题的解决对达成主要教学目标起决定作用；②问题基于学习者的原有认知基础，能引起学生的认知冲突，保留适度挑战；③问题有一定的探究空间、思维含量与开放度；④问题统领课堂的主线索，能够解决学科基本问题的关键性问题。

如小学数学特级教师潘小明老师在"长方形的周长与面积"教学中，出示一根铁丝长24厘米，老师先给出一个驱动性问题："如果给你，你打算怎样围？可以围出几个不同规格的长方形？"进而老师提出："这些周长相等的长方形，面积会怎样？"之后的课堂就围绕着这个核心问题，学生进行猜想、探究、验证，"是不是周长长的面积大？"……"周长相等的长方形，长与宽越接近，面积越大。"……"周长是24厘米的长方形，周长与面积有这样的规律，那么所有周长相等的长方形，都有这样的规律吗？怎样来验证？"在课的最后，学生提出："那么，面积相等的长方形，周长一定相等吗？"

关于长方形的周长与面积，学生的经验性推论通常是"周长长的长方形面积就一定大"，潘老师的课堂核心问题就是建立在学生认知冲突的焦点上，看准了这一触发点，教学由此展开，这样的问题，对于学生来说具有挑战性。而且，围绕这个问题的探究有一定的开放度，统领了周长与面积关系的很多子问题、逆问题。更可贵的是，学生通过对核心问题的探究过程，获得的不仅仅是了解长方形的周长与面积的关系，更重要的是数学的思考方法。

三、推进的问题

课堂推进的问题，往往呈现为在课堂上教师的追问，围绕核心问题不断聚焦与深化的问题、归纳与引申的问题，这些问题与问题之间，又形成了内在的系统关系，可以是层层推进的问题链，也可以是迂回曲折的问题网，也可以是逐步扩展的问题圈，它反映了对核心问题的分阶段、多层次、多角度的演绎、归纳的思考。

在课堂中，推进的问题通常有以下 7 个。

1. 分解的问题：如果一个核心问题或主问题太大，学生无从下手，就可以分解成若干子问题分步骤解决。所以，我们可以引导学生：对于这个问题，可以从哪几个方面去思考，每一个方面的问题分别是什么？

2. 扩展的问题：如果学生思维狭窄局促，扩展的问题就是帮助他们拓展思路从不同的角度思考问题的问题。

例如，我们语文组唐秋明老师在引导学生以"耳朵"为题写一篇议论性散文，谈到审题立意可以充分挖掘耳朵听的功能，比如说，我们可以从"听什么"的角度，是聆听世界（呼唤和平……）？是聆听历史（以史为鉴……）？是聆听自我（自励、愧疚、感伤……）？是聆听别人（关注弱势群体……）？还是聆听自然（环境怡人、人类破坏……），还是从"怎么听"的角度，是兼听（广开言路，善于纳谏；拿来主义，择善从之），是善听（听长辈的，站在巨人肩上；听领导的，奉承、拍马，圆滑、世故），是广听（是增强自我底蕴，选择最好方案的重要途径），还是倾听（用心去聆听，能换位思考，设身处地为他人着想）。此间，"听什么"和"怎么听"的问题，就是扩展的问题。

3. 聚焦的问题：当学生的思维很活跃，也从自己的角度提出了很多问题，但是问题呈无序状态，浮于表面，或有很多无关问题时，老师就有必要通过聚焦的问题来使他们回归到核心问题的探询。

聚焦的问题通常具有很强的针对性，它能够正确地引领学生到达目标，在集中问题的过程中发挥组织和过滤功能，也使我们把问题集归拢到最主要的问题。如学生试图为全球十大城市给出相对安全指数。如果教师把学生的这样一个有关犯罪的大问题（哪个城市最安全？）转化成一个相对聚焦的问题（根据联合国报告，全球十大城市的犯罪率是多少？以及近十年来的变化？），那么学生们的研究会更成功。

聚焦的问题另一个主要功能是帮助学生透过现象看本质，通常学生的问题更多描述的是一种现象，教师可以通过"这是为什么？"、"这实质上是……"或"通过这个现象，我们可以进一步思考……"等问题帮助学生看到问题的实质。

4. 转化的问题：如果我们需要学生转变一个角度进行思考，刚才×××同学提出的是从……看问题，是从……角度看的，但如果我们从……看，又会怎样呢？转化的问题也可以看成是问题扩展的一部分。

5. 归纳的问题：归纳的问题通常是一个学习活动结束时，教师引导学生进行的结论性思考，如通过刚才的学习/讨论/研究，我们从哪些角度探讨了……现在，你觉得……

6. 引申的问题：引申的问题通常是解决好课堂核心问题之后，教师引发的新问题，也可以是意犹未尽的学生自己发现的新问题。

引申的问题是问题化学习的高境界，它追求在发现问题中解决问题，又在解决问题中发现问题，让学生带着问题进课堂，又带着问题出课堂。比如，在学生建构长方体体积计算方法后，让学生运用公式计算体积，在这一课时结束时，学生提出：不规则物体体积怎么求？于是教师在此基础上展开第二课时的教学：橡皮泥的体积如何求？怎么求鹅卵石的体积呢？在课结束时，学生联系实际又提出：溶解于水的盐的体积如何求？这一新问题也许已经超越了小学数学的领域范畴，但从学生终生学习的角度，却也是一个很有意思的引申问题。引申的问题也可以是老师课堂的结束语，比如，今天我们在课堂上共同探讨了怎样的人生更精彩，但是，人生的长短是否就能够定义精彩？是否为人所知的人生历程才算精彩？……让学生带着深深的思考，意犹未尽中暂别课堂。

7. 促进反思的问题：通常是指促进学生元认知发展的问题，它帮助学生自我认知，获得策略。

比如说，你是怎样发现这个问题的？检查一下你的计划是否明确？对于这个任务，哪种问题类型可能对我最有帮助，我需要怎样来改变我的研究计划？反思一下你解决这个问题的过程、方法与步骤，与别人相比较，你觉得是否合理，有没有需要完善的地方？等等。

促进反思的问题可以帮助学生自我计划、自我监控、自我调节。这些问题可以由老师引导，也可以由学生自己提示自己。

推进问题的质量，充分考验教师的课堂智慧与教学涵养。考验其能否在师生互动的过程中，将问题的讨论引导深入，这能充分检验教师课堂教学水准。事实上，在问题化学习的初级阶段，推进的问题可能更多是教师的作为，当学生逐步成长为解决问题、发现问题与提出问题的高手，课堂的推进问题往往是师生交织在一起的智慧行动。

学习问题的出笼，或者说一个完整的问题化学习设计，需要把握学科的内容问题、预估学生的起点问题或发散性问题，在此基础上完善教师的引导性问题或驱动性问题，从而内化为聚焦的有效率（效益）的学习问题。这样的设计有助于做到既尊重学生经验又兼顾知识体系；既实现学生自主学习，又重视教师有效引导。

第五章

定义问题的目标属性

有效的问题化学习设计，还应该体现在对学习目标的精确把握上。

有没有一种同感，大家在平时听课评课时，经常会谈论到："今天课堂上老师设计的这个问题没有思维含量。""学生问的这个问题很好，非常有水平。"关于问题的好坏，我们有没有进一步从学习结果的角度去思考，老师的那个问题为什么没有思维含量，是不是没有达到这节课应该达到的认知目标。学生的问题很有水准，是不是已经超越了你我原来的预想，达到了很高的目标层次。这就需要我们在设计课堂中的问题时，或评估学生的问题时，有一个对问题解答之后学习结果评估的基本依据，这个基本依据就是学习目标。因此，定义问题的目标属性，就成为实现有效课堂实施的基本保障了。

还有一种思路是目标本身就可以有两种陈述的方式，一种是陈述句的方式、一种是问句的方式。问句的方式可以理解为是将学习目标转化为学习问题。因为通常认为问题更容易作为课堂实施的直接操作对象，从而被教师广泛接受与应用。

从教学设计的原理看，把问题与目标建立联系，是因为问题更多的在教学活动与教学评估中出现，因此可以实现目标、教学与评估的一致性。

第一节 目标的分类学依据

加涅关于言语信息、智力技能、认知策略、动作技能和态度的学习结果的分类在教学设计领域被广泛应用，也是进行知识分类、目标导向教学设计实践的理论基础。梅里尔的业绩—内容矩阵分类虽然主要限于认知领域，但是独创性地将三种认知水平（业绩）和不同学科具体知识技能背后的四种类型的认知结果联系起来了，因此在教学设计实践中也大有用处。布卢姆认知目标分类得到最新的全面修订，其分类的二维框架体现为四种知识和六种认知过程，共有 30 种具体结合，它们不仅渗透着当代教育心理学研究的一些重要发现，同时也为在教学设计实践中贯彻目标、教学、评价一致性原理提供了新的应用前景。

一、布卢姆最新目标分类学表

在系统的问题化学习设计过程中，首先可根据课程标准或最新修订的布卢姆目标分类学表定义问题属性，这也是实现有效学习的基本保障。分类学表包括知识维度与认知过程维度，知识维度包括事实性知识、概念性知识、程序性知识及反省知识，下属又有 11 个亚类，认知过程维度包括记忆、理解、运用、分析、评价与创造，下属又有 19 个亚类。

例如，在教学设计中，我们将知识层次、认知层次及课标中的各级层次综合考虑，设计相对应的学习问题，这样有利于教师把握教学目标，能较清晰表达：通过何种类型的学习问题适切地引发学生思考、探究，直至问题的解决，从而习得知识与技能。

1. 知识维度的主要类别与亚类

表 5-1　知识维度的主要类别与亚类①

	类　别	定　义	亚　类	例子
知识维度	事实性知识	学生通晓一门学科或解决其中的问题所必须知道的基本要素	术语的知识	A_A
			具体细节和要素的知识	A_B
	概念性知识	能使各成分共同作用的较大结构中的基本成分之间的关系	分类或类目的知识	B_A
			原理和概括的知识	B_B
			理论、模式和结构的知识	B_C
	程序性知识	如何做什么，研究方法和运用技能、算法、技术和方法的标准	具体学科的技能和算法的知识	C_A
			具体学科的技术和方法的知识	C_B
			决定何时运用适当程序的标准的知识	C_C
	反省知识	一般认知知识和有关自己的认知的意识和知识	策略性知识	D_A
			包括情境性的和条件性的知识在内的关于认知任务的知识	D_B
			自我知识	D_C

列举与问题示例：

A_A 事实性知识——术语的知识：

　　列举：知道花的各部分的代号：K 表示花萼，C 表示花冠，P 表示花被。

　　问题示例：用什么代号来表示花的各部分？

A_B 事实性知识——具体细节和要素的知识：

　　列举：知道秦始皇是中国第一个皇帝。

　　问题示例：谁是中国历史上第一个皇帝？

B_A 概念性知识——分类或类目的知识：

　　列举：木本植物的类型。

---

　　① L. W. 安德森，等. 学习、教学和评估的分类学［M］. 皮连生，主译. 上海：华东师范大学出版社，2008：43.

问题示例：木本植物有哪些类型？乔木属于木本植物还是草本植物？

B_B 概念性知识——原理和概括的知识：

列举：植物的光合作用。

问题示例：植物是如何进行光合作用的？根据实验可知，在一定限度内，增加光照，提高温度或增加 CO_2 浓度均可提高农作物的产量，提高温度使作物产量提高的原因是什么？增加 CO_2 的浓度可提高作物产量的原因又是什么？

B_C 概念性知识——理论、模式和结构的知识：

列举：生物进化论。

问题示例：生物进化论包含哪几个方面？用生物进化论的观点解释为什么病菌抗药性不断增强？

C_A 程序性知识——具体学科的技能和算法的知识：

列举：整数除法。

问题示例：$96 \div 16 = ?$

C_B 程序性知识——具体学科的技术和方法的知识：

列举：对照实验的基本方法。

问题示例：在生物实验中如何确定实验组和对照组？

C_C 程序性知识——确定何时运用适当程序的标准的知识：

列举：学会设计对比实验方案比较、探究摩擦力大小与相互移动的两平面光滑程度的关系。

问题示例：摩擦力大小可能与什么有关？如何验证自己的假设，设计验证方案？需要用到哪些实验方法？

D_A 反省知识——策略性知识：

列举：用画概念图的方式帮助自己理解概念（如光合作用），或理清概念与概念之间的关系。

问题示例：你知道用什么工具最适合自己理解与记忆概念/概念群？

D_B 反省知识——包括情境性的和条件性的知识在内的关于认知任务的知识：

列举：遇到一个不熟悉的任务需要完成时，学会用五何法启发自己。即"由何"（这个任务是怎么来的，怎样的背景）、"是何"（这个任务具体是指什么）、"为何"（为什么要完成这个任务，有什么意义）、"如何"（我怎样才能完成这个任务，需要什么样的过程、方法、途径）、"若何"

（假如条件发生变化情况会怎样，多变换角度思考不同的方案）。

问题示例：遇到一个不熟悉的任务，你通常怎样提示自己去分析与思考？

D_C 反省知识——自我知识：

列举：知道自己比较擅长抽象思维。

问题示例：你了解自己的思维特点吗？

2. 基于认知过程维度的层次与问题框架

表 5-2 基于认知过程维度的层次 [1]

类别	定　义	亚类	替代名称	定　义
记忆	从长时记忆系统中提取有关信息	再认	识别	从长时记忆系统中找到与呈现材料一致的知识
		回忆	提取	从长时记忆系统中提取相关知识
认知过程维度 理解	从口头、书面和图画传播的教学信息中建构意义	解释	澄清、释义、描述、转化	从一种呈现形式（如数字的）转化为另一种形式（如言语的）
		举例	例示、具体化	找出一个概念或一条原理的具体例子
		分类	类目化、归属	确定某事物属于某一个类目（如概念或原理）
		概要	抽象、概括	抽象出一般主题或要点
		推论	结论、外推、内推、预测	从提供的信息得出逻辑结论
		比较	对照、匹配、映射	确定两个观点、客体等之间的一致性
		说明	构建、建模	建构一个系统的因果模型
运用	在给定情境中执行或使用某程序	执行	贯彻	把一程序运用于熟悉的任务
		实施	使用	把一程序运用于不熟悉的任务

---

① L. W. 安德森，等. 学习、教学和评估的分类学 [M]. 皮连生，主译. 上海：华东师范大学出版社，2008：59.

	类别	定　义	亚类	替代名称	定　义
认知过程维度	分析	把材料分解为它的组成部分并确定部分之间如何相互联系以形成总体结构或达到目的	区分	辨别、区别集中、选择	从呈现材料的无关部分区别出有关部分或从不重要部分区别出重要部分
			组织	发现一致性、整合、列提纲、结构化	确定某些要素如何在某一结构中的适合性或功能
			归属	解构	确定潜在于呈现材料中的观点、偏好、假定或意图
	评价	依据标准做出判断	核查	协调、探测、监测、检测	查明某过程或产品的不一致性或谬误；确定过程或产品是否有内在一致性；查明某种程序在运行时的有效性
			评判	判断	查明产品和外部标准的不一致性，确定某产品是否具有外部一致性；查明一个程序对一个问题的适当性
	创造	将要素加以组合以形成一致的或功能性的整体；将要素重新组织成为新的模式或结构	生成	假设	根据标准提出多种可供选择的假设
			计划	设计	设计完成某一任务的一套步骤
			产出	建构	发明一种产品

列举与问题示例：

1. 记忆

　　1.1　再认

　　　　目标列举：确认第一次鸦片战争的时间。

　　　　问题示例：第一次鸦片战争的时间是 1840 年还是 1856 年？

　　1.2　回忆

　　　　目标列举：回忆第一次鸦片战争的时间。

　　　　问题示例：第一次鸦片战争是哪一年爆发的？

2. 理解

2.1 解释

目标列举：理解水循环的概念。

问题示例：能否用思维导图画出什么是水循环？

2.2 举例

目标列举：举例说明什么是无机物。

问题示例：在生活中你能列举几种无机物吗？并说说为什么它是无机物。

2.3 分类

目标列举：判断所列举的是无机物还是有机物。

问题示例：塑料、橡胶是有机物还是无机物？

2.4 概要

目标列举：概括文章主题。

问题示例：阅读一篇文章，请给它起个合适的题目/你认为下面哪一个题目更适合它？

2.5 推论

目标列举：发现数列规律学会推理。

问题示例：找规律填数 1，2，4，7，11，16，（22），29（相邻两个数的差为 1，2，3，4，5，6，7…）

2.6 比较

目标列举：学会比较结构相似的数学应用题。

问题示例：第三题应用题怎样与第一题相似？

2.7 说明

目标列举：理解金属生锈的主要原因与氧化物的生成过程，说明空气、水和酸是造成金属表面发生氧化反应，生成金属氧化物导致生锈的主要因素。

问题示例：你能说说金属生锈的主要原因是什么？锈是如何生成的？

3. 运用

3.1 执行

目标列举：运用你所熟悉的防锈方法合理储藏家里的铁钉。

问题示例：你熟悉的防锈方法是什么？想一想如何应用这个方法去

储藏家里的铁钉？

3.2 实施

目标列举：学会用条件—问题或问题—条件解决自己不熟悉的数学应用题。

问题示例：用什么方法来解决对你来说是新问题的数学应用题？

4. 分析

4.1 区分

目标列举：在数学文字题中区分有关数量与无关数量。

问题示例：在这道数学文字题中，你能说出哪些是有关数量，哪些是无关数量？

4.2 组织

目标列举：分析文章的结构与线索。

问题示例：文章的结构与线索如何？用思维导图画出本文的结构与线索。

4.3 归属

目标列举：领悟作者的写作意图。

问题示例：能够结合时代背景谈谈作者为什么这样写吗？

5. 评价

5.1 核查

目标列举：确定实验的结论是否来自观察的数据。

问题示例：请你核查一下，邻组同学的结论与实验数据是否相符？

5.2 评判

目标列举：评判所设计的防锈方法的优劣。

问题示例：请你从防锈效果、成本与环保三个方面谈谈谁设计的防锈方法最好？为什么？

6. 创造

6.1 生成

目标列举：预测铁制品在什么地方最容易生锈。

问题示例：请你猜想一下铁制品可能在哪些环境中最容易生锈？

6.2 计划

目标列举：设计一个实验验证自己的多种假设。

问题示例：思考并设计一个怎样的实验，选择怎样的实验方法，来检验铁制品在哪一种环境中最容易生锈？

6.3　产出

目标列举：应用所学知识发明一个防锈新方法。

问题示例：你能设计一个更好的防锈方法吗？

需要说明的是，认知过程维度的认知活动并不是割裂的，有时候一个学习任务通常包含了多个认知过程。如理解、分析、评价这三个认知过程是相互联系的，而且经常重复用于完成认知任务，而创造可能与先前的认知活动都相关。如应用所学知识发明一个防锈新方法，要完成这个创造的任务很可能需要前面的认知过程的很多方面，如实施等。这种情况下，通常我们选择它在较高形式上属于哪个亚类，而其他涉及部分则不一一列出。

二、应用的示例与实践体会

例如，在"生锈与防锈"（《自然》，小学四年级，单元教学，三课时）教学中，我们列出了老师教学设计中的主要问题（按教学过程），如果将其从知识维度与认知过程维度定义问题属性，就可以帮助教师合理安排教学问题的目标层次。

① 2.7 说明：你能说说金属生锈的主要原因是什么？锈是如何生成的？

② 2.1 解释：生锈对钢铁制品有什么危害？

③ 2.3 分类：金属的类型有哪些？哪些金属不容易生锈？

④ 2.4 概要：铁锈有什么特点？

⑤ 6.1 生成：请你猜想一下铁制品可能在哪些环境中最容易生锈？

⑥ 6.2 计划：思考一下设计一个怎样的实验，选择怎样的实验方法，来检验铁制品在哪一种环境中最容易生锈？

⑦ 4.2 组织：想一想，实验报告的提纲包括哪些内容，用什么样的方式列出？

⑧ 4.2 组织：用思维导图记录实验过程，在此基础上进行分析与汇报，你有什么特别的感受？

⑨ 1.2 回忆：生活中你看到过或知道哪些防锈方法？

⑩ 3.1 执行：你熟悉的防锈方法是什么？想一想如何应用这个方法去

储藏家里的铁钉？

⑪　6.3 产出：你能设计一个更好的防锈方法吗？

⑫　5.1 核查：请你核查一下，邻组同学的结论与实验数据是否相符？

⑬　5.2 评判：请你从防锈效果、成本与环保三个方面谈谈谁设计的防锈方法最好？为什么？

表 5-3　"生锈与防锈"学习问题的目标定义

		事实性知识		概念性知识			程序性知识			反省知识		
		A_A	A_B	B_A	B_B	B_C	C_A	C_B	C_C	D_A	D_B	D_C
记忆	1.1 再认											
	1.2 回忆		9									
理解	2.1 解释		2									
	2.2 举例											
	2.3 分类			3								
	2.4 概要		4									
	2.5 推论											
	2.6 比较											
	2.7 说明				1							
运用	3.1 执行								10			
	3.2 实施											
分析	4.1 区分											
	4.2 组织							7		8		
	4.3 归属											
评价	5.1 核查						12					
	5.2 评判				13							
创造	6.1 生成				5							
	6.2 计划								6			
	6.3 产出								11			

对于基层的教师来说，直接运用布卢姆最新分类学表进行教学设计，会存在一定的困难，特别是对于一些亚类的细致区分上，他们通常难以应对。而且，学科的差异性也是一个问题，有一些亚类在一个学科里经常涉及，但在另一个学科却很少出现。比如说归属，这在语文学科中非常常见，让你领悟作品的弦外之音，作者的言外之意，都应该是归属。但在自然学科却有些牵强，比如说让你判断这篇科学论文的观点取向，是进化论取向

还是其他，这样的学习任务对于中小学的课程来说很少涉及。还有一个困难，就是一个学习活动往往需要几个认知过程交叉进行，这就让教师觉得很困惑究竟应该放在哪一类中。对于用目标分类学表定位问题，其价值是不言而喻的，但通常也会碰到以上的困难。但如能够在专家的指导下培训使用，对其专业的提升却有很大的帮助。

我们觉得，布卢姆在知识维度与认知过程维度的最新目标分类学表受到大家的广泛关注并逐步运用到教学实践中，它更侧重理解、应用、迁移的意义学习与目前倡导的建构学习相一致，也提供了成功解决问题所需要的知识与认知过程，即如何更好的表征问题（理解）、提出问题解决的办法（应用、分析、评价、创造），以及相关的程序性知识与元认知知识。它的精确性为知识与能力目标的达成提供理论基础与技术保障。但是，布卢姆在情感领域的目标分类学却并没有受到应有的关注，这是一种遗憾，也不利于新课程三维目标尤其是情感目标的落实。

此外，用布卢姆目标分类学表定义问题的目标属性，一开始教师可能更习惯于用来定义自己预设的教学问题，来帮助反思自己的教学设计是否安排了合理的目标层次。不过随着问题化学习的实践推进，更多的教师尽可能将在三位一体（即学科问题、学生问题、教师问题）基础上产生的问题放置于分类学表中，这样做更能体现以学为中心的设计思路，而且也是可以做到的。在具体操作过程中，教师们不仅仅在教学设计的一开始（即写备课方案时）使用分类学表，还在课后用分类学表评估课堂上生成的问题，反思教学，体现了系统的、开放的教学设计思路。

在实践中我们发现，布卢姆目标分类学表更适合于单元整体的教学设计，课时的教学设计也可以运用，但效果远没有单元的好。因为往往一个完整的单元中，才会体现出丰富的知识类型与认知过程，对教师整体把握教材、整体设计教学过程与教学评价也更有价值。

此外，在教学系统观的引领下，豪恩斯坦基于一种整合的思路，超越了布卢姆"要素法"，在对认知、情感和心理动作领域的目标分类的基础上，提出聚焦行为领域分类，从而实现对认知、情感与心理动作领域目标的全面整合。这种分类学的新视野无疑为新课改三维目标的落实与具体实践提供了理论借鉴。

第二节 课程标准与学习目标

学科的课程标准是指导教学设计的基本依据，但是由于学科课程标准还是相对高位宏观的内容，要作为具体的课时学习目标缺乏操作性，需要教师将其转化为具体可测的学习目标。

从课程标准到学习目标，需要在单元层面、课时层面与课堂具体活动层面思考目标的制定，这与我们系统化的问题设计（即单元主要问题、课时重点问题与活动推进问题）是不谋而合且息息相关的。

一、学科课程标准列举

新课程标准中，有一些学科制定了学习目标的水平分类与相应的行为动词，它们部分参照了布卢姆的目标分类，并在此基础上做了学科调整与简化工作。这种情况下，教师可以依据学科学习目标分类来确定学习目标，并由此来定义学习问题的目标属性。

表5-4 《全日制义务教育数学课程标准》中目标的水平分类与动词举例[①]

分类	层次	各层次水平界定	目标动词举例
知识技能目标	了解	能从具体事例中，知道或能举例说明对象的有关特征（或意义）；能根据对象的特征，从具体情境中辨认出这一对象	描述、说出、知道、了解、识别、举例、列举、指认
	理解	能描述对象的特征和由来；能明确地阐述此对象与有关对象之间的区别和联系	解释、说明、比较、概述、认识、理解、区别、对比
	掌握	能在理解的基础上，把对象运用到新的情境中	懂得、学会、运用
	灵活应用	能综合运用知识，灵活、合理地选择与运用有关的方法完成特定的数学任务	使用、用理论或模型解释、阐明、分类、推导、应用

---

① 中华人民共和国教育部. 全日制义务教育数学课程标准（实验稿）[S]. 北京：北京师范大学出版社，2001：3.

续表

分类	层　次	各层次水平界定	目标动词举例
过程性目标	经历（感受）	在特定的数学活动中，获得一些初步的经验	绘图、测量、测定、学会、计算、收集
	体验（体会）	参与特定的数学活动，在具体情境中初步认识对象的特征，获得一些经验	体验、体会、感知
	探索	主动参与特定的数学活动，通过观察、实验等活动发现对象的某些特征或与其他对象的区别和联系	联系、调查、分析、综合、归纳、演绎、评价

表5-5　语文知识智能目标分类领域简表①

层　次	种	型	目标行为特点	目标材料特点
（一）	识记	知识再认型	对经验过的语文材料的再作用（再认、再现）	旧材料（已学过）
		知识再现型		
（二）	理解	意义推断型	对材料含义的理解（包括推断与表达两种行为)	半新半旧的材料
		意义表达型		
（三）	应用	原理事实型	将知识应用于具体情境之中	新的具体材料
		事实原理型		
		原理应用型		
（四）	分析	语言分析型	对整体性材料分解认知，并形成新的知识	新的整体性的材料
		内容分析型		
		写作方法分析型		
（五）	综合	阅读综合型	将素材构成新的整体（创造性）	新材料、新情境、新问题
		写作综合型		

①　彭光宇. 论语文教育目标分类体系［J］. 湖南教育学院学报, 2000（4）：61.

表 5-6   文化修养目标分类领域简表①

层次	种	目标行为特征	目标考核要点	教育要点
（一）	接受	学生在语文教学过程中同时理解性获得相应的文化观念，包括政治、思想、道德、伦理、审美、价值、哲学等诸种文化观念	与"知识智能领域"的"识记理解"层次相同，可采用选择、判断、填空、简答等形式	从知到行
（二）	组织	学生将接受的文化观念概念化、系统化，并能应用于具体的问题分析之中，逐步付诸于个人的品德修养实践中	可一方面用简答、论述等形式检查其文化观念的系统化、概念化程度；一方面考察其日常行为，检查其从知到行的品德规范文化修养	知行统一
（三）	个性化	形成稳定的世界观、价值观、审美观，将文化修养个性化	通过观察、调查的方式采用等级评定、评语鉴定等考察方式	

表 5-7   国家科学课程标准中目标分类与动词举例②

分　类	层次	各层次水平界定	目标动词举例
知识目标	了解	能说出知识的要点或事物的基本特征，并能在有关的问题中识别它们	描述、说出、知道、了解、识别、举例、列举、指认
	理解	能阐述知识的内涵，把握其内在逻辑关系，能用以解释简单现象或进行简单计算	解释、说明、比较、概述、认识、理解、区别、对比、懂得、看懂
	应用	能将知识应用在新情景中，与已知知识建立联系，分析有关现象或提出解决问题的途径和方法	使用、用理论或模型解释、阐明、分类、推导、应用

①　彭光宇．论语文教育目标分类体系［J］．湖南教育学院学报，2000（4）：61.

②　彭蜀晋，林长春．国家科学课程与教学论［M］．北京：高等教育出版社，2005：62.

续表

分 类	层次	各层次水平界定	目标动词举例
技能与能力目标	模仿	借助说明书或教师的示范进行的常规仪器操作和基本练习性操作	按照、根据、练习、尝试
	独立操作	学生独立进行的目的明确的操作，能与已有技能建立联系	绘制、测量、测定、查阅、学会、计算、收集
	迁移	运用多种手段与方法，自主进行的有目的地操作，能在新情境中运用技能	设计、联系、调查、模拟、分析、综合、归纳、演绎、评价
体验性目标	参与	经历某一学习过程（探究、实验、检索、阅读、参观、查询）后的感受	观察、体验、体会、感知
	反应	在经历的基础上表达态度、情感与价值取向	关心、关注、注意、善于
	领悟	经过一阶段学习过程后对某些科学观念（假设与理论、态度、情感与价值观）的内化	形成、养成、树立、建立、具有

在科学领域的课程中，不同的学科也根据自身的需要调整与简化了目标的层次、类型。如普通高中化学、物理、生物在认知维度都对目标进行了分类并提供了相应的行为动词。

表 5-8 《普通高中化学课程标准》中学习目标水平及行为动词

水平层次	所用的行为动词
知道	说出、识别、描述、举例
了解	认识、能表示、辨认、区分、比较
理解	解释、说明、判断、预期、分类、归纳、概述
应用	设计、评价、优选、使用、解决、检验、证明

表 5-9　《普通高中物理课程标准》中部分行为动词及其界定

水平层次	各水平的含义	所用的行为动词
了解	再认或回忆知识；识别、辨认事实和证据；举出例子；描述对象的基本特征	了解、知道、描述、说出、举例、说明、列举、表述、识别、比较、简述、对比
认识	位于"了解"和"理解"之间	认识
理解	把握内在逻辑联系；与已有知识建立联系；进行解释、推断、区分、扩展；提供证据；收集、整理信息等	阐述、解释、估计、理解、计算、说明、判断、分析、区分
运用	在新的情境中使用抽象的概念、原则；进行总结、推广；建立不同情境下的合理联系	评估、使用、验证、运用、掌握

表 5-10　《普通高中生物课程标准》中各水平要求及行为动词

水平层次	各水平的要求	所用的行为动词
了解	再认或回忆知识；识别、辨认事实或证据；举出例子；描述对象的基本特征等	描述、简述、识别、列出、说明、举例说明、指出、辨别、写出、排列
理解	把握内在联系；与已有知识建立联系；进行解释、推断、区分、扩展；提供证据；收集、整理信息等	说明、举例说明、概述、评述、区别、解释、选出、收集、处理、阐明、示范、比较、描绘、查找
运用	在新的情境中使用抽象的概念、原则；进行总结、推广；建立不同情境下的合理联系等	分析、得出、设计、拟订、应用、评价、撰写、利用、总结、研究

二、从课程标准到学习目标

我国中小学一线教师通常比较重视教学过程及相应的活动设计而忽略学习目标的精确制定；不知道如何实现课时目标的行为显性化与可测性，将课标中的相关要求照抄下来作为课时教案中的学习目标；在单元目标分解至课时目标时，直接将单元学习目标作为每一节课的学习目标；没有足够的意识将目标作为指导教学过程的有效依据；练习的设计等教学评估包括考试都与学习目标无关。

从教育目标到课程标准，再到具体的学习目标，需要有一个演绎的具体化的过程。目前教师在具体的课时中落实新课程三维目标还碰到许多操作上的困难。比如，是否要在每一节课中分别罗列出三维目标，这样会遇到将一个整合性活动的目标进行多角度肢解的尴尬；知识和技能目标比较清晰，但方法和情感态度价值观目标的表述却往往非常抽象、不易落实。

学习目标是有效问题化学习的基本保障，因此目标本身的科学性与精确性至关重要。新课程改革在课程标准的制定上倾注了大量的精力，提出了先进的理念，这都需要基层实践者好好地学习与落实。但要在具体的教学中，如何在单元层面、课时层面以及课堂单个活动层面，制定出精确可操作的学习目标，还需要大量的应用层面的基础性研究，也需要大量基层实践者凝聚共识、智慧实践。

1. 单元学习目标

（1）什么是单元学习目标？

单元学习目标是指学生在学科单元教学活动中所要达到的预期结果与标准。它在整个学科目标中起到承上启下的作用。对于整个学科课程来说，单元是大系统中的子系统；而对于具体的课时来说，单元又是一个系统与要素之间的关系。因此单元学习目标是对课程目标的分解，又是对课时目标的总揽。它是实现系统化学习与结构化建构的支点。

（2）单元学习目标的主要功能是什么？

单元学习目标的主要功能：一是作为制定课时学习目标的出发点，二是作为单元教学过程的基本纲领，三是作为单元教学评估包括单元练习设计、测验的基本依据。

（3）制定好单元目标需要处理好几个关系。

① 单元目标与课程标准之间的关系：就是明确树林与森林的关系，要清楚这个单元最主要的教学内容是什么，在整个课程中占据怎样的位置，如果是同一个教学内容的不同发展阶段，那就要明确处于这个发展阶段的教学内容在整个课程中的位置，由此来确定合乎要求的单元学习目标。如果是独立的教学内容，就要考虑它与其他教学内容之间的关系，要说明它在那个概念图中应处于哪个位置节点。

② 单元目标与课时目标之间的关系：单元目标是对这个单元课时目标的总揽，它不是课时目标简单的叠加。如果单元中各课时之间的教学内容呈递进的关系，单元目标应该是学习这个教学内容应该达到的最终要求。如果单元各课时之间的教学内容是并列的关系，单元目标就要体现整合提升的思路，也就是当学生学习完这一组内容，并完成一系列的教学活动后，最终概览、升华的目标是什么。

③ 各单元目标之间的关系：各单元之间的关系就是一个大系统之间子系统与子系统之间的关系。它包括了本单元目标与前后单元目标相互衔接，使单元学习目标既能体现前单元学习内容的应用和巩固，又能体现后单元学习内容的知识准备。只有这样，才能使学习目标之间相互配合，从而产生整体效应。

④ 三维目标之间的关系：单元目标是最好的落实课程三维目标的直接受力点。在单元目标中，应该体现本单元学科的关键知识、学科重要的思维方法以及基于这个学习内容与学习过程所获得的态度、情感与价值观。

（4）怎样制定单元学习目标？

① 分析教材，需要研究新教材单元编排的意图，研究新教材与旧教材的异同，梳理教学内容，根据课程标准大致理出多维目标（根据各学科课程标准，每个学科对维度的具体建议都有所不同。由于学科课程标准中确定的维度也在完善的过程中，建议参考布卢姆等学者的分类学维度）。

② 评估学情，根据学生的知识基础、经验基础、思维方法与情意基础初步确定多维目标。

③ 需要特别说明的是，我们主张单元目标的制定可以采取总分总的方式，即初步确定多维/三维后，先根据单元中的课时安排分解课时目标，分

解之后再合起来依据分类学表将单元目标通盘考虑，明确细目类别，并用相应动词陈述。这样才能起到概览全局的作用，看清楚目标处于何种不同的维度和层次，单元教学的所有目标具体落实到哪一个角度、什么程度。

④ 研究考试评价，修正学习目标，使学习目标的陈述更确切地指向学习结果。

2. 课时学习目标

课时学习目标是指学生在本课时教学活动中所要达到的预期结果与标准。

在上述单元目标分解为课时目标的基础上，需要对课时目标进行进一步的具体陈述。

（1）要结合具体的教学任务进行陈述，比如，需要说明"能用一只电珠、一节电池、一个开关和一些导线连接简单电路，并绘出电路图"。其中用一只电珠、一节电池、一个开关和一些导线就是说明行为（连接电路）在什么条件下产生。这样做的好处有利于指导教学实施与进行行为检测。

（2）要用分类学中的动词进行陈述，明确、具体，并且可以观察和测量。如"描述、简述、识别、列出、说明、举例说明、指出、辨别、写出、排列"等词汇。

（3）陈述的是学生预期的学习结果，能反映学习结果的类型，以明确目标需要达到的层次。

具体可以用行为目标的 ABCD 表述方法：A 即 Audience，意指"学习者"，要求有明确的学习者，他们是目标表述句中的主语；B 即 Behavior，意指"行为"，要求说明通过学习后，学习者应能做什么，是目标表述句中的谓语和宾语；C 即 Conditions，意指"条件"，要求说明上述行为在什么条件下产生，是目标表述句中的状语；D 即 Degree，意指"程度"，要求明确上述行为的标准。

在具体的课时目标与活动目标中，可以按照三维目标的排列来整理目标。需要说明的是，由于三维目标是指一个学习结果在三个维度的具体表现，但不是指教学活动产生了三个学习结果。在课程标准的总体目标中可以采取分别论述的方式，在单元目标中尚可，在具体的学习目标，尤其是课时目标与活动目标制定时，由于目标都承载着具体的学习任务、活动，因此更确切地说，是完成这个学习任务/活动可以实现的具体目标的三个方面。它们是一个不可分割的整体，我们可以采用整合的方式来论述，这样更清楚过程与方法、情感与态度是基于怎样一个活动获得的，在这个具体的活动中表现出来的行为是什么。

如目标：学生认真听取别人的汇报，根据所给标准分析、评判所设计的防锈方法的优劣。在交流的过程中学会吸纳别人的优点、倾听不同的意见，接受别人合理的建议以完善自己的方案。可以更清楚过程与方法、情感与态度是在哪一个具体的过程中获得并需要评价的。

往往不是所有的目标都有三个维度，所以我们在制定课时目标与具体活动目标时切忌为了三维目标而三维化，这样会使课堂承载太多的目标，而使重要的目标难以实现。

3. 具体活动的学习目标

活动目标是指在课时中具体情境活动的学习目标，通常在活动取向的课堂设计中更有价值，如小学科学、外语口语活动等课堂。小学科学的教学设计通常要求根据具体的活动安排分列出活动目标，它与课时目标的不同在于需要结合具体的活动情境描述目标，可以进一步明确具体活动的要求，以及通过这个活动后学生需要实现的目标。在表格定位的教学设计中（如面向过程的问题化学习中），活动目标也可以是不同的教学环节完成不同学习任务的目标，这是精细化教学设计的表现。

第三节　目标与问题的系统设计

目标是指向学习结果而问题又是指向目标的，学习目标需要在问题解决过程中实现，问题是推动学生思维发展的关键，也是进行教学实施的基本载体。同一个目标，可以通过几个子问题的推进循序渐进得以实现。当然，不同的目标，也可以通过一个核心问题的推进整合性地实现。因此，目标与问题的关系不是简单的一一对应关系，可能是一对多也可能是多对一。不管怎样，将目标与问题建立对应关系，是实现有效教学的基本保障之一。

目标确定之后，要将目标转化为教与学的行为，即需要结合学生的认知水平设计问题，结合教材确定教学内容，结合学生认知特点确定设计相应的活动和所需要的环境。教师可以直接设计一系列的问题，也可以设计一系列帮助学生产生问题的情境。后者的难度更大，但对学生更有价值。

一、建立单元目标与单元问题系统之间的联系

对于一些知识结构严谨的学科（如理科），在建立单元目标的时候，一定要梳理本单元知识专题在整册教材乃至整个课程中的知识树，知识树涉及单元内部及单元前后的知识脉络。单元内部的知识树，是指本单元教学中此专题的知识结构，各课时如何安排内容，如何展开、递进、整合、提升。单元前后的知识树则要进一步明晰本学段（如义务教育阶段）关于此知识专题的课程标准，梳理出在各个年级涉及此知识专题的不同要求。如小学阶段磁专题分别在二年级与四年级的不同要求。除此之外，还要了解下一阶段，如在六、七年级科学课程中关于磁专题的教学要求与课程标准，以及八、九年级物理课程中关于磁专题的课程标准与教学要求。

在数理化学科中，通常知识目标是显性的，可以根据教学内容整理出线索。能力与情感目标却比较隐含，需要根据课程标准定位合理的分段要求，比如科学探究的水平如何确定，就要根据课程标准中的分段要求来制定。由于课程标准对于这方面的要求提示较为模糊和笼统，还需要教师根据学习目标的分类学表进行具体的定义，使能力与情感的目标也可操作、可观察、可测。

人文学科的主题单元（如语文学科以"父爱"为主题的单元），通常需要明晰本单元各课文如何围绕这个主题进行多层次、多角度的教学，具体的目标是什么。还要考察相近的主题在不同年级的要求与联系是什么。而语文知识树在新课程主流教材编写体例中却成为了暗线，这就非常需要教师明察秋毫，把这些目标具体落实到每个单元中去，包括分年级要求，各单元侧重点等等。

确定好单元主要目标之后，就可以统筹安排各课时的教学内容，在此

基础上分解与制定课时学习目标，接着再确定课时主问题（重点问题）。之后，就可以将各课时的主要问题与单元目标之间建立联系，考查问题与目标之间有没有建立比较紧密的联系。

单元问题系统，并不是由单元主要目标直接转化过来，而是应该在完成课时内容安排提炼出课时主问题之后，形成的问题系统。单元目标与单元问题系统的对应，应该是在这样的基础上进行，才能保证每一个问题具有课时实施的意义，由此反观它的目标属性也更有评估意义。正如本章第一节中所举的"生锈与防锈"单元教学案例一样，基本的操作步骤是：①分析教材、学情，初步制定单元学习目标（多维分列）；②研究具体教学内容、学生基本学习规律，统筹安排各课时教学内容；③根据单元目标与课时教学内容分解制定课时学习目标；④提炼课时主问题（重点问题）；⑤将各课时主问题优化为问题系统；⑥将系列问题用分类学表定义属性（如生锈与防锈学习目标分类学表）；⑦在此基础上修正单元学习目标，使之具体明确、可操作。

由此可以看出，单元学习目标的制定不是一蹴而就的，它是在一个教学设计有回路的系统中不断修正完成的。单元问题系统与单元目标的照应也体现了概览全局的作用，用分类学表进行定义属性则可以使问题指向的学习目标更明确、可测。

二、建立课时目标与课时问题系统之间的关系

由于课时的问题直接指向课堂教学的实施，因此更能体现问题三位一体的基本原则。根据学科的基本问题、学生的起点问题，教师规划的课时核心问题通常指向本课时最主要的学习目标。由于核心问题通常还是比较笼统，无法直接引导学生达成对知识的理解，需要不同阶段、不同层次、不同角度的各类次级问题层层深入。于是核心问题与次级问题之间，或次级问题与次级问题之间，就形成了课时的问题系统，它有可能是问题集，也可能是问题链，也可能是问题网，或是其他类型的问题系统。

课时目标应该严格运用行为动词进行描述，并运用各科分类学表精确定位。而在教学过程设计中产生的问题，也应该放置于分类学表与目标取得联系。由于课时问题从严格意义上说更具有教学意义，比如说它结合具

体的任务、融于具体的情境,因此问题与目标之间不机械地呈一一对应关系。

课时目标与课时问题系统之间如何建立联系,具体的操作步骤如下:①预估本课时学生起点问题与生成问题;②根据预估的学生问题与先前制定的本课时学科基本问题,规划用于课堂实施的本课时核心问题;③设计教学过程,预设过程中的推进问题;④优化推进问题为问题系统;⑤运用分类学表将课时系列问题与目标之间建立联系。

我们可以根据学科目标分类学,制定学习目标与问题的对应表,这样便于自我检测在教学过程中产生的推进问题与学习目标之间是否有紧密的联系。

三、目标与问题的定位表设计

目标与问题的定位表设计,通常是将具体目标、问题与目标的分类学放置在一张表格中进行定位,便于教师考查问题与目标之间的联系,以便做出及时的调整与修正。

如在科学领域,可以按照科学课程标准中关于知识目标、技能与能力目标、体验性目标三个维度,对课堂中三位一体产生的问题进行科学定位。如第六章示例 3 "摩擦力" 课时教学中的问题定位表。

语文学科中也可以运用这样的技术进行问题定位,如上教版《语文》(七年级下册)第十课 "爸爸的花儿落了" 中,可将三位一体产生的课堂问题进行多侧面目标定位,这样有助于教师引导学生对课文的整体把握。

表 5-11 《语文》(七年级下册) "爸爸的花儿落了" 课时问题定位表

目 标	三位一体产生的课堂主干问题	目标属性					
		浅释	领悟	赏析	洞察	移情	自省
本文核心问题	为什么说 "爸爸的花儿落了","我已不再是小孩子"?						

续表

目　标	三位一体产生的课堂主干问题	目标属性					
		浅释	领悟	赏析	洞察	移情	自省
1. 有感情的朗读课文，感知文章内容，能用简洁的语言概述文章内容，理清文章的思路，了解文中"爸爸的花"与"英子的毕业典礼"两条记叙线索，弄清全文脉络。 2. 找出插叙部分，理解伏笔暗示作用。 3. 体会作者字里行间流露的父女深情，父亲对英子的挚爱（严厉、鼓励、关心等）；作者对失去父亲的痛楚与无奈，同时又深深眷念的感情；理解父亲的深情如何影响"我"的成长，并从"我"的成长中得到启示。 4. 感知课文朴素、平实，富有情感的语言，学会通过品评文中人物的语言、行为、心理与神态，对作品中感人的情境和形象，能说出自己的情感体验。	①从全文看，爸爸是一个怎样的人？	★					
	②"花"在全文结构中起到怎样的作用？	★					
	③文章表达了作者怎样的感情？	★					
	④文中哪些写的是眼前事，哪些是回忆过去的事，回忆的事情是如何引出的？	★					
	⑤对爸爸逼"我"去上学的回忆表明了爸爸怎样的态度与情感？对"我"的成长有什么影响？（领悟）你是否同意爸爸的做法？（洞察）如果当时是你，你会如何反应？（移情）		★		★	★	
	⑥毕业典礼后"我"回家时见到了怎样的情景？这情景预示着什么？		★				
	⑦"我"是不是真正感觉到自己长大了？从哪些地方可以看出来？		★				
	⑧文章没有正面提及爸爸病危、濒死，写得很含蓄，但文中处处有伏笔。你能找出伏笔并说说这样写的好处吗？			★			
	⑨怎样理解文章末尾"我"默念的"爸爸的花儿落了，我已不再是小孩子"的含义？为什么分成两段，这样安排有什么用意？		★	★			
	⑩"我们是多么喜欢长高了变成大人，我们又是多么怕呢！"你可能也有过这样的感受，请结合自己的体验与同学讨论："我们"为什么既喜欢又害怕变成大人？						★

　　需要说明的是，在具体活动中出现的情境性问题，具有更多的灵活性与生成性，所以在教学设计时就没有太大的必要都进行目标定位，因为这样会使教学变得过于生硬而没有弹性。实际的课堂也不可能与预设的学习目标毫厘不差，教师在主要问题上把握好与目标的联系，预留适当的空间在课堂实施中弹性处理。另外，在课堂中出现太多的问题也会使教学的线索过于凌乱，教师需要根据学生情况与课堂的实际进展适当取舍和调整。

第六章

基于问题系统优化的过程设计

在问题化学习的教学设计中，教师通常忽略的几个重要问题是：这堂课需要解决的核心问题是什么？学生会有哪些问题？用什么样的方式去了解他们的想法？各个问题代表怎样的目标层次？这些方面我们通过前两章关于"三位一体产生问题"与"定义问题的目标属性"已能初步解决。但是还有几个重要问题，比如说：任务如何分解，如何安排顺序？任务分解后推进问题的设计是否基于学生可能产生的问题？对应不同的学习任务，是否设计了与之匹配的问题、与之匹配的学习方法与教学组织形式？核心问题与推进问题之间，推进问题与推进问题之间，存在着怎样的关系，形成了怎样的系统？怎样考虑任务之间的逻辑化与问题之间的系统化？如何评估学习过程中任务的完成与问题的解决？等等。这些问题，有待于在学习过程的设计中得到解决。

学习过程设计是课程实施层面最关键的工作之一，它与基层教师日常的课堂教学息息相关，教师每天都要面对的就是如何设计科学合理、智慧艺术的学习过程，从而让学生实现有效学习。因此，在明确目标的情况下思考如何设计学习过程，学习过程的设计包含哪些基本要素，是有效学习设计的重要组成部分。学习过程设计最主要解决的问题，是如何分解学习任务，安排教学顺序。与之配套的系统工作则包括任务中的问题设计、学习方法与教学组织形式的选择以及过程中的即时反馈。

我们重点要探讨的是，在学习过程的设计中，如何合理地分解任务，系统地组织问题，从而体现基于问题系统优化的学习过程。

第一节 基于单元的中观设计

一、单元与中观设计

从课程设计的范畴来看，可以分为微观、中观与宏观三个层面。微观设计是指单节课层面所进行的教学设计；宏观设计是指针对某一学科课程或整本教材进行的教学设计；中观设计，是指介于课程与课时之间所展开的教学设计，通常是对课程单元或主题模块的设计。中观教学设计的好处是使教师获得操控教学时空资源的较大自由度和优化教学方法的可能性，往下可以合理协调课时之间的教学逻辑，往上可以较好地关照课程整体目标和知识结构①。由于目前教师的教学设计视野大多停留于微观层面，以中观单元视角出发的教学设计思想，就可以较好地解决教师在教学设计时只见树木不见森林的状况。

单元是课程设计在中观层面的基本单位，也是实施完整学习过程的基本单位。根据课程类型的不同，课程单元也可以有不同的类型，最主要的是知识单元与主题单元。知识单元是指按照知识专题来组建的课程单元，如数学、物理、化学、生物等课程中的单元模式。主题单元则更多由话题、议题组建课程单元，如上海版新课程初中语文由人文主题构建的课程单元。还有一些综合活动、研究性学习中通常也以主题单元模式构建课程。

在前面章节中，我们已对单元设计的必要性做了说明。现在要重点探讨的是：如何在单元层面思考更为完整的学习过程，如何安排课时和选择课型。在一个完整的单元学习中，知识如何连续建构并形成结构，经验如何获得并实现迁移，情感如何在不断的体验中获得升华。

"大一点的课程单元为发展和评估学生复杂学习目标的教学活动提供足

---

① 祝智庭．教育技术培训课程［M］．北京：北京师范大学出版社，2007：39.

够的时间"。①正因如此，单元学习过程设计更体现了中观课程实施的价值，那就是教师对知识脉络、逻辑关系的把握，对知识与技能、过程与方法以及情感态度与价值观目标的整体性思考。实践证明，要在短期内提升教师课程实施的能力，中观层面的单元设计专业训练是十分有效的途径。

二、单元设计的基本要求

问题化学习的单元设计一般需要这样几个步骤：分析教材，分析学情，完成单元分析；制定单元学习目标，确定单元教学重点和难点，提炼单元主要问题；分解课时学习目标，安排分课时教学内容，明确各课时的主要学习任务，形成各课时主问题（学科角度）；完成单元目标与问题的对应表；制作单元问题系统图；确定评价方案。因此，问题化学习中观（单元）层面的过程设计，最核心的内容是在确定单元目标的基础上选择课时学习内容，实现任务的逻辑化与问题的系统化。当然，一个完整的单元设计还应包括教材分析、学情分析、重点和难点分析、课时安排、课型选择、实施策略与评价方案确定、学习工具（参考资料、其他参考目录等）等。不过，由于学习单元在知识类型、主题内容、智能指向等方面的不同，其中的模块可以有不同的结构组合和增减。

单元学习过程的设计，需要有系统思维。美国当代著名教学设计论专家凯瑞夫妇认为，"（教学的）每一个成分都是成功学习的关键。教师、学生、教材、教学活动、传输系统以及学习和行为表现环境等成分相互影响，共同促进产生符合预期的学习结果。一个成分的改变，可能会影响到其他成分以及最终的学习结果；不能充分的解释呈现在单一成分中的各种条件，可能会毁灭整个教学过程。"从问题化学习的单元过程设计来看，它"三位一体"的问题产生和在此基础上的要素处理集中体现了系统化教学设计的思想。我们需要指出的是，教师在进行问题化学习的单元过程设计时不能依葫芦画瓢，只关注其要素和包含的模块，而是需要更加注重各成分间的联系与互动。例如，为提高单元目标的达成度，综合考虑课时课型的选择、

---

① L. W. 安德森，等. 学习、教学和评估的分类学［M］. 皮连生，主译. 上海：华东师范大学出版社，2007：97.

课时教学环境的创设、问题化学习支架的构建、支持资源的组织、评价方式的选择等。正如凯瑞夫妇指出的那样，"坚持教学的系统观，其结果是可以看到教学过程中所有的成分所起的重要作用。这些成分之间必须有效地互动，才能产生理想的结果。"①

　　单元学习过程的设计，需要关注课时与课时的逻辑联系。新课改实施以来，我们诟病的教师缺乏"课程意识"主要体现为教师只关注课时内的"细节"，而缺乏课时外的"逻辑"。尽管学习的过程总是与具体的学习目标、任务等相联系，而不同的目标、任务又会导致不同的学习方式和方法的选择，但就单元学习而言，课时与课时之间（当然也可能包括某些学科、某个学段单元与单元间）不应该是平行的或是数量上的简单叠加，抑或是把单元学习目标、任务等在课时层面的简单分解、分配、罗列。它们之间应该是逻辑的，也就是为提高目标的达成度，课时与课时间在目标、任务、资源、过程、评价等方面形成紧密联系、环环相扣的关系。例如，湖北大学黎世法教授根据中学生学习书本知识的本质学情，提出六个主体学习环节，即"课前自学——专心上课——及时复习——独立作业——解决疑难——系统小结"，他同时提出相对应的六种课型，即"自学课——启发课——复习课——作业课——改错课——小结课"。他将学生的基本学习活动纳入了教师指导下的课堂教学，也使教师的教学方式更适合学生的学情，从而实现了整个学习过程的最优化。这种依据学生学习环节设计相对应课型的操作方法为我们单元中观设计提供了一条非常好的系统与逻辑的课时分解思路。又如，上海顾泠沅教授提出的"诱导、尝试、归纳、变式、回授、调节"数学教学法，也可以为优化单元学习过程提供经验与借鉴。

　　单元学习过程设计的基本要点如下。

1. "两维"分析与目标制定

　　所谓"两维"分析是指单元内容分析和学情分析，内容分析让教师能够抓住学习重点，学情分析能够让教师把握学习难点（障碍点）。当然，就单元目标制定而言，"两维"分析是必要条件但非充分条件，因为中观单元

---

① W. 迪克，L. 凯瑞，J. 凯瑞. 系统化教学设计（第6版）[M]. 庞维国，等，译. 上海：华东师范大学出版社，2007：11.

层面目标的制定除了知识与技能、过程与方法，还需要考虑情感态度与价值观的目标，也就是说中观单元目标应该是"三维"的。关于中观单元目标与课时目标的异同，我们的理解是：中观设计尽管严格意义上仍然是一种教学设计，但由于其规模（已经超过了单课时）包含的要素、设计的理念、操作的程序等，已带有课程开发与设计的色彩，因此以教师的视角或从基层教师的实践出发，它是一种基于课程视野下的教学设计，是狭义课程与课堂教学的中介或桥梁。因此，中观学习目标与课时目标在制定上是有明显差异的。首先，视角不同。单元学习目标考虑的是学生综合学力的提升，必然也包括了那些隐性的、可以明确但缺乏可测量度的情意目标；而课时目标则更多地专注于目标的可测量、可观察和可达成度，显然那些隐性的、情意的目标就不一定能进入每个课时的视野。其次，依据不同。单元学习目标依据的是我们课程设计的思路，即通过一定阶段的学习，学生应该具备和发展的综合学力和人格品质，而课时目标依据的是具体的学习任务、学生身体和心理特征或具体班级的学生特点等，因此我们提出的"三维"目标对中观设计来说是一种必须，但对课时来说就不是必然的了，也就是说课时层面的目标可以"三维"，也可以"两维"，甚至可能只有"一维"。最后，叙写不同。单元学习目标的叙写往往比较概略，而课时目标的叙写则需要更详细和具体，突出目标的可观察与可测量。例如，初中物理主题单元"光"的学习，单元学习目标是"知识与技能：①知道光在同种均匀介质中沿直线传播；能够说出光在真空中传播的速度。②理解光的反射现象，光的反射定律；理解平面镜成像特点。③理解光的折射规律，知道光的折射现象；知道不同介质对光的折射本领不同；能识别凸透镜和凹透镜；知道凸透镜的会聚作用和凹透镜的发散作用；知道透镜的主光轴、光心、焦距和焦点。④理解凸透镜成像的规律。⑤知道照相机、幻灯机、放大镜的成像原理。⑥知道光的色散现象。过程与方法：①猜想光在反射时可能遵循的规律，通过实验研究光的反射定律。②探究'平面镜成像的特点'实验中，经历猜想、假设、验证和归纳，自主探究平面镜成像的特点过程。③领会验证凸透镜成像的方法。情感态度与价值观：①在'探究平面镜成像的特点'实验中，感受科学探究的喜悦。②在'探究凸透镜成像的特点'实验中，感受验证过程的科学方法。"本单元共有三个课时，第一课时的目标为"①知道光在同种均匀介质中沿直线传播；能够说出光在真空中传播的速度是 $c = 300000$ 千米/秒。②理解光的反射定律，能运用反射定律解决简单问题。③理解平面镜成像特点，能根据平面镜成像的特点确定物（或像）的位置。"从这个学习目标的例子中我们可以清楚地看到两者的差别，即视角、依据和叙写方式上的不同。

2. 课时安排与课型选择

根据学习任务合理选择课型是单元整体设计中非常重要的工作，也是上述学习过程最优化的要求。因为不同的课型有不同的教学功能，在整个学习过程中起到不同的作用，合理选择课型是优化学习过程的基本保障之一。在不同的学科，有约定俗成的一些课型，如语文课课型有"预习课、讲读课、自读课、作文课、复习课、综合性学习课"等；数学课课型有"新授课、复习课、练习课、讲评课、自习课"等；自然课课型有"观察课、实验课、科学考察课、科学讨论课、技能训练课"等。不过，目前新课程中的教学安排均以科学探究为核心，课中综合了观察、实验、讨论等因素。

实践中，我们发现并提出了以下几种适合问题化学习的课型。

① 预习设疑课：通过预习，学生质疑问难、提出问题，教师了解学生学习的起点。比如，在语文阅读教学中，可以安排专门的预习设疑课，教师可让学生自读课文，初步感知，解决生词，针对课文内容、标题、关键词句提出自己的疑问。小组互动合作是预习设疑课中的好方法，但教师要明确要求，以免流于形式。预习设疑是问题化学习过程中很重要的环节，能够很好地保证以学生的问题为教学起点。但如果课时紧，也可以不设置独立的课时进行，通常可以在课中安排一段时间或作为作业在课前完成。事实上，以我们实践经验来看，无论哪一门学科，哪一种课程类型，在开始一个单元（主题）的学习时，安排适当的时间要求学生浏览并预习即将要学习的单元，询问他们感到困惑的问题，以及需要了解、探究的问题是"磨刀不误砍柴工"的，是非常有意义的活动。

② 授导解疑课：在教师的引导下解决学习中的重点和难点问题。以中观层面的单元学习来讲主要是对那些涉及重要概念、定理、事件、知识内容等的新授课，如语文学科中那些精读课文，理科课程中那些重要概念、定理，历史学科中那些重要的历史事件、人物等。授导解疑课的主要策略

是使学生探究与教师引导相结合，主要方法有视听、阅读、讲授、实验、探究、讨论等。事实上，授导解疑课是问题化学习的主要课时类型，因为就问题化学习的研究与实践目标来说，提高学生以问题为载体或工具的系统化思维、程序化操作、连续化建构的学习能力，需要教师正确的引导与持续的训练。因此，授导解疑课也就成为变化最为丰富，也最能体现问题化学习特点的课时类型。

③ 变式学习课：凸显问题解决的变式学习，也就是"举一反三"或"举三反一"。"举一反三"是指解决一个问题，学生类推而学会解决其他类似的问题，从而实现知识的融会贯通、触类旁通。"举三反一"是语文特级教师韩军所提倡的，他认为"举三反一"是回归语文教育"积累"之本。他指出，"举一反三，实乃至学数、理、化等自然科学理科课程之路。课本'举一'于前，学生'反三'于后，通过一个例题，学会解大量同类习题。'五四'运动之后，人文向数理看齐，语文教育东施效颦。学语文（言语），本是'举三反一'。读书，积累，多多益善；数量在先，量变而质变。大量积累、积淀于前，才会点滴模仿反刍于后。无'举三'，则无'反一'；只'举一'，则永难'反三'"。① 顾泠沅教授在对比中西方中小学数学教学差异，总结我国成功经验时，也提出其中之一就是"变式练习"。当然，我们这里提出的"变式学习课"并不仅限于概念性的变式练习，也包括过程性的变式练习。也非仅限于数学学科，也包括其他领域的学科学习。因为就问题化学习而言，由于问题存在不同类型，所指向的知识、认知或智力技能也不相同，对"问题"的变式显然就不再只是"变式练习"与习题设计了，"变式学习"也许意味着学生一个新的问题系统的建构和解答。

④ 自习应用课：自习应用课体现的是学生知识的运用与迁移能力，它是问题化学习教学成效以及学生问题化学习能力的集中体现。自习应用课并不意味着教师让学生"马放南山"，撒手不管。恰恰相反，自习应用课同样有着明确的学习目标，也同样体现着教师的"导"。例如，历史学科主题单元"空前的民族危机"，其中有一课时是自习应用课。教师在让学生自习时，提出了两个问题"阅读有关'九·一八'事变、西安事变、七七事变

---

① 教育部师范教育司组织．韩军与新语文教育［M］．北京：北京师范大学出版社，2006：33-35.

的内容，从中找出对你有用的信息或线索，浅述'抗日民族统一战线'是如何形成的，它有什么意义？""谈谈你对'蒋介石'这个人物的看法，并提供支持你观点的证据？"作业要求是"4—5人组成一个学习小组，充分讨论，分工合作，在形成共同认识的基础上，最后根据问题完成两篇短文，给每篇短文确定一个题目。"学习提示"阅读历史事件你可以通过回答'5W1H（who，when，where，what，why，how）'来抓住重要信息；评价事件、人物你可以思考'他/这件事积极的、正面的作用和意义是什么？有哪些证据？''他/这件事消极的、负面的作用或影响是什么？有哪些证据？''如果条件变化，他/这件事可能发生的变化是什么？有哪些证据？''你如果是他/处于这件事中，你可能会做出怎样的行为？'等"通常，在一个单元的学习中（特别是人文学科，除低年级识字教学外）可以安排一到两课时的自习应用课，以检验和提高学生的问题化学习能力。

⑤ 总结复习课：总结复习课对问题化学习而言也是非常重要和典型的课时类型，它主要是对学科单元/主题知识、内容的整理、回授、引申或提升。它是调节、评估学生问题化学习过程（包括方式、方法、程序）和成效的重要环节，也是促使学生知识结构化，增强记忆效率与效果，提高迁移能力的重要途径。上好问题化学习的总结复习课，关键是对单元知识的进一步梳理以及对学生问题系统解决过程的进一步归纳提升。例如，不仅仅要求学生复述已经解决的核心问题、关键问题或重点问题，还要引导学生对相似主题或内容能够自己发现、提出这样一些问题，并寻找到解决的策略、方法、程序。另外，教师可以出示单元问题系统的思维导图，让学生对单元的整体知识与问题化学习的基本线索有一个概览，并从中领会系统问题所承载的知识脉络与思维线索。

3. 目标分解与任务分解

目标分解意味着根据单元课时的安排，把中观学习目标具体分解到各课时中。正如本书第五章对各类目标的阐述那样，从中观学习目标到课时目标不是简单的数量上的分配或肢解，而是对中观学习目标在课时层面进行具体化和再制定。在进行目标分解时必须综合考虑课时限制、教材（课程）内容、对象特点、目标的显隐性等因素，在注重每课时目标的可达成度的同时，重视课时与课时间的逻辑呼应、交互促进，特别是那些过程方法、情感态度与价值观目标，可能不固定现形于每课时，却又隐含于每课时，通过完成课时教学最终达成中观单元目标。与目标分解相对应的是任务分解。所谓任务分解是指在对单元重点、学生情况、问题化学习过程优化等分析的基础上对单元主题内容进行课时层面的确定。例如，学生学习"体积，长方体和正方体的体积"时，单元重点是"理解体积的意义、探索出体积计算的方法"；学科分析是"因为只有理解了什么是物体的体积，才可能探究体积计算方法，而长方体和立方体体积计算是一切几何形体体积计算的基础，所以理解和体验体积计算方法过程对于学生而言是重要的"；学生分析是"班级学生思维敏捷，可通过不规则物体体积的计算，让学生进一步体验转化的数学思想方法"；问题化学习过程优化策略是"按照问题化学习的问题链及学生的学习状况将其整合为：体积、长方体和正方体体积计算方法、不规则物体的体积及练习课"。由此，具体的学习任务分解为：①学习体积的含义及常用的体积单位；②学习长方体、正方体体积计算方法；③求解不规则物体的体积；④练习与提高。在体积第一课时中，最主要的问题包括：体积是什么？为什么需要体积单位？体积单位有哪些？目标分解与任务分解两者相互联系、密不可分。很难讲教师在中观设计和微观分解时究竟哪一个在前，哪一个在后。因为根据目标选择任务或根据任务确定目标对教师来讲都是可以选择的操作起点，只是我们想强调的一点是，无论以哪个作为切入点，我们都必须使两者相匹配，即目标与任务的一致性。

4. 问题提炼与问题系统化

从学习任务中提炼出不同的问题是实现学习聚焦的一项重要工作。我们问题化学习强调"三位一体"问题的提出，因此对教师来说，问题提炼首先必须提炼出主要问题、重点问题。明确问题的不同类型，对提炼出的问题进行必要的目标属性定义，即清晰其指向的知识、认知或智慧技能，去芜存真、删繁就简，为生成预留一定的空间。其次需要特别关注那些程序的、过程性的问题。例如，课时一开始的导入问题具有定向（定域）功能，它大致规定了认知的方向，划定了探索的大致范围，指出了思维的基本视角。可以让教师自己和学生知道将从哪个方面、角度去学习这个内容。过程中的支架问题（包括驱动、聚焦、深化、归纳、引申等）具有推动学生持续学习的功能。它能够帮助学生在解答问题时获得必要的支持，使认知图式中的信息提取更为顺利，图式的增生、调整或重建更为有效。

　　问题系统化是问题化学习设计的核心要义，也是其重要特征。在设计学习问题前，首先要研究学科的基本问题与学生的起始问题，然后再来规划教师的引导性问题。所有这些问题产生、提炼之后，教师接着需要做的就是把这些问题进行系统优化并使之嵌入具体的学习活动。这种系统化除了可以通过对问题本身进行梳理、精简以形成更为清晰的问题逻辑关系外，还可以通过对照具体的学习活动来整合、增减问题以对原有问题系统进行再完善。

　　例如，初中语文主题单元学习"有家真好"，问题提炼如下。

　　主要问题：家对我们每个人意味着什么？

　　支架问题——感知的问题："我"的童年生活是怎样的？祖父是个怎样的人？他和"我"的童年生活有什么关系？凡卡和爷爷在乡下的日子过得苦不苦？凡卡与爷爷一起的日子和在做学徒的日子比较有什么不同？哪些人一起散步？简述散步时发生了一些什么事？为什么要送离别的礼物，爸爸为什么要让爷爷进养老院？爷爷自己想不想去，他是个怎样的老人？彼得真的要剪开那床毛毯吗？为什么我、爷爷、爸爸会抱头痛哭？

　　支架问题——领悟的问题：作者为什么在结尾处要让凡卡"怀着甜蜜的希望"入睡？对于老人和孩子来说，爸爸妈妈（即中间的一代）带给他们什么？

　　支架问题——内省的问题：如果能让你"要做什么，就做什么；要怎么样，就怎么样，都是自由的"，你也有这样的一位祖父你会快乐吗？如果你是十一岁的彼得，你会像他一样做吗，为什么？今天，我如何做一个爱家的孩子？明天，我怎么去做一个爱家的"中间一代"？

　　支架问题——评价的问题：单元主题是"有家真好"，但这篇文章写的是"祖父和我"，"家"的感觉从何体现？有人说，有家的孩子像块宝，没家的孩子像根草。通过以上两篇课文的阅读，家庭对人的重要性，你是否有了更深刻的理解，能否谈谈你自己对家的感受？

第二节　基于课时的微观设计

一、课时与微观设计

课时微观设计就是要思考一节课的学习过程如何设计。这涉及一节课的主要学习任务是什么，选择怎样的课型？在学科学习中基本的认知规律如何？学生的知识起点、兴趣动机如何？你将采用怎样的学习方式、具体方法，以及教学组织形式，这些都决定了你在课堂中如何设计学习任务，安排教学环节。课时学习过程设计是教师实施课程、执行教学的最重要的操作单位。

二、课时设计的基本要求

在问题化学习的课时设计中，教师最需要把握的是三位一体问题的设计，重点难点分析，课堂核心问题的提炼，在此过程中，必须思考并把握学科学习的基本规律与线索。如数学几何新授课，基本的步骤总是从辨别、定义概念、规则或原理提炼再到问题解决，层层相依、环环相扣；语文讲读课中，基本的步骤是整体感知、重点品读、感悟提升；科学探究课中，基本的过程规律是提出科学问题、进行猜想和假设、制定计划、设计实验、观察实验、获取事实与证据、检验与评价、表达与交流；等等。学科学习的基本过程规律与线索，是学科领域专家与教学专家长期实践并总结的，充分体现了学科学习的基本教学规律与实践智慧，是学科教学课堂学习过程设计的基本依据。

基本线索决定了学习任务的初步分解，在更为具体的学习过程设计中，学习任务的目标分析，生成问题的预估与推进问题的预设，学习方式、具体方法及教学组织形式的选择，学习过程的反馈与评估，则构成了完整的学习过程设计的基本要素。

问题化学习的课时设计一般需要这样几个环节：分析教材、分析学情，预估学生起点问题；制定课时学习目标，根据学科基本问题（单元层面与课时层面）提炼课时核心问题（教学角度）；依据学习目标，考虑具体学习任务、学习活动安排，设计教学环节；针对每一个环节的任务/活动，制定活动目标（具体学习目标）、预估学生问题、预设推进问题；选择学习方式与教学组织形式，设计反馈评估；将问题与目标建立联系（具体学习目标与推进问题之间）；完善环节的衔接，思考问题之间的关系，制作问题系统思维导图，进行问题系统优化，"再版"学习设计方案。当然，我们也认为这些环节在具体的设计活动时并不一定完全按上述顺序进行，在许多情况下，有些环节可能会同时开展或循环往复多次。

如果说问题化学习设计在单元中观层面的基本要求是对学习要素（如学习者、教师、教学内容和教学环境）的系统化思考和课时与课时间的逻辑化处理，那么在课时微观层面最重要的就是面对具体目标、任务的学习过程的系统优化，主要体现在以下几个方面。

1. 确定基本线索，设计教学环节

确定基本线索就是根据学科学习的基本要求与过程规律，结合本课的主要学习目标与内容，梳理出学习设计上的最主要思路。比如，在语文讲读课教学中，根据语文课程工具性与人文性的基本性质，可以梳理出两条线索，通常明线是课文内容理解的线索，暗线是语文能力训练与提升的线索。如"人生的开关"一文教学中，教师明确这一单元的主要能力训练点是"较为熟练地概括文章的主要内容"，对课文的理解主要落实在"体会人生的开关的含义，懂得如何做出人生的选择"。

如确定基本线索一样，设计教学环节也需要以学科的基本要求和过程规律为思考前提，它同时体现为一种教学策略。例如，"无处不在的声音"单元第二课时的学习，教师通过"观察——声音是怎样产生的（制造声音）；质疑——物体在发声时你有什么发现和疑问；假设——是物体振动产生声音吗；收集资料——实验来证明物体振动产生声音（实验中各种物体发声时与不发声时有什么不同）；分析资料——实验中发声的物体有什么共同点，生活中的其他一些物体是怎样发出声音的，有没有在振动；得出结论——物体振动一定会有声音吗"六个环节让学生了解物体振动产生声音的道理，并体验合作与交流的乐趣。

2. 分解、确定学习任务

课时学习目标不可能凭空达成，它总是借助于具体的学习任务，通过开展具体的学习活动来达成，是一个循序渐进的过程。我们通常所说的学习"任务"，指的是需要通过某种或某些学习活动完成的某件事，例如朗读、默写、背诵、练习以完成单词的学习；释义、比较、背诵等学习某篇唐诗；学解题目以学会某一数学概念的应用。学习任务既是知识获取的过程，也是在具体的活动情境中解决问题，获得学习经验和体验的过程。

分解学习任务是指综合考虑课时教与学的各要素（如教师、学生、教学内容、教学环境），把学习内容以"某件事"的方式对中观单元学习方案进行序列化解构。由于学习任务总是内含着期待达成的目的，有内容、过程甚至评价，因此它也就成为了中观学习方案实施的最基本单位。实践中我们体会到，充分重视学习任务间的逻辑联系，乃至更为具体的学习活动间的相互关系是分解学习任务的首要问题。因为，只有这样才能保证总体方案在课时层面实施时，知识、技能、方法等目标不被遗漏，同时也避免内容上的或重复、或割裂，以提高单位时间的效率。通常，一个学习任务需要几个学习活动来完成，但有时候一个学习任务也可以是一个具体的学习活动。学习任务体现以下一些基本要求：符合学科学习最基本的规律；符合学生的最近发展区，并激发学生的兴趣；对知识、能力、情感多维目标具有整合性，聚焦最主要的学习目标；符合支架理论；与问题相匹配；尽可能产生有形的学习产品或表现为一种业绩（如设计一个实验方案，找出反映人物特点的语言描写）。

另外，就问题化学习设计而言，任务分解、活动设计还需要考虑"问题"的问题。事实上，实践中许多教师对此有疑惑，即应该是先有问题还是先有任务或活动。我们的答案是：先有问题与先有任务或活动并不矛盾，也就是说无论教师选择从任务/活动切入形成问题系统还是从问题出发形成任务、组织活动，只要它们之间相互匹配、指向明确，对达成目标是不可替代的或最优的，则就是好的过程设计方案，切忌不能教条或生搬硬套。

3. 分析任务，进一步明确具体的学习目标

就一个系统化、综合性的教学设计规划来说，任务分析显然是必要的。

任务分析的作用或者说意义在于，通过对任务进行分析能够更加清晰地得出学习者应该具备哪些知识、技能或发展哪些情意，他们现有的基础与期望的目标间存在着怎样的差距，我们可以通过怎样的策略、方法、途径等让学习者跨越这些障碍。就问题化学习课时微观的任务/活动分析而言，我们最主要的目的也在于帮助教师进一步明确学习任务/活动与学习目标之间的关系，也就意味着使嵌于学习任务或活动中的问题具有清晰、明确的目标指向，推动学生一步步达成学习目标。例如，学习任务是"总体感知声音"，设计的活动有"听场景声音，区分各类大自然的声音""听几段喧闹的声音，说说声音可能对人的心理或生理产生的不良影响""学生根据议题进行讨论、交流"。目标是"通过听各种各样的声音，感受到声音的多样性以及理解不同的声音会给人带来不同的感受；通过听、讨论、交流，知道喧闹嘈杂的声音会影响人的听力和健康"。形成的问题有"你平时还听到过哪些声音？给人的感受如何？区分哪些声音是大自然的声音，哪些是人造的声音？（听几段喧闹的声音）这可能是什么地方的声音？听了这些声音你有什么感觉？你喜欢这些声音吗？为什么？若是长时间处在这样的环境中，会有什么感觉？"通过对任务和具体活动的分析，得出活动中的问题以及这些活动（听录音、参与讨论和交流）本身都能够帮助学生学习目标的达成。

　　当然，我们还是强调任务/活动分析不仅仅是针对单个任务，而更需要考虑任务与任务间的逻辑联系，即对达成单元目标是否各自发挥着独特的、不可替代的作用，并对其他任务起着铺垫、支持、提高等作用。

4. 预估学生问题，预设推进问题

　　预估学生问题、预设推进问题是课时微观设计的最重要环节之一，也集中体现了问题化学习设计的特点。虽然有的专家指出，"没有预设的课堂是不负责任的，但是没有生成的课堂是绝不可能精彩的"，也就是说不确定性、生成性正体现了课堂教学的本质。但是，教师根据学生情况、教材内容、学习目标等，在课时学习设计时应充分预判学生学习过程中可能存在的问题，生成的疑惑，通过预设推进问题的方式来应对学生的这些问题，则是体现"以学习为中心"，避免课堂"失控"，提高课时教学的有效性的重要保证（当然我们不否认有许多也许看似与课时目标无关的生成性问题，也许对学生具有更深远的意义和价值）。例如，学生学习"欧姆定律、电

阻"，在第一课时教师预估学生的问题有"如何改变电阻的大小？为何要改变电阻线圈中电阻线的长度来改变电阻而不是通过其他方式来改变电阻？滑动变阻器的工作原理是什么？滑动变阻器共有几种接法？有哪几种接法能起到改变电阻的作用？它们有什么共同点？滑动变阻器正确接入电路的方法是什么？"于是教师设计了问题系统以推动学生的学习"实验中的音量、亮度发生了变化，你知道它们都是通过改变什么来实现的？（复习旧知）决定电阻大小的因素是什么？（引出问题）采取哪些方法可以改变导体电阻的大小？请用以下提供的仪器（铅笔芯、两节干电池、小灯泡、电键、导线若干等），能否设计一个电路，通过改变电阻来调节灯泡的亮暗？你是如何改变小灯泡的亮度的？分析这种方法的不足之处，如何改进？观察滑动变阻器构造，主要由哪几部分组成？若将变阻器的 A、C 两个接线柱接入电路，变阻器的哪段电阻线连入电路？当滑片 P 向右移动时，变阻器连入电路的电阻怎样变化？滑动变阻器共有几种接法？哪两种接法不能改变电阻？请你根据实验结论，归纳出滑动变阻器正确接入电路的方法是什么？通过实验，你能得出滑动变阻器的工作原理是什么吗？"

5. 选择学习方式与教学组织形式

明确目标、任务，产生学习问题后，教师就需要考虑选择怎样的学习方式和教学组织形式，并配套以学习活动的设计。从学习方式来说，教师需要考虑合作的、自主的、探究的或是讲授的，等等；从教学组织来说，需要考虑个人学习的、分组学习的还是大班活动的，等等；从学习活动来说，需要考虑可以设计有哪些支持性活动，这些活动的顺序、形式是否多样，等等。例如，学生学习"等腰三角形的性质"，学习目标之一是"掌握等腰三角形两个底角相等及'三线合一'的性质"；产生的学习问题有"什么样的三角形叫等腰三角形？生活中哪些物体具有等腰三角形的形象？你能得出等腰三角形的哪些性质？将剪下的等腰三角形沿顶角的平分线对折，你能得到什么结论？你能运用全等的知识来验证等腰三角形的'三线合一'吗？"教学组织上采用大班活动，学习方式上讲授与探究结合，活动上教师安排有"PPT演示各种三角形、学生动手操作（绘制几何图形、使用量角器测量等）、习题练习等"。事实上，教师在设计时综合考虑了上述的几个方面，并形成对应关系以促进目标的有效达成，见表6-1。

表 6-1 等腰三角形的学习诊断

学习目标	学习问题	学生活动	教师活动	学习诊断
掌握等腰三角形两个底角相等及"三线合一"的性质.	1. 什么样的三角形叫等腰三角形?生活中哪些物体具有等腰三角形的形象?	1. 请同学观察自己所画的等腰三角形,初步感知图形的性质.	1. 通过 PPT 演示初步得出等腰三角形的性质.	1. 已知在△ABC 中,AB = AC,∠B = 70°,求∠C 和∠A 的度数.
	2. 在纸上画出一个等腰三角形,通过初步的感知,你能得出等腰三角形的哪些性质?	2. 在剪好的等腰三角形中,用量角器画出等腰三角形顶角的平分线 AD,沿 AD 将△ABC 翻折.(学生动手操作,进行观察、讨论,形成猜想)	2. 运用全等三角形的知识对"三线合一"定理进行证明.例题:在△ABC 中,已知 AB = AC,说明 ∠B = ∠C 的理由.	2. 已知在 △ABC 中,AB = AC,AD ⊥ BC,若 BC= 8,求 BD 的长.
	3. 将剪下的等腰三角形沿顶角的平分线对折,你能得到什么结论?			
	4. 你能运用全等的知识来验证等腰三角形的"三线合一"吗?			

6. 设计反馈评估

就课时微观设计来讲,反馈评估主要是针对学习者的评估,教师主要考虑用什么方法、形式判断学生是否达成学习目标。按照不同的目标,可以灵活采用不同的评估方法,如问答、观察、练习诊断、评价量表、成果/作品展示等。表 6-1 中,教师通过练习作业来诊断和评价学生对学习目标的达成度。

第三节　运用问题系统优化学习过程

问题化学习过程的设计，最主要的特点是通过系统组织的问题实现学习过程的最优化。然而，不同的设计取向决定了形成怎样的问题系统，理想的境界是适度平衡各种取向，从而使学习过程更好地成为知识获取、目标达成、经验获得的结合体。由于问题可以直接指向人的认知过程与情感体验，优化问题系统内在的逻辑关系，意味着更符合学习者学习的心理顺序，从而达到优化学习过程的作用。

运用问题系统优化学习过程，首先是对系统组织问题的探讨；然后是对学习过程的反思与完善，这两个过程是交织在一起互为作用的。教师可以根据学生的情况、课堂的变化、学习探究的过程进行问题化的系统组织，即把一个一个的学习问题，有目的地组成问题系统，进行串化、链化、集合化或网络化等。而这种问题系统的组织可以根据知识概念的内在要素，或解决同类系列问题的学习进展，如解决老问题/解决新问题/解决疑难题/发现新问题，或围绕一个核心问题，进行探究，所组成的问题系统可能是问题集，也可能是问题链，也可能是问题网；也可能先集后链，或先链后集，或集中有链形成问题网；等等。

一、目标取向的问题系统及对学习过程的优化

在设计的过程中，设计者通常有强烈的目标意识。在设计每一个问题的时候，通常都会明确这个问题所代表的目标层次与类型。

1. 操作模式与示例

一种是以知识类型与认知层次形成的二维表设计模式，如第五章第一节中"生锈与防锈"的示例。另一种是问题类型与目标类型之间形成的二维表，如"推理"。

示例： 推理①

表6-2 "推理"教学设计

	解决老问题	解决新问题	解决疑难题	发现新问题
是何				
为何		请你推测哪些是食肉动物的牙齿、舌头与四肢？哪些是食草动物的牙齿、舌头与四肢？并说明理由。	讨论、解释某些现象（BBS支持），例如：数学问题、中医诊断病情、判断真假商品，等等。 学做小侦探。	
如何	把玻璃杯罩在点燃的蜡烛上，烛火会怎样？			
若何	杯子相同，蜡烛不同，蜡烛燃烧的时间会不会一样？ 杯子不同，蜡烛相同，蜡烛的燃烧时间会怎样？			编写推理故事： 1. 阅读推理故事（网络、书籍）； 2. 用概念地图写成推理故事。

以"月亮"为话题展开联想与想象的语文习作指导课②。

学习目标：1. 在体验的基础上，学习运用"想象和联想"的思维方式，围绕"月亮"自拟文题，写一篇颂月的作文（本节课完成片段练习）；2. 能借月表达自己真切的感受。

教学范围：是新课程语文六年级第一学期第六单元的综合学习"朗诵诗歌"活动后的作文指导。

教学过程：1. 在阅读教学中我们重点进行了朗读指导；2. 举行了以

---

① 设计者：课题组成员（科学组），上海市宝山区同达小学，沈文文．
② 设计者：课题组成员（语文组），上海市宝山区淞谊中学，蔡玉锐．

"月亮"为主题的诗歌朗诵会；3. 指导学生收集了写月亮的名句；4. 进行了"想象和联想"的思维训练；5. 本节课是以"月亮"为话题开拓思维，引导学生学习运用"想象和联想"的思维方式写真情实感的作文指导训练。关于拓展"月亮"内涵问题化设计的内容如表6-3所示。

表6-3　"月亮"教学设计

由　何	是　何	如　何	为　何	若　何
了解问题	你喜欢哪些与"月亮"有关的诗词句？		为什么同一轮"月亮"会被赋予如此丰富的内涵？	
领悟问题	你拟的文题是什么？想借"月亮"表达什么思想感情？	"月亮"被文人赋予了怎样的内涵？可以从"月亮"的哪些方面产生联想和想象？	写作的缘由是什么？	如果你是吴刚或嫦娥或玉兔，你想对人类说什么？
审美问题		如何寄情于景的？有何妙处？		
评价问题	同学的作品中写的主要内容是什么？说说你对文中所表达的思想感情的看法？			如果是你，会怎样写？

课下作业：以"月亮"为话题自拟文题，写一篇不少于600字的作文。

2. 基本方法

根据需要设计两维具体内容，通常要以学科中重要的目标层次作为其中的一个维度，另一个维度可以是另一目标，也可以是问题的基本类型，如是什么、为什么、怎么样；按照学习过程设计与任务匹配的问题；放置二维表检测目标属性；修改完善各种问题，再版学习方案。

3. 价值与缺陷

用两维表嵌入学习问题的方式可以帮助教师从不同的维度与层次考虑

学习过程中的问题，目标的达成度高；但也许会忽略学习内容与内容之间的关系，学习任务与任务之间的联系，学习问题与问题之间的过渡与衔接，使得学习过程不够连贯与流畅。

二、内容取向的问题系统及对学习过程的优化

很多教师更习惯以内容为取向设计学习过程，也就是当他们搞清楚教什么（内容）后，接着就考虑如何教（过程与方法），而不把教了之后需要达到怎样的结果（目标）作为首先考虑的问题。虽然这并不十分可取，而且也是很多新教师容易犯的毛病，但假如学科本身的内在知识结构比较严谨，或者学习目标中的重点落实在知识目标上，内容取向的问题系统就有一定的合理性。

1. 操作模式与示例

一种是根据知识的内在要素或相互关系，形成问题集。

① 按照概念的内在要素形成问题集，例如：第一次工业革命。

什么是第一次工业革命？它是什么时候开始的？以什么为标志？又是什么时候完成的？有什么重大的成就与历史影响？围绕这些问题，可以形成关于第一次工业革命的问题集。而这几个问题，同样也适合于类似的概念，如第二次工业革命。

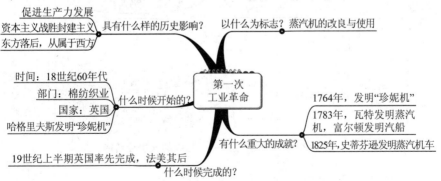

图6-1　问题集——第一次工业革命

② **根据定律的相互关系，形成问题集合，**例如：减法、除法运算性质。

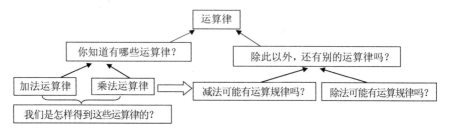

图6-2　问题集——运算律

　　教师在课一开始就让学生说出：你知道有哪些运算律？然后板书。接着提问：我们是怎样得到这些运算律的？使学生回忆得到规律的一般方法：举例——寻找规律——验证。随后教师提出：除此以外，还有别的运算律吗？教师试图为学生提供与有关知识内在的逻辑结构交融在一起的、一以贯之的、比较稳定的教学情境、思维方式和解决问题的策略，引导学生学会并主动进行知识、技能和策略的迁移。

　　还有一种是课程内容的问题化推进系统，表现为树状问题系统，如**"怎样的人生最精彩"**。①

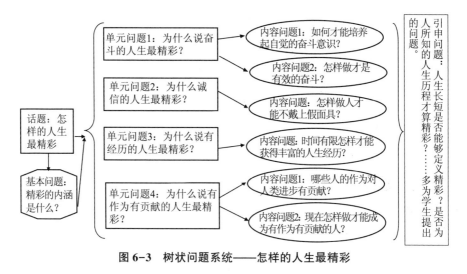

图6-3　树状问题系统——怎样的人生最精彩

———————

　　① 设计者：课题组成员（语文组），上海市宝山区淞谊中学，蔡玉锐.

2. 基本方法

首先，完成知识内容的分析，最好用思维导图画出知识结构图；其次，提炼出每个学习内容匹配的学习问题，也就是将学习内容问题化；最后，根据思维的线索梳理问题间的逻辑关系，形成问题系统。

3. 价值与缺陷

内容取向的问题系统很好地将学习内容与问题之间建立紧密的联系，从而使知识之间的内在联系与学生的认知过程趋于一致。但内容取向的问题系统通常会忽略目标的精确性。教师心中会有一个概要的目标，但对于具体的学习内容、学习问题所对应的具体学习目标，通常缺乏清晰的界定，这也是我们很多年轻的教师容易形成的设计倾向。

三、认知过程取向的问题系统及对学习过程的优化

认知取向的问题系统更体现思维培养与过程方法习得的价值，也更符合学习者的心理顺序，对于优化学习过程有着独到的作用。

1. 操作模式与示例

①一种是根据方法与程序的认知模型，形成问题集或问题链。

示例 1："平面镜与曲面镜" 比较实验问题系统①

1. 现象——贴鼻子游戏中，有什么好办法可以让我们不转身又快又准确地贴好鼻子？

2. 观察——比较平面镜、凸面镜、凹面镜的镜面，有什么不同？

3. 猜测——我们把表面平整、光滑的镜子叫平面镜，那表面往外凸出的镜子可以叫什么镜呢？表面往里凹的镜子可以叫什么镜呢？

4. 疑问——为什么借助平面镜能帮助我们又快又准确地贴好鼻子？

5. 实验——分别用大小一样的平面镜、凸面镜和凹面镜来照同一个物

---

① 设计者：课题组成员（科学组），上海市宝山区月浦新村小学，赵金.

体，观察镜中的像各有什么特点？

6. 比较——把同一物体分别放在三面镜子前的同一点上进行比较，再把这一物体从镜子前慢慢移动，离镜子越来越远，分别观察三面镜子中的像有什么不同？

7. 讨论、归纳——你知道平面镜、凸面镜和凹面镜的成像特点了吗？

8. 理解——平时，大家看到过这些镜子吗？用在哪里，为什么要用这个镜子？

示例2："非细胞结构的生物——病毒"科学概念发现问题系统①

1. 病毒是什么样的一类生物？

2. 谁，通过什么方式告诉我关于病毒的知识？

3. 我怎么知道我掌握了关于病毒的正确概念？我可以通过什么方式佐证这些知识的正确性？

4. 科学家是如何发现病毒这些知识的？

5. 他的方法和途径科学性和逻辑性何在？我能否用这些方法发现新的生物类群？

6. 关于病毒还有哪些问题感到不解？

7. 我该如何解决我的这些不解？（和谁一起、通过何种途径）

8. 关于病毒的这些知识可以解决哪些问题？（如关于禽流感的防治、病毒性疾病的预防和治疗等）

②还有一种是解决同类系列问题的学习进展，解决老问题、解决新问题、解决疑难题、发现新问题，形成问题链。

学习应该是为学生提供能够反映所要学的知识、又能够与学生现有知识经验相关联的问题，通过学生运用自己已有的知识基础、能力基础、生活基础，充分地进行问题的解决，这样能使学生对数学知识形成深刻的、结构化的理解，形成自己的、可以迁移的问题解决策略，而且对学习形成更为积极的兴趣、态度和信念。在问题解决的过程中，需要经过多次的反复和深化，必然有一个发展、改进的过程，必然包含有一个交流、反思、改进、协调的过程。因此，我们认为问题化的学习是一个循环往复、持续发展的过程。

---

① 设计者：课题组成员（科学组），上海大学附属中学，张治.

示例：　厘米的认识①

在教学片段中出现问题化学习链如下所示。

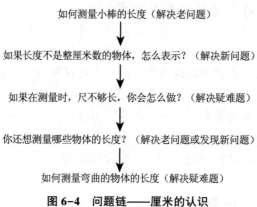

如何测量小棒的长度（解决老问题）

如果长度不是整厘米数的物体，怎么表示？（解决新问题）

如果在测量时，尺不够长，你会怎么做？（解决疑难题）

你还想测量哪些物体的长度？（解决老问题或发现新问题）

如何测量弯曲的物体的长度（解决疑难题）

图6-4　问题链——厘米的认识

在教学中，当学生掌握尺的特点、感知 1 厘米的长度后，教师呈现了一个问题：如何测量小棒的长度？这是一个老问题。教师采用了先猜一猜，再量一量的教学策略。猜一猜的环节是检验学生对 1 厘米长度的感知情况，然后再请学生演示测量的方法来验证自己的猜想。本课时的难点在于如何测量物体的长度不是整厘米的，把其作为新问题呈现。让学生在测量过程中产生疑问：纸条的一端对准 0 刻度，另一端不正好对准一个刻度，如何表示这个物体的长度？再让学生讨论，在学生感到迷惑时，教师提示看物体的另一端靠近几，就取几厘米，表示大约长几厘米。在完成基本的练习后进行拓宽教学，教师设计了疑难题：纸条很长，手中的尺不够测量了，那怎么办？然后给予充分的时间让学生以小组的形式合作完成，通过讨论交流，学生总结了以下几种方法：用一把尺测量两次；用两把尺测量；把纸条对折，再测量，然后把测量的结果相加；用尺和小棒测量（小棒刚才已测量过，也有同学发现小棒后面有 1 厘米一段的记号），由于学生参与意识较强，所以思维比较活跃。随后，教师提出：你还想测量哪些物体的长度？由于这个问题是发散性的，因此不同层次的学生会有不同的问题产生（或老问题或新问题）。当大家讨论后，教师又让学生比较今天所测量的物体的特点：都是直的。提出疑难题：如果不是直的物体，那如何测量？引发学生思考。

---

① 设计者：课题组成员（数学组），上海市宝山区吴淞实验学校，杨志萍．

a. 多侧面的问题化扩展模式。

示例： 理解与宽容的意义何在？

1. 了解：了解身边有关理解与宽容的故事吗？知道什么是理解与宽容？
2. 神入：假如我是故事中的人，我的感受如何？
3. 内省：假如我需要理解与宽容，或需要理解与宽容别人，会怎么办？
4. 领悟：宽容与理解的生命意义何在？
5. 评价：理解与宽容是一种美德吗？为什么？
6. 审美：理解是人，宽容是神，美丽人生的境界、信念。

b. 围绕核心问题的开放式探究，形成问题网。

示例： 泡沫的探究①

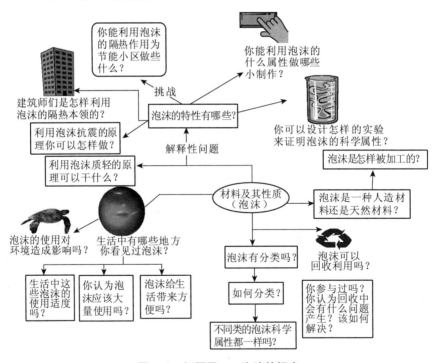

图 6-5   问题网——泡沫的探究

---

① 设计者：课题组成员（科学组），上海市宝山区实验小学，周斌.

2. 基本方法

无论是开放式的探究，还是循序渐进的变式学习，或是逻辑的推理过程，都需要确定学习的主问题。其次，要对学生的生成性问题做充分预估，接着预设思考的脉络图（可能有几种预案），并形成问题系统。最后，课堂实施的过程中需要根据学生反应及时地调整问题流向与解决路径。课后修改问题系统图，为下一个班级的授课和其他教师的教学提供借鉴。

3. 价值与缺陷

更多考虑学生思考问题的方向与逻辑线索，形成的问题系统更符合学生的认知规律。认知过程取向的问题系统对于学生习得三维目标中过程与方法有独特的作用。但若忽略知识目标，则对知识结构的建构无益，学习也就失去了完整性。

四、辩证思考

在学习过程中，问题系统的形成更多地受制于课程的知识类型，教师的教学风格与素养，以及学生的学习基础。学习过程的设计要充分体现三位一体问题设计的取向，采用统整的思路。需要特别说明的是，无论是目标取向的问题系统，还是内容取向、认知过程取向的问题系统，都有其优势但也有其局限性。确切地说，不可能存在以某个方面作为唯一依据的设计方法。取向可能只是代表了最初的设计切入点或基本的线索，事实上在具体的设计中，无论你从哪一个角度切入，目标导向、内容结构优化、认知过程完善都应该是我们需要统筹兼顾的三个重要的方面。

示例1： 知识单元设计——长方体、 正方体体积 （ 数学 ）[①]

一、 教材分析

本单元包含："体积""长方体和正方体的体积"。

[①]　设计者：课题组成员（数学组），上海市宝山区教师进修学院，冯吉.

　　单元重点是理解体积的意义、探索体积计算的方法。因为只有理解了什么是物体的体积，才可能探究体积计算的方法。而长方体和正方体体积计算是一切几何形体体积计算的基础，所以理解和体验体积计算方法过程对于学生而言是重要的。我们将本单元学习内容整合为：体积、长方体和正方体体积计算方法、不规则物体的体积及练习课。

二、 学习目标

　　1. 通过实例，了解体积的意义及度量单位，能进行单位之间的换算，感受体积的实际意义。

　　2. 结合具体情境，探索并掌握长方体、正方体的体积计算方法。

　　3. 探索某些物体体积的测量方法。

　　4. 在学习活动中培养学生独立思考、有序思考的习惯，提高学生自主探究、解决问题的能力。

三、 课堂教学设计

　　问题链的设计为教师进行教学设计提供了支架，教师的教学设计紧紧围绕问题化学习链展开。教学的情境设计与环节设计的目标是为学生自主解决问题、建构知识服务。问题化学习的教学设计分成三大板块：教学设想、学生活动及策略与技术。教学设想又分成问题链设计与教学组织，其中教学组织的设计则是为解决问题链中的问题而展开设计的。

第一课时

　　教学任务：体积。
　　教学课型：新授。

一、 学习目标

　　1. 知道常用的体积单位及其所占空间的大小。

　　2. 知道体积的含义，会进行体积单位之间的改写。

　　3. 会在观察中进行比较、猜测。

　　4. 理解体积单位，会运用合适的体积单位表示物体的大小。

二、学习重点

理解体积的含义，认识体积单位。

三、学习难点

建立体积单位概念。

四、教学设计

1. 什么是体积?

（1）发现新问题

问题预设：①为什么石头放入水中，水会上升？②为什么石头放入水中，有的水会上升多些？有的水却上升少些？

教学组织：（教师）在水中放入一样东西，观察有什么变化？

学生活动：学生玩水游戏（一个量杯、大小不一石块）。学生小组合作、交流，动脑、动手发现水会上升。但有的上升多些，有的上升少些。

策略与技术：在玩中使学生发现当物体放入水中时，水会上升，从而体验①物体是占空间的；②体验物体所占空间有大有小。

（2）解决新问题

问题预设：①物体占空间？②物体占空间有大有小？

教学组织：创设情景，进行实验。在盛满沙子的量杯中，教师将手伸入其中，观察发生什么变化？谁想试试？

学生活动：学生上讲台操作实验，再次发现，沙漏出来了。发现沙漏在外面，有多有少。从而得出体积的概念"物体所占空间的大小叫做物体的体积"。

策略与技术：在观察中再一次体验①物体是占空间的；②体验物体所占空间有大有小。

（3）解决老问题

问题预设：谁的体积较大？

教学组织：教师出示由相同小正方体拼成的、体积接近的一个正方体（棱长为3厘米）和一个长方体（长4厘米、宽3厘米、高2厘米），观察比较谁的体积大？

学生活动：学生观察、讨论，通过数方格比较体积大小。

策略与技术：引出数方格比较体积大小的方法。通过讨论突出先数每排个数、排数和层数的数法，为学习体积单位作铺垫。

（4）解决新问题

问题预设：为什么需要体积单位？

教学组织：（教师）如果两个所含方块数相等，那么它们的体积就一样大吗？（出示两个所含方块数相等但体积不等的物体）

学生活动：学生思考、辩论。①若方块一样大，两体积相等；②若方块有大有小，两体积无法比较。

策略与技术：学生体会要比较体积大小，必须有统一的体积单位。

2. 体积单位有哪些？

（1）解决新问题

问题预设：你能说出1立方厘米有多大吗？

教学组织：组织学生自学，找出1立方厘米小木块并量出橡皮的体积。

学生活动：看：自学课本，知道棱长是1厘米的正方体，体积是1立方厘米；找：体积为1立方厘米的小木块学具；量：橡皮的体积；想：生活中有哪些物体计量单位用立方厘米？学生得出：棱长为1厘米的正方体，体积是1立方厘米。

策略与技术：学生通过一系列活动建立1立方厘米的概念。

（2）解决老问题

问题预设：你能说出1立方分米有多大吗？

教学组织：（教师）用1立方厘米来计量课桌的体积是否合适？在实际计量物体体积时还需要大一些的体积单位，1立方分米有多大呢？

学生活动：看：自学课本，知道棱长是1分米的正方体，体积是1立方分米；比划：1立方分米有多大；量：课桌的体积；想：生活中有哪些物体计量单位用立方分米？

策略与技术：学生通过一系列活动建立1立方分米的概念。

问题预设：你能说出1立方米有多大吗？

教学组织：（教师）如果要计量集装箱的体积用什么单位？立方厘米？立方分米？1立方米有多大呢？

学生活动：说：棱长为1米的正方体积为1立方米；搭：用尺搭1立

方米；想：生活中有哪些物体计量单位用立方米？

策略与技术：学生通过一系列活动建立1立方米的概念。

3. 巩固练习

问题预设：你能说出1立方厘米有多大吗？

教学组织：完成练习，用合适的单位填空。手机有45（   ）；电脑主机有28（   ）；沙坑有沙子2（   ）。

4. 总结

今天我们学习了哪些知识？什么叫物体的体积？有哪些常用的体积单位？什么叫1立方厘米、1立方分米、1立方米？

5. 思考

到家中找出5种物体，看看用多大的体积单位计量他们的体积比较合适，并估计他们的体积大约有多大？

第二课时

教学内容：长方体和正方体的体积（一）。

教学课型：新授。

一、 学习目标

1. 知道物体的体积就是它所含体积单位的数量。

2. 理解长方体和正方体体积计算方法的推导过程。

3. 掌握长方体和立方体体积计算的方法，并能利用该方法进行计算。

二、 学习重点

确定长、宽、高或棱长，正确计算长方体或正方体的体积。

三、 学习难点

建立长方体、正方体体积的空间观念。

四、 教学设计

情境导入

问题预设：为什么先求长方体、正方体的体积？

教学组织：（教师）大家看大屏幕，这里有石块、长方体木块、正方体木块、光盘盒子等物体，它们都有体积。今天这节课我们一起来探究体积的大小。你们愿意先研究哪些物体的体积呢？为什么？

（学生：先求长方体、正方体，先易后难）

策略与技术：渗透遇到许多问题需要解决时，可以用"先易后难"的策略解决。

1. 发现新问题

问题预设：长方体的体积可能与什么有关？

教学组织：（教师）这是两个长方体，想想谁的体积大？为什么？（一个是2×3×2的长方体，一个是2×3×5的长方体）

（学生猜测：第二个大，因为它比较高）

（教师）它比较高，体积就比较大（这时出示第三个长方体：3×4×5），那么它们一样大了？（教师）为什么？

（学生明显目测出不一样大，第三个长方体大）

（教师）那你们觉得长方体大小可能与什么有关？

（学生猜测：体积可能与长、宽、高有关）

学生活动：观察、猜测，体验出决定长方体体积大小可能是它的长、宽、高。

策略与技术：电脑先显示两个长方体，学生能目测出谁的体积大，使学生初步体会：体积可能与高有关。教师顺着学生的思路用电脑再显示另一个长方体，随后进行追问，使学生思维产生矛盾冲突，反观第一个长方体与第二个长方体得出：它们的底面积相等，谁高谁体积大。第二个长方体与第三个长方体的高相等，底面积谁大谁的体积就大。

2. 解决新问题

问题预设：长、宽、高确定了，长方体的体积可能是多少呢？

教学组织：形象感知体积计算方法。

（教师）既然大家都认为长方体体积与它的长、宽、高有关，那么一旦长、宽、高确定了，长方体的体积也就确定了吗？那么，老师给你长方体的长（2厘米）、宽（3厘米）、高（4厘米），你能知道它的体积是多少吗？先不忙着说结果，你想想，你是怎样得到这体积的，把得到体积的过程与同伴进行交流。在交流的过程中，你可以像老师一样，借助学具摆摆放放，把这个过程更清晰地展示出来。

　　学生活动：动脑思考，并动手用小木块摆摆。学生初步体验长方体体积可能等于长×宽×高（电脑显示：一块一块堆成长，一排一排堆成宽，一层一层堆成高）。

　　策略与技术：考虑到可能有学生已经知道计算公式这一情况，要求学生展示体积得到的过程，形象地体验知识获得的过程。

　　教学组织：进一步建构"体积计算方法"。

　　（教师）动手用学具摆摆放放可能是一种好方法，可以帮助我们思考，但发现挺费时的，老师这里有一个小软件，你们来看看（出示JAVA插件）。现在知道长4厘米、宽5厘米、高6厘米，体积是多少？（老师动手摆——看懂了吗？谁来说说？）

　　学生活动：学生想象，说出体积。（根据学生说出的，电脑进行显示）

　　策略与技术：从形象过渡到半抽象，学生进一步体验体积计算方法。

　　教学组织：（教师）仅靠两个例子来得出长方体体积计算方法显得不够全面，那再举些例子吧！请你们列举长、宽、高（学生上台动手操作长、宽、高）。先闭上眼睛想象一下，该是怎样一个长方体？用小立方体堆积会是怎样的？

　　谁再来试试？

　　学生活动：学生说，并动手操作电脑。学生归纳体积计算公式：长方体体积＝长×宽×高。

　　策略与技术：通过多个例子加强学生对长方体体积与长、宽、高之间关系的认识，有益于学生得出体积计算方法。

　　3. 解决疑难题

　　问题预设：已知一个长方体体积，它的长、宽、高各是多少呢？

　　教学组织：（教师）既然你们认为一个长方体体积可能等于长×宽×高，那已知一个长方体的体积是12立方厘米，它的长、宽、高各是多少？你能搭出这样的长方体吗？你可以想想、写写、搭搭。（给学生每人一张作业单）

　　学生活动：学生思考，小组交流。根据学生回答，板书：$12 = 1 \times 1 \times 12 = 1 \times 2 \times 6 = 1 \times 3 \times 4 = 2 \times 2 \times 3$

一个长方体体积确定，它的长、宽、高有多种可能，但长、宽、高的乘积肯定是确定的，因为体积就是长、宽、高的乘积。

策略与技术：在学生交流过程中，引导学生进行有序思考，验证长方体体积＝长×宽×高。

4. 归纳小结

①让学生说出发现长方体体积计算公式的思考方法及过程；②教师对学生的思考方法进行评价，突出化归的数学思想方法。

策略与技术：引导学生进行反思，让学生体验化归思想方法在数学学习中的作用，以便于学生领会，提高学生获取知识、解决问题的能力。

5. 解决老问题

问题预设：怎样具体求体积？

教学组织：（教师出示）一个长方体、一个正方体，求出它们体积。比较一下，这两道题有什么不同？

学生活动：学生练习、交流，得出正方体体积＝边长×边长×边长。

策略与技术：在练习过程中，得出正方体体积。

6. 发现新问题

问题预设：怎么求不规则物体体积？

教学组织：（教师）通过大家探究，我们得出长方体、正方体这些规则物体体积的计算方法，那不规则物体的体积如何算呢？请大家课后思考。

第三课时

教学内容：巧测体积。

教学课型：探究课。

一、 学习目标

1. 利用已有的生活经验和知识解决实际问题，增强学生应用数学的意识。

2. 教师创设自主开放的课堂氛围，充分发挥学生学习的主动性和创造性，同时在小组活动过程中，培养学生的合作意识。

3. 让学生能根据实际需要，合理选择求不规则物体体积的方法，让他们体会到数学就在身边，感受到数学的趣味和作用。

二、学习重点

探索不规则物体的体积。

三、学习难点

利用转化思想求不规则物体体积的方法。

四、教学准备

长方体物体，量杯，米粒，石头，橡皮泥，直尺，计算器。

五、教学设计

情境导入

问题预设：已经学会求哪些物体的体积？怎么求？

教学组织：（教师）在我们日常生活中经常可以看到这样一些物体（实物投影展示）：洗衣机、煤气灶、饼干盒、橡皮泥作品、石块、一袋米、鸽蛋。你已经学会求哪些物体的体积？怎么求？剩下的物体我们还不能直接求出它们的体积，谁能描述一下它们的形状？我们一般把这些物体叫做不规则物体，其实生活中还有很多物体形状都是不规则的，它们也有体积，今天我们就来研究这些不规则物体的体积。

学生活动：学生观察思考，描述不规则物体的形状。

策略与技术：实物投影展示生活中的一些实物，利用生活中的一些实物回忆规则物体的体积。

1. 发现新问题

问题预设：不规则物体体积怎么求？

教学组织：（实际操作）一袋米、橡皮泥、石块、鸽蛋体积。（教师）你最想研究哪个物体的体积呢？根据学生的想法决定集体操作的内容。

学生活动：猜测，并说理由，操作验证。

策略与技术：每个小组一个简易的橡皮泥作品、长方体盒子、尺。

2. 解决新问题

问题预设：橡皮泥的体积该怎么求呢?

教学组织：(教师) 测量橡皮泥的体积。①猜测两个橡皮泥作品哪个体积大? 并说理由；②操作验证：橡皮泥的体积又该怎么求呢?

学生活动：独立思考→小组交流→实验操作→集体交流方法与结论。(注意：合作过程中，怎样使误差小一些)

小结：通过刚才我们对橡皮泥体积的研究，你发现了什么? (如果是可以变形的物体我们就能把它变成一个规则物体来计算它的体积。物体的形状改变了，它的体积是不会改变的。)

策略与技术：可变形物体通过捏转化成长方体或正方体后，再求体积。学生重新用手构建一个长方体或正方体，在构建的过程中还要想到，如何减小误差。

3. 解决老问题

问题预设：合作研究剩余物体的体积 (准备适当的用品，学生进行尝试测量研究：一小袋米、一块石头、一个鸽蛋、一个量杯、一杯水)。

教学组织：(教师) 剩下的一些不规则的物体是否也可以转化成我们学过的知识巧妙地计算出它的体积来呢? 请小组成员 (教师) 在组长的带领下①先确定你们要研究的物体；②确定方法和实验操作步骤；③思考可能存在的问题及解决方法；④领取实验物体及工具。快的组还可以进行下一个物体的体积研究，看哪一组合作好，速度快，质量高。

学生活动：独立思考→小组交流→实验操作→集体交流方法与结论。

策略与技术：实物投影展示每组的实验结果与方法。

4. 解决新问题

问题预设：一袋米的体积如何求?

教学组织：(教师) 先来看看这一小袋米吧，你们是用什么方法求出它的体积呢? (注意：测量中有误差，数据略有不同是正常的，怎样使误差小一点呢?)

学生活动：学生操作、交流。

策略与技术：将可变形物体放入现有的长方体或正方体量器中，进行转化测量。

5. 解决新问题

问题预设：怎么求这块石头的体积呢？

教学组织：怎么求这块石头的体积呢？你们用什么方法？注意：测量水位高度的方法，如果没有量杯怎么办？交流不用量杯的方法。

学生活动：学生操作、交流。把石块放入水中，水位就会上升，说明石块占用了水的空间。也可以把它放在长方体容器中，借助规则物体求出体积。

策略与技术：石块不能重新捏了，怎么办呢？启发学生从另一个角度来思考，测量石块所占空间的大小来计算它的体积。

6. 解决疑难题

问题预设：要测量的物体放入水中沉不下去怎么办呢？

教学组织：（教师）石块放入水中会沉下去，那么如果要测量的物体放入水中沉不下去怎么办呢？

学生活动：学生发散性思维，想出各种不同的方法。例如：与石块拴在一起，总体积减去石块的体积；放入米中，占用米的空间等。

策略与技术：石块不能重新捏了，怎么办呢？启发学生从另一个角度来思考，测量石块所占空间的大小来计算它的体积。

7. 总结

问题预设：今天我们这节课研究了一个什么问题？我们是怎么解决问题的？

教学组织：（教师）当我们在求一个不规则物体的体积时，都可以把它巧妙地转化成规则物体，利用规则物体的体积求出不规则物体的体积。其实在日常生活中当你遇到新的问题时只要你能多观察多思考，把新问题转化成我们学过的知识，相信你们能凭借自己的智慧解决更多的问题，发现更多的好方法。

学生活动：学生交流各自的收获。

策略与技术：把转化的思想应用到生活中可以帮助我们解决更多的问题，使学生感受生活中处处用到数学知识。

示例2： 主题单元设计——有家真好（语文阅读）①

教材分析

六年级语文第一单元的主题是"有家真好"，围绕这个主题，教材选文有六篇，分别是《祖父和我》、《凡卡》、《父与子》漫画两则、《散步》、《妈妈的账单》、《离别的礼物》。这六篇文章对主题阐释的角度各不相同，涉及不同时期、不同文化背景，也展现了不同年龄层次的人对于"家"这个永恒主题的理解与思考。

教学目标

这个单元的教学重点是希望六年级学生通过阅读作品感受亲情，进而促使他们对一直以来享受着的亲情产生思考，认识到亲情的可贵与值得珍惜，从而感悟责任，增进理解，表达爱心。基于此，以"家对我们每个人意味着什么？"作为本单元的主问题。

讲读篇目

由于课时限制，根据教学目标，选择了《祖父和我》、《凡卡》、《散步》、《离别的礼物》四篇课文作为课堂讲读篇目。也就是说，实际上是以这四篇课文作为主题单元学习的文本。

具体过程

步骤一：以"家对我们每个人意味着什么？"作为本单元的主问题，课前布置学生预习四篇课文，自己概括各篇课文的主要内容，并在此基础上思考主问题。

意图：1. 让学生初步感知课文内容，教师从学生对主要内容概括中可以发现学生在理解文本上存在的问题。（我发现，学生往往是不知道自己在理解文本上存在问题的，也就是说，如果学生能够提出一些深入主题的问题，那么也就意味着他已经对课文的主要内容有了一定的把握。而现在这一步骤是要解决学生的初步感知，教师可以通过检查学生概括的课文主要内容来发现一些学生在文本感知上的错误）2. 将主问题在单元学习的一开始就给学生，促使他们对单元主题进行思考。

对学生预习作业的分析和教师课堂感知性问题的提出。

---

① 设计者：课题组成员（语文组），上海市宝山区泗塘二中，李琛乔.

一、《祖父和我》

学生典型错误样本一：小时候，我在我家的大花园里玩，祖父在干活，我不但不帮他还捣乱。

学生典型错误样本二：我在花园里度过快乐的童年生活。

教师分析：学生没有思考和认识到我的快乐是怎样的一种快乐，我的快乐和祖父又有什么关系。

提出感知性问题："我"的童年生活是怎样的？（要求：先圈画关键词语再概括回答）

祖父是个怎样的人？他和"我"的童年生活有什么关系？（要求：先圈画关键词语再概括回答）

二、《凡卡》

学生典型错误样本一：凡卡在老板家日子过得苦，他写信给爷爷，让爷爷把他接回去。

学生典型错误样本二：凡卡待在城里被人欺负，他想念爷爷，想要回乡下去。

教师分析：学生已经能够掌握凡卡的两种不同的生活，但是没有深入思考凡卡的悲剧性所在。

提出感知性问题：凡卡和爷爷在乡下的日子过得苦不苦？凡卡与爷爷在一起的日子和在做学徒的日子比较有什么不同？（要求：先圈画关键词语再概括回答）

三、《散步》

学生典型错误样本一：一家人去散步，孩子要走小路，他的奶奶依了他，结果走不过去时，爸爸背奶奶，妈妈背孩子。

学生典型错误样本二：春天到了，一家人出去散步，他们都听爸爸的话。

教师分析：学生注意到了这是一家三代出去散步，但这一家三代之间为什么要听"爸爸"的话，为什么结尾是由爸妈背起祖孙这些问题没有进一步思考。

提出感知性问题：哪些人一起散步？简述散步时发生了一些什么事。

关键语句体味："我背上的同她背上的加起来，就是整个世界。""我"背上的是谁？"她"背上的是谁？为什么加起来就是整个世界？

四、《离别的礼物》

学生典型错误样本一：彼得爸爸要娶新妻子，把他的爷爷送到养老院去，临别时送给爷爷一床双人毛毯，可是他的新妻子不同意。

学生典型错误样本二：爷爷被爸爸和那个女人赶到养老院去了，彼得恨他的爸爸连毛毯都要剪开。

教师分析：这篇文章的结尾有一部分学生没有读懂，另外几个人物的内心思想学生也没有去认真思考。也就是说，学生对这篇文章的人物把握是有困难的，所以也谈不上对文章中心思想的把握。

提出感知性问题：为什么要送离别的礼物，爸爸为什么要让爷爷进养老院？爷爷自己想不想去，他是个怎样的老人？彼得真的要剪开那床毛毯吗？为什么我、爷爷、爸爸会抱头痛哭？

步骤一总结：通过步骤一的学习讨论过程，学生初步掌握了课文的主要内容，这是我们深入文本、比较文本主题和进行单元主题讨论的基础。

步骤二：布置让学生对课文内容进行再次的自主提问，教师筛选问题，然后组织课堂讨论，将四篇课文串联起来，导入对单元主题的思考。

意图：教师可以筛选问题，对上一阶段没有解决的感知性问题进一步明确，然后捕捉学生提出的一些神入、内省、领悟性问题，同时导入教师预设的问题，试图引领学生将四篇课文放在同一主题下进行比较阅读和思考。

学生提问和教师课堂引导：搜集学生在步骤一学习完以后提出的问题，先解决一些仍然属于上阶段的感知性问题，然后罗列出学生提出的一些深入文本的神入、内省、领悟性问题进行课堂讨论。

学生的问题和课堂讨论如下。

出示学生问题一：

内省性问题

如果能让你"要做什么，就做什么；要怎么样，就怎么样，都是自由的"，你也有这样的一位祖父，你会快乐吗？（《祖父和我》）

某学生回答：当然快乐，因为无拘无束嘛。

另一学生回答：祖父不管我，让我自由成长，很开明的。

教师追问：（意图是引入主题）

评价性问题

单元主题是"有家真好"，但这篇文章写的是"祖父和我"，"家"的感觉从何体现？

某学生回答：祖父和"我"就组成了一个家，小花园就是我们的家，"我"和祖父在一起，他种地，我玩，童年的回忆是无忧无虑的。

另一学生回答："我"实际上是在祖父的宠爱和保护下，所以才能如此的无忧无虑。祖父给了"我"家的感觉。

出示学生问题二：

领悟性问题

作者为什么在结尾处要让凡卡"怀着甜蜜的希望"入睡？（《凡卡》）

某学生回答：希望越甜蜜，我们都知道他的希望根本就不存在，所以感觉凡卡越可怜。

另一学生回答：这个结尾把读者带进了一个非常悲伤的感觉里，让我们为凡卡的命运深深地担忧。

教师追问：（意图是引入主题）

评价性问题

小凡卡有"家"吗？

某学生回答：

小凡卡的爷爷死了，实际上对他来说家也就不存在了。

教师插话：和《祖父和我》比较，她是有了爷爷就有了家，也就有了快乐；凡卡是没有了爷爷就没有了家，也就失去了幸福，是不是这样？

学生齐答：是的！

教师追问：有人说，有家的孩子像块宝，没家的孩子像根草。通过以上两篇课文的阅读，家庭对人的重要性，你是否有了更深刻的理解，能否谈谈你自己对家的感受吗？

学生：各自介绍自己对家的感受。

（最后明确：家是天堂，是生活和精神的归依）

出示学生问题三：

领悟性问题

对于老人和孩子来说，爸爸妈妈（即中间的一代）带给他们什么？（《散步》）

某学生回答：赡养老人，抚育孩子。

另一学生回答：实际上老的、小的都需要他们，赚钱养家，做家务，包括出去散步的时候照顾老的、小的。

　　教师追问：也就是说，中间的一代是家庭的支撑，是吗？

　　学生表示同意。

　　教师进一步追问：作为中间的一代，可不可以逃避这个支撑家庭的责任？

　　学生回答：当然不可以！

　　教师进一步展示学生问题：

　　《离别的礼物》中的"爸爸"和"那个女人"算不算逃避责任？

　　学生开始小声议论，回答：当然是逃避责任！

　　教师追问：

　　内省性问题

　　如果你是十一岁的彼得，你会像他一样做吗，为什么？

　　某学生回答：当然也会，爷爷不应被赶出家门。

　　教师追问：这个家属于爷爷吗？

　　某学生回答：爷爷当然也是这个家的一分子。

　　教师追问：可是爷爷现在老了，对这个家没有用了呀！

　　另一位学生脱口而出：可是爸爸是爷爷养大的啊！

　　通过以上的课堂讨论，再次出示主问题：家对于我们每个人意味着什么？

　　作为课后作业，书面回答。

　　步骤二总结：通过选择学生提问和教师的追问，从单篇的内容理解逐渐过渡到整个单元主题的思考，为下一步骤进行主问题的课堂讨论打好基础。

　　步骤三：以《家是什么》小诗作为引子，交流学生对主问题的书面回答，完成单元学习目标。

家 是 什 么

家是什么？

家，是一盏灯，一个屋檐

一张柔软的床

有了灯

不再害怕夜晚没有星星和月亮

有了屋檐

不再害怕风吹和雨打

有了床

累了，困了

可以睡上甜甜的觉

做个美美的梦

家是什么？

家是一轮太阳

爸爸妈妈欢乐的笑容

合成一缕缕的和暖的阳光

教师导入：这首小诗是以一个孩子的口吻来写的，家是一盏灯，一个屋檐，一张柔软的床。让我们一起来回顾本单元学习的四篇课文，家对于这些课文中的人物意味着什么？

对于《祖父和我》中的"我"来说，家是爷爷的宠爱和庇护；家是爷爷为她守护的那个花园，家意味着自由自在的生活。

对于凡卡来说，家意味着与爷爷相依为命。

对于《散步》中的"我"和奶奶来说，家意味着爸爸妈妈的养育和照顾。对于《散步》中的爸爸妈妈来说，家意味着照顾好孩子和老人。

对于彼得来说，家意味着爷爷和他们住在一起。

讨论主问题，结合学生自己的生活经历和观察，请几位有代表性的同学朗读他们回答主问题的书面作业。

讨论结果：家对我们每个人来说，都是生活和精神的栖息地，有了家，孩子才能健康地成长，成年人才有生活的动力和精神的归依，老人才能老有所养、老有所乐，有家真好！所以我们也应该爱护我们的家，力所能及地支撑我们的家，让我们的家更温馨，更美好！

在此基础上继续思考以下问题，作为家庭作业。

内省性问题

今天，我如何做一个爱家的孩子？明天，我怎么去做一个爱家的"中间一代"？

　　步骤三总结：在主问题的引领下，先从本单元课文中的人物谈起，讨论家对这些人物意味着什么，再结合学生自己的感受，他们的生活观察，明确"有家真好"这个单元主题，完成对主问题的回答。

　　作为单元学习的结束，再次用一个内省性问题作为对主问题的深化，启示学生享受亲情的同时，要感悟责任、增进理解、表达爱心，完成单元学习目标。

　　附：单元问题系统图

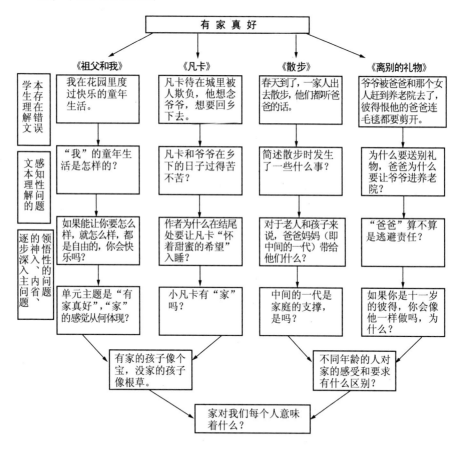

示例 3：　课时设计——摩擦力（自然）①

一、 单元学习目标

1. 学会用对比实验认识弹力的特点，能描述弹力的特点。

2. 知道摩擦力的存在和摩擦力有大小，学会设计对比实验方案比较、探究摩擦力大小与相互移动的两平面光滑程度的关系。

3. 学会通过实验知道人们怎样利用摩擦和减小摩擦，能举出人们怎样利用或减小摩擦力的实例。

4. 知道在地球上任何物体都受到向下的重力。

5. 初步知道物体在太空中会发生失重现象，物体在不同星球上的重力会有变化。

6. 关注生活、善于积极探索、收集资料、具有自行设计实验方案进行探究并交流的能力。

二、 课时学习目标

1. 能通过观察生活中的摩擦现象，识别摩擦现象。

2. 尝试开展一些小实验，亲身体会感受摩擦力的存在，知道摩擦能够产生热。

3. 学会设计对比实验方案比较、探究摩擦力大小与相互移动的两平面光滑程度的关系。

4. 说出摩擦力大小与相互移动的两平面光滑程度的关系。

5. 关注生活、善于合作和探究。

教学重点和难点：探究摩擦力大小与相互移动的两平面光滑程度的关系。

三、 教学具准备

斜木板、小盒子、勾码、毛巾、测力计、多媒体设备等。

四、 教学内容分析

"摩擦力"这部分内容是自然（牛津上海版）第八册第三单元"自然界

---

① 设计者：课题组成员（科学组），上海市宝山区实验小学，朱文琴.

的力"的一个组成部分。根据前一阶段的学习和已有的生活经验，学生已经在运动中发现力的作用，知道了力不仅能使静止的物体开始运动、使运动着的物体停止运动，它也能使运动着的物体改变方向和速度；学生体验到生活中存在着力的现象，并知道力是有大小的、可以测量的。"自然界的力"这一单元中"摩擦力"部分，共分2个课时。第一课时先让学生知道自然界中有一种看不见、摸不着的力——摩擦力的存在，并充分地让学生去感受摩擦力，知道摩擦力的定义；然后让学生知道摩擦力和其他的力一样，也存在着大小，产生好奇心，并自主去探究摩擦力大小与相互移动的两平面光滑程度的关系，训练小组发现、分析、解决问题的能力。第二课时，在第一课时的基础上深入，让学生探究怎样增大摩擦力和减小摩擦力，以及在生活中摩擦力的应用实例。

五、 课时核心问题

　　摩擦力大小与相互移动的两平面光滑程度有什么关系？

六、 课时学习目标与主要问题对应表

目　标	三位一体产生的课堂主干问题	目标属性							
		知识目标			技术与能力目标		体验性目标		
		了解	理解	应用	模仿	独立	迁移	参与	反应	领悟
能通过观察生活中的摩擦现象，识别摩擦现象。	这是什么现象？生活中有哪些摩擦现象？	★						★		
尝试开展一些小实验，亲身体会感受摩擦力的存在，知道摩擦能够产生热。	什么情况下产生摩擦力？摩擦力有无大小？		★		★			★		
学会设计对比实验方案比较、探究摩擦力大小与相互移动的两平面光滑程度的关系。	摩擦力大小可能与什么有关？（作出假设）如何验证自己的假设，设计验证方案？	★				★		★		

续表

目标	三位一体产生的课堂主干问题	目标属性								
		知识目标			技术与能力目标			体验性目标		
		了解	理解	应用	模仿	独立	迁移	参与	反应	领悟
说出摩擦力大小与相互移动的两平面光滑程度的关系。	摩擦力大小与相互移动的两平面光滑程度有什么关系？		★							
关注生活、善于合作和探究。								★	★	

七、学习过程设计

课堂环节	学习目标	教师引导性问题	学生问题预估	活动设计	学习评价
活动一：认识摩擦现象和摩擦力。	能通过观察生活中的摩擦现象，识别摩擦现象。	你知道生活中的这些摩擦现象吗？生活中还有哪些摩擦现象？	为什么会有摩擦力？摩擦会起电吗？	教师提供录像、图片。观察：生活中的摩擦现象情景。交流：其他的有关现象。交流：产生这些现象的原因。	能举出生活中的摩擦现象的例子。
活动二：探究摩擦力的产生。	尝试开展一些小实验，亲身体会感受摩擦力的存在，知道摩擦能够产生热。	什么情况下产生摩擦力？（摩擦力产生的原因是什么？）摩擦力有无大小？	为什么摩擦会生热？	讨论：什么情况下产生摩擦力。实验交流：手指用力贴紧桌面移动，交流在活动过程中的感受。交流：什么是摩擦力？实验交流：快速摩擦手掌，交流实验中的感觉。	能积极参与小实验，通过亲身体会、感受和教师引导，用自己的话概括什么是摩擦力。

续表

课堂环节	学习目标	教师引导性问题	学生问题预估	活动设计	学习评价
活动三：探究摩擦力大小与相互移动的两平面光滑程度的关系。	学会设计对比实验方案比较、探究摩擦力大小与相互移动的两平面光滑程度的关系。	摩擦力大小可能与什么有关？（作出假设）如何验证自己的假设，设计验证方案？选择什么样的表面材料来进行对比实验，实验时怎样能看出摩擦力的大小呢？	摩擦力大小与物体重量有关吗？摩擦力大小还与什么有关？	提供：斜木板、小盒子、勾码、毛巾、测力计，设计实验。思考：摩擦力有无大小。交流：对摩擦力有无大小及其大小与什么有关做出假设。设计：思考如何验证自己的假设，设计验证方案。实验：实验验证自己的预想，并做记录。交流：向全班汇报实验结果，归纳自己的发现。	能对摩擦力有无大小及其大小与什么有关提出疑问或做出假设。能通过小组合作交流，提出简单的科学探究实验方案。能根据实验结果，归纳摩擦力大小与相互移动的两平面光滑程度的关系。
运用和分析		如何改变摩擦力的大小呢？			能提出进一步的疑问或假设。

基于问题系统优化的整体认知学习是由一连串的问题组成的，而有些问题与问题之间的联系具有链接性和层次性，即前一个问题是后一个问题的铺垫，后一个问题又是前一个问题的深化、拓展。一般设计的问题具有以下三个层次。

1. 第一层次的问题主要解决"是什么"的问题。这类问题要求学生在原有认知结构的基础上，经过实践体验和思考就可以解决。

2. 第二层次的问题主要解决"为什么"的问题。这类问题是在学生深刻理解的基础上，必须经过一系列的探索实践活动才能解决的问题。

3. 第三层次的问题主要解决"怎么做"的问题。这类问题是在学生熟练掌握了这部分知识的基础上，需要实际应用的问题。比如让学生自己设计实验或实践活动，以培养学生的创新意识和实践能力。

　　教师呈现出这样具有层次性的问题，然后引导学生进行探索实践活动。用思维导图表示课堂的问题系统，详见第四章图4-2。

第七章

问题化学习的评价

    课堂教学质量的高低需要评价来判断，对课堂教学活动做出价值判断，以达到行为改进，教学效率、效果、效能的提升，成为教育研究者、管理者和实践者的共同理想和目标。学者希尔伯特·迈耶（Hilbert Meyer）对评价做过这样有趣而又深刻的比喻"猪不因多次被称而肥壮"，可见评价与课堂教学质量的提高、教师专业能力的提升并不能简单地画等号。由于问题化学习既不是学科中心主义，也不是教师中心主义，更不是学生中心主义，而是兼顾学科课程目标、教师理解及学生起始的学习中心主义。因此，评价学习是否有效，观察学习活动是否做到了以学科问题为基础、学生问题为起点、教师问题为引导的三位一体就成为了问题化学习评价的主要内容与价值判断标准，具体包含了如下三个主要方面：如何评价问题；如何评价问题化学习的成效；如何评价问题化学习中教师的指导。

第一节　对问题的评价

关于什么才是好的问题，大家有不同的评价标准，观点自然也不相同，有人认为：一个好问题通常是一个整合性好的问题，问题包括不同的侧面，它应该是丰满的，指向的学习目标也是丰富的。比如："了解你身边的昆虫吗？你觉得它们该被除灭吗？假如你是一只昆虫，给除虫人写一封信，说明你不被灭绝的理由。"虽然这个问题既是科学的又是语文的或是生活的，既要他去了解科学常识，又要让他去体验角色，还要他完成一封具有感染力和说服力的信。语言活动也有，生活实践也有，情感体验也有，价值观念也有，还要讲究艺术表现效果，但也有人认为问题对应的目标过多，学习过于分散从而影响基本目标的达成。还有人认为，一个好问题通常是一个符合学生学习基础（认知与情感基础）的问题，一个好问题通常是产生问题的问题……事实上，每一个学科的具体课程目标并不相同，教师所面临的学生情况也不相同，所以大家的意见自然就会不同。但我们认为对问题的评价有几个方面是比较一致，也是相当重要的。

一、问题的不同水平或类型与学习目标是否匹配

我们在前几章中已经指出，问题是有不同类型的，同时不同的问题通常指向不同的知识类型、思维水平或操作技能。我们在第六章中所阐述的基于各种目标分类学思想的问题的属性定义，就是让教师基于学科的特点，对问题系统在微观和中观层面与学习目标是否匹配进行思考与评估。例如，学习目标是"掌握等腰三角形两个底角相等及'三线合一'的性质，能运用等腰三角形的性质解决有关的简单问题。"依照加涅经典的思维层次分类：辨别——概念——规则——问题解决角度，可能设计的问题系统是通过多媒体演示不同形状的三角形，让学生观察并判断哪些是等腰三角形？（辨别）什么样的三角形叫等腰三角形？生活中哪些物体具有等腰三角形的形象？（概念）在纸上画出一个等腰三角形，你能得出等腰三角形的哪些性质？将剪下的等腰三角形沿顶角的平分线对折，你能得到什么结论？你能

运用全等的知识来验证等腰三角形的"三线合一"吗？（规则）在△ABC中，AB＝AC，F是BC的中点，你能说明为什么AF垂直BC吗？（问题解决）再比如，学生学习《爸爸的花儿落了》一文，让学生整体感知、初步熟悉文章内容，它相对应的问题可能是"从全文看，爸爸是一个怎样的人？""'花'在全文结构中起到怎样的作用？""文章表达了作者怎样的感情？"要让学生深入研读，深刻理解文本内容具体指向的知识、情感或者让学生学会作者写作的技巧，可能的问题是"文中哪些写的是眼前事，哪些是回忆过去的事，回忆的事情是如何引出的？""怎样理解文章末尾'我'默念的话的含义？"而需要学生联系自我，实现持久理解，则需要另一些问题来实现"你有没有类似'赖'在床上不想上学的经历，你父亲是如何处理的，说给大家听听你的感受？"

因此，对问题或者问题系统的评价首先需要考虑具体的学习任务或学习目标，正如我们一再强调的，从课程或教学的角度讲，目标、内容、过程与评价的一致性必然是我们评价的重要标准之一，问题的提出、问题系统的优化需要以学习的任务和目标为前提、出发点，然后以优化了的不同类型的问题设计来解决学生学习的问题，掌握学习的重点，突破学习的难点和障碍。

二、在课堂中是否把握了核心问题的学习

把学习目标转化成问题，一个重要的思考前提就是：目标并不能直接成为学习活动，它需要转化的桥梁，而这个桥梁就是问题。因此，在问题化学习设计中，我们要求教师用两种形式来陈述学习目标，即陈述句形式和问题形式。例如，陈述句形式的学习目标是"学会鉴别盐酸和硫酸，盐酸盐、硫酸盐和碳酸盐，并且掌握鉴别物质的一般方法"；那么问句形式就是"如何鉴别盐酸和硫酸，盐酸盐、硫酸盐和碳酸盐？你能说出鉴别物质的一般方法是什么吗？"显然，学习目标达成与否可以通过学生回答这几个问题的质量来评价和判断。同时，要让学生能够回答这几个问题需要有更为具体的活动或支撑性的问题，于是系列的学习活动和支撑性的问题系统就形成了。因此，无论基于怎样的问题系统来推进学习，一个单元或一个课时的学习肯定存在着核心问题，这些核心问题既是课程或课时的学习目

标，又是形成问题系统，进行问题系统优化与学习活动系统设计的基础与前提。对问题化学习中问题的评价，首先需要对核心问题进行评价，即如果核心问题不能有效促进学习目标的达成，或者在此基础上形成问题系统偏离了学习目标，那么这样的学习设计肯定是低效的甚至是无效的。所以，就评价核心问题来说我们可以重点关注两个点，即"核心问题是否指向学科的基本问题""核心问题是否与学习目标的重点匹配"。前者体现的是教师在宏观上对学科课程的深刻理解，后者则是课时层面教师对促进学生有效学习的准确把握。

三、问题情境的创设是否激发学生学习的内驱力

无论是学科模拟问题还是学生生活中的真实问题，对于问题化学习来说都具有同等的价值。因此，创设问题情境以激发学生学习的内驱力对于问题化学习来说是非常重要的评价标准之一。在我们看来，良好的问题情境至少需要满足以下两个条件。

1. 是否符合儿童经验

学习是儿童经验的改造与持久的变化。脱离了学生已有的经验，就不可能产生真正的学习行为。因此，好的问题情境必须基于学生已有的经验，这种经验既包括学生学习上已经存在的认知图式，也包括他们真实生活中获得的人生"智慧"。良好的问题情境正是把学习与生活紧密地联系在一起，或让学校所获得的知识运用于生活，或让生活中获得的经验来解决学习的问题，这种问题情境总在学生的两种经验中寻找着联系，激发着学生学习的兴趣与需求。

2. 是否引起认知冲突

维果茨基的"最近发展区"告诉我们，学生知识的获得与学习能力提高的一个最佳操作策略就是准确把握学生的"已知"，然后通过适当的方法让学生获得"未知"。苏格拉底的"产婆术"就是让学习者产生认知上的冲突，在"两难"（dilemma）中获得正确的认识。因此，好的问题情境首先得让学生觉得"跳一跳能够够得着"，其次，原有的知识或认知方式在新问

题前遭遇困难，于是就产生了学习的需求，通过问题的推进，连续的学习行为也就随之发生了。

因此，问题情境的创设一方面要求我们教师针对不同的学习内容在进行问题化学习设计的时候，应该充分考虑学生的年龄特点，问题能够激发学习者学习的兴趣并产生强烈的解决需求，特别是核心问题或关键性问题；另一方面，在问题系统内部，紧紧抓住学生的"认知冲突"这一关键点，推动学生持续学习行为的发生。

四、问题系统是否实现逻辑化

我们之前强调，问题化学习与提问教学、问题化教学在价值取向、实践形态等方面都存在着许多的不同。问题化学习强调系统的问题观，把一个一个的学习问题，有目的地组成问题系统，进行串化、链化、集合化或网络化，通过有层次、结构化、可扩展、可持续的问题系统贯穿学习过程和优化学习行为。它排除了教学中问题的简单罗列，也否定了以教师为主体的问题假设，而是通过"三位一体"产生学习问题，在"问题解决"图式的假设基础上，对问题进行逻辑化和系统优化。因此，对问题系统的评价就显得非常重要了。对问题系统的评价可以从以下方面进行判断。

1. 问题系统内部是否实现最优化

所谓问题系统内部实现最优化是指通过"三位一体"操作，产生学习问题之后，形成问题集合；然后教师根据学习目标和任务，对问题进行梳理，在形成核心问题之后，对问题集合进行逻辑化，这种逻辑化是指把问题进行集化、链化、树状化或网化等，确保问题系统内每一个问题都是不可或缺并且对核心问题的解决起到关键性支撑作用的，当然预留一定的生成性问题的空间。例如，小学数学中测量的学习，其逻辑化的问题系统为：如何测量小棒的长度？（解决老问题）如果长度不是整厘米的物体，怎么表示？（解决新问题）如果在测量时，尺不够长，我怎么做？（解决疑难题）我还想测量哪些物体的长度？（解决老问题、发现新问题）如何测量弯曲的物体长度？（解决疑难题）显然，这四个问题形成了一个逻辑化的问题系统，四个问题缺一不可并且都对达成学习目标起到了关键性的支撑作用。

同时，教师还为学生生成性问题预留了足够的空间。（我还想测量哪些物体的长度？）

2. 问题系统中的问题是否体现了多样性

前文已述，问题有着不同的类型，也指向不同的知识类型、认知水平和思维层次。因此，一个问题系统内多样化的问题设计既是教师处理学习内容的客观需要，即通过各种角度、各种类型问题的设计推动学生持续的学习，从而获得知识、提高能力；也是教师为促进学生认知水平、思维层次从低到高发展的主动思考，即准确定义各种类型问题在知识、认知和思维维度上的属性，通过设计不同类型的问题来有目的地、持续地提高学生的学习能力和思维水平。例如，学生学习"空前的民族危机"这一主题单元，其中一课时的核心问题是"抗日民族统一战线是如何形成的"，关键性问题有"'九一八'事变时，国共两党在干什么？""'九一八'事变后，蒋介石为何命令东北军不抵抗？""'九一八'事变后，中国人民是如何进行斗争的？""西安事变的缘由是什么？""中国共产党为什么提出和平解决西安事变？""蒋介石被兵谏之后是怎样处理的？""什么时候中国民族的全民族抗战才正式开始？""为什么说七七事变是全民族抗战的开始？""以你的观点，蒋介石是杀还是放？"

3. 问题系统是否与学习活动相匹配

由于问题总是指向不同的知识类型、认知水平和思维层次，因此学生问题的解决就需要相对应或匹配的学习活动设计。例如，"学生能够用自己的话界定电阻的定义"（什么是"电阻"？）相对应的是学生解释事实性知识的学习活动，如复述、问答等；"学生能说明当电路发生变化时，该系统中电流速度又发生什么变化"（当我们把串联的两个电池改为并联后，电路中电流速度会发生怎样的变化？）。相对应的是学习活动应该说明概念性知识，如解释、讨论、指认等；"学生通过实验能归纳出滑动变阻器的正确连接方法以及不同连接方法与电阻改变的关系"（滑动变阻器共有四个接线柱，每次能接入电路中的只有其中两个，把它连接在电路中，这样可能有几种接法？有哪几种接法能起到改变电阻的作用？在这几种接法中，当滑片移动时，电阻的变化分别是怎样的？）。相对应的是区分概念性知识和核查程序性知识的学习活动，如动手实验、讨论归纳、探究等。

五、学生问题是否得到充分评估

问题化学习以学生的学习为中心，学习设计中的重点体现了教师对课程教学内容的准确把握，即以课程为基础；而难点则是教师对学生学习起点与学习目标之间"发展区"与障碍点的预估。这种预估的准确性既需要以教师教学经验为前提，即能够判断一定年龄阶段学生共性的知识基础、认知能力、心理特点与新授知识之间存在的落差；又需要教师对特定学习对象的个性特点有清楚的认识，即不同班级的不同学习基础、学习能力或同一班级中不同学生的学习基础、能力和需求。因此，"三位一体"问题的产生，特别是对学生问题的评估必然成为问题化学习设计最重要又最基础的一个环节。

评估学生的问题，根据不同的教学时段，可分为课前预估、课中面估、课后研估。所谓课前预估是指对学生的起点问题与各个教学环节中可能产生的问题做充分评估，学生起点问题的产生既可以凭借教师丰富的学科教学经验由教师预设，也可以通过课前全班的问卷、不同层次学生抽样问卷或远程（如网络 BBS）学习从学生中搜集；课中面估则主要评估课堂中学生生成性的问题，对学生提出的问题是否指向学习目标、知识核心，是否形成新的知识增长点并作及时筛选或应答；课后研估则是指教师在单课时和一个主题单元学习之后反思研究学生在课前、课堂提出的问题，对原有问题系统作进一步的优化，即反思哪些问题是有效的却被忽略了，哪些是无效的却被整合进了问题系统；学生哪些问题对整个班级学习具有意义，而哪些问题又对特定群体显得非常重要；等等。对学生问题的评估是教师提高问题化学习设计与实施质量的重要环节，无论课前、课中还是课后，教师需要考虑具体的学习任务与目标、学生的学力水平差异以及学习者共性与个性的心理特点等问题。

总之，对问题的评价根据不同的教学需要，就会有不同的要求，如：问题与生活的联系，问题是否指向高级思维？问题是否有渗透力？问题是否有增殖力？问题如何让不同学生都有发展？它无法穷尽，我们主要就问题的目标性、问题系统的组织、核心问题的把握、问题情境的有效性及学生问题的评估提出实践建议，也希望能抛砖引玉。

第二节　对问题化学习成效的评价

正如对学习成效的评价一样，问题化学习成效的评价也是非常困难的，因为学习成效通常有隐性和显性两个方面，技术的、工具的或是即时性对隐性学习成效进行评价显然是不可能的，也是缺乏科学性的。因此，本节我们所要探讨的，只是问题化学习中三个显性点的成效评价，即问题解决过程、解决新问题和问题系统图式建构。因为我们还是坚持一个观点，评价不是目的，改进才是关键。我们提出工具性的评价量表或内容主要是为师生提供操作上的参考依据和行为标准，有助于提高问题化学习的实践效能，尽管我们同样认为我们提供的评价内容和标准并不完整和完善，所以更希望读者能够把下面的内容看做是一种思路或策略，能够结合自身实践批判性地阅读和思考。

一、问题解决过程的评价

对问题解决过程的评价是指根据不同类型课程或学科问题化学习的一般过程，对典型的或要素的学习行为进行赋值或分等，促使师生教与学过程有效性的提升。通常对问题解决过程的评价通过设计评价量表来实现，评价量表根据不同的目的、内容等可以在课前、课中或课后使用，如表7-1所示。

表 7-1　科学探究中问题解决过程的评价量表

探究步骤	评价内容	分　值
提出问题	1. 问题是在情境中产生的吗？ 2. 能在几个问题中选择有探究价值的问题吗？ 3. 提出的问题可以探究吗？	每个成分 1 分，满分 3 分。

续表

探究步骤	评价内容	分 值
猜想与假设	1. 能对观察到的现象进行解释吗？ 2. 在实验之前能对实验结果进行预测吗？ 3. 对实验结果的预测和假设合理吗？	每个成分1分，满分3分。
设计方案	1. 能对探究的问题设计一个实验的方案吗？ 2. 能说明在实验中需要注意的问题吗？ 3. 通过小组集体讨论，能清楚探究的内容、步骤和方法吗？	每个成分1分，满分3分。
进行实验	1. 能按照设计的步骤进行实验吗？ 2. 在实验中能根据实验的现状适时调整方案吗？ 3. 能用最擅长的方式进行实验记录吗？（语言、文字、图表、模型）	每个成分2分，满分6分。
搜集整理信息	1. 能根据实验的现象观察、测量并记录数据吗？ 2. 能根据需要筛选有关的信息吗？ 3. 会利用表格、图形、计算等方法整理、加工数据吗？	每个成分1分，满分3分。
概括结论	1. 能根据各种信息进行总结吗？ 2. 结论与证据一致吗？ 3. 实际结果与假设是否一样？原因是什么？	每个成分1分，满分3分。
表达与交流	1. 能正确、清楚地表达自己的观点吗？ 2. 能仔细倾听他人的发言吗？ 3. 能对探究过程与结果进行评议，提出建议吗？	每个成分1分，满分3分。
合　计		

又如，不同学习阶段的学生是有差异的，你如何为他们提供不同的评价，也是一门学问。下面是一张科学探究"低探究水平"与"高探究水平"程度差异表。

表7-2　科学探究水平表①

基本特征	探究的不同程度			
1. 问题 学习者探究科学问题。	学习者探究的问题来自教师、学习材料或其他途径的问题。	学习者探究的问题来自教师、学习材料或其他途径，但问题不那么直接，需要有所改变或自己体会其含义。	学习者从所提供的问题中选择、据此提出新的问题。	学习者自己提出一个问题。
2. 证据 学习者针对问题收集事实信息。	数据和分析方法都给了学习者。	数据直接给出，学习者进行分析。	学习者在他人的指导下收集某些数据。	学习者自己确定什么可作为证据并进行收集。
3. 解释 学习者从证据出发形成解释。	证据已知。	使用证据形成解释的可能途径已知。	学习者在得到指导的情况下收集事实形成解释。	学习者总结事实证据之后做出解释。
4. 评价 学习者使解释与科学知识相联系。	主要的联系被给出。	一部分联系被给出。	学习者被引导到科学知识的领域和来源。	学习者独立地考察其他事实来源、建立事实与已有解释的联系。
5. 发表 学习者阐述和论证自己的解释。	表达的步骤和程序都被给出。	学习者阐述自己的解释得到了广泛的指导。	学习者阐述自己的解释得到他人指导。	学习者用合理的、合乎逻辑的论据表达自己的解释。
低——学习者自主探究的程度——高 高——教师和学习材料指导的程度——低				

① 陆璟. 探究性学习 [DB/OL]. http：//www.edu.cn/20020521/3026270_ 2. shtml.

表7-3 语文阅读教学问题化学习成效的评价

类　别	初始的	发展中的	精通的	极优秀的	等　第
提出问题	提出至少一个问题。	提出了两个以上的问题。	提出与学习目标匹配的关键问题。	提出课文的核心问题；发现教师未发现的有创见的问题。	
问题理解	理解教师提出的问题是什么意思。	理解教师为什么要提出这个问题。	理解不同人提出问题的角度。	能归纳。	
解决过程与方法	感知文本。	移情。	移情与内省。	移情与内省，实现领悟、鉴赏。	
答案表达	用文本中的语言来表达。	用自己的语言表达。	自我表达并引申。	自我表达并评论。	

二、解决新问题的评价

在同类系列问题解决之后，学生是否具备解决新问题的能力，即能做出类型识别和类比解决。而对于非常规的问题，能够把分析过程综合起来，通盘考虑，形成解决方案，并从中发现通则。学生新问题的解决能力直接体现了学生知识的迁移能力，对问题化学习而言也是最重要和核心的能力之一，如表7-4所示。

表7-4 学科新问题解决评价量表

类别	初始的	发展中的	精通的	极优秀的	等第
提取	试图从外部去搜索相关的有用信息。	能够从外部搜索到相关的有用信息。	能够从内部和外部搜索到有用信息。	顺畅地从内部和外部提取有用信息。	
连接	尝试把问题与相关信息建立联系。	能够把问题与相关信息建立联系。	能够筛选出核心信息并与问题建立联系。	能够抓住问题核心并与需要的信息建立联系。	

续表

类 别	初始的	发展中的	精通的	极优秀的	等 第
策略	思考问题解决的策略。	能够确定问题解决的策略。	能够考虑到几种问题解决的策略。	能够确定问题解决的最佳策略并有多种备选方案。	
方法	尝试着用具体的方法去解决问题。	能够运用合理的方法推进问题的解决。	有清晰的步骤推进问题的解决。	有清晰、准确、多样的方法推进问题的解决。	
检测	尝试着去检测问题解决的有效性和准确性。	能够运用一定的方法去检测问题解决的有效性和准确性。	有多种方法去检测问题解决的有效性和准确性。	能够运用最有效的办法准确检测出问题的解答是否具有有效性和准确性。	
评估	尝试评估问题解决的过程。	能够评估问题解决的过程,并发现存在的问题。	能主动评估问题解决过程,对各种因素进行反思。	主动积极地对问题解决过程进行评估,能够梳理出影响问题解决的各种因素。	

三、问题系统图式建构的评价

对问题系统图式建构的评价是指对于一个自身具有内在联系且在认知上具有普遍意义的问题域（问题系统或问题集合），学生是否形成了一个稳定的认知图式。通常问题系统图式的建构有两种形式，一种是获得，另一种是修正。因此，对问题系统图式建构的评价一般体现为对这两种形式建构过程的评价，如表 7-5 所示。

表 7-5　问题系统图式建构的评价

类　别	评价内容	分　值
图式获得	对于新材料，我总是能够运用自己的经验和知识来抓住重要的信息和内容。	
	在阅读新材料过程中，我会对自己提出一系列的问题以加深对材料的理解。	
	我的这些问题并不总是能够直接从材料中获得答案的。	
	对于不能直接回答的问题我能够把它分解为若干个问题以帮助问题的解决。	
	我总是尝试运用已有的知识和经验来解决问题。	
	新问题、疑难问题的解决总是成为我今后解决相似或相关问题的基础。	
	我通常会对问题解决的过程进行反思。	
图式修正	对于新材料，我总是希望能够记住更多的知识信息。	
	我会把记忆的知识信息运用到问题的解决中。	
	当我不能回答问题的时候，我通常会考虑调整自己的策略，寻找更多的信息和更好的办法。	
	我总是在学习新的办法以使问题的解决变得更加容易、快速。	
	我会对问题解决的过程进行反思和自我评估。	

综上所述，我们对问题解决过程评价的阐述更多来自于实践经验的积累，三个方面评价量表的设计还缺乏更为有力的学理支撑。当然我们相信，随着研究与实践的不断深入，相关内容的科学性会不断增强，也因此我们更加期待读者们能够给我们提供宝贵的意见和建议。

第三节　对学习指导的评价——基于师生交互的评价

对于学习指导的评价，我们更多指向于课堂中教师对生成性问题的智慧处理。毋庸讳言，问题化学习不可能脱离传统的教学范畴，但由于其最终目标是学生学会有效学习，在这个前提下，教师"导"的作用非但没有被弱化，反而大大地增强了。因为我们认为正是教师的"导"，推动着学生在系列问题的解决过程中，增长着知识、发展着认知，提高着思维水平。良好的预设也许是保证课堂学习效果的重要前提和保障，但基于师生交互的问题生成才能使课堂变得更加生动和充满生命力。当然，课堂中对生成性问题的艺术处理也许体现为教师个体的专业能力、素养和丰富的实践经验，更多的是一种缄默知识，但梳理归纳出主要的、具有普遍意义的要素或内容，能够让我们的课堂更加有效，却也是研究与实践的必须。

一、驱动性问题的提出

如本著前文中所述，驱动性问题通常是指教师在课堂导入或某一个教学环节开始之时启动思考的问题，它需要具体的问题情境以谋求与学生的经验产生联结，并能激发他们的兴趣、动机与自主学习的愿望。因此对课堂交互行为中教师驱动性问题的评价需要考察其核心的几个要素：是否符合学习者的经验、是否聚焦学科的本质、是否具有可探究性、是否能够激发学生学习的兴趣。

二、重新表述、调焦与提示

重新表述、调焦与提示是指课堂中当教师发现学生生成性的问题出现跑题、不聚焦或对教师的问题产生不解、误解时，能够及时重新表述或提炼出问题中的核心信息；对发生不聚焦、跑题的学生生成性问题为提高课时效率而进行调焦或提示，以使学生能够重新回到学习的重点和对核心、关键问题的思考上来。课堂中教师的这种行为充分体现了"导"的作用和功能，它并不是对学生学习的干涉或打断，相反是促进学生朝着更为有效的学习结果努力的一种帮助与扶持。它主要体现为：是否阐述问题核心、是否提示关键信息、是否揭示解决线索等。

三、对学生问题的延伸与扩展

如果说重新表述、调焦与提示是对学生生成性问题进行聚焦，那么对学生问题的延伸与扩展则类似扩散。它要求教师敏锐抓住学生思维脉络，从更多的角度或侧面来对学生问题进行扩展，促使学生发现更多的信息或发现认识上的盲点、误区，从而推动学生知识的连续建构以及认知与思维水平的不断提升。它主要体现为：是否增加有价值的内容信息、是否解决认知盲点、是否引发认知冲突、是否引导高级思维等。

四、对学生问题的梳理与归纳

对学生问题的梳理与归纳主要是指教师课堂中依据学习目标与任务，对学生生成的诸多问题去芜存真、系统处理。就问题化学习而言，课堂中教师必须时刻关注学生的问题，尽可能地使预设与生成实现有机统一。学生问题常常能够转化为驱动型问题，但与此同时同一班级中的学生，其学力水平又存在着差异，基于不同基础与需求产生的诸多问题有雷同、有差异、可能与预设相匹配、也可能与学习目标不相干，因此，教师必须对学生问题进行及时梳理与归纳。它主要体现为：是否基于学生的学习需求、是否基于学习目标、是否实现问题系统化、是否提高时间利用效率、是否提高目标达成度等。

五、把生成性问题作为有效的学习资源

把生成性问题作为有效的学习资源有两种情形：一种是把学生生成性问题整合进预设的学习方案中，让生成成为提高学习有效性的可利用因素；一种是对不能整合进课时的生成性问题做进一步的拓展，使之成为课程乃至教育层面的有用资源。关于后者，我们认为由于受班级授课制等的制约，单位时间内教师不可能满足所有学生的学习需求。课堂上，考虑到学习任务的完成与学习目标的普遍达成，教师需要对学生生成的问题进行处理，也就是以上所说的或调焦、延伸或梳理、归纳。虽然这种处理行为对课时

而言是必须的，但对课程而言却未必是最合适的。因为，学生生成的问题中有许多也许不适合课时来回答或解决，甚至与某一进行中的学科并不相关，但对于整门课程或甚至是对学生认识、理解、评价这个世界却具有重要意义，这样似乎也就导致了我们整个的教育目标与课时的学习目标之间发生冲突。事实上，我们必须明确的是，就问题本身而言由于其类型的不同，所代表的视域也不同，其必然有作用、意义上的多层次性，切近的或是长远的，显性的或是隐性的。因此把学生生成性的问题作为有效的学习资源，也就是让教师认识到，尽管在课时层面需要对学生的诸多问题进行必要的取舍，但这种操作并不意味着处理之后对剩余的问题的简单抛弃。教师还必须对其中诸多有价值、有意义的问题进行课后的拓展、探究，使问题的意义从课堂延伸到课外，实现最大化。这种行为主要体现为：是否充分重视学生的问题并把它整合进预设的问题系统、是否关注到了不同问题各自的独特价值、是否把问题作为学生拓展学习的课题等。

对学习指导的评价可以参照表7-6。

表7-6　问题化学习教师指导行为的评价

评价方面	关键成分	评　价
驱动性问题的提出	1. 符合学习者经验 2. 聚焦科学本质 3. 可探究性 4. 激发兴趣	
重新表述、调焦与提示	1. 阐述问题核心 2. 提示关键信息 3. 揭示解决线索	
对学生问题的延伸与扩展	1. 增生有价值的内容信息 2. 解决认知盲点 3. 引发认知冲突 4. 引导高级思维	

续表

评价方面	关键成分	评　价
对学生问题的梳理与归纳	1. 满足学生学习需求 2. 基于学习目标 3. 实现问题系统化 4. 提高单位时间利用效率 5. 提高学习目标达成度	
把生成性问题作为有效的学习资源	1. 整合进预设的问题系统 2. 关注不同问题的独特价值 3. 把问题作为学生拓展学习的课题	

小 结

我们用更宏观的视角，即问题集合或问题系统来思考问题解决的过程，研究问题间的相互关系。这在学习理论中，通常是比较容易忽略的。依据这种系统的问题观，我们提出了在学习中问题系统的六种形态：①问题集；②问题链；③问题网；④树状问题系统；⑤多维矩阵的问题系统；⑥问题域。

为了实现更为有效的学习，我们积极倡导"三位一体设计学习问题"：一是要以"学科的问题为基础"，包括把握好学科的基本问题、单元的主要问题与课时的重点问题；二是要以"学生的问题为起点"，包括关注生命的本质问题，预估学生进入课堂的起点问题与课堂中的生成问题；三是要以"教师的问题为引导"，包括提炼好课时的核心问题，设计好课堂的驱动问题与推进问题。

有效的学习还表现为是一种目标导向的学习。因此，定义问题的目标属性就显得非常必要。其中包括建立单元学习目标与单元问题系统之间的联系，也包括建立课时学习目标与课时问题系统之间的联系。而布卢姆的最新分类学表，与新课程背景下具体学科的目标分类学，为问题目标化与目标问题化提供了基本的依据。

如何实现有效学习还表现在基于问题系统优化的过程设计，即依据知识的内在联系与学生的认知规律应用六种问题系统优化学习过程。其中包括基于单元的中观设计与基于课时的微观设计。

　　如何设计问题化学习的评价是一个实践的难点，为了实现有效的学习，它又是极其重要不可或缺的。问题化学习的评价包括对问题的评价，即问题的不同水平或类型与学习目标是否匹配，在课堂中是否把握了核心问题的学习，问题情境的创设是否激发学生学习的内驱力，问题系统是否实现逻辑化，学生问题是否得到充分评估。又包括对问题化学习成效的评价，即问题解决过程的评价，解决新问题的评价，与问题系统图式建构的评价。还包括基于师生交互的教师教学行为评价，其中涉及驱动性问题的提出，问题化学习过程引导中的重新表述、调焦与提示，对学生问题的延伸与扩展、梳理与归纳，把生成性问题作为有效的学习资源等。

第二部分

图式可视化——思维导图运用

导 读

1. 什么是图式与问题图式？图式是如何获得的，对问题解决有什么作用？如何促进图式的获得？专家与新手的问题解决有什么区别？

2. 图式理论对教学有着什么样的启示？图式问题化又具有怎样独特的价值？

3. 图式表征与建构的认知工具有哪些？概念图与思维导图有什么区别？图式可视化的学习价值在哪里？

4. 不同特征的图形是否具有不同的认知功能？对问题系统的优化有何作用？

5. 如何绘制思维导图？有哪些制作工具，它们各自有着什么样的特点与优势？

6. 在学与教中如何应用思维导图？它对有效学习的促进具体表现在哪些方面？

第八章

图式与思维导图

图式的形成有助于问题解决与知识建构，无论图式的获得是自动的还是策略的，都要通过教学使问题更精致化、结构化和自动化。

第一节 图式与问题

一、什么是图式与问题图式

1. 什么是图式

图式是什么，是组块的知识，还是理论与程序的知识包？是心理结构、心理网络，还是心理模型？图式像什么，像戏剧、像理论、像程序，还是像一个解剖器？

对于图式（schema）概念最早可追溯到康德哲学，他认为知性的纯范畴与感性的直观对象具有质的差别。二者的结合需要一个中介，这个中介"一方面与范畴同质，另一方面又与现象无殊，这样才能使前者应用于后者。这一中介表象必须是纯粹的，既无一切经验内容，同时又必须一方面是智性的，另一方面是感性的，这样一种表象就是先验的图式"①。显然，康德所指的"图式"是先验性的，不过它可以为感性经验的内化提供心理基础。

关于图式的现代认知观念则可以追溯到德国心理学家巴特莱特（Bartlett，1932）。受康德哲学的影响，他使用图式概念阐述知识习得，并将图式概念引入心理学。他认为图式是过去经验的一种抽象表示，是对已有信息进行整理、改造、重构的结果，然后它又会影响人们对新材料的反应。图式一词用来指涉及主动组织过去经验的一种组织性和定向性态度②。巴特莱特排除了康德图式概念中的先验性质，揭示了图式概念在解释知识习得和应用两方面的重要意义。

相比之下，格式塔心理学的"完形"（Gestalt）理论更接近于康德的图式理论。"完形"包括"心理完形"和"物理完形"两种，通过"心理完形"发现"物理完形"是知觉的根本，也是问题解决的"顿悟"机制。格式塔心理学家认为，借助于"心理完形"，有机体可填补问题情境中的缺口、出现"顿悟"、习得知识③。

皮亚杰称"图式是指动作的结构或组织"④。皮亚杰所指的"图式"虽然也具有先验性，但在后天却是可以发展的。他使用"同化"和"顺应"阐述了个体的认知发展，认为同化就是把外界信息纳入原有图式，使图式不断扩大；顺应就是当环境发生变化时，原有图式不能再同化新信息，而必须经过调整建立新图式。

奥苏伯尔（1978）的有意义学习指出，学习者的认知结构必须满足三个条件：①具有用来同化新知识的适当的原有知识；②原有知识按一定的结构、分层次组织；③原有知识是巩固和稳定的⑤。他在这一理论框架中阐释概念学习，认为人必须使新旧概念相互作用才能同化概念，并提出用"先行组织者"来改变学生的知识结构以达到促进迁移的目的。可见，他的理论是以迁移为核心的图式理论，而且他的图式理论主要建立在概念学习

① 康德. 纯粹理性批判［M］. 蓝公武，译. 北京：商务印书馆，1982：142-148.

② 马西·P. 德里斯科尔. 学习心理学——面向教学的取向［M］. 王小明，等，译. 上海：华东师范大学出版社，2008：106.

③ 叶浩生. 西方心理学的历史与体系［M］. 北京：人民教育出版社，1998：427-437.

④ 皮亚杰，等. 儿童心理学［M］. 孙佳历，等，译. 台北：五洲出版社，1986：7-14.

⑤ 奥苏伯尔，等. 教育心理学——认知观点［M］. 余星南，等，译. 北京：人民教育出版社，1994：25.

的基础上，并没有涉及问题解决技能的知识。

虽然奥苏伯尔在初期并不认为他的工作是图式理论的延伸，但他的有意义学习却引起了认知科学家对图式理论的广泛关注。当安德森（Anderson，1978）等人指出图式的概念能够阐明奥苏伯尔的理论时，他们采取了一种认知的取向，将图式设想为对事物和事件的一般描述。这样，"根据图式来阐明某一特定情境就是将情境的成分与图式知识结构中的一般描述匹配起来。另外一种表达方式是，图式包括一些槽和空位……用某些具体的例子可对其进行具体说明"（下划线是原有的——作者注）①。

20 世纪 70 年代后期，新的图式理论开始出现。鲁梅哈特（Rumelhart，1980）认为，图式是知识包，是这些知识包如何表征以及这种表征如何促进以特定方式使用知识的理论。这样就有一些图式"表征我们关于所有概念的知识；那些客体、情境、事件、事件的顺序、行动、行动的顺序背后的概念。"②

鲁梅哈特认为，图式就像戏剧。因为图式具有能与环境的不同方面相联系的变量，就像戏剧有背景、人物、动作等一样。剧作家确定了谁？在什么地方？做什么事情？就等于是图式的变量获得了具体的值，是图式具体化的过程。鲁梅哈特还认为，图式像理论，因为理论能使我们解释周围的事件和现象，对观察到的事件进行预测。戏剧和理论是被动的，而图式是主动的，所以从这个意义上说图式又像程序，它可以主动地评价与判断输入信息的适合程度。图式又像解剖器，因为他们对输入的信息进行分解与组织，以适合一定的图式结构。

由于图式在影响人们如何解释事件以及解决问题时是积极主动的，因而它们也被看做是心理模型。心理模型是图式，它们不仅表征个体有关具体学科的知识，还包括对任务要求及任务表现的知觉。这样，心理模型就是个体完成某些任务或试图解决某些问题时指导和支配其行为表现的

---

① 马西·P. 德里斯科尔 . 学习心理学——面向教学的取向 [M]. 王小明，等，译 . 上海：华东师范大学出版社，2008：106.

② 同①，108.

图式。①

因此，图式是一种贮存知识经验的抽象结构，组织良好的知识往往以大的知识单元形式储存在脑中。这种大的知识单元里既有陈述性知识，又有程序性知识，两种知识交织在一起。认知心理学家就把这种大的知识单元称之为"图式"。图式有上下位的层次组织，其表征比较灵活，不同特点的学习者具备不同的图式，并随着学习水平的发展而发展。

所谓图式，也被称为知识图式或心理图式②。它是指一组相关事件、知识或行动所构成的稳定的心理结构或模型。我们认为，这种心理结构的形成主要依靠于后天习得，它是事件、客体、观念或概念在时间与空间上的接近、重复或语义联系的固定化、概括化。比如说"彗星"是一个概念图式，在这个概念图式中可能结合了这样一些相关的事件或观念：彗星是一种天体、一种天体现象、一条长长的"尾巴"、一种"不祥之兆"等。正因为这些要素具有稳定的结构性联系，一旦图式被激活就会有一系列联想，或者其中某些要素被知觉系统觉察。还比如要解决过河一类的问题，"过河"图式被激活，人们很自然地就会联想到湍急的河水、架桥、造船、泅渡等事件或概念。由此看来图式具有激活、预测和引导的功能。

当问题解决成为现代认知心理学的热点课题后，相应的概念和理论也自然地影响着我们对问题解决心理机制的表述，这其中包括由图式概念延伸出来的"问题图式"的概念。相对于概念图式，专门用于解决问题的图式称之为"问题图式"，它是在解决问题过程中起重要作用的一种大的知识单元。

2. 什么是问题图式

问题图式：从经验中抽象出的问题结构，它能使我们鉴别出一种特定类型的新问题，并且能发现潜在的有用的解决策略③。所以我们也可以把问题图式定义为与问题类型有关的基本原理、概念、关系、规则和操作程序

---

① 马西·P. 德里斯科尔. 学习心理学——面向教学的取向 [M]. 王小明，等，译. 上海：华东师范大学出版社，2008：109.

② 邓铸. 专门知识与学科问题表征 [J]. 上海教育科研，2002（5）：45.

③ 罗伯逊. 问题解决心理学 [M]. 张奇，等，译. 北京：中国轻工业出版社，2004：297.

构成的知识综合体。它具有多重含义，并与成功地解决问题密不可分①。

① 它是与问题解决有关的知识组块；

② 它是已有问题解决成功样例的概括和抽象；

③ 它可以被当前问题情境的某些线索激活，进而预测或猜测某些未知觉到的线索，有助于问题表征的形成；

④ 它不仅有助于问题表征的形成而且结合了问题解决的策略、方法和程序，可以指导整个问题解决过程。

可见，问题图式具有高度概括性的特征。它是与一类问题相匹配，而不是与单个问题对应。因而，一旦激活一个问题图式即可自动运行解题的程序解决问题，使解题过程简约明了、快捷方便、少费心神。

二、问题图式是如何获得的

那么，图式或心理模型是怎样获得的，它们如何在经验积累的过程中逐步修改并精致化的？另外，问题图式又如何在具体的问题解决过程中获得建构？

研究认为②，形成问题图式需要在具体的问题解决过程中从问题表层向深层不断排除、概括和建构。排除表层描述中不重要的细节，使储存的信息量降低；概括是对信息的精制和改造，也会减少信息的储存量；建构是增加信息，包含对未直接表述的蕴涵信息的推断。这些过程的反复，即不断进行样例学习，就会形成、丰富和发展问题图式。不过，要注意防止样例学习的行为主义强化训练倾向，不要忘记图式的形成是一个主体在自我意识监控下的认知建构过程。

此外，邓铸和姜子云对问题图式获得机制方面进行了研究，根据结构映射理论和语用图式理论，发现类比问题解决和样例学习是获得问题图式的两条有效途径。因此，要想在教学中有效地促进学生问题图式的获得，就要增加学生类比问题解决和样例学习的机会，比如提倡图式图教学；在样例教学初期，给予学生适当的线索提示；迁移教学中增加源问题类比物

---

① 邓铸. 专门知识与学科问题表征 [J]. 上海教育科研, 2002 (5): 46.

② 同①, 47.

的数量等。

三、问题解决中图式有何作用

在认知心理学家看来，解决问题过程中首要的一步就是形成对问题的表征。表征是指信息在脑中记载和呈现的方式，即信息在脑中是如何表示的。作为人脑的信息加工方式，由于知识的类型不同、加工水平不同，表征可以有不同的形式。如机械记忆的内容一般以语音的形式对信息进行表征；理解记忆的知识一般以语义的形式表征。同一事物，由于不同的加工水平，表征的形式往往不同。在问题解决中普遍存在一种现象：虽然问题的条件和要求的呈现完全相同，但是不同水平的学习者对于问题的条件和要求的表征却可能大相径庭。比如，较差的问题解决者在解决问题时往往做出错误的表征，或疏漏掉问题的潜在条件，或把无关的条件当作主要的因素进行表征，从而干扰了问题的解决。有关学习的认知过程研究表明，能否做出合理的问题表征，关键在于是否形成了有关的图式。作为一种大的知识单元，图式如同命题和命题网络一样，都是知识的表征形式，但比两者在表达范围上更大。在脑中有了一定的问题图式情况下，学生就会以该图式作为参照系来调节自己的认知活动，对面临的问题加以正确的解释和推理，很快地抓住问题的关键，找出解决问题的方法。由于图式既表征了抽取出来的一般性命题，同时又有附属于命题的具体解决思路，因此，图式的形成特别有利于知识的迁移，有利于提高灵活的解决问题的能力。

问题表征是问题解决的关键甚至全部[①]，它是指对问题初始条件、目标任务及其构成要素的觉察和理解，也是近来关于问题解决研究的核心。问题表征分外部表征和内部表征，外部表征指问题情境的成分和结构，包括物理符号、物体、维度，以及外部规则、约束条件或边界条件等。外部表征的信息只能被知觉系统觉察、分析和加工，它对问题的内部表征具有引导或定向作用；内部表征是问题解决者构建的关于问题的认知结构，是对觉察到的问题初始条件、约束条件的解释，通俗或简单地说就是对问题及

---

① 邓铸. 专门知识与学科问题表征［J］. 上海教育科研，2002（5）：45.

问题结构的理解。对问题的内部表征是能否解决问题的关键，而快速形成正确的内部表征需要以图式或心理模型为基础，这些图式是通过样例学习建立起来的，往往结合了大量的专门领域知识和一般的问题解决策略和方法，即也结合了大量的程序性知识，它可以使对问题的理解或表征类型化。

因此，问题图式影响人们对所呈现信息的理解，因为它可以提供有助于理解的背景知识。问题图式也可以使人们超越给定的信息，做出预测和推理。问题图式也具有迁移的作用，使人们习得新知识、解决新问题。最重要的是在问题解决过程中问题图式不仅有助于问题表征的形成，而且结合问题解决的策略、方法和程序，可以指导整个问题解决过程。

四、如何促进问题图式的获得

既然图式有助于问题的快速表征和解决。那么，如何促进问题图式的获得呢？根据认知心理学的有关研究，在教学过程中促进学生问题图式的形成，可以采用变式训练、样例学习和开放式训练等教学策略。王国钧研究了促进问题图式形成的教学策略[1]。

1. 问题图式的变式训练策略

在教学过程中，如果仅仅呈现解决问题的具体情境，学生并不能够形成解决问题的图式，所以不能实现迁移。即使在具体情境中提炼出解决问题的规则，也未必能够形成清晰的问题图式，实现向新问题情境的迁移。必须在变式的问题解决过程中，不断地与已经提炼过的规则进行比较，才能够内化产生特定的问题图式[2]。这实际上是一个对问题逐步抽象的过程。开始时，学生并没有把解决问题的规则作为一个具有普遍意义的命题接受，而是将其看成问题的一部分，与问题情境不能分离。通过变式情境中的提炼和比较，能够使学生对规则的内涵加深理解，排除具体问题情境中无关紧要的细节，达到真正抽象的水平。因此，在教学中采取变式训练策略应遵循的要点是：其一呈现具体的解决问题情境；其二提炼解决具体问题的

---

① 王国钧. 促进问题图式形成的教学策略 [J]. 大连教育学院学报，2003（6）：13-15.

② 李晓文，王莹. 教学策略 [M]. 北京：高等教育出版社，2000：90.

规则；其三提供多种变式情境，让学生形成对解决问题规则的实际体验；其四在变式训练过程中，不断地对规则进行概括和比较。

看来，我们的问题链（解决老问题—解决新问题—解决疑难题—发现新问题）教学模式是符合问题图式变式训练的基本策略的。它有助于学生在系列的问题解决中，问题情境的不断变化中，不断提炼规则，内化形成此类问题的图式或心理模型。

2. 问题图式的样例学习策略

样例学习和例题教学都是教学策略的一种。所不同的是例题教学是由教师讲解例题，然后再让学生做大量的习题。样例学习是向学生书面呈现一批解答好的例题，学生在做作业时，一旦不会做或做错题，可以自学这些样例，再试着去解决问题。学生通过对样例的熟悉与比较，能够借以形成解决问题的图式。认知心理学的研究表明，样例学习是形成问题图式的一种有效途径。

单一的例题不能有效地揭示问题之间的关联，图式的形成必须在多种问题解决情境下实现。已有大量的实验证明，样例学习法不仅能够促进图式知识的形成，而且还能够节约教学时间。中科院心理研究所朱新民教授和诺贝尔奖金获得者西蒙教授的教学实验证明，采用样例学习法可以用三年的时间教完四年的课程内容。

3. 问题图式的开放式训练策略

很多解题训练通常都是从问题到条件的推断，称之为手段—目的分析。认知心理学认为，手段—目的分析属于解决问题的一般策略，属于弱方法，它容易使学生的注意局限于一个个相对分离的问题，对工作记忆提出很高的要求从而增加认知负荷，最终阻碍解决问题能力的发展。而专家是图式驱动解决问题，属于强方法，通常拥有自动化的图式或心理模型。因此在工作记忆中拥有更大的加工容量，能够从更大的具有包容性的原理去思考问题，容易发现问题中潜在的有用信息，从而提高解题效率，并能解决更复杂的问题。

基于这种认识，教学中应该设法促使学生形成反应知识体系思路的图式。由于图式概括性强，迁移范围较大，若在训练中能够从一种情境进行辐射，以此将同类操作模式结成网络，将有利于形成体系化的认知。我们把这种通过辐射、连接同类问题的训练模式称之为问题图式的开放式训练策略①。

如在理科的解决问题训练中，可以采取无特殊条件和无特殊问题这两种方式的解题训练。无特殊条件的题目要求学生在没有具体条件的情况下进行解决问题训练。如在平面几何中，求角度相等可能有几种方法？求长度相等一般有几种方法？这样将使学生对解题思路进行归纳，形成解决问题的大块知识体系。无特殊问题的解题训练是只提供条件不指出特定问题的方式。由于这些问题情境减少了问题或目标的特殊性，可以促使学生尽可能地去寻找问题可能涉及的已知量和未知量及其关系，在寻找过程中把问题的有关因素联系起来，从而形成有效的问题分析体系。

五、图式与专家—新手问题解决

有关研究表明，专家图式中的知识被良好组织、知识单元间高度联结，包含有关领域的各种知识，他们可以在问题解决中形成基于问题结构相似性的复杂的问题表征。新手图式中知识很少组织、知识单元间的联结松散、包含较少相关领域的陈述性知识和程序性知识，往往只能形成基于问题表面相似性的简单的问题表征，较难发现有效的问题解决程序和方法。看来，图式对问题表征乃至问题解决具有重要作用，培养人解决问题的能力，就不能脱离专门知识的学习，同时也必须在知识学习中促进其图式的形成与发展。

无论是概念的学习，还是问题的解决，拥有自动化图式和心理模型的学习者都可以在学习时减轻认知负荷。在问题解决中，专家和新手之间为什么会存在这么多的差异，这是因为新手的问题解决基本上是搜索驱动的，而专家是图式驱动的。总结起来，专家与新手在问题解决方面的差异主要表现如下。

① 专家的推理和解决问题能力取决于良好组织的知识，这些知识影响他们所关注的事物和问题再现的方式。

---

① 李晓文，王莹. 教学策略 [M]. 北京：高等教育出版社，2000：94.

② 专家比新手更有可能识别有意义的信息模式，专家可以在"更高的层面"开始解决问题（deGroot，1956）。

③ 用认知科学家的话来说，专家的知识是"条件化的"——它包括对有用的情景的具体要求（Simon，1980；Glaser，1992）。非条件化的知识常指"惰性"知识，尽管关联，因为它是未被激活的（Whitehead，1929）。

④ 专家拥有专业知识的另一个重要特征是，以相对"不费力"的方式提取相关知识的能力。顺畅提取不需要意识的参与，否则能力受到限制（Schneider & Shiffrin，1997，1985）。相反，费力地提取知识需要学习者的意识参与：精力耗在记忆上而非学习上。

⑤ 监控解决问题方式的能力——元认知——是专家创造力的重要表现。

⑥ 专家应付新情境的方法灵活多样。

六、图式理论对教学的启示

1. 查明学生的图式或心理模型以更好地进行学情分析

查明学生的图式或心理模型对教学有着非常重要的作用。因为那样教师就可以知道学生的认知基础，原先的经验，包括他们如何理解知识，如何看待问题。这样才能有效地进行先行组织，比如设计合适的驱动性问题，和他们的原有经验产生联结，从而激活原有的知识，更好地吸收与建构新的知识。那么，教师如何查明学生的图式呢？至少有四种可能的方式[①]：①观察他们；②让他们做出解释；③让他们做出预测；④让他们教其他学生。

查明学生的图式包括以下几方面。

①学生原有的图式是怎样的？

②不同学生具有的图式的差异性和共同性是什么？

③成功的问题解决者通常具有怎样的问题图式？对不成功的问题解决者如何进行诊断与指导？

④通过新手到专家的转变来追踪学习者心理模型的发展过程。

---

① 马西·P. 德里斯科尔 . 学习心理学——面向教学的取向［M］. 王小明，等，译 . 上海：华东师范大学出版社，2008：122.

⑤教师的问题图式与学生的问题图式如何相互作用？

⑥运用怎样的认知工具使隐性的图式可视化、显性化。

2. 通过教学使图式精致化以提高学习的效能

无论图式的获得是自动的还是策略的，都要通过教学使图式或心理模型更精致化、结构化。只有当学生的图式更精致化时，才能提高他们在问题解决时进行类型识别的准确度，发现问题中有用的条件与信息，从而做到触类旁通，轻松自如地解决问题。图式的精致化与结构化还能使信息的储存方式更精确、更经济，从而使他们获得自动化的图式，提高认知的加工容量。这些都对学生具有潜在的有利作用和价值。

3. 建构专门知识的心理模型可以促进专家式心理模型的形成

20 世纪 80 年代后，认知心理学关于问题解决的研究逐渐远离 Newell 和 Simon 等提出的通用问题解决模型，不断走近社会生活现实，研究学科问题解决、工业问题解决、救灾问题解决等。认知心理学家意识到控制问题的内容维度不利于揭示问题解决的机制和规律，不约而同地开始对专家与新手解决知识丰富领域问题的过程进行系统考察与比较。

知识丰富领域专家与新手认知图式的研究也给我们的学科教学带来一些启示，那就是帮助学生在更高的层面建构学科知识体系对他们顺利解决问题是有帮助的。特定学科的知识体系应该还包括特定领域的认知策略，这些都对形成学科学习中的心理模型有帮助。比如，在问题系统中我们提出的科学探究的认知模型，问题化作文审题立意的认知模型等，都可以通过教学使学生逐渐形成该领域所特有的一些具有较大包容性与学习效力的心理模型，这在学科教学中是非常必要的。

七、什么是问题化学习图式

1. 什么是问题化学习图式

根据前面所做的理论梳理，关于问题图式的理论都是建立在学习理论中狭义的问题解决基础上的。由于本课题所涉及的问题解决是广义的，通常也更关注一个问题系统的综合学习。同时，根据定义的各种问题系统的形态，包括问题集、问题链与问题网，问题化学习图式的表征可以是单个问题解决的图式，也可以是描述问题之间关系的问题系统的图式。

单个问题的图式如下。

①对问题结构的表征，能使我们鉴别出一种特定类型的新问题。

②发现问题解决的策略与操作程序。

问题系统的图式如下。

①在全局中表征问题之间的相互关系与结构特征，以使我们能识别相似的问题系统。

②发现问题扩展与组成的程序和规律，包括确定解决问题的次序、方法、切入点和中心及焦点。

2. 怎样发挥图式在问题化学习中的作用

首先，运用"图式图"教学，就是根据问题本身的描述，结合学习者的理解，用简易的图形表征问题间的结构关系[①]。这在代数应用题的教学中尤为有用。通过制作图式图，学生较容易发现问题中变量间的关系，少受问题表面特征的干扰而形成正确表征。在教学中，教师可以设计与上述问题表面相似，结构不相似；表面不相似，结构相似；表面不相似，结构也不相似等多种问题样例，教会学生在源问题和靶问题间建立正确的类比关系。

另外，在样例教学的初期，要给予学生适当的线索提示。研究证明，图式在解决复杂的现实问题中起重要作用，适当的线索提示有助于激活相关的问题图式，并在对问题情境信息的解读中建构新图式。可见，在问题解决中，给予线索提示会使源问题和靶问题间的关系更明显，学生更容易进行图式归纳。

还有，在教学中增加源问题类比物的数量也具有重要价值。Giek 和 Holyoak 的研究表明，同时呈现两个源问题类比物要比只呈现一个源问题类比物的迁移成绩更好，他们认为同时呈现两个类比物时，被试会从这两个类

---

① 邓铸，姜子云. 问题图式获得理论及其在教学中的应用 [J]. 南京师范大学学报（社会科学版），2006（7）：114.

比物中概括出一个一般性的图式，进而把归纳出的图式迁移到靶问题中。Catrambone 和 Holyoak 对此做了更进一步的研究，发现被试在对两个源问题的类比物进行比较时更容易获得图式归纳，而且迁移成绩更好。

3. 问题化学习图式的价值

一个体现知识内在关联性与认知规律的问题系统就可以看成是一个有效的图式/心理模型。这里有一个非常重要的地方，那就是图式一旦是由问题组成或一旦被问题化后，会具有怎样特别的意义。由于问题具有认识论与方法论的意义，不是简单的事实性知识的累加。因此，图式一旦由问题组成，特别是系列的问题组成，图式就更能体现行动的顺序，也更具有程序性知识包的特性。例如在前面我们所列出的大量不同形态的问题系统，如科学概念与原理的问题系统、实验设计的问题集、结构类问题的系统等都能体现这一倾向。就算是概念与原理这些本身并非属于程序性知识的知识，一旦被问题化后（如历史教学中用问题系统呈现某一历史事件，它就不是简单的历史事件的陈述，而具有了对历史事件如何进行分析的程序性知识），从其中抽提出来的关于历史事件分析的基本方法与程序（有空位的问题系统）就可以看成是关于历史事件分析的图式或心理模型。

其次，问题还具有定向、激发、组织、评价的功能，而所有这些功能似乎都与图式应该具有的功能非常接近。所以图式一旦由问题组成，或一旦被问题化，可能就会更好地发挥这些认知功能。

第二节　图式可视化的认知工具

一、图式可视化的学习价值

1. 问题图式的显性表征——图式图

"图式图"就是根据问题本身的描述，结合学习者的理解，用简易的图形表征问题间的结构关系。①例如，图 8-1 就是一个描述中心问题与子问题之间关系的问题系统图。

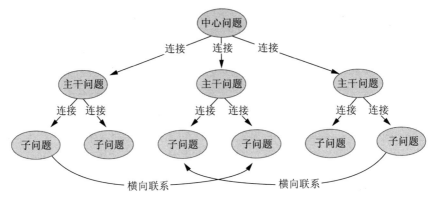

图 8-1　中心问题与子问题

事实上提出同样一个问题，不同的人对它会有不同的理解。理解的内涵并不相同，关注的角度也会有所不同。在当前教学现状中，书本预定义的问题与学生实际问题、教师转述出的问题与学生实际问题之间有很大的差距。这就意味着在教学中应该让学习者对问题的理解显性化、可视化地进行呈现。图式图是将问题图式显性表征的方式②。

2. 图式可视化的学习价值

此外，问题解决理论认为，给予线索提示会使源问题与目标问题之间的关系外显化，除了直接的指导提示以外，能揭示问题的原理规则或图解等也可以作为线索提示。Gick（1985）把图解与源问题类比物同时呈现，结果表明这种视觉提取线索对问题解决的迁移有易化作用。③ 值得注意的是，如果被试能够把图解与目标问题联系起来的话，即使仅仅呈现图解也会得到与同时呈现源问题的故事和图解同样的迁移效果。Pedoneh 和 Holyoak

　　① 邓铸，姜子云. 问题图式获得理论及其在教学中的应用［J］. 南京师范大学学报（社会科学版），2006（7）：114.

　　② 罗伯逊. 问题解决心理学［M］. 张奇，等，译. 北京：中国轻工业出版社，2004：205.

　　③ M. L. Gick, K. J. Holyoak. Schema induction and analogical transfer［J］. Cognitive Psychology, 1983（15）：1-38.

（2001）发现当源问题类比物与动态的图解共同呈现时，会大大促进类比迁移的发生。因此，图解对于问题解决的图式运用具有独特的价值，也是图式可视化的方式。

图式可视化的价值，一是让教师查明学生原有的图式和学习后获得的图式。比如，可以让学生画概念图的方式了解他们对于水循环概念的基本理解，可以在教授之前画帮助教师进行学情分析，也可以在教授之后画帮助教师评估教学效果。二是图式可视化有助于师生之间、生生之间的思维交流与智慧分享。而且用结构图的方式呈现出来，可能比语言的描述让学生更能明白事物之间、概念之间、知识之间、问题之间、行动之间的相互关系和逻辑顺序等。此外，智慧分享的过程也可以让学生进一步反思自己的图式，完善自己的图式。三是学习结构图的梳理，对于学生来说本身就是一个图式修正、调整与重建的过程。

二、约瑟夫·诺瓦克的概念图

概念图是图式图的代表。虽然从词义上理解概念图应该只是表征概念图式，而非问题图式，它是表征概念之间关系的命题网络。但这些有意义的命题网络并非我们通常理解的整体性的陈述性知识，而是超越了陈述性知识与程序性知识的分类。有些概念图表征对概念的理解（如"光合作用"），有些则包含了比较、分析、假设、推断、综合等高级思维（如"你是我的辞典"阅读分析图)，更多的图式图中则整合了语言信息、概念或解决问题的策略。用上海师范大学黎加厚教授的观点：人类使用的一切用来表达自己思想的图示方法都是"概念图"。

1. 什么是概念图

概念图，是我国大陆对"conceptmap"这一英文单词的译名。在我国台湾地区，该词被译为"概念构图"。在我国香港，也有称其为"心智图"等。概念图又可称为概念构图（concept mapping）或概念地图（concept maps）。前者注重概念图的构图过程，后者注重概念图制作的最后结果。现在一般把概念构图和概念地图统称为概念图，而不加以严格的区别。

概念图包括节点、连接、层次和命题四个要素。节点表示概念，概念指同类事物的共同属性。连接表示两个概念之间存在的某种关系。命题是两个概念通过连接形成的意义关系。层次有两个含义：一是指同一知识领域内的结构，即同一知识领域中的概念依据其概括性水平不同分层排布，概括性最强、最一般的概念处于图的最上层，从属的放在其下，具体的事例位于图的最下层；二是不同知识领域间的结构，即不同知识领域的概念图之间可以进行超链接。①诺瓦克的概念图模型如图 8-2 所示。

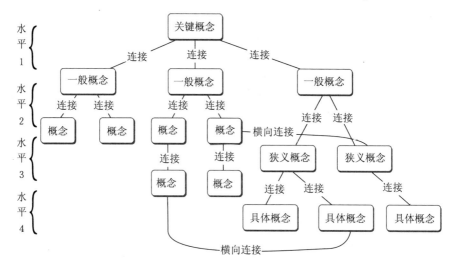

图 8-2　诺瓦克的概念图模型（1984）②

如图 8-2 所示，概念图就是这样一种围绕特定主题，把相关概念有机地联系起来的网络结构图。它用命题的形式显示了概念之间的意义联系，辅之以具体事例的说明，从而可视化地表达知识的结构。

2. 概念图的特点

（1）概念层级性。概念图中概念之间的关系是用层级结构的方式来呈现的。最上位的概念位于最上方，次位的更具体的概念排列在下，最下位的概念或具体的实例则放在最下面。

---

① 裴新宁. 概念图及其在理科教学中的应用［J］. 全球教育展望，2001（8）：47.
② 同①，2001（8）.

（2）交叉关联性。与普通的知识树状结构不同，概念图并不是简单的概念层次梳理，概念之间具有一定的关系，并用连接线表示。连接具有纵向连接与横向连接，纵向连接主要是建立上位概念与下位概念之间的关系，横向连接则包括了同层级概念间可能的联系，或不同层概念、事例间的交叉联系。

（3）图式可视化。概念图是一种知识以及知识之间关系的网络图形化表征，也是思维可视化的表征。它以一种视觉化的形式反映了个体是怎样使概念之间产生关联的，它的知识结构如何，具有怎样的图式与心理模型。

3. 概念图的组织结构

一幅概念图一般由"节点"（nodes）、"连线"（links）和"连接词"（link-words）组成。节点：由几何图形、图案、文字等表示某个概念，每个节点表示一个概念，一般同一层级的概念用同种符号（图形）标识。连线：表示不同节点间的有意义关系，常用各种形式的线与箭头（单向的、双向的或无方向的）连接不同节点。连接词：即连线上的文字，是反映节点之间关系的文字描述。连线与连接词共同构成了命题网络，反映了构图者对概念的理解程度。有一些概念图中还会有"文字标示"，它通常是对节点上的概念详细阐述，也可以是对整个概念图的相关说明。

图8-3是一个被大家认为比较经典的概念图案例。

概念图"光合作用"通过各节点，呈现光合作用的各个要素（各知识点），以及通过各连接线，表示各知识点之间的相互关系。通过此概念图，学习者很容易理解：光合作用发生于内含叶绿素和酶的绿色植物，它分为"依赖光的反应"和"不依赖光的反应"。"依赖光的反应"的基本原理是叶绿素吸收光以后分解水分成为氢气与氧气。"不依赖光的反应"的基本原理是在有光或黑暗的环境中，将氢气与二氧化碳结合成为碳水化合物与水。光合作用是将太阳能转变为化学能。

通过这个案例我们可以体会到，通过节点与连接线，概念图很容易确定事物之间的逻辑联系，以及概念的优先次序。使人们对概念理解的脑图变成可视化的文本，从而大大提高学习者对概念的理解。学习科学的研究表明，联接得当的知识结构，对于学习者认知具有极其重要的作用。这样的应用案例有很多，事实上，随着实践应用的进一步发展，概念图的实践应用在提高概念理解的作用上有了更多的发展。

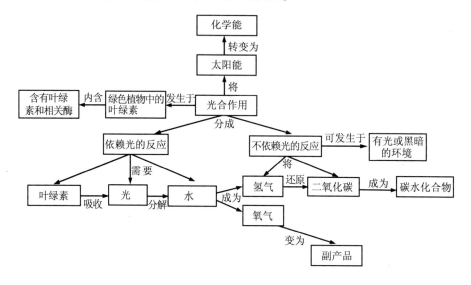

图 8-3　光合作用概念图①

随着很多超文本媒体在概念图制作中的应用，概念图就提高概念理解有了比以往更大的作为。首先是用图形来呈现概念图的节点符号。根据美国图形艺术研究所的观点，图形能够起到很多积极的作用。如告知、指引、鼓舞、吸引、解释、娱乐、简化、识别、教育、示例、激发、组织、启示、营销、促进、警示等。

各节点中除了文字以外，还用了大量形象图形符号，比如血液、蛋白质、脂肪滴等。这些符号，既可以吸引与激发学习者的学习兴趣，又可以为解释、识别概念起到很好的作用。

4. 概念图的理论基础

约瑟夫·诺瓦克在指出概念图的理论基础时，提到以下几个方面。

（1）有意义学习的条件

① 祝智庭，钟志贤. 现代教育技术——促进多元智能发展 [M]. 上海：华东师范大学出版社，2003.

奥苏伯尔认为，人的学习应该是意义学习。而意义学习的心理机制是同化，即学习者（除学龄前儿童）的学习是通过概念同化习得新概念的。已有的知识经验是影响学习的最主要因素，当学习者把所要学的新知识同原有的知识联系起来时，意义学习便发生了。概念之间上下位关系的层级排列、交叉联系最终形成了学生的认知结构。诺瓦克教授根据奥苏伯尔的意义学习和概念同化理论开发了概念图这样一种新工具。"学会学习"理论把由概念组成的命题作为教学的根本内容，概念图方法正是以这一假设为理论基础的。

（2）人脑记忆系统构成的研究

诺瓦克教授在提到概念图的支持理论时提到了人类记忆的研究成果：人类的大脑是按层级架构来组织知识的。概念图之所以能强有力地促进意义学习是因为它可以作为一种模板，去帮助组织知识并使之结构化，有利于学习者知识的储存与加工。[①]

（3）对知识的本质的认识

认知心理学认为，知识的本质在于概念和命题之间的内在联系，概念与命题是搭建知识的基石。命题表征说认为，在长时记忆中信息以三种形式组织在一起：信息的基本组织单位是概念，由两个或两个以上的概念联系在一起的句子称为命题，各种命题的组合是图式或结构[②]。

诺瓦克教授（1977，1988）认为陈述性知识与程序性知识的分类方法并不利于人们理解认知发展的规律，往往造成知—行脱节。例如学生在科学实验过程中，常常会按部就班完成相应的实验步骤，却没有用概念和命题的框架去指导自己的行动，也无法对产生的现象作相应的解释。概念与命题的框架赋予了学习过程（例如实验过程）以意义，因此概念图作为一种元认知工具，超越了有关陈述性知识与程序性知识的分类，努力将传统教学所导致的机械学习转变为有意义的学习建构。

除此之外，一些学者认为概念图还可以用知识管理理论、双重编码理论与视觉学习理论进行解释。

---

① 赵金波. 概念图工具在小学语文写作教学中的应用研究——上海市闵行实验小学五年级个案研究［D］. 上海师范大学 2004 年硕士论文.

② 高文. 教学模式论［M］. 上海：上海教育出版社，2002.

（1）知识管理的核心是管理显性知识和隐性知识之间的转化过程。知识转化包括四种模式：从隐性知识到隐性知识（社会化），从隐性知识到显性知识（外化），从显性知识到显性知识（综合），从显性知识到隐性知识（内化）。概念构图的过程有助于学生将自己的隐性知识表达出来，通过同伴的分享实现知识的外化与社会化。同时，教师与专家的指导可以让学生完善自己的知识系统，实现知识的综合与内化。

（2）双重编码理论认为同时使用语言和非语言的形式呈现信息，可以增强对信息的回忆与识别[①]。概念图中的信息包括语言信息（节点文字与连接线文字）与非语言信息（节点图像与概念图的整体结构），因此概念图是一种信息双重编码工具。

（3）视觉学习理论则认为概念图的图形化表征体现了视觉工具的特点，可以引导学生清晰地思考、处理和组织知识，并通过模型建构的方式反映知识间的联系，从而帮助学生发展思维能力，其中包括形象思维、逻辑思维、创造性思维，包括非线性思维。

三、东尼·博赞的思维导图

思维导图 Mind Mapping 是英国学者东尼·博赞（Tony Buzan）在 1970年代初期所创，是一种表达放射性思维（Radiant Thinking）的有效的图形思维工具。放射性思考被认为是人类大脑的自然思考方式。如图 3-3 所示，围绕一个思考中心，可以向外发散出很多的分支，然后每一个分支又成为一个次的思考中心，继续向外发散出许多次分支。依此类推，这个不断辐射的树状系统就可以成为你的记忆，也可以看做是你的个人数据库。在一个思维导图中，思考中心可以是一个主题、议题、问题，包括每一种进入大脑的资料，如一种感觉、一种记忆或一种想法等等，都可以成为一个放射性思考的中心节点。中心节点、分支与次分支可以用文字来表示，也可以用图形或图像来表示。

思维导图放射性思考的方法，可以进一步激发人类的创意、想象与思考潜

---

① 高文．建构主义学习的特征［DB/OL］．http：//www.etc.edu.cn/articledigest1/jiangou-tezheng.htm.

能，从而加速人脑对信息的积累。此外，思维导图可以将您的联想、创意与智慧，通过分层分类的树状管理系统将信息系统化，从而提高大脑组织、提取与应用信息的效率。再次，收放自如方式的思维导图，在思维的发散与聚合，逻辑与想象之间，展现灵活的思考技巧，发挥个人的智力潜能。最后，思维导图非常重视把关键词和颜色、图像、符码联系起来，从而激发全脑学习（左右脑共用），通过可视化的方式提高我们的注意力、协助我们记忆、增进我们的创造与想象，从而使我们的学习变得更富灵感、更为轻松有趣。

思维导图有很宽广的应用范围，可以用来企业培训，也可用来教学应用，它可以应用于生活和工作的各个方面。包括计划、项目管理、沟通、演讲、组织、会议，也包括记忆、笔记、写作、评价、头脑风暴、分析解决问题等。思维导图为人类提供一个有效思维图形工具，运用放射性思考的原理与图文并茂的技巧，开启人类大脑的无限潜能。如图 3-3 耳朵就是较典型的使用 MindMapper 绘制的东尼·博赞风格的思维导图。

四、思维脑图

思维脑图是柔性思维专家袁劲松提出的关于右脑高级形象思维训练的研究，主要用于企业培训。他根据柔性思维理论研究设计了 12 种脑图：三角脑图、圆形脑图、发散脑图、人型脑图、流程脑图、表格脑图、结构脑图、坐标脑图、立体脑图、太极脑图、五行脑图、螺旋脑图。研究涉及了科学、艺术、经济、管理、军事、教育、生活等领域，并通过案例训练的方式系统阐述了形象思维训练的基本原理，以及柔性思维脑图工具的三大功能和五项应用技巧。

五、概念图与思维导图之间的区别与联系

那么，经典的概念图与思维导图有什么区别呢？如表 8-1 所示，他们的理论基础、用脑功能、表征目的、图示特征、制作过程等方面都有所区别。概念图起源于教学领域，最主要的理论基础是有意义学习、人脑记忆系统构成的研究，以及对知识本质的认识。概念图主要用来表征知识，从而提高学习者对概念与命题系统的结构化认知。它强调概念之间须按层级

排列，以呈现概念的上下位关系。同一层级或不同层级之间的概念又存在着横向交叉联系，因此概念图多呈不规则网状结构，更形象地说，就像一张纵横交错的地图。由于它强调概念之间的相互关系，因此连接线及连接词是非常必要的。概念图的中心节点通常是一个知识领域的概念，分节点则是下位概念或实例。比较有代表性的概念图制作工具有 Inspiration 软件。

表 8-1   概念图与思维导图的区别

比较点	概念图	思维导图
主要理论基础	有意义的学习、人脑记忆系统、知识本质的认识。	放射性思维、全脑学习。
脑功能	偏重左脑逻辑思维。	强调右脑图像、色彩、空间感。
表征目的	表征知识，增加理解。	组织思想，激发灵感。
图形特征	概念图中的概念通常按照上下位关系层级排列，同一层级或不同层级之间的概念又存在着横向交叉联系，因此概念图多呈网状地图。	围绕一个思考中心，向外发散出很多分支，然后每一个分支又成为一个次的思考中心，继续向外发散出许多次分支，最后形成一个由内至外的放射型的树状系统。
制作过程	可以从关键概念开始，在没有思考清楚的情况下也可以先罗列相关概念，然后逐步建立概念与概念之间的关系图。	从一个主题开始，随着思维的不断深入，逐渐建立一个放射状的有序的图。
主题	通常是一个知识领域的概念。	问题、议题、主意、创意（更为灵活）
节点/分支	概念，一般为名词。	不一定是概念的关键词，可以是名词、动词、形容词或其他。
连接线与连接词	强调	不强调
初始应用领域	教学领域	企业培训
代表软件	Inspiration	MindMapper、MindManager

思维导图的理论基础主要是脑科学中放射性思维与全脑学习的基本原理。它强调图像、色彩的应用更凸显了右脑学习的功能。思维导图最初更多应用于企业培训中，用来组织思想、激发灵感、项目企划，后来逐步在教学领域也得到了广泛的应用。由于思维导图更多是围绕一个中心主题由内至外进行思维发散，最终的图形更类似于一个放射型的树状系统。思维导图主题与分支的内容更为灵活，由于它更多地是围绕一个中心的放射性思考，因此并不特别强调分支之间的连接。比较有代表性的思维导图制作工具有 MindMapper、MindManager 等软件。

六、在实践中整合概念图与思维导图的必要性

在理论上分清最初的概念图与思维导图有什么不同，有助于我们把握各自的优势。但在具体应用的过程中，就没有必要分得那么清楚，通常构图的人总是根据需要自觉与不自觉地在两者之间做着选择，也会在构图过程中将两者有机地结合起来。

正如黎加厚教授所说：思维导图的说法来自近年企业界的培训活动中，是运用图示的方法来帮助企业管理者思考问题，进行判断、推理和决策。而国外教育界称之为"概念图"的，是指利用图示的方法来表达人们头脑中的概念、思想和理论等，是把人脑中隐形知识显性化、可视化，便于思考、交流和表达。可以想到，自有人类社会以来便有概念图的交流传播方式，如远古的象形文字与符号、古代的周易八卦图、人们使用地图表达地形和方位以及儿童自发的用涂鸦来传达自己的想法等。可以认为，人类使用的一切用来表达自己思想的图示方法都是"概念图"。"思维导图"的称呼直接说明这是引导人们思维的图，把这种图示方法的意义挑明了，我认为这个说法也很好。[①]

考虑到我们的问题解决是广义的，设计的问题有事实信息，也有概念理解，也有解决问题的程序。此外，问题系统既有网状结构，也有树状结构，而思维导图的称呼更直接地说明是在解决问题中的作用，一般基层教师更能够理解与接受。在具体的实践中，我们就把概念图和思维导图，包

---

① 齐伟. 与黎加厚教授谈概念图［J］. 信息技术教育，2003（8）.

括思维脑图，称之为广义的思维导图。下文如不特别说明，所指的思维导图就是广义的。

第三节　根据条件充分运用思维导图

思维导图作为图式表征与思维表达的工具，带给我们无穷的灵感与想象空间。它可以描述概念间复杂的层次关系，呈现问题思考的结构框架、分支流程、因果互动；可以用来头脑风暴、分析比较、推论归因、生成计划、评价反思，人类很多的思维活动都可以用它显性地表达出来。思维导图也可以用来优化问题化学习中的问题系统，使问题系统的结构更加清晰，各问题之间的关系更加明了，问题化扩展的过程更加流畅。

一、图形特征与认知功能

作为一种图形组织工具，思维导图的表现形式有很多，每一种形式起到的思维功能也各有侧重，我们梳理了比较典型的几种类型及相应的变式，并对其可能的认知功能与用途作了说明。

1. 辐射图

辐射形思维导图可以用于头脑风暴，用于分类、分解，表示集合等，如图8-4所示。

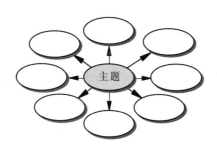

图8-4　辐射形思维导图

2. 链形图

（1）顺序：用来表示事件发生的阶段，一个线性发展过程的步骤，包括事件的顺序，或者事件的目标、行动和结果，如图8-5所示。

（2）连续体：用连续线来表示时间、年代顺序，或事物的程度（如高低）、等级、水平等的渐变，如图8-6所示。

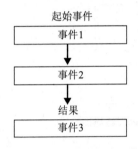

图8-5 表示顺序的链形思维导图　　图8-6 表示连续的链形思维导图

（3）循环：用来表示一系列事件是如何相互关联，循环往复的，如图8-7所示。

（4）推移与变化：用来表示随时间推移所发生的变化，描述复杂的过程，表示因果关系，如图8-8所示。

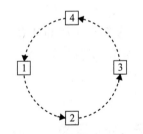
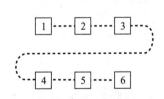

图8-7 表示循环的链形思维导图　　图8-8 表示推移与变化的链形思维导图

（5）问题解决过程：用来表示问题解决的过程，确定问题要素，试图提出解决方案，如图8-9所示。

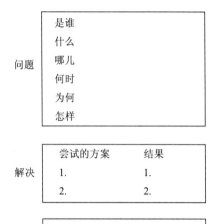

图8-9　表示问题解决过程的链形思维导图

3. 地图

有交叉、回路、错纵关系的类似地图的网状思维导图通常用来描述概念或原理（如图8-3）；也可以把材料分析、分解成若干组成部分，确定各部分之间的相互关系以及与总体框架的关系；或用于分析复杂线索的小说情节、人物关系；也可以用于故事创作。

4. 树形图

树形思维导图可以分为，左树形、右树形、从顶向下树和从底向上树，或是多层树形分解、扩展。其中，MindMapper 做出来的树形图更像人脑的神经元发散型结构。树形图可以用来表述整体局部、层级关系、主题分解、分支程序，也可以用来头脑风暴。

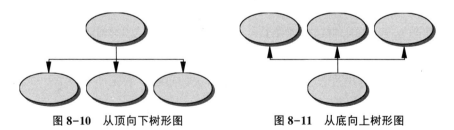

图8-10　从顶向下树形图　　　　图8-11　从底向上树形图

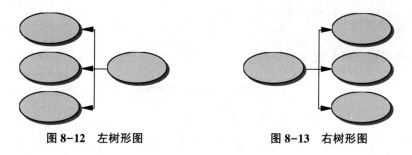

| 图 8-12 左树形图 | 图 8-13 右树形图 |

5. 表格

如表8-2所表现出来的，表格可以用两个维度来分析事物的属性、特征，区别相互之间的异同或用来评价。

6. 圈形图

通常用来分析影响事物因素的核心关系，以及影响事物存在的情境因素等；也可以用来表示包含与被包含、集合或域。圈形图体现了一种整体的思维。

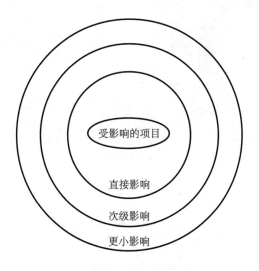

图 8-14 圈形思维导图①

————————

① Inspiration Templates，Thinking Skills，Areas of Influence. Inspiration 软件工具包［CP/DK］. ——作者译

7. 维恩图

分析两个事物之间的异同。

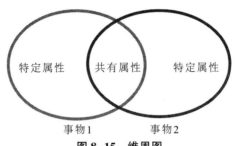

图 8-15　维恩图

8. 幂形图

可以看作是辐射图或树形图的一种变式，主要用于主题或论点的分解。

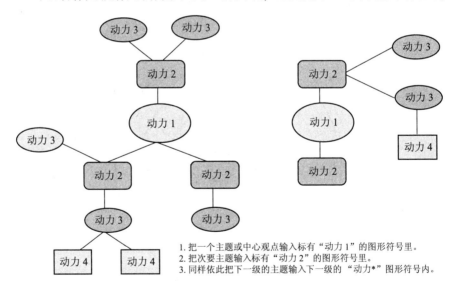

1. 把一个主题或中心观点输入标有"动力1"的图形符号里。
2. 把次要主题输入标有"动力2"的图形符号里。
3. 同样依此把下一级的主题输入下一级的"动力*"图形符号内。

图 8-16　幂形图①

———————————

① Inspiration Templates, Thinking Skills, Power Map. Inspiration 软件工具包 ［CP/DK］. ——作者译

9. 鱼骨图

用来表示复杂事件或复杂现象的相互关系。

图 8-17　鱼骨图

10. 混合图

事实上，更多的思维导图为了实现多种思考功能，就会混合使用各种图形。比如，下文中结构类问题解决的图式归纳中所呈现的，学习者首先需要对问题要素进行分解，然后进一步确定解决的流程，以及描述要素之间的相互关系，可能的作用结果，这样出来的思维导图就有可能从整体上是一个辐射图，然后包含着程序链，最终形成一个有交叉回路的网。

此外，袁劲松在企业培训中提出的 12 种思维脑图，同样也丰富了思维导图的内涵与类型。如**三角脑图**：通过对事物的重点思考，一分为二、一分为三，高度提炼，其中蕴涵着三足鼎立、三权分立、三生万物等东方智慧；**坐标脑图**：从两个维度的连续体，进行区间界定，可以采用数形分析，或象限关系分析。**螺旋脑图**：表达螺旋运动上升的发展模式；**太极脑图**：分析矛盾的对立、转化、统一，体现辩证思维；**五行脑图**：考虑世界万物之间的关系，体现系统思维。这些思维导图，更多的是从哲学方法论的高度来体现思维范式的价值，它为思维的具体方法、认知的不同方式提供指导意义。

由于人类思维的模型永远无法穷尽，每个人脑中对模式的确定也会各有不同，因此思维导图的表现形式也就见仁见智。本文仅对几种常见的形式进行了归纳，相信更多智者会有更多创见。另外，如表 8-2 所示，我们还对不同形状的思维导图所侧重的认知功能进行了分析。

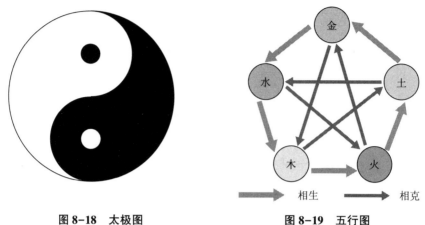

图 8-18　太极图　　　　　　　　　图 8-19　五行图

表 8-2　图形特征与认知功能

功能\图形	头脑风暴	描述	分类	分解	推论	归因	比较	评价	确定程序
辐射图	★		★	★					
链形图					★	★			★
地图		★		★					
树形图	★		★	★			★	★	★
表格	★		★	★			★	★	
圈形图			★						
混合图									
幂形图	★		★	★					
维恩图			★				★		
鱼骨图				★	★	★	★		★

二、思维导图的运用与图式获得

既然准确的、精致化的、自动化的图式对于有效的学习具有很大的价值，那么在教学中如何通过有效的途径、方法与手段，促使图式的获得并使之精致化就显得非常的必要。

在问题解决中，样例学习与类比问题解决是获得图式或心理模型的有效途径，但这种心理模型如果能被可视化的工具表示出来，是否就可以反过来进一步促进图式的修正、调整与精致化？我们对思维导图促进图式获得的基本假设是：画思维导图的过程往往更能激发学习者的元认知，更明白自己按照怎样的方法、程序思考问题，而这些对于形成自动化的图式更有帮助；图式被显性化之后，可以明晰自己，洞察别人，方便地进行相互比较，图式获得修正、重建的可能性更大。每个人都会具有各自的心智模式，这种心智模式代表了他可能在看待问题上、分析思考上具有一定的思维定式。思维导图制作工具本身并不能改变人心智模式，但思维导图在合理的运用过程中，如模板示例、教师引导图、学生交流图，制作的规范和要求，却可以改善人的心智模式。比如这个人在看待问题时更多是线性思考模式，不会多角度观察问题，或者不容易学会辩证思考问题，一些辐射图、圈形图、太极图与五行图就有助于改善这种心智模式。

那么在教学中如何运用思维导图才能更好地促进图式获得及精致化呢？我们的实践经验与策略是：一是提供恰当模板。如果学生对做这件事丝毫没有经验与思路，教师可以提供完整的模板，学生填入具体的信息就可以。但在这个过程中应该提示学生体验这个过程，以及让学生领悟到为什么我们要从这几个方面、这样的线索去搭建思维导图的框架，这样就有助于学生初识要领。如果学生虽然没有经验，但他们可能通过交流产生一些思路，教师可以提供一个带有半空旷结构的思维导图，在课堂讨论的过程中学生提出各自的想法，教师再将其整合到模板中。如果学生经历过此类学习，或自己有能力做出规划，也许教师就可以让学生自己画出模板进行交流。二是思维导图的交流与分享。思维导图可以用来可视化教师或学生的心理图式，但导图并不是只给自己看的。显性化的目的就是为了更好地交流与分享，从而促进图式的修正完善。

如图 8-20 是一个引导学习者分析历史事件的模板例子。所谓模板，就是对某一类型问题思考的通用模式。模板中通常含有很多可以填入具体信息的"空位"或"槽"（安德森）。因此，这些模板就可以看做是这类知识/问题/事件的通用的图式或心理模型。从某种意义上说，图式获得的过程就是将知识或行动逻辑化的过程。而思维导图，就是将这种逻辑化的过程可视化。一个好的思维导图，就可以在学生的最近发展区提供恰当的模型，引导他们进行高级思维，并获得元认知（反省认知）。

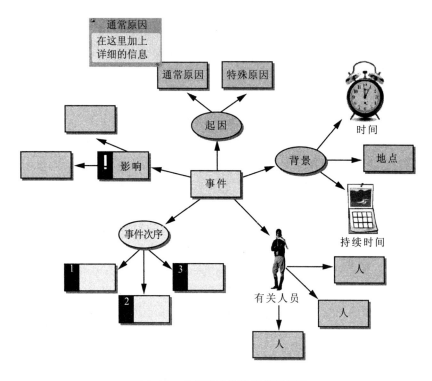

图 8-20　分析历史事件思维导图①

三、根据条件充分使用思维导图

1. **促进理解**：如果我们对需要学习的知识、概念、事件、问题等用思维导图呈现它们各自的内在要素（导图中的节点），并呈现这些要素之间的相互关系，我们就会发现，学生对于这些知识（包括问题）的理解就会非常神速。尤其是当他在思维导图中寻找到了很多熟悉的概念，那么他的任务就只是明确这些概念之间的关系。当然，这种概念的关系描述有很多时

---

① Inspiration Templates, Social Studies, Historical Episode. Inspiration 软件工具包［CP/DK］. ——作者译

候不仅仅是陈述性的知识，它涉及一些高级思维，如分析比较。图 8-21 是一个美国独立战争与法国大革命比较的例子。

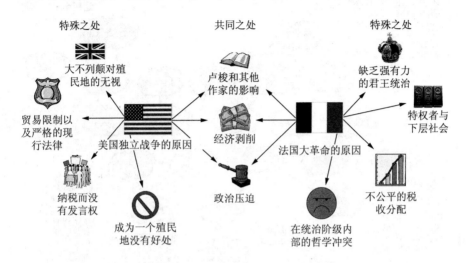

图 8-21 美国独立战争与法国大革命比较的思维导图①

2. **头脑风暴**：有很多人在进行头脑风暴时有涂鸦的习惯，包括独自在纸上涂鸦的方式，也包括一种集体涂鸦的方式。比如在一个会议室里放一块白板，然后在还没有确定答案的时候，所有人的想法都可以在白板上密集地呈现出来。这是由于人脑的加工容量有限，头脑风暴时由于信息都没有明确的关联，用涂鸦的方式可以帮助他们减轻认知负荷，从而释放更多的容量进行思维，包括将零碎的信息建立联系。因此，运用思维导图进行头脑风暴就可以实现这样的功效。一些思维导图的制作工具如 Inspiration 或MindMapper,还可以帮助你记录自己的发散轨迹，并方便地将各个发散点建立联系。

图 8-22 是一个关于蓝色的头脑风暴。

以蓝色为主题，作者联想到了水、天空、颜色。然后又由水联想到了鱼、寒冷、波浪、海滩、沙滩等事物。

---

① Inspiration Examples, Social Studies, revolutioncomparison. Inspiration 软件工具包［CP/DK］.——作者译

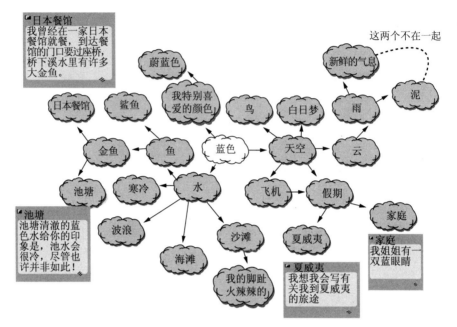

图 8-22　蓝色灵动头脑风暴思维导图①

　　在人类世界中，一些毫无关系的事物，往往通过一定的联想将他们建立新的联系，从而构成新的意义。运用思维导图进行头脑风暴的妙处就在于头脑中的网络节点通过链接触发各个相关的知识点，从而建立前所未有的联系，产生新见解。这非常适用于拓展学习者的思路，或者在进行集体头脑风暴时，利用电子白板记录思维信息，梳理相互关系，激发新的联想。

　　3. **创作或构思**：用思维导图进行创作或构思，可以呈现故事中的情节、线索与脉络，也可以用来描述小说人物之间的复杂关系。另外，思维导图中大量的图片信息，颜色、符号都可以激发学习者的联想与想象，这些在创作中是非常重要的。

---

　　① Inspiration Examples, Thinking Skills, Blue Brainstorm. Inspiration 软件工具包［CP/DK］.——作者译

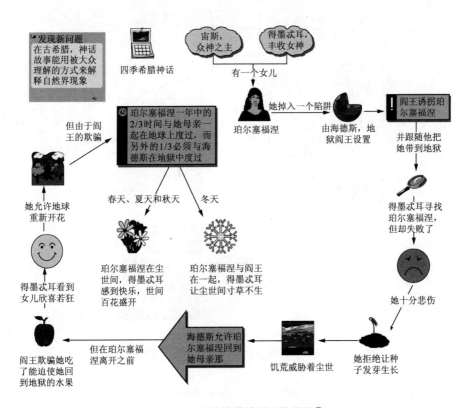

图 8-23 四季希腊神话思维导图①

4. 交流协作：思维导图还可以及时记录交流各方的观点与信息，以便及时地进行汇总分析。而一些模板与示例甚至还可以规范交流者的思维方式，提高他们的思维能力。

图 8-24 是一个正反辩论的例子。

---

① Inspiration Examples，Language Arts，greekmyth. Inspiration 软件工具包 [CP/DK].——作者译

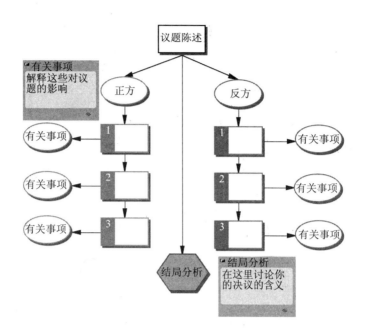

图 8-24　正反辩论与议题陈述思维导图①

5. **计划与执行**：思维导图在具体的学习中，常常也作为一种计划工具被应用。用思维导图写计划确实是一种不错的尝试，因为这可以提高学习者的元认知水平。传统的计划通常使用大纲方式呈现，思维导图可以使计划的呈现方式更丰富，而且要相信这不仅仅是形式上的完美。比如说各种流程图，这应该与大纲没有实质区别。但如果是一个有回路的系统，即对计划中各任务的主次、先后、因果等联系进行描述，这个计划就具有了思考与分析的含量。另外，超媒体的图示方式还可以更有效地起到提示的作用。

图 8-25 是一个撰写班中评论的计划。

---

① Inspiration Templates, Social Studies, Pro and Con. ist. Inspiration 软件工具包 [CP/DK]. ——作者译

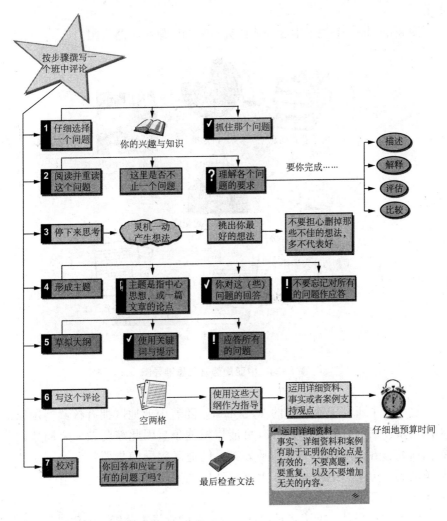

图8-25 班中评论计划撰写思维导图①

这个计划有助于学习者计划自己的学习任务，管理自己的学习与思考过程。在顺利完成任务的同时，帮助学习者反思学习/工作的行为活动过程，预测可能产生的行为活动结果，从而提高学习/工作绩效，提升元认知

---

① Inspiration Examples, Planning, In-Class Essay. Inspiration 软件工具包 [CP/DK]. ——作者译

水平。

　　图 8-26 是一个关于中亚局势研究过程的问题解决路线图。

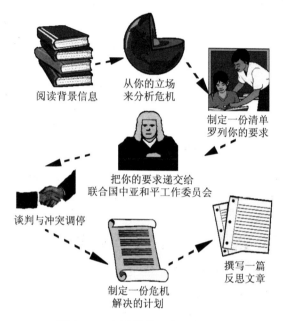

图 8-26　中亚局势研究思维导图

　　这是一个研究中亚局势的 WebQuest。随着中亚地区拥有核武器国家的不断增多，研究它们之间是否有可能爆发战争。因此需要做一个局势的分析与研究，并试图构建一个和平方案，使地区领导们与那些致力于防止核战争的国际力量一道携起手，为缓解地区的紧张局势，共同创造一个和平安宁的生存环境而努力。

　　学习的过程是：阅读背景信息——从你的立场来分析这场危机——设计一份需求列表（和平进程方案）——在中亚协商会议上呈现你的需求——谈判仲裁各自的冲突——制定一个计划来解决这个危机——撰写一篇深入思考的评论。

　　在这个图中，教师不仅呈现了学习的基本过程，而且学习者可以通过各节点上的超链接，点击了解各个学习过程的详细信息。思维导图的组织方式有助于学生对学习过程有一个概览。

四、运用思维导图优化问题与问题系统的认知结构

思维导图作为一种认知工具无论在知识的组织上、问题的分析上、图式的表征上，都有无与伦比的功效。思维导图为问题的理解，要素的分析，假设的提出，解决方案的形成，程序的设计，以及结论的呈现，都能提供分析的工具。同样，思维导图的有效运用也可以优化问题与问题系统的认知结构。

思维导图表征问题与问题系统有如下优点。

① 它能清晰地定义出中心问题。

② 它很清晰地显示出每一问题或问题要素的相对重要性。

③ 它使读者能立刻理顺问题之间或问题要素之间的复杂关系，这对于创造性工作或创造性思维是很重要的。

④ 它便于读者明白问题系统中的矛盾与差异，这可促进读者发现与创造。

⑤ 它能使思考者集中精力于真正的核心问题或问题的关键。

⑥ 它使重要的关键词更为突出，让它们并列于相应层次之中，改善创造力和记忆力。

⑦ 它使思考者易于在关键词之间产生适度的联想。

⑧ 它使思考者在制作思维导图时，处在不断发现和探索的兴奋之中，从而导致无穷尽的思维流动。

由于问题系统是指在一个整体中具有内在关系的诸多问题所构成的问题群，所以在一个问题系统内部，不同的问题之间表现为一定的关系，既有时序关系，也有空间关系；既有结构上的关系，也有内容上的关系；既有逻辑关系，也有发生和发展过程方面的关系。

为了实现有效的学习，在教学中我们架构或形成问题系统的基本依据，一是学科知识的内在关联性，二是学生的认知的规律性。按照这两个依据作为基本的出发点，在问题系统中我们需要优化的最主要的两个方面，一是内容结构，二是过程逻辑。内容结构要符合知识的内在关联性，过程逻辑则要符合学生的认知过程。因此思维导图的运用，就要为这两个基本的目标服务。

例如，由于辐射图、树形图、幂形图有着较强的分类分解功能，我们就可以用来建构问题集；而链形图较为清晰地呈现了事件发生的过程，它的线性思维模式可以组织教学环节清晰、层次分明、循序渐进的问题链；而有交叉、回路、错纵关系的类似地图的思维导图，则可以用来组织适合探究生成的问题网；表格与坐标图的两维思考模式则可以为问题矩阵图的形成提供支架；作为宏观层面的问题域，其问题之间具有异质性、渗透性、可变性和开放性，所以用圈形图、五行图或坐标图进行组织，可以显得更为宽阔与灵活。

第九章

如何绘制思维导图

思维导图既可以用手绘制，也可以用计算机软件来绘制。思维导图的绘制工具有很多，最为经典的是 Inspiration 与 MindMapper。

第一节　思维导图的组成要素

一幅思维导图一般由"节点"、"链接"和"文字标注"组成。

1. 节点：由几何图形、图案、文字等表示某个关键词、概念或主题。每个节点表示一个关键词、概念或主题，一般同一层级的节点用同种符号（图形）标识。

2. 链接：表示不同节点间有意义的关系。常用各种形式的线链接不同节点，这其中表达了构图者对关键词、概念或主题的理解程度。

3. 文字标注：可以是表示不同节点上的关键词、概念或主题的关系，也可以是对节点上的关键词或概念详细阐述，还可以是对整幅图的有关说明。

例如，类推思维导图。

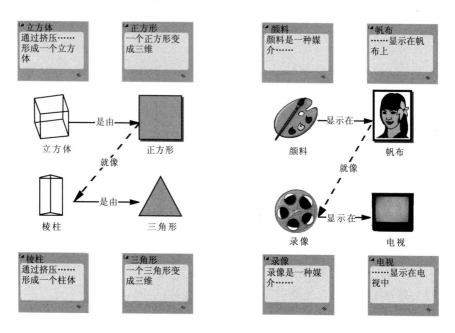

图 9-1　类推思维导图①

第二节　思维导图的绘制

　　工具选择：以 Inspiration 为例，作为一个以制作思维导图为主要功能的教学软件，它具有可视化的操作环境，包括两种视图环境。其中的图表视图能让你的思想变成图片或图表，从而很容易地看到一个思想是如何和其他思想发生关系，并使学习和思考过程变得更为积极；在大纲视图环境中，可以通过组织文字内容，拟写内容大纲来发展你的思想并形成有组织的文档。能展现思维过程中的逻辑关系，其思维线索的展开极为清晰形象，较之文字 Inspiration 描述更能促进学习及记忆。

---

　　①　Inspiration Examples，Thinking Skills，Analogies. Inspiration 软件工具包〔CP/DK〕. ——作者译

1. 确定一个主题，它是中心节点。

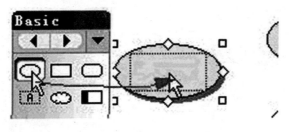

图 9-2

2. 用一幅图像或图画表达你的主题。

图 9-3　　　　　　　　　　　图 9-4

3. 在绘制过程中使用颜色。

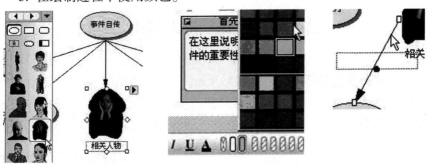

图 9-5　　　　　　　图 9-6　　　　　　　图 9-7

4. 将主题中的要素绘制成节点，并将中心与节点连接起来，如图 9-8、图 9-9 所示。

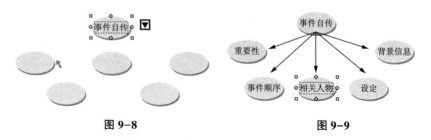

图 9-8　　　　　　　　　　　　图 9-9

5. 让图的分支自然弯曲而不一定是一条直线。

如图 10-3 水循环思维导图，图 8-24 四季希腊神话思维导图，弯曲的弧线能够体现自然的美感。

6. 在每条线上使用一个关键词作为节点之间的关系描述。

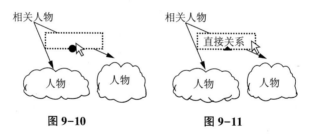

图 9-10　　　　　　　　　　图 9-11

第三节　典型思维导图的制作工具

思维导图的使用可以追溯到人类开始使用符号的历史时期。迄今为止，传统的纸笔依然可以用来制作思维导图。但随着现代信息技术的发展，一些借助于计算机进行思维导图的制作工具就显得易于操作、方便存储与交流。

思维导图（或称概念图）制作工具有很多，如 Inspiration，MindGenius，MindMapper，ConceptDraw，Axon，MindMan Personal，MindManager，Ideagraph、Freemind、IHMC concept map、Visio、Mymap、Visual Mind、VisiMap、Brainstorm、PersonalBrain、Ygnius 等。除上述专用的思维导图构图系统外，其他一些软件如 Authorware、Word、画笔、Netmeeting 中的共享白板等也可用于制作思维导图。不同的工具在构图功能上与适用范围上都有所不同，下面介绍几种中小学教师常用的思维导图构图工具。

1. Inspiration

Inspiration 是 Inspiration 软件公司开发的一种专用思维导图构图软件，现已发展到 8.0 版本。Inspiration 软件最大的特点是构图灵活、图库丰富、形象美观，软件包自带很多丰富的案例与模板。Kidspiration 是 Inspiration 软件公司专门为 K-12 学生开发的思维导图构图软件。它除继承了 Inspiration 的所有优点外，为适应 K-12 学生的需求，其界面更加卡通化，并具有语音提示功能。

（1）主要功能

① 具有大纲视窗与图表视窗两种视图环境。在图表视窗中，提供了辐射形图、左树形图、右树形图、从上到下树形图与从下到上树形图几种基本图形模板。国际英文新版还增加了绘制放射型思维导图（MindMapper 类）的功能。

② 新版具有网络图库功能，可搜索符号。Inspiration 提供了1 000多个符号，通过 Inspiration 网络资源可增加使用超过 1 万个额外符号。如果需要查找一个符号，可以在符号调色板底下的框内输入关键词，然后按查找按钮。Inspiration 将在内建的符号库内和在线符号收藏夹内同时搜索，其结果显示在符号调色板上。

③ 视频和音频的综合。能够插入和播放多媒体素材，如 QuickTime 电影和 MP3 等，从而创建更丰富多彩的案例。

④ 具有文件格式转换功能，可将图形文件存为 BMP、JPG、GIF、WMF、HTML 格式，将大纲文件存为 RTF、HTML 格式。

⑤ 节点之间的连线可以输入文字，这是很多思维导图工具所缺乏的。节点具有收放、链接、附加注释等功能。

（2）构图效果示例

如图 8-20、图 8-21、图 8-22、图 8-23、图 8-24 就是比较典型的

Inspiration作品。

（3）优点与教学中的适用范围

① Inspiration 节点间的连线可以进行关系描述，因此它更忠实于诺瓦克教授的概念地图。所以对概念的描述，特别是那些节点关系比较复杂的概念图（如图 8-3）具有很好的表达功能。此外，正是由于它具有连线的文字输入功能，对于一些关系较为复杂的结构，Inspiration 可以更好地进行关系描述。

② Inspiration 对教学的研究比较深入，在软件包自带的资源中，有很多可供教学参考的案例与教学模板。这些案例与模板对教学应用有一定的指导性，本书在说明思维导图教学功能的时候，也引用了部分案例。

③ 界面友好，具有强大的拖放能力，构图方便也可用于头脑风暴。

④ 在语言类应用方面，其独特的录音与回放功能，在教学上用处很大。

⑤ 拥有丰富的图标库，能做出很漂亮的思维导图。它的图例、图形、线形、颜色，以及各种表现形式非常丰富，因此也比较适合作演示。

（4）缺陷

① Inspiration 和 Kidspiration 都是单机运行的软件，不支持网络协作的功能。最后生成的文件在教学过程中更多地起到演示功能，却不能通过互动编辑产生新文件，因此并不能全面支持体现构图过程的教学活动。

② Inspiration 的注释显示容量小，可能并不适合进行资料整理和文章写作。这是由于写作时通常需要大段的文字说明，但它节点下的注释需要分别点击才能显示，因此不像 MindManager，Ygnius 在文件链接、项目管理方面具有优势。

③ 软件对双字节的中文支持不太好，切掉半个汉字会引起乱码。

（5）网络地址

http：//www.inspiration.com/.

2. MindMapper

MindMapper 忠实于东尼·博赞注重思维与记忆的思维导图，它强调左右脑功能的利用与激活。表现在思维导图上，比较注重精练关键词、色彩、线条、图标等。典型的软件是老牌的、东尼·博赞参与开发的 MindMapper（儿童版为 MindMapper Jr，目前已停止更新）和之后东尼·博赞亲自主持开发的 iMindMap（3.0 版以前），iMindMap 比较贴近于手绘的效果。

（1）主要功能

与 Inspiration 一样，MindMapper 也具有大纲视窗与图表视窗两种视图环境。在图表视窗中，则提供了放射图、向左图、向右图、向上图、向下图、左侧树图、右侧树图、朝左结构图、朝右结构图、左侧树形分解图、右侧树形分解图、左侧鱼骨图、右侧鱼骨图和继承图共 14 种基本图形模板。因此在结构形式上，MindMapper 基本采取目录树的表现方式。

① MindMapper 支持把现有的电子文件以对象（object）的形式插入，或者是软件所产生的电子文件能以对象的形式插入到其他文件中。这样做的意义在于能保持原文件的故有形式，并可随时对原文件进行修改。这也是互通与兼容的一种标志，有了这种功能，软件的应用范围自然会更广一些。

② MindMapper 具有较强的演示功能。通常可以根据我们的需要对演示内容进行自定义选择，还可以将链接的内容一起参与演示，其中包括导图之间的链接，子导图的内容也可以在主导图中演示出来。

③ MindMapper 还有较好的兼容性，能读出 MindManager 的 .mmap 文件。

④ MindMapper 具有多重链接功能，就是一个分枝可以对应多个链接对象。

⑤ 与 Inspiration 一样，MindMapper 也具有文件格式转换功能。

（2）构图效果示例

如图 3-3 就是比较典型的 MindMapper 作品。

（3）优点与教学中的适用范围

① 操作起来简单易行，对中文的支持比较稳定。由于它通过多主题文本插入（通常用一个对话框中键入有回车键的几行文字，就可以产生多个主题），因此制图速度快、效率高。

② MindMapper 的树状结构与知识树不谋而合，因此它非常适合进行知识梳理。目前出版的很多学科类概念地图书籍，事实上并不忠实于 JosePh. Dnovak 的概念图，它们更多是使用 MindMapper 类软件制作的知识树状图。不过这对知识的梳理能够起到较好的助忆效果。鉴于 MindMapper 在此方面的功能，它还比较适合用来撰写计划，包括设计教案，呈现教学过程。

③ 由于 MindMapper 发散性的树状图更符合人脑放射性思维的特点，因此它也是一个很好的头脑风暴工具。

④ MindMapper 自定义的演示功能可以支持较为灵活的课堂教学过程。

⑤ iMindMap 贴近手绘效果的图形使得制作出来的思维导图非常漂亮，因此也更好地起到记忆的功能。

（4）缺陷

① 与 Inspiration 一样，MindMapper 也是单机运行的软件，不支持网络协作的功能，因此也不能全面支持体现互动式构图过程的教学活动。

② 它的图库并不丰富，因此可能就没有像 Inspiration 那样受学生欢迎。

③ MindMapper 主节点与分枝之间并不能输入文字以表示关系描述，树状的结构更多地表达是一种层次、隶属、扩展或延伸的关系。而在一个系统中，能体现分析比较、因果推论的较为复杂的关系模型可能就不太适合用 MindMapper 制作，Inspiration 和 PersonalBrain 可能会有更好的效果。

（5）网络地址

MindMapper，http：//www.mindmapperusa.com/；iMindMap，http：//www.imindmap.com/.

与 MindMapper 比较接近的软件还有 MindManager，MindApp，Mindvisualizer，ConceptDraw MindMap，BrainMine，Yalips Maps 等。如 MindManager，它可以用来头脑风暴，计划项目，可以和 Project，Mord，Outlook，PowerPoint，Web 很好的集成。构图方便，可在思维导图中插入图片和超链接，具有强大的资料整理和文章写作功能，带有演示模式。但他们的共同缺点是都不具有网络协作功能，从思维导图构图教学来看，MindManager 等软件只提供思维导图构图、知识整理功能，缺乏强大的教学功能和支持思维导图构图的教学活动。

还有一些支持网络协作构图的工具①：

1. 如西佛罗里达大学人类和机器认知研究所开发的 CmapTool，它可以将思维导图存在自己的计算机中，也可以将思维导图上传至指定的服务器，形成丰富的思维导图资源库。

---

① 国外概念图制作工具的分析 [DB/OL]. 上海教育资源库：http：//www.sherc.net/sherc/application/31.jsp.

2. 而 CoCoMap 是台湾台南师范学院信息教育研究所开发的网络思维导图构图系统。它是人们开发思维导图教学系统的一次尝试，是一种基于 Web 应用、支持个人构图和小组构图的教学系统。如支持教师设计思维导图构图活动，根据 Novak 算法对思维导图进行评价，实现思维导图构图过程的重放等。其缺点是构图不太灵活，操作较复杂。作为一个教学系统，其功能仍不够完善，如思维导图的评价方式单一，缺乏对思维导图构图活动的管理等。

3. Concept Connector 是密西根州立大学开发的一种用于课堂教学的思维导图构图系统。同样，它也是一种基于 Web 应用并支持个人构图和小组构图的系统。它具有较完备的评价功能，除根据 Novak 算法给出客观评价信息外，教师可以对思维导图进行手工批改，思维导图的评价信息还可以导出生成 Excel 文件格式，方便进一步的分析。它还可以提供查看专家思维导图的功能，强调思维导图资源库的建设。但它的缺点是构图不太灵活，操作较复杂。作为一个教学系统，其功能仍不够完善，缺少学习活动设计模块和学习指导模块。

更多的思维导图制作工具如下：

➢ MindManager：http：//www. mindjet. com/

➢ MindMan Personal：http：//www. pctipp. ch/downloads/office/23763/
mindman_ personal. html

➢ Mymap：http：//mymap. sourceforge. net/

➢ ConceptDraw：http：//www. conceptdraw. com/en/

➢ Axon：http：//web. singnet. com. sg/~axon2000/

➢ Freemind：http：//freemind. sourceforge. net/wiki/index. php/Main_ Page

➢ Visio：http：//office. microsoft. com/en-us/visio/default. aspx

➢ Visual Mind：http：//www. visual-mind. com/

➢ VisiMap：http：//www. visimap. com/prodvmpro. html

➢ PersonalBrain：http：//www. thebrain. com/

➢ CmapTool：http：//cmap. ihmc. us/

➢ Decision Explorer：http：//www. banxia. com/demain. html

从教学意义上评价一个思维导图工具，除了要考虑它的构图是否操作方便、功能齐全外，更重要的是需要评价它是否能全面支持思维导图构图的教学活动。目前的许多软件已提供了较完备的思维导图构图功能，但却缺乏对思维导图构图教学活动的全面支持。CoCoMap，Concept Connector 等内嵌有思维导图构图工具的教学系统尽管具有一定的教学功能，但在构图功能上仍比较有限。

在本书第十二章基于网络的问题化学习中，我们开发的网络头脑风暴器也是一个支持网络协作的思维导图工具，但他的构图功能也比较简单，还不能全面地支持思维导图构图的教学活动。

第十章

思维导图——学与教的应用与示例

在实际的教学中，思维导图既可以由教师制作成教的工具，也可以由学生自己动手制作成学的工具。无论是教的工具还是学的工具，其最终的目的都是为了实现有效的学，也就是要让学生在被教之后获得被教之前没有的知识与能力。因此，无论如何，都要努力运用思维导图促进知识的结构化、整合性与有意义联结。这样才有助于形成更精致的图式，从而提升学习的效能。

作为教的工具：您可以用来教学设计，写备课方案；您也可以在教学过程中为学生设计教学引导图，从而提高课堂的效率；当然，您还可以把它作为教学评价的工具，用来检测学生的学习效果；或者把它作为复习的大纲，为学生呈现一个更为全面而结构化的知识内容，避免他们只见树木不见森林；最后，作为一个有思想的行动者，您还可以把思维导图作为教学研究的工具，研究教学活动的规律，提炼您的教学经验与操作模式。

作为学的工具：您可以让学生用思维导图进行头脑风暴，进行比较有序的思维发散；您也可以让学生用来整理知识，比如记笔记，或对学过的概念进行描述与梳理，分清相互之间的关系；您还可以让学生用它做计划，包括论文起草，项目组织，甚至人生规划；或者让学生直接作为创作的工具，比如写作文，勾勒故事情节，写推理小说，或新型的连环画创作等；您还可以让学生制作好思维导图相互交流、表达观点，从而知道对方是怎么思考的，对我有哪些借鉴，我可以怎样改进等等。

在具体的学科教学中，思维导图也有着无与伦比的妙用。比如在语文学科，思维导图可用于阅读教学，在分析课文或理解课文时用来表达课文叙事的线索、小说人物的复杂关系，也可以理清论点与论据的相互关系、论证的过程等，还可以用来进行比较阅读；在作文教学中，思维导图可以用来头脑风暴、建立联结、撰写大纲、构思情节；在语文综合活动中，思维导图还可以用来设计主题、分解主题、规划活动；在数学与科学领域，思维导图可以用来制作知识系统图，重要概念图解，解题思路图，也可以作为科学探究的思维支架，由教师提供基本的图式框架后，学生在此基础上做观察记录，检验假设，分析推论，撰写实验报告等；在社会科学领域，思维导图则可以用来分析如历史时期、历史事件、历史人物、事件效果等，也可以用来进行政策比较、观点陈述、正反辩论、因果推论；在外语教学中，思维导图更多的用于词汇教学，而由词汇引申的词源、词法以及句法，都可以通过图解帮助学生整体记忆。这些方法同样也适用于小学低年级学生的语文识字教学。

第一节　思维导图作为教的工具

一、辅助教学的应用与示例

辅助教学的思维导图更强调教师的引导。在学习中，学生最容易出现的困难是思维狭窄局促、无序、缺乏深度及整体把握。因此，教师在教学的过程中，当碰到学生思路狭窄时，就要善于运用思维导图帮助学生展开联想、想象，进行发散性思维，引导学生转变角度拓展思路。当学生在考虑问题时分不清主次先后，思维出现无序时，教师可借助思维导图帮助学生搭建认知框架，引导有序思维，启发他们运用分类比较、推论归因、关系描述、程序确定等方法，培养较严密的逻辑思维能力。当学生的思维缺乏深度时，教师则可运用思维导图的层次结构，帮助他们多层次思考问题，引申问题。当学生对知识或事物的要素缺乏整体把握时，就要运用思维导图的图式化功能，帮助他们建立组块知识，建构心理模型，从而培养他们系统思维的能力。

　　此外，教师在制作教学引导图的过程中，要特别注意做好学情分析，因为只有了解了学生的认知起点，才能让思维引导图与学生原有的认知框架建立联系，形成有意义的联结，从而实现有意义的学习。最后，教学引导图还要根据学生的实际情况，可以保留一些空框结构，留有余地，不要全部做满做死（除一些表达客观知识的概念图、知识系统图外），留给学生思考的空间。在课堂演示的时候，可以根据教学的进程自由伸缩、自如链接。

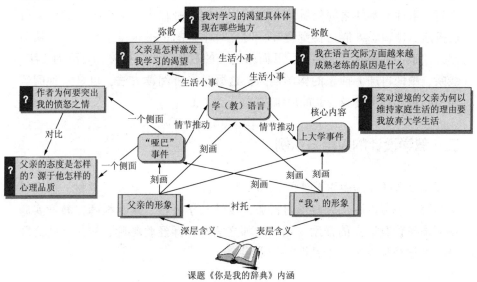

图 10-1　《你是我的辞典》阅读分析思维导图

示例：　你是我的辞典①

　　设计说明：本文各材料间的内在联系非常紧密，而课题恰能起到统摄全文的作用。因此，理解课题的内涵是本文学习的核心问题。在几个主要事件中"我"和"父亲"互为衬托，互为影响，共同构成了解决核心问题

---

①　设计者：课题组成员（语文组），上海市宝山区泗塘中学，黄月娟.

的主要内容。运用思维导图可以使问题的解决层层推进，在不同层级问题解决的演绎中，把握人物形象，解决核心问题。

分析：由于初中生的逻辑思维能力比较欠缺，因而其思维往往会处于一种无序状态，造成对整个文本的解读无法形成一个整体认知，其思维活动甚至如一盘散沙。在当前语文阅读教学中提倡学生整体把握能力的培养，但又不能因整体而忽视了局部，即重点词句的品味。同时语文阅读教学不仅是理解文章感悟的教学，也是对学生逻辑思维能力的训练和培养的过程。语文阅读的重要能力之一就是学生能理清材料与材料之间的关系、人物与人物之间的关系，并进而把握全文内容。因此，在运用思维导图进行教学时，就可以运用演绎法，帮助学生感知问题层层推进的思路，人物与人物之间、事件与事件之间的脉络和关系。在这个过程中，学生的思维框架得以搭建，逻辑思维能力得到提高，对文章主旨的把握也就水到渠成。从而起到"道而弗牵，强而弗抑，开而弗达"的教学效果。另外，有形的文字、线条、图像再加上抽象的构图能力，这既是一种阅读方法，也是一种阅读能力，是让学生终身受益的思维方法。

二、教学设计的应用与示例

思维导图作为教学设计的认知工具，教师可以用来分析教材，梳理教学内容，也可以用来分解学习任务，设计教学过程。这对教师在教学实施中明晰思路有很大的帮助，也为教师之间，包括经验教师、初任教师之间分享教学经验，实现知识共享提供帮助。

示例： 人生的开关[①]

设计说明：设计这张思维导图，我们需要做三件事。第一件事是教师自己分析教材、解读文本，把握这堂课学科的基本问题是什么，这篇课文的核心问题是什么，最后提出了三个主干问题，即（1）人生的开关指的是什么？（2）为什么说"轻轻一按，就把人带进光明和黑暗的境界"？（3）如何把握六要素来概括文章的主要内容？其中，"如何把握六要素来概括文

---

① 设计者：课题组成员（语文组），上海市宝山区虎林小学，李文英.

章的主要内容"这个问题就是学科的基本问题，另两个就是课文的中心问题。第二件事是预估学生问题。揭示课题后学生的起点问题可能会有：人生的开关是指什么？为什么人生也有开关？文中的光明和黑暗是指什么？……这些问题应当是学生接触文本后的直接疑问。在品读重点段落，"我"面对蛊惑时的心理变化，学生的疑惑可能会有：是什么让我不踏实不对劲？为什么不踏实不对劲？轻轻一按是什么意思？……于是教师似乎可以进一步引导，开关的"开"和"关"仅止于顺畅的人生道路和一无所有吗？在领悟到"开"和"关"的轻轻一按把握人生方向，领悟到光明和黑暗不仅仅是指结果更是一种境界和人生观，领悟到"诚信"把握人生的中心后，自己该如何去做呢？该如何把握自己所遇到的人生的开关呢？……这就是教师在此基础上设计引导性的问题，这就是第三件事。这一张思维导图，就是完成这三件事后的问题概览。

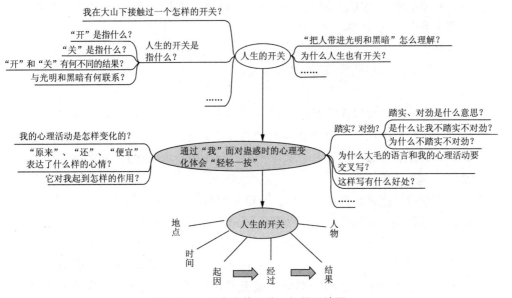

图 10-2　"人生的开关"问题系统图

分析：李文英老师是一个有经验的语文老师。她知道在这篇课文中需要学生把握的核心问题是什么（人生的开关是什么？为什么说"轻轻一按，就把人带进光明和黑暗的境界"？），在这个单元学习中需要掌握学科的基本问题是什么（运用记叙文六要素概括全文）。学生在学习的过程中，可能会有哪些问题，自己应该如何去设计引导性问题。于是她在备课的时候，运用思维导图对这些问题进行了梳理，用思维导图展现这堂课可能的问题系统。实践下来，她觉得这样做一是进一步理清了自己上课的主干思路，做到胸有成竹；二是在课堂中也有更多的空间关注学生意外生成的问题。同时，她所带教的徒弟也在图中获得更清晰的解读。这对于教研组教学经验的传播与教学智慧的共享有一定的意义。

此外，在教学参考书上，我们通常也会看到思维导图，不过那个更多的是对单元知识的梳理，还不涉及对课堂实施的教学设计。在教学设计中真正有价值的思维导图，不应该仅仅是对教学内容的梳理，还应该包含了教学任务的分解，教学过程的安排与课堂问题的设计。它应该是你对这堂课设计的基本概览，在这张思维导图中我们看到了这些要素。因为只有这样，才能更好地梳理自己的思路，同伴也可以在解读导图的过程中获得经验分享。

三、教学评价的应用与示例

思维导图也可以作为教学评价工具，用以决定学习者在某一特定领域内对知识理解的水平、深度和知识的相互联系程度等。这样的示例我们可以在提高概念理解的例子中寻求到（如光合作用、水循环），通常那些导图都可以作为评价工具。

用思维导图进行教学评价时，可以根据教学活动的不同阶段进行评价。比如，教师通过观察学生构图过程，了解其学习进展和内心思维活动的情况，以便给出及时诊断，改进教学。这时，思维导图就是形成性评价的有效工具。同样，思维导图也可以作为总结性评价的工具。比如，教师在一个框架图中提供一些空白的节点，或者直接让学生构图，以检测学习者对有关知识点的理解与掌握程度。它与传统的试题测试相比的优点在于思维导图为教师和学生提供的考试结果，可以更好地评估学生头脑中关于知识结构的图式的优劣情况。教师或学生自己可以清晰地了解学习的状况，从而有效地帮助学生认识自我。

示例：　水循环的教学与评价

应用说明：如图 10-3 所示，水循环是指在太阳能和地球表面热能的作用下，地球上的水不断被蒸发成为水蒸气，进入大气。水蒸气遇冷又凝聚成水，在重力的作用下，以降水的形式落到地面，这个周而复始的过程，称为水循环。水循环分为大循环和小循环。从海洋蒸发出来的水蒸气，被气流带到陆地上空，凝结为雨、雪、雹等落到地面，一部分被蒸发返回大气，其余部分成为地面径流或地下径流等，最终回归海洋。这种海洋和陆地之间水的往复运动过程，称为水的大循环。仅在局部地区（陆地或海洋）进行的水循环称为水的小循环。环境中水的循环是大、小循环交织在一起的，并在全球范围内和在地球上各个地区内不停地进行着。教师可以运用水循环导图进行课堂教学，也可以在教学后让学生通过画图来检测他们对水循环概念的理解。

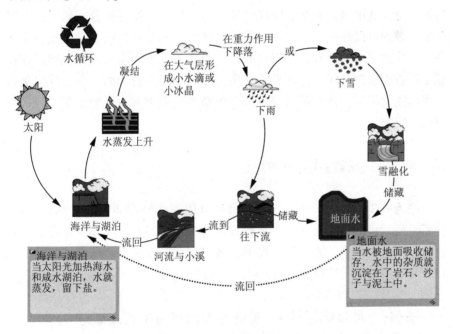

图 10-3　水循环思维导图①

———————

① Inspiration Examples，Science，Water Cycle. Inspiration 软件工具包 ［CP/DK］. ——作者译

在课题组小样本的研究中，我们发现运用思维导图进行教学，对于提高学生的概念理解具有积极作用。其中，在课堂即时的评价中，对于中等及以下学生有较显著差异，但学业水平高的学生差异并不明显。然而，在一个星期及一个月之后的长时记忆测评中，无论是哪个层次的学生，实验组与对照组都有显著差异。

运用水循环导图进行教学评价，在具体操作时可以有多种做法。第一种做法：如果学生在教学前对于水循环的知识已具有感性的认识与自己的理解，教师可以在课前让学生自己画一张关于对水循环理解的思维导图。然后在教学过程中，再呈现教师做的思维导图，让学生通过观察、比较，诊断自己对于水循环的认识出现何种偏差。教师也可以在这个过程中进行诊断与评估，进而调整自己的教学，这种做法符合有意义学习的原理。因为只有当学习与原有的认知发生联结时，意义才产生。第二种做法：教学后的评价，其中包含了课堂的即时评价与课后的总结性评价。课堂的即时评价，教师可以在一个框架图中提供一些空白的节点，或者直接让学生构图，以检测学习者对有关知识点的理解与掌握程度。课后的评价则是在授课之后或更长的时间，包括考试采用类似的方法进行检测。在测试中是否提供导图的框架，以及是否提供相关的节点，提供多少，则由学习评价的目标所决定。

四、教学研究的应用与示例

作为教学研究的认知工具，教师可以用思维导图研究教学活动规律、分析科研对象的各个要素、提炼教育科研的基本经验，并用图解的方式构建自己的教学模型，表达教学模型中各要素的相互关系，从而更好地实现教育经验的传播与教育成果的推广。

示例：　折线统计图——围绕核心问题的开放式探究

应用说明：在问题化学习的课堂中，探究往往以学生的问题为起点。在折线统计图一课的教学中，顾峻崎老师在导入中通过复习条形统计图与统计表的特点后，出示折线统计图，并询问学生："你能看懂折线统计图吗？你有什么疑问？"于是学生就叽叽喳喳地问起来："点表示什么？折线表示什么？为什么要用线把点连起来？为什么有的线长，有的线短？为什么有的线向上，有的线向下？……"学生提出了很多问题。教师要求学生，别人问过的问题不能重复，学生也问了一些无关的问题，教师把重要的问题，也就是围绕核心问题"折线统计图的特点是什么？"的相关问题，作为有效问题写在黑板上。于是教师又继续引导："你能说出点所表示的数量吗？有什么方法可以又快又准确？""图中所有的线段都一样吗？它们各有什么特点？"于是，学生们又围绕"折线统计图的特点是什么？"这一核心问题进行讨论。在此基础上，教师又启发学生"现在你对折线统计图有了哪些新的了解？""我们学的三种统计知识各有什么联系和区别？你能将学的统计知识进行一次整理吗？"整堂课充分体现了以学生的问题为起点，教师的问题为引导，但不偏离学科的中心问题。

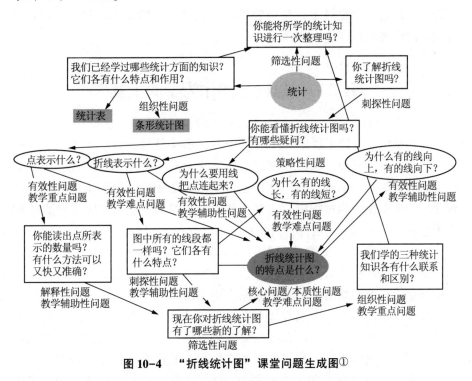

图 10-4　"折线统计图"课堂问题生成图①

① 椭圆为学生问题，方框为教师引导问题。

　　分析：教师在课堂实录的基础上，运用思维导图将课堂中围绕师生交互的问题进行了整理与勾画，形象而简洁地再现了课堂的互动场景。在这个过程中，教师剔除了一些无关的问题，并对每一个有效的问题进行了性质的定义，其中有教学重点问题，教学难点问题，在这个基础上教师反思自己的课堂处理行为。也发现了一些由学生生成自己遗漏的好问题。这种方法，可以作为教师进行教学反思的有效工具，也为教师之间再现课堂、交流经验、共享智慧提供便捷。

　　应该说，思维导图用来提炼教学模式也是一种比较常用的方法，可以用来表达教学活动进程的稳定结构形式。这在本书中很多地方都有所呈现，如六类问题系统优化的学习，基于网络的学科教学模式等等。模式往往是沟通理论与实践的中介与桥梁，无论是"理论的实践应用模式"还是"实践模式的理论提升"，它具有稳定的教学结构理论框架与实践活动方式。基层教师运用思维导图对于教育经验的理论提升，教学智慧的共享，以及研究成果的传播都具有独到的意义。

第二节　思维导图作为学的工具

　　如果学生学会使用思维导图进行学习，那又是另一种境界了。并不是所有的学生在一开始，都习惯使用思维导图并对他产生浓厚兴趣。特别是视觉空间智能差的学生，他们往往更习惯语言的表达，但却不擅长将其结构化。学生在使用的过程中，通常会碰到的困难与问题有：①年龄太小的学生往往热衷于图片的选择，而忽略了思维导图的实质即表达自己的思维；②学生通常很难确定思维导图中的逻辑关系，包括把握整体、确定主次、理清关系等。在相互关系的建构上，尤其是多节点交叉关系的描述，他们的困难更大。他们画出来的思维导图更多是线性的，不擅长用关键词描述节点与节点之间的关系，这可能与他们的思维水平有关；③形式与内容的匹配。选择怎样的图形更适合表达自己的思维，学生们通常需要教师的启发与引导。否则他们更容易受先入为主影响，画出来的思维导图无论想要表达什么都选择一样的图形（如树状图），这会影响他们想要表达的思维内涵。

　　值得欣慰的是，无论是头脑风暴、知识梳理、问题解决，还是计划创作，使用过的学生虽然在一开始表示出一定的困难，但都表示对理清自己的思路，形成一定的思维方式以及提高自己的思维品质有一定的帮助，并表现出了较大的兴趣。

一、知识梳理的应用与示例

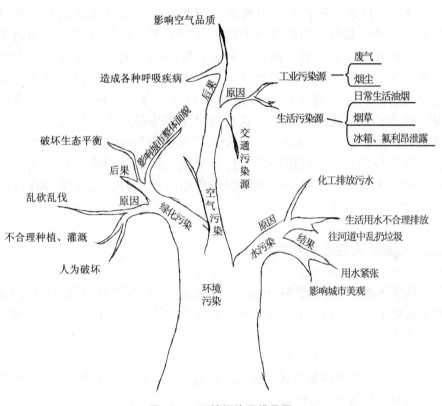

图 10-5　环境污染思维导图

示例：　环境污染[①]

作图体会：画这个思维导图的起因是学了地理中的环境污染内容后，觉得引起污染的因素很多，在脑子中有些凌乱，可能过后再让我来叙述会有一定的困难，所以由此想到了老师教的思维导图。想通过可视化的图形来直观明了地将整个环境污染的内容梳理出来，从而在脑中形成一个稳固而正确的知识模型，有利于高效学习和持久的记忆。

分析：思维导图对于知识梳理、问题分析与减轻认知负荷总是有着独到之处。从孩子们的体会中我们可以看到，学生对于信息的记忆不是直接地复制而是解释性的。所谓解释性的就是信息功能性编组的过程，也就是图式化建构的过程，最终使知识的获得具有整体性与结构化的特点，并最终形成认知框架。另外，与学生的感觉相吻合的是，图形比文字更容易记忆，这也被越来越多的研究所证实。由于双重编码带来的好处，也就是用言语—序列储存作编码，与用映象—空间储存作编码，通过脑图的形式把知识用关键词和图像关联起来，形成一定的关系。这样就能促使学生信息的双重编码，优化学习者的信息储存和记忆效果。

二、问题解决的应用与示例

问题解决的关键在于学习者对于解决这个问题所涉及的内在条件与结构要素的把握。它包含了与这个问题相关的领域知识，相关的条件，解决问题的策略、方法和程序。用思维导图表征问题，可以促进学习者对问题条件、目标任务及构成要素的觉察和理解，发现问题解决的策略与操作程序，获得监控解决问题方式的能力——元认知。思维导图可以帮助问题图式的建构更精制化与结构化。

---

① 设计者：上海市浦东新区高行中学，胡慧婷．

示例：　怎样清除水中的藻类①

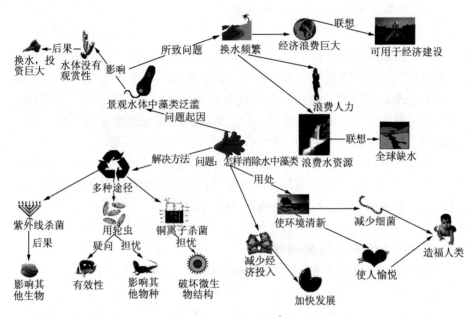

图 10-6　怎样清除水中藻类思维导图

　　分析：水中藻类泛滥经常使我们头痛。这是一个高中生规划自己的研究性学习项目"如何清除水中的藻类"做的思维导图。如果解决一个对于我们来说具有生活意义的真实问题，通常我们会按照这样的逻辑来思考：问题的起因是什么，是什么促使我研究这个问题，解决它对于我们的生活有着怎样的意义，目前有哪些方法可以解决它，用"紫外线杀菌"，用"轮虫"，还是用"铜离子杀菌"，猜测一下可能的结果是什么，会不会影响其他生物的安全……在选择吴淞中学生物与环境社团的成员做教学研究时，我们发现，思维导图制作的水平跟他们规划项目的能力是紧密相关的。如果学生对课题研究没有经验，他们所绘制的思维导图更多的是事实陈述而不是问题解决本身。因此思维导图的作用更多表现在，将他们对这个问题思考的方方面面逻辑化、

---

　　①　设计者：上海市宝山区吴淞中学，张于晗.

结构化。在两到三次的经验积累中，帮助他们形成解决这一类问题的图式。另外，思维导图在这里的价值还表现在能够促进同学之间的思维交流。

三、图式归纳过程中的应用与示例

图式归纳的基本原理是新的图式从经验的重复一致中得以成形，因此图式的归纳大多是通过类比学习进行。也就是学习者要形成某一类问题解决的图式或心理模型，最好的方式就是在不同的情境中解决这一类问题，解决的过程中又不断地对问题的结构、解决的方法与原理进行分析、比较与归纳，最终形成对这一类问题的稳定的自动化的心理模型。

在教学引导的过程中，教师的准备工作可能涉及三个方面：一是准确分析这一类问题的结构特点与解决的要领；二是判断学生的经验基础；三是设计三个或三个以上不同情境的同类问题。

示例：　结构类问题的解决

如OM中结构类问题的解决围绕承重效率，通常要涉及结构类型、材料选择、连接方式与承重方式这几个主要的方面。学生在探究的过程中，通过尝试不同的结构类问题，如桐木结构、纸结构、吸管桥结构等具体问题，最后归纳出结构类问题通常需要考虑的要素与解决方法（如图10-7高效率的结构思维导图）。在高效率的结构设计中，不管是什么结构，它们在设计制造的过程中都会涉及一个重要的课题，就是怎样利用尽可能少的材料使其达到尽可能大的强度，并能承受一定的外力袭击。我们选取了上海市宝山区少科站头脑奥林匹克（OM）竞赛队的部分成员，让他们在解决结构类问题的同时运用思维导图。他们先后完成了如桐木结构、纸结构、吸管桥结构等具体问题的解决，在解决这些问题时，要求他们使用思维导图梳理每一个问题的结构与解决思路。在这个过程中，他们一共完成了"高效率的桐木结构"、"高效率的纸桥结构"、"高效率的扑克牌结构"以及"高效率的吸管桥结构"四个类似问题的解决，并画出了每一个问题解决的思维导图，最后归纳出结构类问题解决的图式。通过几个相似问题的连续解决，辅之以思维导图的运用，学习者在交流中不断完善与修正自己解决此类问题的图式，从而促进学习者对问题解决中图式归纳的过程。

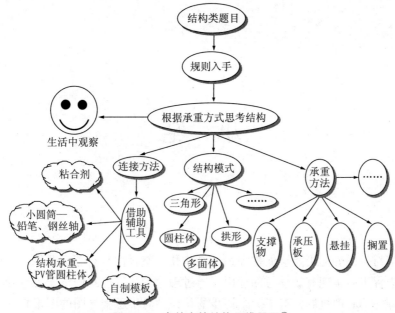

图 10-7　高效率的结构思维导图①

　　我们觉得，如果教师能够教会学生用图式图（思维导图）的方式来表示对某一特定问题的理解（包括问题的结构、要素和解题的方法、程序），就会有更多的可能判断学生是否就这一类问题形成了心理模型，是否准确，是否需要完善、修正或调整。当然，教师也可以在这个过程中，提供自己的思维导图供学生参考、比较。应该说，对某一类新的问题进行图式归纳并不是解决一个问题就能达到的，几次问题解决的经验可以促使从具体到一般的图式归纳。有人认为图式的获得是自动的，也有人认为图式的获得是策略的。无论是自动的还是策略的，教学的任务就是加速它形成的进程，检验它形成的合理性，并提升它形成的质量。

　　思维导图工具本身并不能创造心理模型，但它可以在教学过程中促进图式归纳的过程。

---

①　设计者：课题组成员（综合组），上海市宝山区实验小学，周斌.

小　结

　　思维导图的运用能够促进知识的结构化、整合性与有意义联结，这就是它何以促进与实现有效学习的理由。通过理论的梳理，我们对于思维导图与图式建构的心理机制，有了一个初步的认识。对于思维导图的图形特征与相应的认知功能，也有了粗浅的归纳。在问题化学习中，思维导图对于表征问题的优点及对问题系统的优化，我们也形成了初步的分析框架。那就是运用思维导图，一要符合知识的内在关联性，二要符合学生的认知过程。在大量的学与教的实践中，我们积累了很多有益的实践经验。这对于学生与基层教师如何运用思维导图提高学科学习与教学的效能，是有启示意义的。

　　通过广泛采用 Inspiration 等思维导图工具进行问题化学习的实践，我们发现这种可视化的思维表征模式有助于学生迅速表征对问题的理解，从而有效解决问题。

　　但是，运用思维导图对于图式建构究竟起到了什么样的作用，还需要我们做更多有说服力的实证研究来证明。其中包括在具体问题解决中，如何运用思维导图促进学习者抽象出这一类问题的解决模式或图式。如何运用思维导图让教师与学生头脑中的图式互动起来，让老师们更清楚学生是怎么想的，学生更清楚老师和同伴是怎么想的，以及怎样的互动使他们各自形成的图式更精致化、合理化。通过思维导图，了解优秀生与学习不良生在思维品质上的差异是什么，以及可以通过怎样的方式进行有针对性的教学。这些都应该成为我们未来的研究方向。

第三部分

信息化支撑——资源、工具与环境

导 读

1. 信息化为有效学习提供怎样的技术支撑？技术又如何优化问题化学习？

2. 基于网络的问题化学习有哪些具体的实践模式？国际流行的 WebQuest 模式曾经给你怎样的启发？

3. 网络共享协商课程，如何基于网络学习共同体实现课程的创生？又如何通过课程目标、内容、实施与评价的共享协商，实现以人为本、更有弹性的课程学习？

4. 在科学、语文等学科课程领域如何进行有效的网络拓展学习？具体的操作模式有哪些？主题学习网站，作为集成化的教育环境在其间起到了怎样的作用？

5. 网络头脑风暴器如何让你充满灵感？在协作共享的问题化风暴中，你是否感受到它的无穷魅力？

6. 多媒体技术为情境交互中的学习提供怎样的技术支撑？如何促进系列化问题的解决？微世界、DIS、智能导师系统等技术是否为有效学习提供更多的可能？除此之外，国内外还有哪些可资借鉴的信息化教学模式？

第十一章

技术如何支撑有效学习

信息技术的飞速发展，带来了全球信息资源不可逆转的网络化发展趋势。信息技术对人类社会、经济、文化的影响是全方位的，多层次的，对于教育亦是如此。信息技术本身虽不能自然而然地引发教育的革命，但它却是这场必然发生的革命不可或缺的重要条件。

人类已步入信息社会，教育信息化也是必然的趋势。以网络技术为核心的新一代信息技术促进着教育改革与教育发展的进程。而一种全新的教育形态——信息化教育，正在悄然形成。从技术层面上看，信息化教育的基本特点是数字化、网络化、智能化和多媒化。而从教育层面上看，信息化教育具有教材多媒化、资源全球化、教学个性化、学习自主化、活动合作化、管理自动化、环境虚拟化和系统开放化等八大特点。①

信息化背景下资源的易得性与丰富性，使我们不得不考虑追求怎样的学习才是更有价值的。信息爆炸使我们认识到似乎"怎么学"比"学什么"更重要。因此，对自主学习的关注就达到了前所未有的程度。

那么，在信息化背景下，如何设计有效的学习？学习自主化、任务情境化、问题系列化、智慧共享化、评价智能化都将是一种明智的选择。反之，信息化又能为我们的有效学习提供怎样的技术支撑呢？是资源、环境，

---

① 祝智庭. 现代教育技术——走进信息化教育 [M]. 北京：高等教育出版社，2001：84-85.

还是工具，应该都是。

第一节　为有效学习提供信息资源

一、信息资源的类型与特征

我们这里提出的信息资源主要是指数字化的信息资源，它是指各种数字化形式的，能够为教学所用的知识、资料、情报、消息等。具体包括网页、电子文档、图片、文本、视音频、电子书籍、电子期刊、数据库、虚拟图书馆、电子百科、教育网站、虚拟软件库等。[①]

数字化信息资源具有多种优点[②]：（1）网络化，在资源获取和传输上具有极大的弹性；（2）多媒化、超媒化，信息表征的多元化和非线性化，有助于人们对知识结构的感知与建构；（3）共享化、互动性，各种时空不限的数字化信息资源利于多向互动和合作共享；（4）便捷性、时效性，数字化形式的信息资源传播速度快捷，更新更方便。

二、有效学习与信息资源的组织策略

在网络时代，我们可以为学习提供更为丰富的信息资源，但有效地进行信息资源组织却也是保证学习成效的关键。对此我们实践的基本策略是，系列问题引领下基于学习过程的信息资源组织。

1. 系列化问题的组织与超文本资源导航

在信息组织的过程中，问题系统优化的学习设计可以与超文本思维导图呈现相结合。可以将系列化的问题组织与相关资源建构成超文本页面，

---

① 胡小勇．问题化教学设计［M］．北京：教育科学出版社，2006：158.
② 祝智庭，钟志贤．现代教育技术——促进多元智能发展［M］．上海：华东师范大学出版社，2002.

便于学生整体感知、整体思维。如图 11-1 所示"透视昆虫"，这里提供了蚂蚁的相关信息：What it eats？它吃什么？Where it lives？它住哪儿？How long it lives（lifespan）？他的生命周期有多长？How it is necessary/helpful？它（对人类）的益处？How it is harmful？它（对人类）的害处？Pictures and other information？图片和其他信息。通过问题集合组织超文本信息，点击其中的任意一个问题，就可以进入为这个问题提供的相关信息页面。

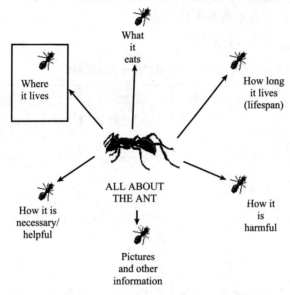

图 11-1 "透视昆虫"中的问题集合与超文本信息组织①

2. 面向学习过程的资源组织

通常，系列问题的探究是一个过程，而许多资源就"嵌入"在这个过程中。如第十二章中"透视昆虫"案例中所呈现的，学习过程分为五个学习步骤，每个步骤都有问题化组织与嵌入式的资源链接。第一步，建议学生选择研究其中的一种昆虫，并提供了蚂蚁、蟑螂、蜜蜂、白蚁的图片资源。第二步，根据网页提供的信息，研究以下五个问题：哪里是它的生活栖息地？它吃什么？它的生命周期有多长？它对人类生存环境的益处与必要性在哪儿？

---

① http：//projects. edtech. sandi. net/grant/insects/ant. htm.

它有什么害处？第三步，小组讨论，回答以下三个问题并解释一下这样做的理由：你喜欢你所研究的昆虫吗？人类与环境需要昆虫吗？你觉得你研究的昆虫应该被灭除吗？第四步，给除虫者写信。第五步，设计海报并提供相应的范例。这对于二年级的学生，信息资源的精细化组织是必要的。这样就可以引导学生不至于在网络空间盲目地"冲浪"，而忽略了学习的主要目标。

当然，并不是所有的资源都需要这样精细组织，事实上可以按学习者的年龄与不同的探究水平考虑信息资源意义的加工深度、物理分布、结构形态以及流动方式[1]，详细见表11-1。

表 11-1　不同探究水平的资源组织[2]

探究水平 信息组织	初级探究水平 （强支架）	中级探究水平 （一般支架）	高级探究水平 （弱支架）
信息资源内容意义的加工深度	结构良好	结构一般	结构不良
信息物理分布	以本地资源为主	本地资源+导航资源	导航资源+泛在资源
信息结构形态	过程嵌入式	附主要内容说明的资源列表	资源列表
信息流动方式	推送为主	推拉结合	拉取为主
案例推荐	透视昆虫（科学 & 读写能力 K2）	海洋有问题！（科学 K4-6）	让选举轰轰烈烈（语言，艺术/历史，社科 K8）

3. 主题学习网页与专题学习网站

事实上，信息资源组织的科学性与合理性，取决于对学习过程的把握与教学设计的成熟度。如何为网络拓展学习提供合理的信息资源，你

---

① 王天蓉．WebQuest 教学设计之探究［J］．中小学信息技术，2002（1）．

② 案例来源：透视昆虫（科学 & 读写能力 K2）http：//projects. edtech. sandi. net/grant/insects/process. htm；海洋有问题！（科学 K4－6）http：//projects. edtech. sandi. net/grant/oceanpollution/resources. html；让选举轰轰烈烈（语言、艺术/历史、社科 K8）http：//projects. edtech. sandi. net/lewis/rock/index. htmlJHJResources.

首先考虑的应该是学习的基本过程与模式。比如，学习分为几个步骤，每一个步骤解决哪些主要的问题，实现怎样的学习目标，如何进行评价等等。然后才是考虑如何将必要的资源嵌入到合适的过程中。因此，基于 Web 学习的教学设计最终呈现的往往是结构稳定、模块清晰的主题学习网页。

最典型的莫过于 WebQuest 模式中的主题学习网页，一般都由导言、任务、过程、资源、评价和结论共 6 个模块组成。资源的组织不仅体现在专列的资源页面，也体现于整个过程模块。在我们的本土化实践中，无论是基于网络的科学探究、拓展阅读、互动写作，还是主题化英语活动，都会先根据其学习活动的基本规律定义活动模块。如主题化英语活动的基本模块包含了"进入情境、故事展开、自由拓展、自我测评、词汇箱"，而信息资源的组织就依据这样的线索展开，于是就形成了结构稳定的主题学习页面。

诸多的主题学习网页聚集在一起，就可以构成这一类活动的专题学习网站。当然专题学习网站不仅仅是信息资源的组织，还包括更多学习资源，如环境资源、人力资源与工具资源的建设。对基于网络的问题化学习而言，专题学习网站是必要的。它是利用网络技术，基于问题对学习过程、学习资源的设计、开发、利用、管理和评价的一种物化形态，是教师、学生可以进行协作互动的具有丰富资源的集成化的教育环境。

第二节　为有效学习提供工具资源

一、现代信息技术的认知工具、效能工具与通讯工具

认知工具（cognitive tools）是指能帮助或支持学习者开展认知活动，为学习者提供增强和拓展认知能力的机会，促进学习者高级认知能力发展的工具。这些工具"可以在一个学习者的最近发展区中提供模型、高级思维的机会和对元认知的引导（Salomon, Globerson & Gu-terman,

1989）"[1]。评价一项技术是否能成为认知工具，最主要的依据就在于它能否在人类的认知过程中降低认知的难度[2]。

计算机技术的"认知工具"就是帮助学习者进行认知处理的计算机技术支持[3]。所谓现代信息技术的"认知工具"功能，是指学生借助信息技术，通过积极参与，获得充分的感知信息，激活思维、想象，引导分析、抽象、综合，促使理解、内化、转化，产生意义建构，从而促进认知能力和创新能力的发展[4]。常见的认知工具如可视化工具、建模工具以及知识管理工具。

效能工具（productivity tools）是指帮助人们提高工作效率的工具[5]。最典型的是文字处理软件，例如著名的 Microsoft Word 和 WPS，还有作图工具，数据处理工具（如电子报表）。效能工具可以用来处理文档与数据，提高学习与工作的效率，节省学习的时间。

通讯工具是指用于支持师生之间和学生同伴之间的沟通工具。在网络系统上，特别是 Internet 上有许多支持人际通讯的软件工具，如异步通讯工具 E-mail，同步通讯工具 Chat（聊天室），还有更先进的视频会议系统等。

二、可视化工具与思维显性化

可视化认知工具，是指运用计算机技术使学习者能用具体的方法对其思维进行表征，并使他们的推理过程可视化和得到验证的各种工具[6]。可视化工具可以用于问题的表征。问题表征就是问题解决者在头脑中以某种理解来呈现问题[7]。问题表征是问题解决的关键甚至全部，它包括对问题初始条件、目标任务及其构成要素的觉察和理解，也是近年来关于问题解决研究的核心。

---

① 戴维·H. 乔纳森. 学习环境的理论基础［M］. 郑太年，等，译. 上海：华东师范大学出版社，2002：45.

② 朱亚莉. 智能主体——一种新型的认知工具［J］. 现代教育技术，2002（4）.

③④ 祝智庭. 现代教育技术——走进信息化教育［M］. 北京：高等教育出版社，2001：1.

⑤ 同③，105.

⑥ 唐剑岚，胡建兵. 自主学习模式下的网络环境设计［J］. 现代教育技术，2003（6）.

⑦ 卢家楣，魏庆安，李其维. 心理学［M］. 上海：上海教育出版社，1998.

事实上，提出同样一个问题，不同的人对它会有不同的理解。由于理解内涵的不同，也导致了关注角度的不同。因此，教科书预定义的问题与学生实际问题、教师转述的问题与学生实际问题之间有很大的差距，这就意味着我们应该尽可能地让问题及问题解决的思维显性化地呈示，从而迅速加深学生对问题的理解，使问题解决的隐性智慧显性化。这也就是我们认为的问题显性表征的重要意义。实践中，我们可以应用概念图与思维导图等信息技术工具来制作问题解决的脑图，以实现思维显性化。

关于这部分内容，已在第二部分"图式可视化"有详细阐述，这里不再赘述。

三、建模工具与学习的情境体验

建模工具①是指根据知识内在的系统原理，利用计算机建造出系统模型，供学习者学习知识时使用以提高对知识的理解力的各种工具。这些工具允许学习者建构模型或对象，然后为验证参数而对模型或对象进行操作。如教学游戏、微型世界（microworld）、虚拟实验、专家系统等。

我们的学习需要创设与当前问题相关的、尽可能真实的情境。建构主义认为，学习总是与一定的社会文化背景即"情境"相联系，在实际情境下或通过多媒体创设的接近实际的情境下进行学习，可以利用生动、直观的形象有效地激发联想，唤醒长期记忆中有关的知识、经验或表象，从而使学习者能利用自己原有认知结构中的有关知识与经验去同化当前学习到的新知识，赋予新知识以某种意义；如果原有知识与经验不能同化新知识，则要引起"顺应"过程，即对原有认知结构进行改造与重组。总之，通过"同化"与"顺应"才能达到对新知识意义的建构。而同化与顺应离不开原有认知结构中的知识、经验与表象，情境创设则为提取长时记忆中的这些知识、经验与表象创造了有利条件。在传统的课堂讲授中，由于不能提供实际情境所具有的生动性、丰富性，不能激发联想，难以提取长时记忆中的有关内容，因而将使学习者对知识的意义建构产生困难。

建模工具可以且能够克服物理课堂时空受限的缺陷，利用虚拟现实技

---

① 唐剑岚，胡建兵. 自主学习模式下的网络环境设计 [J]. 现代教育技术，2003（6）.

术仿真或虚构某些情境，把课外情境、生活情境带入课堂。至少在某种程度上能够将拟真（authentic）的问题情境还给学习者，供学生观察与操纵其中的对象，使他们获得体验并有所发现。

四、知识管理工具与基于问题的有效学习系统

知识管理工具①是支持知识管理的信息系统。知识管理工具能为使用者提供理解信息的语境，以及各种信息之间的相互关系。知识管理工具不仅面向显性知识，还面向隐性知识。知识管理工具从技术基础的角度可以分为知识管理基本工具与知识管理系统（KMS）②。知识管理基本工具如知识门户、知识仓库、BLOG 等，知识管理系统则是功能比较完善基于特定应用的信息系统。我们可以利用知识管理工具在知识获取、知识开发、知识锁定、知识共享、知识利用、知识评价方面的功能，开发适合于基于问题的有效学习的应用系统，以实现更为充分的智慧共享与知识增值。

第三节　为有效学习提供环境资源

信息技术，尤其是网络技术，可以为有效学习提供更为宽广的环境资源与人力资源，为师生之间、生生之间提供更有弹性的多向互动和智慧共享。我们的研究包括了网络头脑风暴器的开发与基于网络的学习共同体构建，基于网络的共享协商课程的建设与问题解决思维"基因库"的分享机制。

一、构建学习共同体的网络协作空间

由于在我们的问题化学习中追求学生问题、教师问题与学科问题之间的理性平衡，同时也追求在发现问题中解决问题，在解决问题中发现问题

---

① 潘旭伟，顾新建，邱进冬，仇元福. 知识管理工具［J］. 中国机械工程，2003（5）.

② 王子熙，沈治宏. 我国 2000—2006 年知识管理工具研究综述［J］. 当代图书馆，2007（6）.

的创生过程。这就需要一个智慧的平台，以问题为纽带，促进师生之间、生生之间的多向互动，使问题不断地生成、发展、聚焦与再生成。由此我们开发了网络头脑风暴器，为问题化学习共同体的活动提供网络协作空间。

二、提供网络共享协商课程的创生平台

由于协商课程主要是师生共同计划课程的目标、内容、活动，并协商进行选择，学习从文本实现人本。它的特征主要表现在四个方面：教育目标的差异性、浮动性、递进性；学习内容与任务具有多向性、可选性、生成性；学习方式具有建构性、自主性、合作性；学习评价注重发展性、针对性、引导性。

网络丰富的共享资源、超越的时间空间、开放的互动交流，以及便捷的自由发表，作为一种学习工具与学习环境可以为协商性课程的构建与实施提供协作创生的平台，具体可以表现为这样几个方面。

1. 集约化的丰富共享资源，包括信息资源和人力资源，使得学习能更好地适应学习者的差异性、浮动性、多向性与选择性。

2. 资源的分配方式决定了教师以更平等的身份出现在学习情境中。他可能更是一个温和的敦促者以及解释性的指导者。另外，网络话语权促进人尊重自我和实现自我，促进人尊重"他人的他人性"，对每一个人的尊重使得协商性学习更大程度的符合自主权原理。

3. 网络为合作学习提供技术与环境的支持，而开放的互动对话，将会极大地支持课程中的协商，也使得学习共同体得到共生发展。

4. 网络技术自由发布机制将更好地为课程与教学的自构生成服务，包括课程的具体目标与内容、实施与评价，都将通过 web 动态管理技术在过程中自构生成与呈现。

三、创建问题解决的共享"基因库"

为了研究人类丰富的生命特性，人们建立"基因库"。同样，为了了解人类关于问题解决的特性与丰富性，我们也可以建立一个关于问题解决的

"思维基因库"。这代表着尽可能多地记录人们思考问题的方式，包括围绕一个问题的不同解决方案，也包括围绕同一类问题的普遍的解决方案。其中包括典型实例与问题图式，也包括大量的问题实例与丰富问题图式，并运用网络协作空间实现智慧共享。问题解决"基因库"可以为学习科学、研究人类的思维活动提供丰富案例。

第十二章

基于网络的问题化学习

网络作为现代信息技术最核心的技术，应该成为我们信息化教育关注的焦点。在资源集成、交互开放与超越时空的网络生存与网络学习中，需要我们更自主、更合作、更懂得分享。它也给教育的变革与发展，提供了更多的可能。自主探究、教育协商、头脑风暴、智慧共享……当然，网络太大太丰富几乎超越了人类的想象，我们的学习者很容易在这个知识的海洋中迷失方向。因此，问题，还是网络环境下学习的主轴。

第一节　网络探究典型模式简介

一、WebQuest 模式

WebQuest 课程是 1995 年由美国圣地亚哥州立大学教育技术系伯尼·道格（Bernie Dodge）和汤姆·马奇（Tom March）创立，由于它主要是一种基于因特网资源的授课计划或课程单元，所以将其命名为"WebQuest"（网络探究）。

　　WebQuest 是一种以探究为取向的学习活动，课程单元通过呈现给学生一个特定的情境任务，通常是一个需要解决的问题或者一个需要完成的项目。另外，由教师制作的 web 页中为学生提供了大量因特网导航资源，从而要求学生通过对信息的分析与综合得出创造性的解决方案。WebQuest 一般包含短期 WebQuest（1—3 课时完成）与较长期 WebQuest（1 周到 1 个月完成）。

　　目前，全球已有数以千万计的教师建立了自己的 WebQuest 课程网页，我们可以到 WebQuest 的发祥地圣地亚哥州立大学网站（http：//edweb. sd-su. edu/）"The WebQuest page"中，找到大批涉及科学、技术、数学、艺术与音乐、商业与经济、英语与语言、社会研究等各个学习领域，从小学到大学预科的大量优秀课例和培训资料。

1. 构建 WebQuest 课程单元的基本模块

　　无论是短期 WebQuest，还是较长期 WebQuest，一般都由导言、任务、过程、资源、评价和结论共六个模板组成。

　　（1）导言（Introduction）：导言的主要目的是激发学生研究的兴趣，吸引学生做好研究的准备。在这里的教学设计首先让学生充分感受到需要探究的缘由，并创设一个问题情境，还要罗列出关于整个 WebQuest 的一些概要问题。

　　（2）任务（Task）：任务应使学习者把注意力集中于他们将要进行的活动上，特别是那些推动所有学习活动顺利进行下去的最终表现或成果。

　　（3）过程（Process）：略述学习者将如何完成学习任务，为学习者设置完成任务的"脚手架"，其中包括将完成任务的过程分解成循序渐进的若干步骤，以及就每个步骤向学习者提出建议与策略等。

　　（4）资源（Resources）：完成任务所必需的信息导航资源，通常预设于万维网网页中，并被"嵌入"在 WebQuest 文档中。这些资源包括：根据年龄给予的适当资源，反映史实的第一手资料、适时信息；代表不同观点的信息；通过电子邮件联系的专家；交互式信息与视听媒体；网络文本、在网络上的调查数据库，也包括传统印刷的书籍和文献等。

　　（5）评价（Evaluation）：一般采用评价量表（Rubric）罗列出与需要完成的这个任务相符合的评价标准，并为学习者描述他们的行为将受到何种评价。评价人员既可以是教师，也可以是家长或同学。

（6）结论（Conclusion）：结论用来对活动进行小结，总结学习者通过完成这项活动或课程将会学到的东西，同时也鼓励他们对问题进行深入思考。通过提出一些引导性问题，以促进学生把这种探究的经验扩展到其他领域。

通常 WebQuest 学生页面包括以上六个模块，一个完整的 WebQuest 还应包括教师页面（Teacher page）的设计。如果说教师页面呈现的是教案的话，学生页面呈现的就是学案。教师页面的主要内容包括学习者分析、课程标准与教学目标、这个单元的教学建议与注释，以及一些学生学习的导例分析等等。教师页面是帮助其他教师实施这项 WebQuest 的信息，因此我们也可以将其理解为这个 WebQuest 的教学指南。

2. WebQuest 教学设计的要点

WebQuest 之所以在全球流行，因为它代表了先进的课程教学理念，建构了便于操作的实践模式。在设计中，需要注意以下几个问题。

（1）一个基于真实问题情境的探究：一个探究源于生活情境中的真实问题，这样的情境性问题对于学生来说，学习是具有生活意义与生命价值的。它不是外在于学生生活的学习，而是一种本源性的探究。

> 案例推荐：儿童海滨浴场（科学＆读写能力 K 5）
> 网络地址：http：//projects. edtech. sandi. net/pbelem/childrenspool/
> 美国圣地亚哥市的儿童海滨浴场，正在变成一个海豹的栖息地，有些人认为它们应如同人类一样生活在这浴场，但有些人却不这样认为。这海滨究竟属于谁？人类抑或海豹？一场争论由此而发生……欢迎你参加这场由市议会组织的讨论！

注：这是一个关系人类与生物的生存环境的讨论，它是一个源于学生生活中的真实事件。

（2）清晰明确的任务驱动：一个好的任务设计常常要做到：①使之聚焦与集中，以便学习者把注意力集中于他们将要进行的活动上；②使之牵引与驱动，以便推动所有学习活动顺利进行下去；③促进清晰的表达，以便使缄默知识成为清晰的知识。

案例推荐：海洋有问题！（科学 K4-6）

网络地址：http：//projects. edtech. sandi. net/grant/oceanpollution/task. html

你的任务是：利用因特网去探索为什么海洋、海滩陷入了危境……①制作一张概念地图表示人类、动物以及海洋的相互关系；②选择一个你所掌握的论据或观点，制作一张海报发布给社区与邻里的人们。

注：让学习者将注意力集中于搞清人类、动物与海洋的关系；为了向社区发表自己的研究成果，你还将努力完成任务；为了更容易获得公众的理解，你也将认真考虑自己的表述方式。

（3）提供一个合理的过程支架：包括必要的背景信息，把任务分解成若干子步骤并提出相应的策略建议以及必要的过程向导。如"透视昆虫"范例中所呈现的，每个步骤具有清晰的需要完成的具体任务，其中问题设计的合理性与针对性是学生顺利完成任务与进行深入思考的关键。

（4）提供适度组织的信息资源：可以按学习者不同的探究水平考虑信息资源的意义加工深度与物理分布的形态。

（5）理解"角色扮演"在探究中的意义：角色扮演有其知识学的思考，也有其社会学的思考。角色扮演也是基于认知学徒学习模式与专家学习策略的思考。

案例推荐：长安之旅（历史 K10）

网络地址：http：//go2. 163. com/being/webquest/changan/changan. htm

①地理学家：研究地形气候，制定往返路线；②经济学家：调查两地商业信息，确定买卖货物；③史学家：查阅长安城的历史沿革，并给以简单文字介绍；④文学家：以生动的文字描述唐朝和新罗社会情况，双方交往的历史以及国际大都市长安城。

注：情境化学习与专家式学习的策略。

（6）如何设计评价量表：评价量表作为一种可参照的等级量表，在学习过程中对于学生具有行为的参照性，有利于学生在探究的过程中自主调节自己的行为。

WebQuest 作为网络环境下的一种教与学的方式，以真实问题为驱动，通过架构合理的过程支架有效促进了学生个体学习能力与团队合作能力的提高。当然，作为一种基于网络的探究学习方式，其对学校的硬件条件，教师的信息技术与课程开发、实施能力等提出了较高的要求，由此也更适合于非良构知识和学科的学习。

示例： 透视昆虫①

	透视昆虫

领域：科学与读写能力
二年级 设计：**Ginger Tyson** 翻译：王天蓉
原文地址：http://projects.edtech.sandi.net/grant/insects/
最后更新时间：2000 年 2 月 20 日 基于 The WebQuest Page 模板

 导 言

现在世界上平均每个人都拥有超过 **200, 000** 只的昆虫，它们遍布各个角落。从水生到陆地，从沼泽到山顶，到处都能找到这些虫子。

- 你喜欢昆虫吗？

- 你认为我们需要昆虫吗？

- 你认为它们应该被灭除吗？

过 程

第一步	第二步	第三步	第四步	第五步

第一步： 选择一种昆虫
- 四人一小组。
- 你们中的每个人都将研究一种不同的昆虫。为了帮助你们做出选择，请点击下列的昆虫。

蚂 蚁 蟑 螂 蜜 蜂 白 蚁

---

① The WebQuest Page at San Diego State University. http：//webquest.sdsu.edu/webquest.html. ——作者译

哪一种昆虫是你所想要研究的？你仅需要研究这一种。

第二步： 研究你的昆虫

找出

- 哪里是它的生活栖息地？
- 它吃什么？
- 它的生命周期有多长？
- 它对人类生存环境的益处与必要性在哪儿？
- 它有什么害处？

 点击这里研究蚂蚁   点击这里研究蜜蜂

 点击这里研究蟑螂   点击这里研究白蚁

第三步： 小组讨论

回答这些问题，还务必请你解释一下这样做的理由。

- 你喜欢你的昆虫吗？
- 人类与环境需要昆虫吗？
- 你觉得你研究的昆虫应该被灭除吗？

第四步： 给除虫者写封信

保卫你自己和你的昆虫朋友们！写一封信向除虫人解释你对环境的益处，以及你和某些其他昆虫应该不被灭绝的理由。[注：这是一项个人任务]

- 点击这儿看由一只蜜蜂写的一封信的样例
- 点击这儿看由一只蚂蚁写的一封信的样例

第五步： 设计一张小组的海报

这张海报将送到除虫人那儿，在这里包括你的信，栖息地，以及有关你们这一类昆虫的画。

- 点击这儿看一份海报的样例

二、Big6 模式

　　Big6 是美国华盛顿大学信息学院院长迈克·艾森堡（Mike Eisenberg）和 Syracuse 大学信息学院助教鲍勃·伯克维茨（Bob Berkowitz）开发的一种提高信息技术能力的网络课程。"它是一种信息问题解决的有效方法，能够对你的生活和学习提供有益帮助。我们可以用 Big6 来为特定的需要和任务去发现、使用、应用和评估信息。"① Big6 是 6 个英文短语首字母（SIX 中 X 取自第二个字母）的结合，即 Be sure you understand the problem（确认对问题的理解）；Identify sources of information（辨别信息资源）；Gather relevant information（搜集相关信息）；Select a solution（选择一个解决办法）；Integrate the ideas into a product（把观点整合进成果中）；eXamine the result（检查结果），即 B-I-G-S-I-X。其中"6"（six）还内含着这种模式的六个步骤，即上述六个短语所代表的行动：问题定义（Task Definition）、信息搜索策略（Information Seeking Strategies）、定位与查找（Location and Access）、信息使用（Use of Information）、综合（Synthesis）、评估（Evaluation）。

　　对于上述六个步骤，Big6 还进一步作了细分②：

1. 问题定义
   ◇ 定义信息问题
   ◇ 辨别所需要的信息
2. 信息搜索策略
   ◇ 确定所有可能信息源
   ◇ 选择最佳信息源
3. 定位与查找
   ◇ 定位信息源
   ◇ 寻找到信息源中的信息
4. 信息使用
   ◇ 通过读、听、看、接触等获取信息

---

① http：//www.big6.com/kids/7-12.htm.——作者译
② http：//www.big6.com/what-is-the-big6/.——作者译

◇ 提取有用信息

5. 综　合

　　◇ 从各类信息源中组织信息

　　◇ 表达信息

6. 评　估

　　◇ 判断成果效益

　　◇ 判断过程效率

作为当今世界最著名以及最为广泛应用的教学信息技术技能的方法（Big6 开发者认为它是一种提高信息技术能力的模式和课程）被应用于从幼儿园到高中阶段的教育中（甚至大学和成人教育）。Big6 开发者也认同一些研究者的观点，即 Big6 还是一种信息问题解决的策略，因为通过 Big6 学生可以处理任何的问题、作业、任务和作出决定。事实也正如此，我们认为尽管 Big6 是一种程序化的信息处理模式，但它同时也提供了问题解决的一般程式。学生在任务驱动下，把任务问题化，形成问题框架（或者问题集），在程序化的行为（策略选择、知识建构、结果反思）下，解决问题，完成任务。例如：

你的任务是写一份关于某个国家（如葡萄牙）的报告①

● 你的报告需要哪些信息？

● 你认为你将学习哪些知识？

● 你需要了解这个国家的历史、文化、饮食、节日、传统、经济、农业、语言、宗教、地理（河流、山脉、风景等）、气候、政府、艺术和音乐吗？

问题细分：

● 葡萄牙政府的结构是怎样的？

● 葡萄牙人说什么语言？什么是葡萄牙的官方语言？

● 葡萄牙的地理状况如何？有哪些山脉和河流？

● 葡萄牙的国土有多大？靠近海洋吗？

_____

① 叶平摘译改写. Big6 的方法与步骤. http：//www. cst21. com. cn/2/wq-big6-03. htm. 原文网址：http：//www. big6. com/kids/index. htm.

- 葡萄牙人的食物有哪些?
- 这个国家传统的节日有哪些?
- 葡萄牙的国旗是怎样的? 首都在哪里? 主要城市有哪些?
- 葡萄牙属于哪个洲?

…… ……

因此，我们认为 Big6 从某种意义上来说也是一种基于网络的问题化学习设计模式。

三、广域网上的互动问答系统

2005 年 6 月 30 日下午 2：30，新浪在北京召开主题为"问尽天下事 搜索新坐标"的新闻发布会，正式发布自主开发的搜索引擎产品"爱问"（www. iask. com）搜索，为广大网民提供问题化的全新搜索服务。它采用了当时最为领先的智慧型互动搜索技术，该搜索引擎的推出充分体现了人性化应用的产品理念。

2005 年 11 月 8 日，全球最大中文搜索引擎百度宣布，其新一代搜索产品"百度知道"正式发布。这是百度自主研发、基于搜索的互动式知识问答分享平台。用户可以根据自身的需求，有针对性地提出问题；同时这些答案又将作为搜索结果，进一步提供给其他有类似疑问的人，真正为用户创造一个汇聚无数人经验、智慧的互动式知识问答分享平台。由于目前搜索引擎的技术水平远没有达到可以自动了解用户想要的信息，因此需要亿万网民的智慧来互相帮助，"总有人知道你的问题答案"，这是百度决定推出"知道"的初衷。

新浪"爱问"与百度"知道"都是用户自己根据需求提出问题，通过悬赏机制发动其他用户，来创造该问题的答案。最主要的操作包括三个方面，即"搜索答案"、"我要提问"和"我要回答"。

搜索答案就是输入问题或关键词后直接搜索，在输入的过程中，输入框会显示与你接近的问题或关键词。搜索的结果可能是其他网友已经提出或解答的问题。

我要提问的步骤包括：第一步，在提问输入框中输入自己的问题。

第二步，问题的详细设置，包括问题的详细描述、问题分类设置、悬赏分设置。第三步，问题提交。接下去就是等待网友回答，可以进入个人中心，查看自己的提问回答情况。网友回答后，会在页面上显示回答者、回答时间和回答内容等信息。问题有效期内，可以随时对自己的问题进行补充说明。提问后15天内，必须处理自己的提问。处理问题则包括如果找到自己满意的回答，就点击"采纳为答案"，并填入对回答者的感谢和评价。或对多个问题设置为投票，让网友来替您选择答案。如果问题没有得到满意的答案，您可以提高悬赏分而吸引更多的网友来解答。

我要回答则是用户在浏览页面时发现别人提出的问题，则可以直接进行回答，但需要注明参考资料；如果要查看自己的回答，则可以到个人中心的"我的回答"进行查看，或到所答问题所在的分类浏览查找，或直接到页面顶端的搜索框输入回答问题的标题，进行搜索。

这种由公众参与的智能化互动答疑系统，就是一种生活状态的网络问题化学习。它与普通搜索引擎的区别在于，是以问题而非陈述的知识为信息类型的。这体现了人本化的思想，也体现了人类知识观的转变。因为知识不再作为一种纯粹静态与客观的方式呈现，而是一种动态的在答疑过程中的"活动的知识"。另外，通过这种自动答疑系统，也可以使很多隐性的智慧，比如人们对一些问题的思考、洞察力、直觉、思维习惯、心智模式等，通过这种共享的知识管理平台得以显性化。

这就是网络问题化学习的价值，它给我们学校的课程学习又带来怎样的启发？在我们的学校教育里，我们又该如何进行基于网络的问题化学习？首先，我们还得遵循三位一体的基本取向，也就是以学科的问题为基础、学生的问题为起点和以老师的问题为引导。学校教育是有计划的课程实施的过程，因此良好的问题设计包括符合学科标准，符合学生情况，这些都应该是最基本的要素。其次，问题化，作为一种动态的知识，如何在网络中分享智慧，应该成为我们最有价值的探索。再次，网络又为教育的协商提供协作与交流的空间。最后，一切的应用都不能远离学校教育最核心的部分，那就是课程学习。所以，有一定结构的问题化学习就应该是我们探索基于网络学习的基本追求。

第二节　网络共享协商课程的学习

一、基于网络实现课程创生

协商在教育上的含义与在政治或企业上的用意一样，即指所有成员聚集在一起，带着各自的观点、需要和设想，为了大家都满意的结果而共同努力。协商课程就是师生共同讨论确定学什么？怎样学？协商的结果可能达到师生思想情感的沟通、学习意愿的联结、学习手段和结果的共识。

网络共享协商课程，旨在创建基于网络的未来课程模式。尝试通过网络，变革传统课程的研制与实施模式，师生作为实践主体参与到课程研制过程中来，实现专家与教师之间、教师与教师之间、教师与学生之间、学生与学生之间的充分对话，通过网络实现课程的共生共享，从而构建一种基于网络的创生课程。

1. 基于网络课程协商的具体表现

（1）教师与学生的协商，体现为尊重学生作为学习的主体，参与到课程设计中来；教师与教师之间的协商，体现为更广泛的跨校合作；教师与课程专家之间的协商，体现了理论引领与实践主体间的互动；教师与各界人士之间的协商，体现了学校教育的社会化功能与课程的社会性发展。

（2）课程的协商也表现为实践主体间对课程目标的协商；对课程内容的协商；对课程实施的协商；对课程评价的协商。

（3）课程的协商还包括跨学科的协商，以促进知识的综合化。

2. 课程的问题化生成与构建

基于"共同主题—选择性专题—系列化问题"创建课程。强调以问题为中心，作为课程学习资源与学习过程组织的基本线索与逻辑起点。其中包括知识内容的序列安排与超文本链接的设计，也包括学习过程的具体展开与步骤的分解，使问题成为学与教、知识与思维的纽带及聚合点。

通过设计一个"主题—专题—问题"的问题化课程平台，支持"教""学"交互、远程协作、跨校合作与专家协助。网络共享协商课程目前可能比较适用于研究性学习、综合实践活动中的主题探究或基础类课程中的拓展学习，它是一种基于主题的较为灵活的网络微型课程。

二、基于网络协商课程目标

为了更好地体现协商性课程中目标的差异性、浮动性、递进性，基于网络的特点与操作可行性，我们将网络环境中的课程学习目标分为两类。

基础性目标。可以由教师，或由教师与学生协商提出一个初始目标，然后，随着学习的进程与学习条件的变化，再进行及时的协商调整。为此，在具体的处理中，目标可以先进行初始化预设，同时考虑其将来的扩展性。具体的表现为先概括后具体，目标的内容也要考虑到对不同的个性具有较大的涵盖性。

发展性目标。就是在初始的目标确定之后，随着学习的进程，教师根据学习者的差异，包括学力水平、认知风格、兴趣爱好，学习者也可以根据自己的需要与教师协商制定具体化的学习目标。因此，这一类的目标就充分显示了尊重学生差异，具有可扩展可延伸等特征。

目标问题化与问题目标化。在课程形成的过程中，无论是先制定目标，还是先出现问题，都有必要最终将目标与问题形成对应的关系。这样不仅有利于课程的实施，也有利于学习者检验自己的学习结果。

三、基于网络协商课程内容

一般认为，教材是课程内容的载体。但是，在协商性课程的理念引领下，我们必须对教材具有全新的认识，师生基于网络共同创建"教学做合一"的学习材料，可表现为超文本、可选择、可扩展与生成性的新型 web学习方案，这是一项具有创意的工作。

1. 课程的基本内容

（1）预设性内容——由学习提议人率先提议基本学习内容或范围。学习提议人一般由教师出任，也可以由具有学习能力与判断能力的学生出任。

（2）生成性内容——基本的内容提出以后，很多人就可以参与到内容的协商过程中来。包括对课程内容的扩展、延伸、分类与选择，学习在交互的过程中实现内容重组和资源再生。

2. web 学习方案的构成要素

（1）共同的主题。由学习提议人提出后协商确定共同的主题，这些主题应使学习者感到问题的意义及挑战性，激发他们参与学习活动的兴趣；不同学习者可能会对问题有不同的观点和思路，从而使其具有讨论交流的必要。

（2）协商性任务/选择性专题。可以将任务分成若干侧面，包括一些多向的选择性任务，由不同的学习专题构成，学习者可以分拣任务，组织小组进行合作学习。

（3）问题系统优化的学习过程建议。无论是教师提出的问题还是学生提出的问题，作为教师都有责任最终将学习问题系统化。系统优化的问题可以指导系列化的任务分解，包括学习的具体步骤以及过程中的建议。教师与学生可以利用问题化网络头脑风暴器生成问题与聚焦问题，最终用可视化的思维工具使之逻辑化，形成问题系统，帮助学生整体感知，并形成这一类问题解决的认知图式。

（4）支持性资源。教师可提供大量的网上导航性学习资源，为学生实现选择性学习提供支持。学习资源应尽量避免采用简单信息传递的模式，而应以超媒体的形式提供各种开放的相关资源，从而鼓励学习者对信息的搜索、选择、评价和综合，鼓励合作交流。

（5）学习"公文包"。可以将学习者所积累下来的与本任务有关的作品、个人主页、反思日记等链接到网站上以便更好地反映学习进程，成为他们网上学习的公文包。

四、网络协商学习活动的实施

协商课程的学习方式具有建构性、自主性、合作性，合作学习要求学习者组成学习小组。学习者在小组学习的过程中，与同伴开展包括任务协商、呈现知识、相互依赖、承担责任等多方面的合作性活动。

通常，一个课程单元的协商性学习活动可以分为以下六个阶段。

1. 主题凝聚阶段：由学习提议人提出初步的学习主题，大家可展开充分的讨论，进一步协商讨论主题的内容范围。

2. 任务选择阶段：学习者拥有自己的问题领域，可以选择自己的专题、设计自己的问题。

3. 相互依赖阶段：学习者参与确定学习目标，依靠本组成员以及教师的建议。

4. 协商理解阶段：学习者主动地参与学习活动。在与他人讨论的过程中和教师的引导下产生见解，小组间的讨论是实质性的而不是程序化的或与任务无关的。

5. 公开呈现阶段：学习者公开与其他成员分享自己的见解以获得反馈，并修正认识。

6. 分担责任阶段：教师使学习者认识和承担自我学习的责任，学习者和教师通过一起学习产生一些见解，教学相长。

五、网络协商课程中的学习评价

在这里，我们选择与设计了支持协商课程的几种评价技术与评价方式。

学习契约：学习契约（Learning Contract）也称为学习合同，这种评价方法来源于真正意义上的契约或合同。在协商课程的学习中，其基本原则就包括以"学"为主，以"任务驱动"和"问题解决"作为学习和研究活动的主线。为了能够让学生在完成任务和解决问题时有一个具体的目标或依据，可以由教师与学生，学生合作小组间协商制定一些可供评价的学习契约。

选择性量规：量规（Rubric）是一种结构化的定量评价标准。它通常是从与评价目标相关的多个方面详细规定评级指标。在传统的教学评价中，特别是在评价非客观性的试题或任务时，人们已经自觉不自觉地应用了这种工具。但是就协商学习而言，对于量规的应用主要体现为可以设计成一个可选择的量规，选择性可以表现在学习结果呈现方式的选择、学习水平的选择等。

社区对话：社区对话（Community Talk）是通过创建一个网络社区实现有电子记载的对话式评价。协商性学习的评价目的不是"区分"而是促进"转变性发展"，评价实施的过程不是"系统控制"而是"关系协调"，评价的基本活动方式不是"确认"而是"对话"，评价结果的表现形式不再是简单的分数与等级。因此，在一个批判性、支持性、开放性的网络社区中，学习者之间的相互对话既是学习者通过对自己的提问实现自我检验和反思，也是通过对他人的回答促进相互的发展。

六、网络环境下协商共同体的构建与运作方式

"学习共同体"（Learning Community）或译为"学习社区"。一个学习共同体是指一个由学习者及其助学者（包括教师、专家、辅导者等）共同构成的团体。他们彼此之间经常在学习过程中进行协商、沟通、交流，分享各种学习资源，共同完成一定的学习任务，因而在成员之间形成了相互影响、相互促进的人际关系。信息技术特别是网络的飞速发展，使构建网络环境下的学习共同体成为了可能；同时，社会发展对教育需求的不断提高，新的课程、教育、教学理念对教与学方式的新要求，也使探索不同形态的学习共同体成为了一种必须。在教学中创设一种基于网络的学习共同体，目的是使学习者在协商性的学习活动中共同建构知识。

共同体成员的组织。首先，要增强学习者的"共同体意识"，使他们意识到自己是在一个团体中进行学习。鼓励学习者在学习过程中相互求助，而不只是把自己的问题发给老师，这样更能使学习者感受到共同体对于自己的价值。其次，要根据学习任务及学习者的特点，选择一定的组织方式。

交互过程及其监控调节。教师要围绕所确定的教学内容及目标展开与

学习者的交互活动，同时要鼓励学习者之间的交流和协作活动，并对学习过程进行监控调节。另外，需要教师设计好具体的协作任务，引发学习者的合作性问题解决活动。

交互工具的设计。为支持学习共同体持续的交流协作活动，教学设计者需要为他们提供有力的交互工具。这包括界面友好的沟通工具（如电子邮件、BBS、聊天室、有声聊天工具、论坛、意见投票等）、协作工具（如角色扮演工具、虚拟白板、应用软件共享等）、个人主页空间、追踪评价工具（如电子档案夹等）。设计适于不同年龄学习者的功能强大的交互工具是教育网络发展的重要方向。

七、关于协商性网络学习环境的建构与基本特点

为了帮助和支持学习者在网络学习环境中更好地实现协商学习，有效地建构知识意义，协商性网络学习环境一般需要这样几个功能模块。

1. 共享的课程学习资源：为教师和学习者提供学习资源上传的功能，学习资源既可保存在服务器上，也可保存于网络数据库中。

2. 协商空间：协商空间在小组成员中共享，成员可对协商空间中的内容进行讨论、操作。服务器上提供的一个公共讨论区，学习者可以把疑难公开，在小组内进行异步讨论。此外，组内成员在协商讨论区中也可展开专题讨论、辩论或角色扮演。教师可以对学习者进行个别辅导。同时，讨论区为协商成员提供了查阅资料和下载资料的功能。

3. 个人学习空间：个人学习空间是协商成员私有的，为协商成员提供在探索知识、解决问题的过程中所需的工具。包括下载资料、学习笔记、查阅资料和推荐资料等几个子模块。

4. 交互工具：①实时分组讨论区：系统设立了一个在线聊天室，里面分为几个不同的讨论区，每个讨论区可以针对一个专题进行讨论。学习者根据自己的需要选择一个专题，就可以和讨论区内的其他学习者或指导教师展开讨论。②异步讨论区：学习者在学习的过程中如果遇到了问题，可以利用系统提供的电子邮件功能发信给教师或协商学习伙伴，还可以将问题粘贴在系统公告板上，在协商小组内进行异步讨论，使协商的空间更加广阔。

示例：走进水的世界①

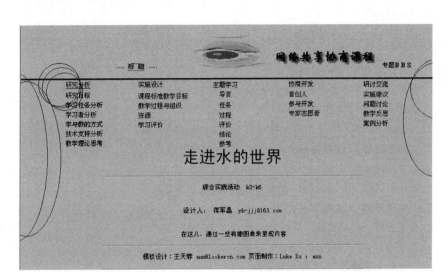

图 12-1 网络共享协商课程"走进水的世界"学习主页

"走进水的世界"是网络协商课程"让绿色走向未来"系列主题群的一个主题单元活动。主创人蒋军晶老师将活动主题与初步的课程计划发布至网络平台后，由参与开发的教师志愿者、专家志愿者、社会各界人士、各地各校的学生基于网络互动协商，共同开发系列可选择的专题。学生可通过网络头脑风暴器围绕水的主题，提出自己感兴趣的问题，参与的教师则以学生的问题为起点，提出各种选择性专题，主创人再整合所有信息，在课程专家的帮助下，形成基于问题系统优化的 Web 学习方案。以下我们就"让绿色走向未来"主题活动群课程说明，并以"走进水的世界"主题单元为例，呈现网络学习方案协商创生的基本过程，以及学习共同体之间的协商交流。

---

① 选自《综合实践活动》（3—6 年级）. 问题化学习研究团队合作开发. 本学习方案主创人蒋军晶，浙江省杭州市临平一小. 王天蓉，徐谊. 模板制作、信息整理、方案整合.

主题活动群

"让绿色走向未来"主题活动群正在建设之中，欢迎推荐子课题，成为我们协商课程的共同体成员。

"生命之源" 主题活动窗口

人类的起源　恐龙的足迹　人与自然　人与灾害　人体的奥秘　人口与家庭

"自然风光" 主题活动窗口

黄土高坡　茫茫沙漠　圣洁高原　绿色草原　神秘山林　烟雨水乡　迷人海滨

"自然奥秘" 主题活动窗口

神奇的中草药　取之不尽的新能源　循环往复的食物链

"动物植物" 主题活动窗口

动植物的语言　动植物的智慧　动植物的幽默

动植物的品质　动植物的自我保护　动植物的情感天地

"环境污染" 主题活动窗口

暴走黄沙　"楼兰王国"失踪之谜　"渴"望未来

天下"酸雨"　"水墨古镇"——塘栖　还我一片洁净的天空

"走进水的世界" 主题活动窗口

水与生命　水与循环　水与城市　水与农村

……　　……　　……　　……

"让绿色走向未来" 课程说明

课程参与者互动讨论后，由主创人整理成文。

1. 我们的探索：基于网络的虚实融合的小学综合实践活动的建构与实践，如何实现学问性知识向体验性知识的重心转移；内容性知识向方法性知识的重心转移；学科性知识向综合性知识的重心转移；虚拟学习情境和现实学习情境的优势互补、活动协同。如何通过网络，提供更为丰富的信息资源、智慧资源；更为充足的交流研讨的空间；更为有效的过程性学习的评价与管理；更为便捷的展示与分享成果的平台。

2. 适应的学习者：小学高年级学生，并对本专题具有浓厚的兴趣，具有较强的自我安全防范意识与较强的质量意识。学习者应该掌握在网上搜索信息，善于有目的性地寻找与主题相关的信息，有毅力排除其他信息的干扰。还能够寻找导师、合作伙伴，通过BBS论坛等各种基本的网络工具，在活动过程中能自觉地接受网络评价与管理。同时能认识到"到现实学习环境中开展体验性活动"是一个重要组成部分。

3. 学习目标：知识与技能、过程与方法、情感与态度三个方面（略）。

学习方案创生

第一阶段 关于"水"的头脑风暴

欢迎你共同开发创建此项课程单元!

- 欢迎你对此项课程设计提出自己的看法。
- 欢迎你设计并推荐围绕"水"的活动专题。
- 欢迎你提供关于水的各种信息资料,包括网站、网页、图片、书籍。
- 欢迎你能与学生交流学习过程中的各种问题。
- 欢迎你对学生的课题方案、学习成果等进行评价。
- 欢迎你提供和"水"有关的各种实践基地。

…………

请点击协商开发下面的下拉菜单,你可以看到主创人的信息与请求,参与开发人与专家志愿者的列表。

主创人 蒋军晶

主创人的建议与请求:欢迎您对我的课程设计提出宝贵意见。如果你是研究"水"的专家,恳切希望你能与我们的学生多交流。如果你在跟"水"有关的公司,如"自来水公司"工作,恳切希望你能接待我们的学生来参观。如果你是学生,只要你有兴趣,你也可以参加这个项目活动,给我发 E-mail。如果你是老师,非常盼望您参加创建的行列,点击"参与开发"。如果你是专家,我殷切希望得到您的帮助,您可以点击"专家志愿者"。

参与开发 点击进入 **专家志愿者** 点击进入

教师 1:水与生命 水与循环

- 蓝色宝库——海洋 http://www.coi.gov.cn
- 生命之源——河流 http://www.yrwr.com.cn
- 大地明珠——湖泊 http://www.kepu.ac.cn
- 地下海洋——地下水 http://www.shuiwang.com
- 天外来音——大气水

教师 2:水与城市

- 居民用水 http://www.shanghaiwater.gov.cn
- 工业用水
- 公共服务设施用水
- 河、湖水面的用处

教师 3：水与农村

- 水产养殖   http：//www.shuichan.cc/
- 水与庄稼   http：//www.jsgg.com.cn

头脑风暴区问题列表

学生 1：水从哪里来？

学生 2：水由什么组成？

学生 3：水有什么作用？

学生 4：为什么水是生命的来源？

学生 5：水对人类的帮助与灾难？

学生 6：人类该怎么保护水资源？为什么要保护水资源？

学生 7：水有哪些特性？

学生 8：水是怎样循环的？

学生 9：为什么很多诗歌都要赞美大海？

教师 1：在雨中散步，你有什么特别的感受？

教师 2：说说你最喜欢的河流、湖泊、小溪……它曾经给你怎样的心情与灵感？

教师 3：为何古今中外有那么多诗人钟情于山水？为何说仁者爱山、智者乐水？

学生 10：如何节约用水？如何设计一个节水装置？

…………

环保专家志愿者：污水治理

- 水污染的情况有哪几种？
- 污水处理的方法有哪些？成本如何？

课程专家志愿者：关于专题的组织

- 建议是否从"人与自然"、"人与社会"、"人与自我"三个角度来思考"水"的系列专题。
- 学习任务的设计要安排体验性活动，对专题研究搭设必要的学习支架。

主创人：将大家的问题优化成问题系统

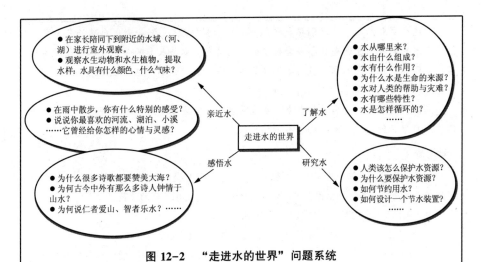

图 12-2　"走进水的世界"问题系统

第二阶段　学习方案的整合

由主创人综合大家的意见之后制定出详细的学习方案。

这次主题活动的学习目标：

- 亲近水，感受水的美，了解水的特点以及水与人类的关系。
- 能将推荐的各个活动作合理的统筹安排。
- 能较好地融合在合作组中参加校外的体验活动、实地考察，并注意安全。
- 能通过自己认为可行的渠道联系自己需要参观的对象。
- 养成节约水、保护水的意识，并积极通过各种方法向社区宣传。

标　题

走进水的世界（领域：综合实践活动 3—6 年级）

主创人：蒋军晶 yh-jjj@163.com　　参与人：安姐 诗燕 ……

导　言

朋友，我们居住的地球是一个蔚蓝色的星球，其表面 71% 被海洋所覆盖。水广泛地存在于海洋、江河、湖泊、冰川、沼泽、大气、动植物身体、土壤里。可以这样说，有了水，才有了地球上的生命。水是一种极为重要的资源。

别小瞧水呦，我们一刻也离不开它，你们知道吗？我们的身体里，水占了人体重量的 60%—70%，人体血液的 90% 也是水。人类的生产、生活离不开水，水与人类的关系太密切了。

在这个主题活动中，我们要和水来一次"亲密接触"，例如到大自然的各个角落去寻找水的踪迹，通过查找各种资料了解水的特点，水与人类的关系。例如通过实地考察了解你所在社区的水源被污染情况等等，希望你通过参加这个主题活动，成为一个优秀的"节约水"和"保护水"的宣传员。

最后，提醒你，外出进行调查、实践活动，一定要征得家长或老师的同意，千万不能私自单独行动。朋友，安全第一。

任　务

朋友，你可以有选择地完成下列任务。当然，如果你是一个喜欢接受挑战的人，你可以完成下列全部任务。相信你在完成任务的过程中会有意想不到的收获。

- 到生活中去观察水，接触水，和水成为朋友。
- 想办法参观附近的自来水厂，画出自来水生产流程图。
- 组织一次"节水新办法"研讨会，争取自己的"节水办法"能引起别人的兴趣。
- 选择一个或者自己确定一个关于水的学习专题，进行"深入"研究，体会做一个研究者的快乐。
- 分角色进行一次"自来水该不该提价"的辩论赛。
- 大胆想象，发明一个微型净水器，注意：请画出这项伟大发明的示意图，并写上文字说明。

过　程

朋友，希望你和学习伙伴参加了下面这些活动以后，能编写"出版"一本《走进水的世界》的专著。这本专著中应该有那些内容呢？请点击这里。（自动链接到"评价"部分）

第一步　亲近水

- 让我们进行一次雨中散步。（做过了就在后面画上"√"）

*观察雨——用手接雨。　　　　　　□

*注意听——听雨独特的声音。　　　□

*在校舍四周寻找雨的痕迹。　　　　□

这里有关于水的诗文、图片。

心情记录：（有什么特别的感受吗？写下来或者画下来。）

第二步 了解水

- 在家长陪同下到附近的水域（河、湖）进行室外观察。

*观察水生动物和水生植物。

*提取水样：水具有什么颜色、什么气味？

- 如果有可能的话，请你们的老师带你们到附近的水厂去参观，然后结合你所查找的资料画一个"自来水生产流程图"。你会发现干净的水是多么的来之不易。

第三步 研究水

- 我们要爱惜节约水。

*我们怎样能在学校和家里保持水的清洁？

*我们如何在学校和家中节约用水？

你可以去 http：//www.cnwatenews.com 和 http：//www.wcis.erl.itri.org.tn 查阅相关资料。

请围绕上面这个问题开展一次"节水大讨论"，或者举行一次"节水新办法"研讨会。祝你的办法能引起别人的关注。

- 专题研究

请组织一个研究小组，在指导老师的指导与帮助下，通过查阅资料实地考察等方法进行研究，把你们的优秀研究成果集中起来，就成了一本关于"水"的研究论文集了。

请你对自己的研究过程进行反思，<u>点击这里</u>。

所链接的内容：小组合作表（略） ×××湖（河）中丢弃物统计表（略）
×××湖水和周围环境污染调查（略）

- 精彩辩论：自来水到底该不该提价。http：//www.hx-water.com.cn
  步骤：

  1. 收集有关资料、采访有关人员，到社区进行调查等等。

  2. 举行一个小型的有许多社会成员参加的"自来水提价"模拟听证会。你可以扮演不同的角色，以他们的身份发言，例如：自来水公司工作人员、环保局工作人员、社区张大爷、留学归国人员等等。

  3. 当你对这个问题有了一定的了解之后，请你进入相关的论坛，与有关专家及热心人士进行交流。http：//disc.server.com/indices/178260.html

第四步 感悟水

- 收集关于山水的诗歌、画作，说说水给你怎样的心情与灵感。
- 创作以"水"为主题的诗歌、散文、画、歌曲等。

评　价

内容＼等级	1 颗星	2 颗星	3 颗星
封面	有醒目的标题	标题醒目，设计围绕主题，美观	标题醒目，设计突出主题，美观、富有创意
与水的亲密接触	有自己收集的关于水的诗文、图片	有自己收集的关于水的诗文、图片，并有自己在寻找水的过程中的心情感悟	有自己收集的关于水的诗文，还有自己创作的以"水"为主题的诗歌、散文、画、歌曲等
自来水生产流程图	基本正确	正确	形象，图文并茂，有趣
节水新办法	有自己收集的各种节水办法	有自己收集的各种节水办法，还有自己设想的一种以上节水办法	有自己收集的各种节水办法，还有自己设想的两种以上节水办法
关于水的研究论文	有明确的主题，没有知识性错误	有明确的主题，内容丰富	有明确的主题，内容丰富，语言流畅，吸引人
微型净水器设计说明（配图）	大胆想象，只要能自圆其说，只要你自己喜欢自己的设计，都是 3 颗星		
节约水、保护水源的宣传记录	至少有 1 次记录，有社区人员的签名	至少有 3 次记录，有社区人员的签名	至少有 3 次记录，并且宣传的形式丰富，例如通过宣传画、倡议书、小品等形式来宣传，有社区人员的签名
其他	经过装订，干净整洁	包装美观	在同学中引起轰动，同学争相浏览

只要你积极参加"过程"中推荐的活动，相信你和你的朋友一定能创作出一本在同学中非常畅销的书，名字就叫做《走进水的世界》。数一数，你得了几颗星。

结　论

怎么样，通过这个专题的学习，你对"水"多了一份了解吧。其实关于"水"，我们还有太多的东西可以研究，如果你有兴趣，还可以和我们联系。你也可以把你的研究成果及时发表到我们的论坛上，甚至可以成为新的学习者的导师。

祝你成为一个优秀的"节约水"和"保护水"的宣传员。

学习共同体的协商交流

教师们

1. 体验——知识人性化的路径。切实开展我们所推荐的现实环境中的各种体验活动，还可以围绕主题开创性地设计一些体验活动，吸引学生参加，以防止知识过于抽象化，防止学生过于依赖网络，使研究的过程成为单纯从网上收集、处理信息的过程。让学生感受到学习的乐趣以及获取知识的艰难历程。

2. 问题——学习活动的窗口。一定要重视活动过程中学生出现的新问题。因为一切求知活动都由问题而引发，学习的生命价值体现在学生解决自己的问题，学习的魅力在于问题的个性和解决问题的活性。

3. 差异——自主学习的基点。允许学生根据自己的情况选择活动内容、调节活动时空、选择不同的研究途径。一定要把差异作为本主题活动的审美指数之一，追求学习的多姿多彩。

4. 谋略——意义学习的特质。教学一定要尊重学生的情感倾向，保护和发展学生的学习特色，并且引导学生不断地审视自己，反思自己，使之显示出趋于优化的发展态势，以提高学习生活的意义。

更多的：问题讨论　教学反思　案例分析

学生们

1. 共同学习是很快乐的，可以认识很多原来不认识的朋友，大家还可以互相交流对水资源调查的结果有意思。

2. 可以选择自己喜欢的专题，也可以提出自己的问题。

3. 有很多老师会帮助我们。

　…………

第三节　基于网络的学科拓展学习

一、基于网络的科学探究①

　　基于网络的科学探究是指在因特网开放环境下，通过建设主题学习网站，赋予学习者明确的探究方向，引导其确定一个有趣且可行的任务，并提供必要导航资源，进行交互学习、成果发布的科学探究活动。科学探究可分为不完全探究与完全的专题探究两种。

　　专题探究强调的是学生科学探究的综合能力的培养。基本步骤一般分为"体验困惑"、"问题发现"、"猜想假设"、"实施验证"、"分析解释"与

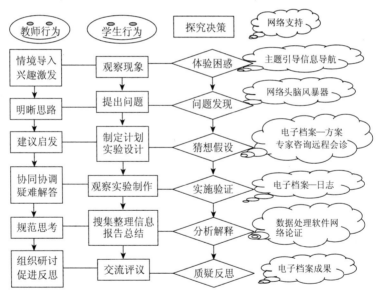

图 12-3　网络科学探究操作模式

---

　　① 本研究是团队成员沈文文等老师在上海市宝山区月浦新村小学的教学实践。其研究成果"因特网支持下小学科学探究学习的实践研究"曾获上海市教育科学研究院第一届学校教育科研成果一等奖。

"质疑反思"六个步骤（如图 12-3 所示）。网络的支持主要体现在"主题导引、资源导航"、"过程跟踪、远程指导"、"互动交流、智慧共享"、"成果发布、推广共享"。网络科学探究操作模式见图 12-3。

在不同的阶段，问题化组织、资源导航等方面，具体的操作要点也有所不同。

1. 在发现、提出问题时，运用网络头脑风暴器引导学生进行发散性选择

教师创设一个生活中的问题情境，并形成一个共同的话题，学生从中产生困惑；教师进而及时提供大量的网络联机资源引导学生广泛浏览，帮助他们了解大量的科学背景性知识，促使学生从中发现科学问题，并关注科学问题的多个方面，形成问题发散；然后鼓励学生通过网络风暴器进行头脑风暴，在此过程中，教师密切观察学生的思维方向，及时进行个别辅导；最后教师组织学生进行研讨交流，进一步明晰问题，汇总分类，并帮助每个学生对探究的问题选择定向。（如图 12-4 所示）

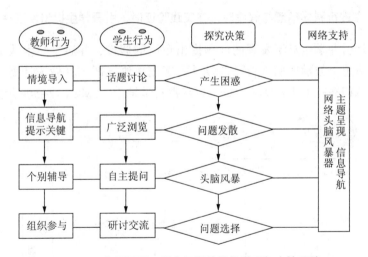

图 12-4 发现问题、提出问题的网络学习与支持系统

示例：磁悬浮列车探秘

当老师引导学生通过导航页浏览信息后，学生应用因特网上海量的信息资源，提出"磁悬浮列车是怎样浮起来的？""磁悬浮列车的外壳是用什

么制造的?"" 为什么在城市中磁悬浮列车对人们的吸引力明显?"" 我国的磁悬浮列车与德国、法国的相比,有什么不一样?"" 目前磁悬浮列车还存在哪些技术问题?" 等 86 个问题,经过师生讨论,把问题分成了三类。

1. "磁悬浮列车是什么?" 一类:指提出有关磁悬浮列车构造、原理方面的问题。

2. "磁悬浮列车怎么样?" 一类:指提出有关磁悬浮列车运行特点,现使用情况,及其历史——现在——未来的发展状况的问题。

3. "为什么要制造磁悬浮列车?" 一类:指提出有关磁悬浮列车研究制造的价值的问题。

在这项活动过程中,大量生动的网络联机资源,诱发了学生探究的动机。学生还能从不同的角度发现问题、提出问题。再加上头脑风暴的管理,学生在教师引导下对问题进行归类、汇总,进一步为学生提出更为明确的探究问题创造基础。

2. 在进行科学猜想与假设时,在实践验证时,引导学生提出发展性创见

教师引导学生对于发现的问题提出自己的假设,并启发学生从不同角度进行猜想,鼓励他们将自己的设计方案用思维导图工具做成计划,并组织帮助他们在往下进行实施验证,以获得科学结论。(如图 12-5 所示)

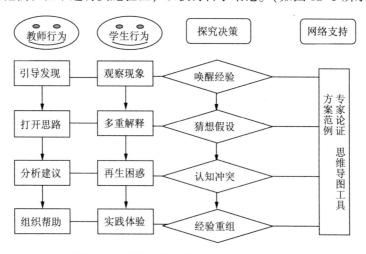

图 12-5　猜想与假设的网络学习与支持系统

3. 在对科学结论分析解释时，引导学生进行批判性质疑

当学生通过探究获得科学结论时，教师组织学生进行成果交流，多角度地启发学生进行反思比较、质疑批判，提出自己疑义，从而促进问题的深化，在判断选择的基础上提出探究的新问题。（如图 12-6 所示）

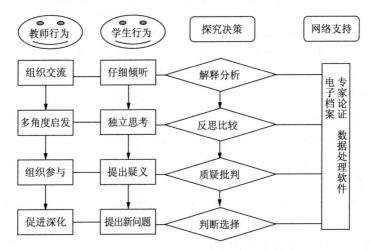

图 12-6 对结论进行分析的网络学习与支持系统

总之，网络科学探究的主旨是"资源支持、问题发现、动手实践、智慧共享"。

二、基于网络的拓展阅读[①]

基于网络的拓展阅读是指就语文阅读教学某一阅读素材，围绕自己判定的研究专题，在网络环境下通过收集与专题相关的各种信息重构文本语境，在重构的语境中进行扩展与延伸、联系与比较、反思与感悟、发现与创造等学习活动。通过基于网络的拓展阅读，学习者对该素材描述的事件所处的大背景，或者对特定的人物、事件等形成自己独特的认识，进而加

---

① 本研究是团队成员王晓荣等老师在上海市宝山区虎林路小学的教学实践。其研究成果"互联网开放环境下小学语文互动拓展阅读实践"曾获上海市第七届教育科学研究成果三等奖。

深、拓宽对课堂阅读素材的理解。它打破了 40 分钟传统课堂的概念，通常
以单元主题式的学习进行，其基本过程分为四个阶段。（如图 12-7 所示）

图 12-7　拓展阅读基本流程

广泛阅读——在阅读原文的基础上，提出问题，广泛阅读、快速浏览
适度组织的信息资源，提出自己的研究意向，并确定专题。

深入阅读——学生就自定的研究专题，搜寻相关资料深入阅读，在感
悟与理解的基础上制作读书卡片，进行归类与整理。

协同作业——根据自己所搜集的专题信息，分析比较、抽提要素，形
成观点，小组同学合作构思，完成作品并设计展示。

展示反思——学生用不同的方式展示作品、表达观点，并反思自己学
习的全过程。

网络拓展阅读的主旨是"主体回归、语境重构、心灵体验、互动发展"。

三、基于网络的互动写作①

基于网络的互动写作是在因特网环境下，通过建立一个交互性网络平
台，让教师与学生，学生与学生，或者更多的学习参与者之间，在虚实融
合的学习情境中进行多种主体与多种途径的交流。主要的实践包括：基于
体验性活动的互动写作、基于专题探究的互动写作、基于话题研辩的互动
写作等等。

基于网络的互动写作被广泛采用，目前最流行的做法是建立博客进行
写作。它的好处是最大程度上为个体的自由发表提供便捷，为个体的档案
提供历史的积累与管理。同时也可以通过建立博客群，为主体间互动交流、
评价提供方便。

博客技术为个体的自由发表与共享交流提供技术支持。但技术本身并

---

① 本研究是团队成员范新娟等老师在上海市宝山区同达小学的教学实践。其研究成果"信息
技术支持下，小学语文丰富表达与互动建构写作模式的研究"曾获上海市教育科学研究院第二届学
校教育科研成果三等奖。

不能解决写作指导的问题，有吸引力的主题呈现、任务设计，丰富的导航资源，如何运用问题化的过程引导实现思维情感的逐步深化，以及有针对性促进发展的评价，都应是网络互动写作的应有之意。

网络互动写作的主旨是"实现意义的互动建构与言语的丰富表达"。

四、基于网络的主题化英语学习活动①

"主题化生活情境"是以日常生活素材为英语活动的主题，其学习活动分为四大过程模块（如图 12-8 所示）。

图 12-8　主题化英语活动的过程模块

主题化：学习单元都围绕一个主题/话题或故事展开，这使学生充分感受到学习的意义与乐趣，并且使学习具有线索感，过程具有流畅感。

情境化：制作丰富而贴近学生生活场景的多媒体网页，为学生提供话语情境，可以借助网络提供的场景进行师生、小组之间互动交流。

自主化：学生或活动小组可以根据教师设计提供的学习网页选择自己学习的内容与节奏，包括一些必须学习的内容与一些可拓展的内容。如果学生在家有电脑的话，便可以进行自学；当学生在课上来不及完成学习任务时，可以回家继续学习。

合作化：由于英语口语必须进行大量真实的人际交流才能习得语言技能，利用网络多媒体并非实施个别化的学习方式，更多的是采取语言活动小组合作的方式。在教学活动中如果仅仅围绕课文短短的几句话，那么便将学生的思维框死了。学生在实际生活中，面对的情境举不胜举，让学生

---

① 本研究是团队成员施娟等老师在上海市宝山区高境二小的教学实践。其研究成果"现代信息技术支持下，主题化生活情境中英语口语活动的实践"曾获上海市第八届教育科学研究成果三等奖。

通过网络图片自选所好，与同伴相互合作，面对没学过的单词，通过查阅词典，或请教老师等途径完成学习任务。

　　差异化：尊重学生之间的水平差异与兴趣差异，因此在进行英语对话交流时，学生可以根据网页自由选择自己感兴趣的生活主题。另外，最后的学习评价分为四个层次，学生可以自己选择或在教师的建议下选择适合自己水平的评价内容。教师在布置作业时，设计了四类由低到高的星级练习题，当学生在进行自我测评时，量力而行。能力强的跳一跳摘到桃子达到四星级，能力弱的达到一、二星级标准，使每个学生都能获得成功感，同时也为他们创设了一个自由、安全的学习环境。

　　直观性、趣味性：在教学过程中，网络多媒体教学以它的形象直观性，增强了学生的感性认识，全方位地调动学生的多种感官参与学习。这样更符合学生学习与认识事物的规律，更有利于激发学生的学习兴趣。

五、基于网络的问题化学习的教学操作要点

　　基于网络的学科拓展学习，其问题化学习的教学操作要点如下。

　　1. 教师在主题呈现时，尽可能地从多个角度启发学生发现问题与提出问题。并在头脑风暴的过程中引导学生逐步聚焦到学科性的问题，也就是将学生的生活问题学科化。这是学科拓展学习的要义。

　　2. 学生提出的初始问题应该成为专题学习的起点。教师有责任将所有的问题进行归纳、整理、分类，并用思维可视化工具逻辑化，组成问题系统。问题系统可以是学习内容的良好组织，也可以是学习过程的优化引导。

　　3. 教师要充分运用头脑风暴器将问题优化，用知识管理工具评价问题，用思维脑图库共享问题解决的智慧，帮助学生形成解决这一类问题的认知图式。

六、建设必要的主题学习网站

　　主题学习网站的建设可以比较好地解决广域网学习中过程无支架、资源无导航、问题不聚焦、对话不集中、共享无评价等问题。

● 主题学习网站的基本构架

"主题任务区"——供学生自主学习的 Web 学习方案。通常在网页上呈现主题活动的要求和导学的问题列表。一般可以根据学习活动的类型与过程规律自定义结构与模块。

"资源导航区"——学生探索知识的导航。一般由教师根据主题内容编辑过的导航式网络信息。资源导航可以分为几个层次，一种是教师精心预设的与主题密切相关的资源，直接嵌入于主题单元的 Web 学习方案中；第二种是与主题相关的外部网站与网页链接；第三种是学习过程由教师或学生新发现与生成的资源，教师可运用网络资源管理工具重新添加到主题单元的资源列表中。

"头脑风暴区"——师生、生生互动交流问题的窗口。根据教师的主要问题或自己发现的问题参与讨论与交流。简易的头脑风暴区可以使用 BBS 论坛，需要进行问题梳理与结构优化的教学则可以使用我们开发的问题化网络头脑风暴器。而以 BBS 为技术基础的问题化知识管理工具也可以用于头脑风暴。但新浪"爱问"与百度"知道"类的互动答疑系统，可能对于问题的积淀，发布问题者的评价反馈有更有效的作用。

"作品展示区"——学生展示才华的园地。学生探究的成果，探究报告、体会或演示文稿。

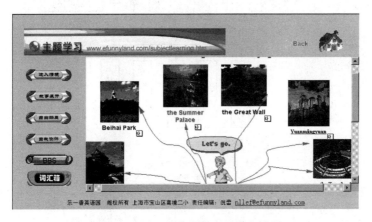

图 12-9　乐一番英语园主题学习网站

附：网络头脑风暴器的开发

一、设计主旨

信息化工具为优化学习中的问题系统提供技术支撑。在研究中，我们重点开发了一个网络头脑风暴器，从议题发散，到运用树形结构梳理系列问题，理清问题间的隶属关系，再用逻辑结构器进行问题间的关系描述。它结合了可视化思维工具、知识管理工具的技术优势，通俗地说，就是一个整合了 BBS、资源管理器功能的网络版的思维导图。它支持集体协作学习，三个功能板块之间又能实现信息互通，在整个协作学习的过程中，我们实现了思维的显性化；结构的最优化；智慧的共享化。

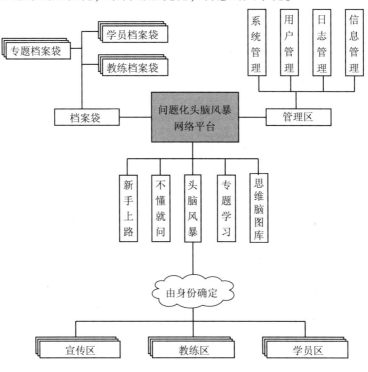

图 12-10　头脑风暴网络平台架构图

二、功能体系架构

如图 12-10 所示，围绕头脑风暴器的开发，还需要架构一个系统完善的网络平台，用于支持学习的全过程。其中包括适应环境的"新手上路"，散问状态的"不懂就问"，围绕主题的"头脑风暴"，头脑风暴聚焦后的"专题学习"，共享问题图式的"思维脑图库"，并通过建立学员档案袋、教练档案袋与专题档案袋实现对学习的管理与评价。

三、头脑风暴器

头脑风暴器的设计意图是想建立一个过程，一个从问题发散到问题分类再到问题聚焦，形成研究专题的过程。该过程可以分为问题大发散、问题大聚集、问题图式化三个阶段（如图 12-11 所示）。

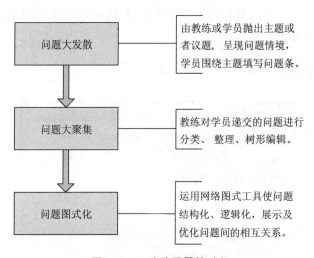

图 12-11　头脑风暴的过程

①问题大发散。当用户抛出主题时，系统自动创建专题节点，以后针对该主题的活动都与其关联。主题创建成功后，学员将以当前主题为中心，递交问题条。

②问题大聚集。教练（主题的发起者）对学员递交的问题条分类整理，合并相似的问题，并整理出问题与问题之间的关系。其实现方式以目录结构的形成来体现（如图 12-12 所示）。

图 12-12

③问题图式化。利用网络图式工具，以问题的整理结果为依据，形成问题的内容框架，并将其框架以关系图的方式展示出来，使问题关系更逻辑化、结构化和清晰化。

1. 网络头脑风暴器界面（如图 12-13 所示）

图 12-13 网络头脑风暴器界面

2. 议题产生与头脑风暴

（1）由发起人抛设议题。如主题——"纸魔"，发起人在主题描述中这样写道："关于纸，你想过什么问题？或者你想了解什么问题？或者你想解决什么问题？……只要有关纸的问题，都是我们关注的问题。请在这里提交您的问题。"围绕主题陈述，可以插入相关的情境图片，以吸引大家的参与。

（2）头脑风暴，提交问题条。参与者根据头脑风暴的主题，提交自己的问题。如："为什么餐巾纸很软，而且吸水性强？""什么纸能够循环利用？""什么纸能够防火？""什么样的纸韧性最强，这是由什么因素决定的？"等等。

（3）形成问题列表（如图 12-14 所示）。所有参与人的问题将围绕此主题形成问题列表，形成了该主题的头脑风暴区，但这些问题是原生态的没有经过整理的，是罗列的。

图 12-14　问题列表

3. 树形管理编辑与问题属性描述

（1）树形分类与属性描述。由发起人或教练（有权限）运用网络资源管理器对这些问题进行树形分类与属性描述。如图 12-15 所示，可以根据现有的问题类型，先在树形管理界面中增加例如"纸的类别"、"纸的性质"、"纸的制作"等表示类型的节点，然后将相关的问题拖曳到各个节点中去，于是就形成了关于纸的问题的网络资源分类列表。

（2）描述各节点的具体内容。如果需要补充说明，还可以在备注栏中详细说明各个节点，包括问题的具体内容。如节点"纸的性质"，可以在备注栏详细说明：纸的性质包括物理性物（如透明度、吸水性）和化学性质（化学成分）。这样做的好处是浏览者在点击此节点的时候可以知道具体的内容。

图 12-15   问题的资源管理器

4. 图式表征与关系描述

（1）自动呈现问题要素的上下位关系图式。点击左侧的"问题图式"菜单栏，就可以呈现如图 12-16 所示的一个关于纸的问题系统。如果这个问题系统对于纸的分类具有一定的代表性，我们就理解为这是一个关于纸的问题的图式表征。

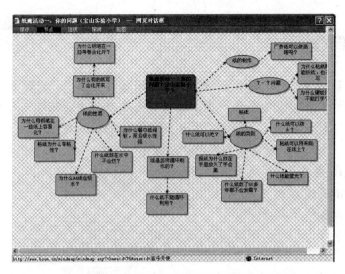

图 12-16 呈现问题要素的上下位关系图式

（2）节点间的关系描述。如图 12-17 所示，我们可以在节点与节点之间的连线上用关键词描述它们的相互关系。比如，关于"纸的性质"的两个问题，一个问题是"为什么用钢笔在一些纸上容易化？"这是一个关于吸水性的问题，我们就可以在"纸的性质"到问题之间的连线上键入"吸水性"这一关键词。

（3）节点详解。如图 12-17 所示，如果我们没有能够在树形管理界面中完成节点属性的定义与说明，也可以在图式环境下键入节点注解。键入注解后在浏览状态下点击节点，在鼠标移动处就可以出现具体的信息。

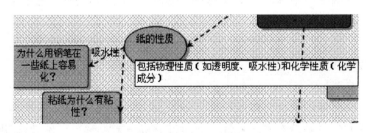

图 12-17 节点详解

四、思维脑图库

思维脑图库里保存着学生与教师们的问题解决图式，它就像一个思维的"基因库"那样富有价值。为了研究人类丰富的生命特性，人们建立了"基因库"。同样，为了了解人类关于问题解决的特性与丰富性，我们也有必要建立一个关于问题图式的思维"基因库"。建立一个问题图式的"基因库"代表的是很多思考的方式，很多关于思维活动的阐述方式，这为科学研究人类的思维活动提供了宝贵资源。

思维脑图库包括：围绕一个问题不同解决方案的思维脑图；同类问题的问题图式，将一类问题的解决抽象为普遍方法，建立问题解决的图式。

网站可以包括：①提供1-2个完整案例；②主题发散案例；③同一问题不同问题图式案例；④Thinking skills，问题解决的一般策略；⑤科学类、人文类、艺术类等不同风格的解决案例（包括图式与具体解决方案）。这些基于网络完全共享。

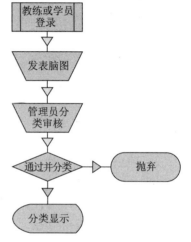

图 12-18　思维脑图库工作流程

该模块是用于展示用户个人制作的思维脑图，已认证的学员和教练都可以在此上传思维脑图，上传后由管理员分类审核后，才可以显示在展示区。在思维脑图库中展示出思维脑图的提供者和相关说明。思维脑图库的构建模型与程序如图12-18所示。

五、专题学习

在头脑风暴中形成聚焦的问题，可以转化为研究专题。通常由经过认证的教练或学员开设新专题，每个专题可分成导言、解决方案路线图①、网

---

① 解决方案路线图是一个问题解决的思维脑图。从心理学上讲，这是一个问题解决的图式或心理模型。

络资源、过程与实施、作品提交、规则与评价、反思与结论。

　　每一个过程都可以增加文本、文档、多媒体资源、链接作为内容（如图 12-19 所示）。

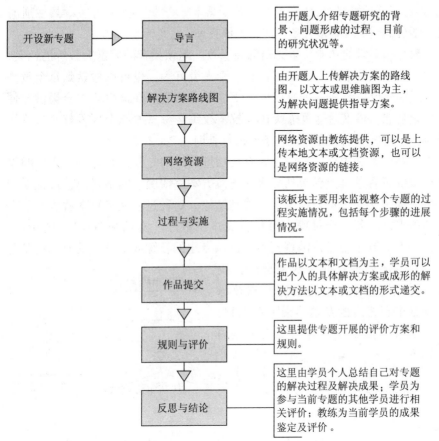

图 12-19　专题学习

六、档案袋的管理

　　通过建立学员档案袋、教练档案袋与专题档案袋实现对问题化学习的管理与评价。

学员档案袋是指已成功注册的学员基本信息的集合。在档案袋中我们可以看到每个学员的基本信息、个人爱好等，也可以检索到每个学员参与过的专题以及在各个应用模块中的活动情况。该模块设计有比较强大的检索功能，可以通过学员所在学校、学员昵称、学员个人爱好、学员注册时间、学员的活跃度等多种条件进行方便查询。

教练档案袋的功能与学员档案袋一致。但该集合的元素为教练的档案，当中可以看到每个教练的基本信息、个人爱好等，也可以检索到每个教练参与过的专题以及在各个应用模块中的活动情况。在该板块中会提供方便的检索功能，可以通过教练所在学校、教练昵称、教练个人爱好、教练注册时间、教练的活跃度等多种条件进行查询。

专题档案袋中存放平台中所有成功进行过的专题，并为每一个专题设置详细的过程。其过程包括导言、解决方案路线图、网络资源、过程与实施、作品提交、规则与评价、反思与结论。这种过程连接起来就成为一个完整的专题。每一个过程中可包含文本、附件（文档和图片）、链接等。在每一个专题中都可以浏览到参与过该专题的教练或学员以及他们的参与信息。专题档案袋的内容来自已完成或待完成专题列表。当管理员或教练手动分配至相应的专题档案类别中时，该专题就会显示在专题档案袋相应的类别下。

七、疑难解答

这里为学员或教练提供了一个疑难解答的平台，当学员或教练发起一个提问时，系统将创建一个问题主题，以后对本问题的问答过程都在该问题主题下进行，其工作程序（如图12-20所示）。

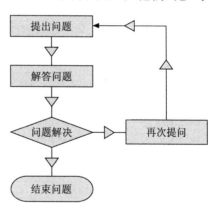

图12-20　疑难解答

第十三章

情境模拟及其他信息化支撑模式

第一节　情境模拟交互环境中的学习

情境模拟的学习包括教学模拟、教学游戏、微型世界、虚拟实验室等信息化教学模式，它最大的特点是计算机产生模拟情境，可操纵，可建构。

一、情境模拟的教学模式

1. 教学模拟

教学模拟是利用计算机建模和仿真技术来表现某些系统（自然的、物理的、社会的）的结构与动态，为学生提供一种可供他们体验和观测的环境。①教学模拟是一种十分有价值的 CAI 模式，在教学中有广泛的应用。在课堂讲授时，教师先向学生讲述某一知识的基本原理，接着用模拟程序进行演示，帮助学生对原理的理解。例如，在物理课中可模拟电子运动、原子裂变、落体运动等；在生物课中可模拟遗传过程和生态系统；在化学课中可以模拟化合过程和各种实验；在社会和人文科学中可以模拟历史演变、

---

① 祝智庭．现代教育技术——走进信息化教育［M］．北京：高等教育出版社，2001：153.

政治外交等。

当然，计算机模拟允许学生改变输入数据的范围来观测系统的变化状态，改变教学模拟单纯起到演示功能的现状，从而使学生参与到具体的模拟活动中。以下介绍的"教学游戏"、"虚拟实验室"、"微型世界"、"情境化学习"都可以看作是教学模拟的参与型模式。

2. 教学游戏

多数教学游戏本质上也是一种模拟程序①。只不过在其中可以加入趣味性、竞争性、参与性的因素，做到"寓教于乐"。在教学游戏中利用多媒体技术，不但可以使模拟的现象变得更加逼真，而且可创造在现实世界中难以寻求的"虚拟现实"情境。

3. 虚拟实验室

虚拟实验是以计算机仿真技术、多媒体技术和网络技术为依托而建立的一种新型实验教学系统。虚拟实验利用计算机技术来实现各种虚拟实验环境，实验者以交互的方式进行实验操作，可以像在真实的环境中一样完成各种预定的实验项目，最大限度地模拟真实实验的场景，并提供与实际实验的操作方法相类似的实践体验，为实验教学提供了一种全新的教学模式。

虚拟实验室是一种特别的、分布式的解决问题的环境，是提供给用户的一个基于网络的实验教学、技术交流、共同研究、协同工作的平台。虚拟实验室主要包括虚拟电子实验室（单机和网络两种）与虚拟现实实验室。虚拟实验有很广阔的应用前景，目前在医学、工程制图、工程力学、电子电路实验、解剖学、基于 LabVIEW 的测控技术等领域都有涉及。

如清华大学的"工程力学虚拟实验室"是一个场景逼真的模拟实验教学环境。它根据控制理论原理和实际实验所得数据对力学实验进行模拟，界面逼真，交互性强，内容丰富，不仅可以配合教师作为实验前的预习教学，具有良好的人机交互界面，也可供学生课余时间的练习使用。又如

---

① 祝智庭. 现代教育技术——走进信息化教育［M］. 北京：高等教育出版社，2001：153.

"国家天文学网络虚拟实验室"，通过集成、整合国内主要的大型光学天文望远镜等稀缺性科研资源，向科研人员、师生和公众提供互联网上的远程协同观测服务，以及围绕天文望远镜的数据共享平台和协同科研环境。另外还有一些比较经典的案例，如虚拟果蝇（遗传实验室），虚拟现实+智能代理等。

虚拟实验能够再现真实实验的过程，因此可以克服传统实验在设备资源上的限制，节约教学成本。它可以作为实验的一种练习，对于一些缺乏实验器材的拓展性实验，都可以通过虚拟实验弥补教学资源的不足。但由于中小学基础课程中的科学实验并不需要特别复杂的实验环境，一些低年级的学生更要鼓励与培养他们学会运用身边的器材进行科学实验。所以真实世界中的传统实验还应该是教学实验的主流。

但一些广域网上面向公众的虚拟实验室，如"国家天文学网络虚拟实验室"，则可以成为学校社团活动、研究型课程、综合实践活动进行研究与学习的有效教学资源。

4. 微型世界

微型世界（microworld，也称微世界）是一个十分有效的认知学习环境与心智工具，它利用计算机构造一种可供学习者自由探索的学习环境，大多数微世界是借助计算机建模技术构造的，它和教学模拟、教学游戏和虚拟实验室有着密切的关系。微型世界的基本特点是学生可操纵模拟环境中的对象，可建构自己的实验系统，可测试实验系统的行为。[1]微世界的开发起源于一种供儿童学习的 Logo 语言，被认为是一种数学微世界，它允许学习者进行操纵并观察其反应。

"几何画板"是一种能在运动中保持几何关系的数学类微世界。通过把隐藏的几何关系直观化，学生可以很直观地对操作结果进行观察、探索、思考，从而获得几何知识和学习几何知识的方法。由张景中院士开发的数学"Z+Z 超级画板"也是国内被广泛应用的数学微世界。

物理领域的微世界如"交互性物理"、"电子工作台"、"Turbo Turtle"在教学领域应用很广。"交互性物理"（Interactive Physics，IP）

---

① 祝智庭. 现代教育技术——走进信息化教育［M］. 北京：高等教育出版社，2001：155.

微世界允许学习者构造属于经典力学系统的大部分实验，通过观察、发现、探索逼真的模拟情境，来寻求真实物理世界的规律；"电子工作台"（Elect ronic Workbench，EWB）微世界允许学习者利用它提供的元件构造各种模拟电路和数字电路，并能动态测试电路的性能，目前在国内大中专院校的物理教学中应用很广①。"Turbo Turtle"是一个基于网络的生动活泼的模拟牛顿物理的多用户微世界，通过调整地心引力、摩擦力、速率等属性，学生在其操控对象海龟的行为上能立即看到这些调整效果②。除此之外，还有如化学微世界（酸碱度7E模式），生态微世界（模拟公园）等。

5. 情境化学习

情境化学习（situated learning）是建构主义理论指导下的一种学习模式，主要方法有认知学徒、抛锚式学习。它是利用多媒体计算机技术创设接近实际的情境进行学习，由目标做导向，学习者在一种接近实际的情境中，根据自我建构的综合性知识，建立行动计划、展开学习、解决问题，实现学习迁移。建立这样的学习环境是因为，这种解决问题的方法和技能是现实世界中所需要的。

比较典型的如温特贝尔特（Van-derbilt）大学的认知与技术小组在1990年启动开发的贾斯珀系列（Jasper series），它是20世纪80年代以来美国建构主义教学模式的典范案例之一。贾斯珀历险系列针对数学课程而设计，但其所蕴涵的教育理念却又是跨越了学科界限。它的故事主线是主人公贾斯珀及其朋友的一系列探险活动，探险活动覆盖复杂的旅行计划、统计和商务计划、地理和几何等领域。这个学习环境将电视与计算机两种媒体结合起来，由视频媒体叙述贾斯珀及其朋友的探险活动，从而提供故事情景，视频总是以提出各种各样的挑战性问题而结束。在此基础上，学生能够利用计算机介入并参与其中的探险，对其中产生的问题提出自己的解决方案，进行发现式学习和积极的问题求解。更可贵的是，故事的发展是由学生对

---

① 祝智庭.网络教育应用教程［M］.北京：北京师范大学出版社，2001：258-263.

② A. COCKBURN，S. GREENBERG. The design and evolution of Turbo Turtle，a collaborative microworld for exploring Newtonian physics［J］. International Journal of Human Computer Studies，1998，48（6）：777-801.

问题的解决所决定的，不同的解决方法将产生不同的故事结果。贾斯珀历险创设了一个大背景，不但有助于学生们整合数学概念，而且使数学知识与其他学科的知识得以有机融合。正如全美数学教师委员会（NCTM）对贾斯珀所做的评论："这些历险故事主要是以发现和解决一些数学中的问题为核心，但特别值得一提的是，每一个历险故事都为问题的解决、质疑、交流以及与其他领域如科学、社会学、文学与历史等的互动提供了丰富的机会。"

当然，情境化学习在应用到基础性课程时通常表现出在方法知识应用上缺乏灵活性，很难系统掌握知识体系；缺少将知识抽象化的学习过程而难于实现学习的迁移。然而今天的学校教育课程所存在的问题是：学习缺乏动机和现实感，学到的抽象知识难以保持。因此，情境化学习在学校教育中具有应用的价值，但它可能更适合学科拓展学习与研究性学习。

二、情境模拟教学模式对有效学习的启示

1. 情境模拟技术的交互性特点

情境模拟技术的交互性特点主要表现在：（1）学习的进程由学习者自己操控；（2）对对象可以有不同的处理方式；（3）不同的处理方式会产生不同的评估结果；（4）有些模拟环境可以通过角色扮演或多人共同参与学习。

2. 情境模拟学习的实质

情境模拟技术环境下的交互性学习其本质是参与、互动和体验。参与就是通过创设自由探索的环境让学习者自主学习。比如一些游戏中的闯关活动，虚拟实验中的实验探索，微世界中自主操控对象建构自己的实验系统，情境化学习中接近实际生活的自主性问题解决，都为学习者自主参与学习提供了技术环境。互动的本质表现为人机交互中信息的即时反馈，在这里技术作为分析思考的心智工具及时为学习者提供可视化的信息。互动也表现为学习者可以同模拟中的角色进行互动，还可以同其他学习者进行

互动合作。体验的本质则是在情境中通过亲身经历实践获得认识，由于情境模拟的学习提供了亲身经历学习过程的机会，接近真实的情境可增加现实感，角色扮演则可获得更多的主体体验，这些可以增强学习的兴趣与动机。

3. 情境模拟学习所获得的积极情感

作为教师，我们有没有思考过为什么游戏可以让孩子们这么痴迷。事实上我们很多成年人也喜欢数字化游戏，因为在那里我们获得了很多积极的情感体验，包括快乐的体验、自我效能的体验、轻松的体验等等。比如在教师群体中非常流行的"开心网"游戏网站，它丰富的情境模拟，充分的互动交流，诸多的财富积累方式，让我们感受到很有乐趣，这种乐趣包括了实体的乐趣、社交的乐趣和心智的乐趣。它其实也是一种游戏化的情境学习。然而我们在教学的时候，则有没有考虑，我们设计怎样的教学才能让我们的学生学得更自主！学得更轻松！学得更快乐！学得更有成就！而学习的原理也许更能说明情境模拟中的交互式学习为什么可以成为一种有效的学习。"学习发生于一定的情境中；学习是主动的；学习是社会化的；学习是反思的。"（马西•德里斯科尔）

因此，情境模拟的交互式学习给予我们的最大启示就是：学习是积极主动的；学习是其乐融融的；学习是富有成就的。

三、情境模拟交互学习的设计策略

情境模拟模式在教学中的具体应用包括：①教学演示：就是在课堂讲授时，教师先向学生讲述某一系统的基本原理，接着用模拟程序（以课件的形式）进行演示，帮助学生对原理的理解，这种应用在我们的课堂中非常普遍；②模拟实验：学生运用计算机自主进行模拟实验；③自由探索：通常在各种微世界环境中进行探索发现；④角色体验：通常在各种情境化学习中通过角色扮演解决实际问题。情境模拟的学习并不是万能的，不同的类型适用于不同的课程形态，在具体的教学中需要我们根据实际需求进行选择。不管如何，在我们的实践与行动中，我们所坚持的设计策略是以问题为中心的，还包括"任务情境化"、"情境多媒化"、"问题系列化"、"过程游戏化"、"分析可视化"、"评价智能化"。

1. 以问题为中心

情境模拟的学习多为一种自由探索的学习，因此为了不使学习迷失基本的方向，问题的定向是非常重要的。问题的定向表现在任务呈现初期的驱动性问题，任务实施阶段的支架式问题，以及任务完成阶段的反思性问题。

2. 任务情境化

任务情境化应该是情境模拟学习最主要的特征之一。因为恰当的情境是实现有效学习的重要条件，就是把具体的学习任务放在一个接近学生经验的生活情境中，通过角色扮演的方式让学生融入到情境中去，从而激发他们的学习动机与活动的主体体验。

示例： **厘米的认识**[①]

在"厘米的认识"教学中，为了激发学生思考：为什么要统一物体长度单位？我们就可以用多媒体创设一个故事情境"亚亚的盒子"，学生的任务就是和主人公一起找宝盒。亚亚小时候在他家门口的土地下埋了一个宝盒。为了使自己能找到宝盒，他从家出发向正南用一大步一大步的测量一下正好是三十步。过了十年，他准备去找这个宝盒，像原来一样走了三十步，用铁锹挖，却怎么也挖不到，为什么亚亚找不到宝盒了？通过多媒体的呈现，学生很快找到了答案，因为亚亚长大了，所以步子的大小不一样了，因此不能用步子来量出这段距离，使学生产生了研究的欲望。在课堂中，从学生投入的眼神和积极的举手发言可知这样的设计是有效的。情境中的任务通常与驱动性问题设计是联系在一起的，"为什么亚亚找不到宝盒？"引发学生体验到为什么要统一物体长度单位，理解统一长度单位的必要性。

---

① 设计者：课题组成员（数学组），上海市宝山区吴淞实验学校，杨志萍.

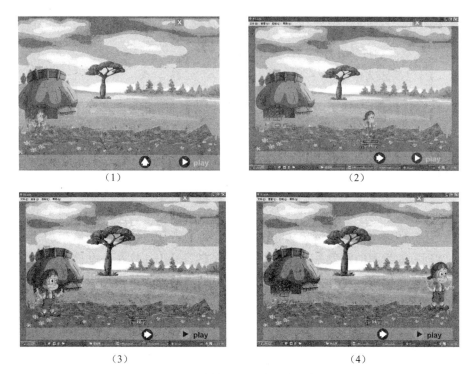

（1）   （2）

（3）   （4）

图 13-1   为什么亚亚找不到宝盒了

3. 情境多媒化

情境多媒化就是利用多媒体，特别是超媒体技术，建立教学内容的结构化、教学情境的动态化和形象化。不但包含文字和图形，还能呈现声音、动画、录像以及模拟的三维景象。就如上述"亚亚的盒子"的例子，通过模拟演示，它能够更好地让学生体会到亚亚找不到盒子是因为亚亚长大了，步子变大了。

4. 问题系列化

问题系列化是进行支架式教学的体现，通过编列的问题系统来优化整个情境学习过程。如设计一个"铺地板的学问"① 数学情境化学习。

（情境导入）学校三楼的教室需要进行装修，铺木地板。你能否设计一个铺木地板的方案？预算一下要用去多少钱？你准备如何解决这个问题？学生面对这样一个问题情境，由此必须思考的几个问题：教室的面积、木地板的单价、选择什么样的木地板较合适等等。

解决老问题：计算教室的面积，学生只要运用以前所学的测量知识，使用工具测量一下教室的长和宽，就能计算出教室的面积。要了解木地板的情况，学生通过市场调查，得知木地板是有一定规格的、块状的，而且是按每平方米单价出售的。根据这几个条件，学生可以设计出铺木地板的方案。测量教室的长是 6.5 米，宽是 4.2 米，教室的面积是：$6.5 \times 4.2 = 27.3$（平方米）。

解决新问题：那么需要多少木地板呢？学生先要了解木地板的销售信息，厂商是如何销售木地板的呢？具体做法：利用网络了解木地板的行情。学生讨论相互提问：①$909 \times 95 \times 18$ 是什么意思？②$909 \times 95 \times 18$，188元/平方米，又是什么意思？讨论得出结果：建材市场，木地板的厂商是"以1平方米的价格为单价"来出售木地板的。$909 \times 95 \times 18$ 则表示每一块木地板的规格是长 909（mm），宽 95（mm），厚 18（mm）。如安信地板：$909 \times 95 \times 18$，188 元/平方米；$900 \times 125 \times 18$，198 元/平方米。林牌地板：$600 \times 92 \times 18$，159 元/平方米；$750 \times 88 \times 18$，168 元/平方米。木地板的面积就是教室的面积，因此，我们需要买 27.3 平方米的木地板。

发现新问题：现在我们去看看已铺好的木地板，你发现了什么问题？（地板缺了）学生：为什么按照计算的数量购买，木地板不是不够呢？铺木地板时有损耗，因此在购买时要多买一些，不能正好等于教室的面积。教室面积是 27.3 平方米，木地板的面积至少要 28 平方米。

解决疑难题：学校要求一间教室购买木地板的费用不得超过 4550 元，请你根据提供的木地板规格，计算一下选用哪种规格的木地板比较合适？三种不同规格、不同单价的安信地板：

---

① 设计者：课题组成员（数学组），上海市宝山区吴淞实验学校，杨志萍．

规　格	单价（元/平方米）
650×84×18	150
750×80×18	165
910×100×18	170

需要木地板的面积已经确定，那么就根据单价、数量求出总价，再与4550元进行比较，选一种合适的就行。这里不考虑木地板的规格。

小结：在实际生活中，我们在选购地板时，不仅要考虑价格，还要考虑材质、美观等，最重要的是购买的面积要比实际计算的面积大一些，要根据实际问题灵活解决。

总结生活中购买木地板的做法：①先算出要铺地板房间的面积；②再根据实际选择合适的木地板；③购买地板的面积要大于房间的面积；④木地板的单价×实际购买的面积＝木地板的总价。

5. 过程游戏化

在问题化学习中，我们利用教学游戏的模拟程序，加入趣味性、竞争性、参与性的因素，做到"寓教于乐"。通过为学生营造一个生动逼真、色彩缤纷、图文并茂、动静相融的教学情境，使学生人人动手、动脑，从易到难，从学习解决老问题，到解决新问题，再到解决疑难题，实现自主学习。例如：在"有趣的余数"[①] 教学中，就是通过设计游戏化的教学模拟程序，使学生一起走进"数学王国"，共同探索有趣的余数。游戏是唐老鸭带着小朋友到迪士尼乐园进行闯关游戏（有余数除法），游戏共分四幕。

第一幕：　得到入场券——复习基本的运算规则

一天，唐老鸭想带小朋友到迪士尼乐园去玩，在入口处米老鼠挡住了他们，并说："小朋友你们必须做出几道题才能得到入场券。你们想不想试一试？""好啊！"小朋友胸有成竹地说。

"那好，听说你们最近学习了有余数的除法，认识了一个新朋友——'余

---

① 设计者：课题组成员（数学组），上海市宝山区实验小学，周吉.

数'。下面请你们口算几道题，看谁算得又对又快。"（题目见图 13-2）答对之后就得到了乐园的入场券。

$$17÷2=$$
$$22÷4=$$
$$16÷3=$$
$$23÷5=$$
$$49÷7=$$

（1）　　　　　　　　　　　　（2）

图 13-2　有趣的余数

第二幕：　猪博士乐园探密——解决新问题

一进入游艺宫，猪博士微笑地和大家说："小朋友你们好，听说你们有余数的除法口算做得很好，我们可以运用有余数除法解决一些有趣的问题好吗？"接下来请每个小朋友进入"猪博士乐园"玩玩穿珠子游戏（见图 13-3）。

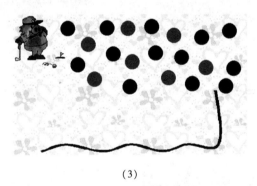

（3）

图 13-3　有趣的余数

"如果按照'红红红黑黑红红红黑黑'的顺序依次穿下去，你猜猜看第 12 个穿的是什么颜色的珠子？""那么第 15 颗是什么颜色的珠子呢？要知道第 21 颗珠子的颜色又可以怎么想？"猪博士说："我们小朋友讲得真好，要判断第几颗珠子的颜色，先要观察珠子排列的规律，可以 5 个为一组，3 个为一组，6 个为一组等等，然后用除法算一算，再根据得出的余数判断出那一颗珠子的颜色。欢迎你们下次再来探索数学中的奥秘。"

第三幕：芝麻开门——解决系列问题

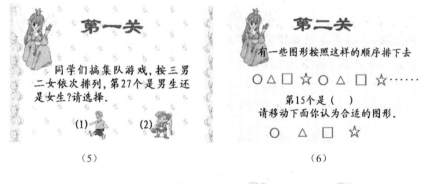

（4）

（5）

（6）

（7）

（8）

图13-4 有趣的余数

唐老鸭说："看来余数真有用处，不仅可以用来计算，而且可以用来解决生活中的实际问题，你们说对吗？下面让我们到花仙子那儿一起来做一个芝麻开门的闯关游戏吧！"创设闯关游戏。

第一关：提出按照三男两女的顺序排队，第 27 个是男生还是女生？这是解决老问题。学生可以用数数的方法或求出余数的方法得出答案。

第二关：第 15 个图形是什么？这也是解决老问题。题目中没有直接告诉几个为一组，但是从图中可以清晰看到这四个图形按照圆形、三角形、正方形、五角星形的顺序反复出现，所以是四个为一组。用老方法求出答案。

第三关：再过 18 天是星期几？这是解决新问题。题目没有直接告诉几天为一组，要凭借学生的生活经验（一个星期有 7 天）求出结果。

第四关：有一支队伍，按 1、2、3、4 报数，如果最后一个报 3，下列各数中，哪个可能是这支队伍的实际人数：①35；②42；③28；④45。这也是解决新问题。条件与问题发生变化，但运用的数学知识还是有余数除法。

第四幕：　喜获礼物——解决疑难题

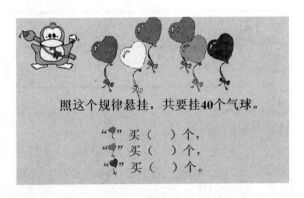

(9)

图 13-5　有趣的余数①

唐老鸭带着脸上笑容灿烂的小朋友又来到了智慧鸭馆，圣诞节快到了，小朋友准备买一些彩色气球布置教室，他们打算这样挂，红、黄、蓝、蓝、橙、紫……根据这个规律悬挂，要挂 40 个气球，红、黄、蓝、橙、紫气球应该各买几个？这可以算是一个疑难题。因为解题的步骤有两个，先要算出悬挂几个循环，多几个，然后各自是几个。

一个设计精彩的教学游戏，可以帮助学生循序渐进地解决数学问题，

---

① 选项第一个为红色气球，第二个为蓝色气球，第三个为紫色气球。

自主而充满乐趣的学习。

6. 分析可视化

模拟和计算机模型是发展数学和科学以及应用这些学科的有力资源。有了可视化的分析工具，数学和科学模型从静态的图表发展到用互动的媒体制作动态的模型，从而改变了数学和科学探究的性质，使学习者通过可视化的工具观察现象、分析数据，从而更好地理解规律与原理。还有一些如几何画板、交互物理等微型世界的模拟技术都可以实现可视化的分析。

示例: 行程问题, 应用模拟理解距离、 速度与时间的关系

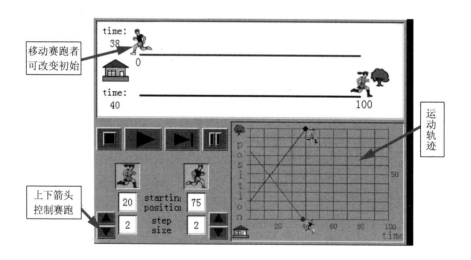

图 13-6　模拟相向匀速运动的互动程序①

7. 评价智能化

评价智能化在情境模拟学习中非常重要，因为在自由探索的学习中持续性的跟踪式评价是非常必要的。它可以使学习者获得正确的反馈信息，引导他们继续探索。而跟踪式的记录则可以使学习者富有成就感，也激发

---

① http：//standards. nctm. org/document/eexamples/chap5/5. 2/index. htm. ——作者译

他们挑战下一个目标的探知欲望。这在一些教学游戏与情境化学习中设计得非常好，通过各种数值、等级来体现，其中各种类型的数值还可以体现不同方面的评价，如财富值表示业绩，魅力值表示分享等等。这些有效的做法非常值得我们在教学设计中借鉴。

第二节　其他信息化支撑模式

一、研究性学习中的智能导师系统①

　　研究型学习中的智能导师系统，能根据学生特征制定针对性的个性化教学计划。此导师系统中包含了五个专家系统模块："寻找课题"、"引导实施"、"表达研究成果"、"情感、态度与价值观"、"学习评价"。专家系统的工作流程原理，如图13-7所示。

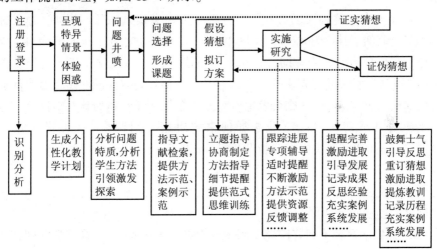

图13-7　高中研究型课程教育专家系统模块

---

① "高中研究型课程教育专家系统的研究与开发"的研究成果，由研究团队成员吴淞中学张治老师开发，2007年上海市名师专项课题.

"寻找研究课题"专家系统体现了问题化学习的过程。它能引导学生将自己的困惑转变成问题，并将问题转化为课题；能在学生"没有问题"的背景下判断学生的思维状态，通过问题生成策略引导发现问题，或者帮助学生确定学会与别人合作开展一项课题研究。因此，"寻找研究课题"专家系统包括以下几部分：问题的产生、问题的激发和问题的转化。这其中的知识库又包括情景库、示范案例库、抛锚式质疑头脑风暴区等。当学习者面对计算机时，如果一点头绪也没有就想开展研究，系统会引导他进入新手模块。这时系统会提供四条通路，帮助学生自己发现课题或选定课题。

1. 你对哪个领域有兴趣？（计算机根据学生所选的主题词调入情景库，创设问题情境，比如播放媒体库中预存的动画、电影、科学幻想、古今之谜等）如环保、生命、社会、文学、艺术、经济……

2. 我想直接看看别人怎么做，请点击案例，这时系统会根据学生感兴趣的领域、年龄特征、特长、能力倾向提供相关案例和其他同学正在做的相关课题。

3. 系统会通过聊天的方式，引导学生进入头脑风暴区。例如：今天你上学路上遇到了什么开心事、烦恼事？……一旦学生输入他的烦恼事、兴奋点，系统自动提炼关键词，并从六个维度提问。一旦学生进入，产生关键词，系统就会发生问题井喷，从六个维度质疑：what（问题是什么？问题现状如何？）、why（为什么会发生？为什么会是这样？我为什么对这个问题感兴趣/烦恼？等）、how（我想如何来解决这个问题？下一步我该如何做？）、who（找谁解决？谁能帮助我？）、if（若何？）、origin（由何？）。这些问题总会有一个是学生可能感兴趣的或者不能解答的，这就是问题的开始。此外，系统还提供了其他九种方法来激发学生的灵感，点燃学生头脑中稍纵即逝的创造冲动和创新火花。

4. 如果学习者不回答问题，系统还会提出想不想"看看科学家现在在研究什么？""想不想看看其他同学对什么困惑？""看看他们的问题你有兴趣吗？"等等。

5. 不管学生提出什么问题，系统都会耐心地引导他，目的：问题意识培养，观察意识的引导，珍惜学生的创新火花，抓住可能的教育契机。一旦学生有问题了，"那就进入下一步，让我来开始探索吧！"

6. 我有了问题，还没有课题，如何把问题转化成课题？不是所有的问题都是课题？（说明文字）案例，良性结构问题是结合自己的实际确定课题。在这里，方法论的说明、定义性的文字和案例有机结合，随学习者情景而调整，从而体现智能化的功能。

二、物理 DIS 实验

利用现代信息技术进行实验研究叫作 DIS 实验，DIS（digital information system）就是数字化的信息系统。《普通高中物理课程标准》明确指出："重视将信息技术应用到物理实验室，加快中学生物理实验软件的开发和应用，诸如通过计算机实时测量、处理实验数据，分析实验结果等。"[①] DIS 实验系统在教学中能够形象展示物理量的变化过程，利于理解物理概念、分析物理过程，能够节省更多的时间让学生用于质疑和自主研究，同时也激发学生产生新的创新意识与实践能力。

DIS 实验简化了实验数据采集的过程，但要求学生有更高的实验设计能力和实验数据处理能力（如表格、图像处理能力）。另外，系统在观测小信号和瞬间变化信号时具有传统实验仪器无法企及的优势，其强大的数据处理能力和实验结果的分析也非常便捷。同时，系统的开放性设计可以保证学生用来自行设计实验，并验证自己的研究假设，保证了自主探究。

三、国内外更多信息化模式链接

信息化教学模式[②]是教学模式在信息化时代条件下的新发展，当信息技术被广泛应用于教育领域之后，人们越来越关注信息技术与课程的整合。信息化教学模式则是指技术有效支持课程教学过程所形成的教学结构和教学方式范型。我们从它在学习过程中所起的作用，按教育形式对信息化教学模式作了分类，并概括了各类模式的关键特征，如表 13-1 所示。

---

① 中华人民共和国教育部. 普通高中物理课程标准（实验稿）[S]. 北京：人民教育出版社，2003：59.

② 祝智庭，沈书生，顾小清. 实用教育技术——面向信息化教育 [M]. 北京：教育科学出版社，2008：136.

表13-1　信息化教学模式的教育特征①

类　型	典型模式	特　点
个别授导类	个别授导与练习、教学测试、智能导师	计算机作为教师，内容特定，高度结构化
合作学习类	计算机支持合作学习，协同实验室，虚拟学伴，虚拟学社	计算机与网络作为虚拟社会，一定程度的情境、信息、学习工具的集成
情景模拟类	模拟与游戏，微型世界，虚拟实验室	计算机产生模拟的情境，可操纵、可建构
调查研究类	案例研习，探究性学习，基于资源的学习	计算机提供信息资源与检索工具，低度结构性资源的利用
课堂授导类	电子讲稿，情景演示，课堂作业，小组讨论，课堂信息处理	计算机作为教具及助教，播送、收集与处理信息
远程授导类	虚拟教室，包括适时授递、异步学习、作业传送、小组讨论等	网络作为传播工具，一定程度的信息与学习工具集成
学习工具类	效能工具，认知工具，通讯工具，解题计算工具	计算机作为学习辅助工具，多种用法
集成系统类	集成学习环境，电子绩效支持系统，集成教育系统	授递、情景、信息资源、工具的综合

示例：气体的压强与温度的关系（DIS物理）②

设计思路：本教学设计是以问题为核心的问题化学习模式，通过在已有知识的基础上解决【例题】中的（1）问，推进到（2）问，学生会发现问题，有一个探索需求，通过亲临实验得到规律而解决新问题。在此基础

---

① 祝智庭，沈书生，顾小清. 实用教育技术——面向信息化教育［M］. 北京：教育科学出版社，2008：136.

② 设计者：课题组成员（科学组），上海市浦东新区高行中学，唐宛漪。

上通过【练习】去解决疑难问题，使学生在能力方面有一个飞跃，并在练习中发现新的问题。认识到通过改良技术手段（运用信息技术）会促进科学技术更大的发展。因本课首次尝试用 DIS 实验进行教学，为避免学生操作方面的难点，备用了实验录像视频，来化解实验探究中的难点。

　　资源与器材：DIS 实验系统，网络教室，实验录像视频，思维导图，铁架台，锥形瓶（附打两个孔的橡皮塞），烧杯，热水。

教学流程：

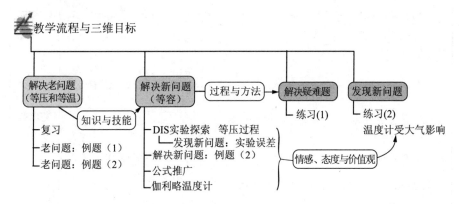

教学过程：

教学过程	问题链
一、复习与课题引入 　1. 等压过程：(1) 定律；(2) 图像（分别用 T 和 t 表示）；(3) 斜率的意义；(4) $T=t+273$. 　2. 等温过程：(1) 定律；(2) 图像及等温线. 【例题】 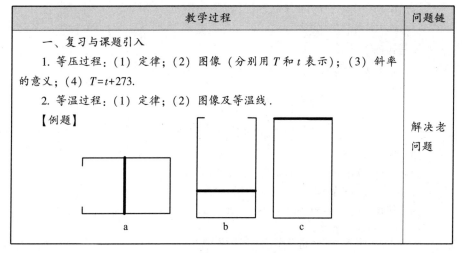	解决老问题

教学过程	问题链
一顶部具有挡板的圆柱形气缸，内用厚度不计的质量 $m=0.5\mathrm{kg}$，横截面积 $S=2\times10^{-4}\mathrm{m}^2$ 的活塞封闭了一定质量的气体. 侧放时（如图 a）活塞处于气缸正中间，外界大气压为 $P_0=1.0\times10^5\mathrm{Pa}$，温度为 27℃，则：（1）保持温度不变，将气缸开口向上（如图 b）放置，求活塞的位置；（2）接着给气缸缓慢加热至 527℃，求此时活塞的位置和气缸内的压强. 　　（1）解：（a）→（b）等温，$P_1V_1=P_2V_2$，$P_0\cdot\dfrac{L}{2}S=\left(P_0+\dfrac{mg}{S}l_2S\right)$，$\therefore l_2=\dfrac{2}{5}L$. 　　（2）解：（b）→（c）先等压，$\dfrac{V_2}{T_2}=\dfrac{V_3}{T_3}$，$V_3=\dfrac{T_3}{T_2}V_2=\dfrac{16}{15}L>L$，活塞已到顶部，压强 P 是否 $P=P_0+\dfrac{mg}{S}=1.25\times10^5\mathrm{Pa}$？ 　　分析：设活塞刚到顶部的温度为 T_3'，则：$T_3'=\dfrac{V_3}{V_2}T_2=750\mathrm{K}<800\mathrm{K}$，而温度从 750K→800K 气体的状态有什么特征？等容！ 二、新课教学 1. DIS 实验：研究"气体的压强与温度的关系". （1）实验介绍：有难度的班级可以先播放实验操作录像. （2）按四人一组进行实验探究. （3）展示结果、分析误差. 2. 查理定律. （1）热力学温度表述：m 一定、V 不变，P 与 T 成正比，$\dfrac{P_1}{T_1}=\dfrac{P_2}{T_2}$. （2）摄氏温度表述：参照盖·吕萨克定律，取 $T_1=273+0$，$T_2=273+t$，对应压强为 P_0 和 P_t，$\therefore P=P_0\left(1+\dfrac{t}{273}\right)$，$P_0$ 为 0℃压强. （3）图像及斜率. （4）实例：夏天轮胎在太阳底下、高速公路上易爆胎. （5）解答【例题】（2）. （6）解续：从 $T_3'=750\mathrm{K}\to T_4=800\mathrm{K}$，为等容过程 $V_3=V_2$，$\dfrac{P_3}{T_3'}=\dfrac{P_4}{T_4}$，$\therefore P_4=\dfrac{T_4}{T_3'}P_3=\dfrac{4}{3}\times10^5\approx1.33\times10^5\mathrm{Pa}$.	发现新问题 实验探究

续表

教学过程	问题链
3. 巩固提高. 　有人根据伽利略温度计制成了一个如图 d 所示的测温装置，玻璃泡 A 内封有一定量气体，与 A 相连的 B 管插在水银槽中，管内水银面的高度 x 可反映泡内的温度，即环境温度，并可由 B 管上的刻度直接读出. 设 B 管的体积与 A 泡的体积相比可略去不计. 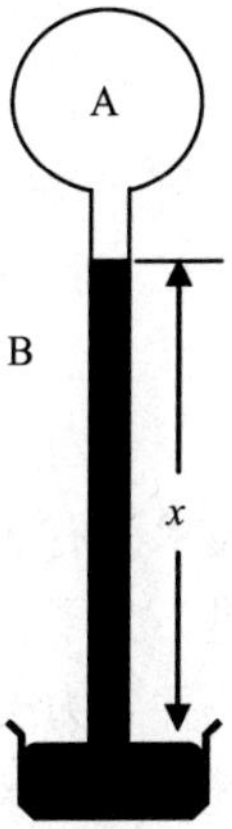 　（1）在标准大气压下（76cmHg）对 B 管进行温度标示. 已知当温度 $t_1=27$℃时，$x=16$cm，此高度即为 27℃ 的刻度线，则 $t=0$℃ 的刻度线在 x 为 _____ cm 处. 　（2）若大气压已变为 75cmHg，利用该装置测量温度时所得示数仍为 27℃，此时实际温度为多少？ 　（1）解：等容过程，27℃→0℃. $T_1=273+27=300$K，$T_2=273+0=273$K. $P_1=P_0-x_1=60$（cmHg），$P_2=P_0-x_2=76-x_2$（cmHg）. $\because \dfrac{P_1}{T_1}=\dfrac{P_2}{T_2}$，　　　$\therefore x_1=21.4$cm. 　（2）解：等容过程，0℃→t_3℃. $P_1=P_0-x_1=60$（cmHg），　　　　$T_1=300$K. $P_2=P_0-x_3=75-16=59$（cmHg），　$T_2=273+t_3$. $\because \dfrac{P_1}{T_1}=\dfrac{P_3}{T_3}$，　　　$\therefore t_3=22$℃. 通过本题的计算，伽利略温度计最致命的缺点是什么？ 三、小结 查理定律（1）条件：m 不变，V 不变；（2）解题注意分清不同状态. 四、作业 1. 练习册；2. 辅导与训练.	解决新问题 解决疑难题 发现新问题
板书设计： 　　　　§11.4　气体的压强与温度的关系 查理定律：m 一定、V 不变 （1）热力学温度表述：$\dfrac{P_1}{T_1}=\dfrac{P_2}{T_2}$（$P$-$T$ 图像）. （2）摄氏温度表述：$P=P_0\left(1+\dfrac{t}{273}\right)$，$P_0$ 为 0℃ 压强（P-t 图像）.	

小　结

信息技术为有效学习提供信息资源、工具资源与环境资源。需要进一步说明的是，为了在信息化环境中实现更为有效的学习，我们都坚持以问题为中心，并致力于通过建构一个问题系统来优化学习内容、优化学习过程，从而优化学习结构，最终实现有效的学习。信息化工具为优化学习中的问题系统提供技术支撑，通过开发一个基于网络的头脑风暴器，实现从议题发散，到运用树形结构梳理系列问题，理清问题间的隶属关系，再用逻辑结构器进行问题间的关系描述，是一个支持协作的具有网络功能的思维导图。在这个思维互动的平台上，我们发现：思维是显性的，结构是优化的，智慧是共享的。

网络共享协商课程的创建，提出并实践了一种创生的课程学习模式，为新课程实践的前沿领域，提供创新的思路。基于网络的学科拓展学习及主题学习网站的建设，则为基础学科的信息化教学，提供具体的操作模式。多媒体技术支持的情境交互学习，则为问题化学习提供丰富的情境与资源。物理 DIS 实践、研究性学习中的智能导师系统，则为新课程改革的实施与深化提供了实践经验。

第四部分
学科教学实践

导　读

1. 科学探究与人文感悟的问题有何区别？如何把握它们各自的学习规律？

2. 在语文、数学、科学、综合领域的学科学习中，各自具有哪些基本的问题类型？在学习中会形成哪些可能的问题系统？

3. 不同的示例代表了哪些基本的实践模式？

第十四章

问题化学习的学科实践

虽然在教育发展的潮流中需要我们秉持科学人文主义的基本取向，但我们又不得不承认，在具体的学科学习中，科学领域的问题解决与人文领域的问题解决在认知上确实存在着一些差异。因此我们就有理由将科学探究的问题解决与人文感悟的问题解决进行适当的比较分析，并将此作为引导不同领域教学实践的参考。而在具体的学科教学部分，我们主要就课题研究涉及的语文、数学、科学与综合课程领域，根据课程性质、学科知识结构特点与基本教学规律，对问题的类型、问题系统的组织以及教学中的实践模式，提出了具体的建议与操作的框架。

在具体的学科实践中，重点可把握好三个问题。

一是把握好学科课程标准与目标分类学，因为这对定义问题的目标属性具有重要的意义。

教师在进行问题化学习设计及实施前，必须对所授学科的课程标准有一个比较精确的认识，课程标准中对学习目标的界定，各个维度各个层次的划分可以作为问题属性的定义标准。

比如语文阅读理解中，通常课程目标分为三个层次：了解性目标、领悟性目标、鉴赏性目标，围绕这三个层次，问题的性质可以有初读课文时的了解性问题、研读时的领悟性问题到品读时的鉴赏性问题；在数学课程中，除了计算与概念之外，学习的目标可以分为领会、应用与分析三类，其中又有很多亚类，我们在进行问题设计时就要充分把握问题的目标层次；在科学领域，其认知目标通常分为了解、理解、应用三个层次，但具体的学科会有细微差异，如《普通高中化学课程标准》中认知目标水平分为知道、了解、理解和应用，《普通高中物理课程标准》中则把认知目标分为了解、认识、理解和运用，《普通高中生物课程标准》中则把认知目标分为了解、理解和应用。

二是把握好学科知识结构特点及基本教学规律，因为这对如何组织问题系统具有参考价值。

由于各个学科的知识特点与教学规律都有所不同，其问题系统的组织也会有所不同。如语文可以根据阅读的不同阶段与侧面，形成感知性问题、移情性问题、领悟性问题、内省性问题、审美性问题与评价性问题的问题系统，也可根据对一篇文章主旨的分析分为中心问题（主旨问题）与辅助问题（线索问题），并形成问题网。在数学与科学领域，可以根据知识与原理的知识要素形成问题集，或在解决同类问题时，根据其掌握、应用、拓展、创造的不同层次与阶段形成解决老问题、解决新问题、解决疑难题与发现新问题的问题链。此外，一些涉及科学方法论的认知模型也可以形成一个有助于学习者整体认知的问题集合。而在综合领域，通常是主题导向的学习，主题深化的模式可形成问题链，主题离散的模式可形成问题集，主题分解的模式可形成树状问题系统，多维目标架构的综合学习则可以形成矩阵式问题系统。

除学科特征外，不同的教学风格与学生情况也决定了在教学中可以组织不同类型的问题系统。一些教师比较擅长设计预设良好的问题链，他们通常对知识的前后联系有比较好的把握。而另一些更有经验的老师，他们在教学中采用更为开放的教学，如围绕核心问题的开放式探究，其学与教的互动最终形成一个有内在联系的问题网。然而这种模式对教师的要求更高。第一是对核心问题的把握，因为核心问题通常是学科的重要知识，它在学科的知识体系中占有重要地位，作为教师一定要把握好。第二是对学生生成性问题的有效反馈与引导。

三是就学科中的重要课程板块探索典型的问题化学习操作模式，因为这对基层教师更具有直接的指导意义。

如语文可分别在阅读教学（其中包括单篇的阅读教学与主题单元的阅

读教学）、作文教学、综合实践活动中，探索问题化学习的实践操作模式。数学则可以在数与代数、空间与图形、统计与概率、问题解决四大板块进行。科学也可以在概念教学、实验教学、综合实践板块中探索不同操作模式。在综合领域，则可以探索学科拓展学习、跨学科共同主题学习与超学科学习（如研究性学习、头脑 OM 活动等）的不同操作模式。

第一节　科学探究与人文感悟的问题

一、科学与人文之间

问题具有认识论与方法论的意义，即人们如何认识世界以及用什么方法认识世界。

德国哲学家德罗伊森首先提出，科学的方法是说明，但历史的研究方法必须是理解，因为贯穿全部历史的人生意义和价值与生活自身同时发生并渗透生活全过程，它们与历史没有因果关系。人生意义和价值只能通过理解来呈现。然而只有到了狄尔泰，才把理解看作是人生的普遍过程，是思想交流的基础，是知识的来源之一，是人生经验的表达方式。在狄尔泰这里，理解才成为人文科学方法论的基石和主要方法。狄尔泰也因此不仅被誉为"人文科学的牛顿"，而且被称为"人文科学哲学的康德"。[1]

狄尔泰给人文科学方法论的独特性作了如下判断："自然界需要解释说明，对人则必须去理解。""说明"是在因果关系中进行的，特殊现象要在一般规律中得到说明。因果说明一般指向过去，沿事物的发生过程，溯因到始。因果联系是必然的规律性的联系，而理解则是在部分与整体的关系中，在个别到全体、部分到整体的循环关系中进行的。理解要尊重个人的特殊性和生活经验的具体性。理解可以从个人经验产生意义，而不必上升为一般原则。人文科学研究的起点不是法则、规律、逻辑命题或关于一般人性的假定，而是从个人或具体时间逐渐过渡到对社会整体的理解。从部

---

[1]　张掌然. 问题的哲学研究［M］. 北京：人民出版社，2005：74-75.

分到整体的理解关系不同于逻辑演绎和归纳①。

狄尔泰认为人文科学是与人类及其实践密切相关的，既然人文科学的主要任务是实践，那么他们的理论主张就不应该仅仅概括为"是什么"，还应该包括"应该是什么"，应该包括一种价值判断系统。

胡塞尔（Edmund Husserl）在《欧洲科学的危机》中提出：科学无法赋予人生以"意义"。胡塞尔认为，没有任何一门经验科学能够回答人生的意义到底是什么这个问题。狄尔泰认为人文科学能够赋予人生以意义，因为借助理解能够进入人的精神世界，体会人生意义。由于理解具有主动性、创造性，因而它有助于深入理解和创造性地解决包括人生意义问题在内的人文科学问题。

综合国内外学者的观点，自然科学与人文科学主要有如下区别②。

自然科学的特点：①与客观性相结合；②关注概括性理论；③是一种外在活动；④寻找一致看法；⑤面对的是一个不变的世界；⑥自然科学方法适合于对自然的探索；⑦使用逻辑、观察实验和标准化分析。

人文科学的特点：①与主观性相连；②关注个人的事例；③强调此在；④寻找可替代的解释；⑤面对的是一个可变的世界；⑥人文科学方法适合于对艺术、个人体验和价值观的研究；⑦使用直觉、创造性阐释和顿悟；⑧人文科学的目的是理解个人的主观反应，经典人文科学观："他是谁"决定"他看见什么"。

从认识论与方法论的角度去认知科学与人文的差异是有必要的，因为这有助于我们把握不同领域学科学习的基本认知规律。但这并不意味着把两者对立起来，就如哈贝马斯并不认为自然科学是去情境化的、消旨趣的。人对于科学的探究也是有旨趣引导的，不同之处只是科学求"真"，通过探究认识周围的事物与客观世界；人文求"善"，求"美"，通过感悟认知自己，理解他人。因此，认识两者的差异是为了更好地针对教学中的实际问题，选择合适的学习方式，设计合理的教学方法，安排恰当的学习活动，以期更好地解决问题。

另外，"科学说明"与"人文理解"并不意味着属于自然科学的学科课

---

① 张掌然. 问题的哲学研究［M］. 北京：人民出版社，2005：75.

② 同①，79.

程在学习时只进行说明、陈述，而属于人文科学的学科课程在学习只需要感悟与体验。就如在语文学习时，感悟与体验并不是唯一的，逻辑与推理在很多时候依然非常必要。但是我们不能只有逻辑推理，因为这会陷入技术理性与工具理性的泥潭，我们还需要人文理性。而我们在科学说明的时候，不能只有经验判断，因为没有实证就支撑不起理论的假说。但是对科学结论的追求也不只是为了揭示规律，当科学服务于人类的生存与发展时，就具有了人文的情怀。

其实，就算是科学领域的学科课程，如生命科学，也会有涉及人文的问题。例如生态问题，就已经关注人类自身的环境、生存与发展的问题。人文领域的课程，如语文，则也会有很多科学的问题，例如一些基本的概念，说明文与议论文的逻辑方法。在某种程度上讲，区分科学与人文的差异还是为了更好的融合。因为对于一些更综合的问题，则需要融合两种方法与取向，在获得更完美答案的同时，培养更完整的人与发展更完善的人格。

然而，我们明确科学与人文在认识论与方法论上存在差异的现实背景是：在大量的实际教学中，科学没有很好的探究，而人文也没有很好的感悟！在科学领域的课程中，我们需要培养学生最基本的素质是实证的态度与探究的能力，希望他们能像科学家一样去探究，而不是记忆大量的事实性知识。在人文领域的课程中，我们需要培养学生最基本的素质可能包括了认识自己、理解他人，以及感悟生命存在的意义与价值。但这些，却被大量技术理性的知识所淹没（如阅读技巧、写作知识等）。也就是说，该探究的没探究，该感悟的没感悟，并没有实现新课程希望我们实现的理想。这个问题，是一种基础性的学科缺失。正是基于这样一个现状，我们提出了科学领域的问题，应以探究为本；人文领域的问题，应以感悟为本。

而从学习理论问题解决方面的研究看，可能忽视了一个很重要的方面，就是问题解决没有重视不同学习领域特有规律，因此在实践中教师们就有一个普遍的反映，即"问题解决"尚不能解决他们在不同学习领域所碰到的问题，不能解决不同学习内容，文科教师尤其表现出莫大的困惑。目前的问题解决学习理论，不能解释更不能支持在人文领域中的问题解决学习！况且我们还惊人的发现，在所有关于问题解决学习理论中的范例，都是属于数学与科学范畴，这与研究者本人的知识背景有很大的联系。

这是狭义的问题解决领域（学习论范畴）研究中遇到的尴尬。虽不能完全解释我们问题化学习中广义问题解决的情况，但却给我们一个启示，是否可以在不同的学习领域，就不同的问题类型作比较分析。比如说，对科学领域的探究型问题与人文领域的感悟型问题进行学习比较研究，以给我们在学科教学中的问题化学习，带来实践的启示与借鉴。

二、科学探究的问题解决

杜威认为科学教育不仅仅是要让学生学习大量的知识，更重要的是要学习科学研究的过程或方法。施瓦布认为教师应该用探究的方式展现科学知识，学生应该用探究的方式学习科学内容。他们提出了基于实验和基于阅读文献资料这两种探究型学习方法。在国家科学新课程标准中，指出科学学习的本质是探究，其基本过程具有六个要素：提出科学问题；进行猜想和假设；制定计划，设计实验；观察与实验，获取事实与证据；检验与评价；表达与交流。某些探究过程只包含其中的几个要素，而且也不一定按上面呈现的顺序进行。科学探究的主要目标是使学生领悟科学探究的思想，培养学生进行科学探究所需要的能力，增进对科学探究方法与过程的理解。

"科学探究的问题解决"是以"领悟科学探究思想、培养科学探究能力、增进对科学探究方法与过程理解"为学习目标，以"在具体情境中提出科学问题"为起点，以"作出科学假设"为开端，以"收集信息资料、运用设备材料进行验证"为主要过程的学习活动。

三、人文感悟的问题解决

"人文"通常指文、史、哲领域，分人文知识和人文精神。人文的本质是人文精神，是尊重人的个性，充实人的心灵，提升人的价值。人文精神是对人的终极关怀，体现了人的道德情操、心路历程、审美情趣、人格精神；关注的是人生的价值与意义，人与社会、自然之间的本质联系。因此，人文性是指对人自身完善的关注与追求，包括人的尊严、价值、个性、理想、信念、品德、情操等方面。

目前，研究者普遍认为：人文领域的学习如语文学科阅读活动中，应以学生的自主阅读、体验、自主感悟为主。边读边感、边读边悟、读中有感、读中有悟。通过想象、移情、神思、体验等多种心理活动的交融、撞击，激活已有经验，并产生新的经验。最后，又使经验内化为自我的感悟，使感悟到的东西成为个性化的知识经验。这是一个感知、思维、灵性、直觉、情绪多因素同时参与对文本的意义建构过程，是一种具有整体性、生命性和独创性的学习活动。

科学所从事的问题解决，是实用化、显性化、自动化、技术化的……但是，对于人文问题的感悟与思索过程，也许就不是线性与分析性的，而是弥漫的、丰富的，是一种理想化、情感化、意象化、内隐化、艺术化的立体过程。

格兰特·威金斯和杰伊·麦克泰从理解的维度出发，将理解分为"解释"、"释译"、"应用"、"洞察"、"移情"、"自我认识"六个方面，得到了学术界的广泛关注。受到启发，我们在研究中大胆地假设一种人文问题的思索蓝图（如图 14-1 所示）。

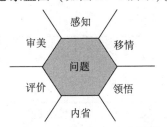

图 14-1　人文问题的感悟侧面

① 感知：问题解读，体会表层意思。

② 移情：深度进入问题情境，进入其他人情感和世界观内部的能力。

③ 领悟：解出问题涉及的深层含义，说明、解说、转述，从而阐明某种意义，弦外之音。

④ 内省：在问题情境中悟出适于自我的人生哲理和永恒意义。

⑤ 评价：对问题情境中的事、人、文，具有批判性思维的洞察力。

⑥ 审美：感悟问题情境中的文、事、人，独特的魅力与表现风格，美的意蕴/意象。

例如：理解与宽容的意义何在？

① 感知：了解身边有关理解与宽容的故事吗？知道什么是理解与宽容？

② 移情：假如我是故事中的人，我的感受如何？

③ 内省：假如我需要理解与宽容，或需要理解与宽容别人，会怎么办？

④ 领悟：宽容与理解的生命意义何在？

⑤ 评价：理解与宽容是一种美德吗？为什么？

⑥ 审美：理解是人，宽容是神，美丽人生的境界与信念。

因此，"人文感悟的问题解决"是以实现对人自身完善的关注与追求为目标，以学习者对问题的感知、移情、内省、领悟、评价、审美等方面进行的学习活动。其问题的解决，通常是一种整体丰富、个体独特的理解性过程。

四、科学的问题解决与人文的问题解决之差异

我们认为，人文领域的感悟型问题与科学领域的探究型问题在解决过程中都注重学生的自主学习，都是"通过问题来建构自主学习过程的活动"。但人文领域的感悟型问题与科学领域的探究型问题在解决的内容、过程、方法与目标等方面又有较大的差异。因此，在关注其共性的同时，我们必须重点关注问题化学习在不同学习领域的各方面问题，同中求异，异中求同。

表 14-1　科学问题与人文问题

	科学的问题	人文的问题
例举	为什么光的传播速度比声音的传播速度快？	人类为何需要互相帮助
目的	求"真"，认识客观世界	求"善"，求"美"，认识自己，相互理解
方法	通过观察与实验，归纳与演绎体现客观性、可检验性、可重复性	依靠个人的实践与行动，体验与感悟，内省与反思，讨论与对话等。艺术思维、直觉思维、主观思维的大量参与，通过理解与体验
过程	经验事实→理论假设→经验检验→组织更广泛的经验材料→形成新的理论假设	移情—内省—领悟等

第二节 语文课程中的问题化学习

在语文教学中，对于问题教学或提问教学的研究是非常普遍的，也是教师们经常采用的一种教学方法，它倡导通过"提问—答问"的过程来教授知识，启发学生思维。这种方法多见于阅读教学中，通常由教师有意识地创设问题情境，启发学生提问并解决这些问题，或由教师自己提出问题并解决它们。

作为问题化学习，我们所要深入探索的，一是强调以学习为中心的问题解决，即以学科问题为基础，学生问题为起点，教师问题为引导的三位一体模式；二是强调问题的系统设计，可以是有层次的问题链、结构化的问题集或问题网，或可扩展的问题圈，来贯穿学生的学习过程，同时通过系列化问题的解决，让学生获得知识、启迪智慧；三是强调问题的发生与发展，关注在发现问题中解决问题，又在解决问题中发现问题。

另外，从研究的范围看，除探索问题化阅读，我们还将探索问题化作文、问题化综合学习活动。除在单篇阅读中探索问题化学习之外，还将在新课程背景下探索主题单元教学与问题网络的阅读。在问题化阅读中，阅读的层次、过程与角度，都可以是问题系统形成的依据。而在问题化作文中，写作时的审题立意、结构构思、语言锤炼、人生思考与情感体验，也都可以通过问题化学习获得启迪。

还有一个非常重要的问题，那就是语文作为人文学科，要特别关注人文问题解决的规律与特点，而它最基本的方式是通过体验、感悟而获得理解。当然，我们不是把人文领域与语文课程等同起来，而是把总课题中关于人文领域问题解决的一般特点作参考，并遵循语文课程中工具性与人文性兼具的特点，即在关照语文问题人文性的同时，也关照其言语实践性。

需要特别说明的是，在语文课程中对于问题以及问题化学习的研究，既包括了教师的问题设计，也包括了学生提问能力的培养。无论是在问题化阅读、问题化作文，还是问题化综合学习活动中，刚开始可以是教师对问题设计的研究，这是有效教学的开始，虽然在严格意义上这是一种问题化教学。但随着实践的开展，我们应该引导学生尝试从不同角度学会提问，这样才能从根本上提高他们学科学习的能力，实现有效的问题化学习。

一、语文课程中的问题类型

1. 从语文的课程内涵看

一是侧重精神培植的问题：如"文中引用了爱因斯坦三段话，这三段话的意思分别是什么？文中你最喜欢或者感受最深的回答是什么，为什么？请结合自己的人生经验谈一谈。"

二是侧重言语实践的问题：如 2003 年上海市中考语文现代文阅读试题 23 题"第 17 段中写道：'他百感交集'，如果你是一个戏剧或电影的编导，请为他设计一段独白。"又如：2004 年上海市中考语文现代文阅读试题 22 题："第 10 段划线句'郭教授将猎枪递给大刘，声音颤抖着对大刘叮嘱了什么。'根据文意，写出教授叮嘱的内容。"上述心理独白式的问题，让学生在临其境、感其情的同时进行言语实践。因为这一类问题的主要目标就是让学生在神入文本时提高言语能力，语感水平，外显的就是言语交际活动，表现为听说读写。这类问题不仅关注学生对问题本身的思考与解决，同时更关注发展学生言语实践能力。

三是侧重文学审美的问题：如《再别康桥》教学：诗人写了许多意象，这些意象有怎样的象征意义？以"夕阳下的新娘"这个意象为例，显然是把中国的风俗，嫁接到康桥这儿来了，因之而使这首诗具有了中西合璧的审美意蕴。这个意象是多面的，是哀乐兼举的（让人不可避免地想起林徽因，不过不想也没关系，然而这首诗之所以荡气回肠，恐怕与此不无干系）。夕阳中幻化成新娘的金柳，是宁静之美的具体体现，也叠加了"柳（谐音留）"这个中国经典意象的离别惆怅之情。金柳、新娘、艳影、青荇……离别在即，静美于心，这些意象形成了一个系统，它们之间是相辅相成、相得益彰的。

2. 从阅读的水平层次看

一是了解的问题：初步感知课文，解决文本表层意思的问题，如"文章写了什么"。

二是领悟的问题：深入阅读，分析概括作者在文中的观点态度，理解文本内容涉及的深层含义，推断、想象并阐明某种意义或弦外之音。如《骆驼祥子》学习中的问题："为什么要用风雨中哆嗦的树叶来形容祥子呢？而且在文中，老舍先生不止一次写到烈日和暴雨下的柳叶，这究竟是为什么？"

三是鉴赏评价的问题：鉴赏文学作品的形象、语言和表达技巧，评价文章的思想内容和作者的观点态度，提出自己的独特观点。如《望洞庭湖赠张丞相》学习中的问题："对诗中的哪些句子或词语最为欣赏，为什么？如何看待诗人'含蓄委婉的推荐自我'的精神？"

3. 从阅读理解的推进策略看

可以有核心问题（主旨问题）与辅助问题（线索问题）。在具体的推进过程中，可能存在着几种情况。第一种情况是围绕一个大问题，有很多弥散性的小问题，但小问题与小问题之间没有必然的联系，呈众星拱月状，共同为解决这个大问题服务。另一种情况是围绕一个大的核心问题，有很多次级问题，但这些次级问题是串联式推进的。还有一种情况是围绕一个核心问题，有很多子问题，这些子问题之间根据课文的内容有机地联系在一起呈网状结构。

4. 从教与学的进程看

教的进程性问题：如引探的问题、讨究的问题、引申的问题与总结的问题。

学的进程性问题：如感知的问题、领悟的问题、移情的问题与内省的问题。

5. 从写作的要求看

有审题立意的问题，结构优化的问题，人生思考的问题与情感体验的问题。

6. 从问题解决的方法看

解决问题的方法归纳成四种基本类型：无为型（do nothing）、偶然型

（chance）、感性型（affective）和合理型（rational）。无为型，是一种对问题不采取特别的对策，听之任之，放任自流的做法；偶然型，人类在远古时代大概主要是靠偶然来发现解决问题的方法；感性型，感性思维包括灵活运用人所具有的感情、感觉、直觉和预感等特性，将瞬间出现在头脑中的方案付诸行动，而不是遵循既成的方法；合理型，特点是单向和单因素的思维模式，客观性以及系统的逻辑性。

7. 从问题解决的结果看

有封闭式提问和开放式提问。封闭式提问的问题解决结果往往是单一的，指向学生的认知；开放式提问的问题解决结果往往是多元的，指向的是学生的情感体验价值观。

二、教学中的问题系统组织

1. 用不同维度实现整体的理解，形成问题集

图 14-2　语文阅读中整体理解的问题集

此类方式旨在提高整体性理解，提高学生对文本的整体把握能力。

维度一：浅释性理解问题。即从文章"写了什么"和"怎样写的"两个角度对文章进行解读，包括理解文章的基本内容、表达顺序，作者的行文思路、思想感情，主要的艺术手法、语言风格等。

维度二：领悟性理解问题。即从"为什么这样写"的角度对文章进行解读，通过对写作意图的深层挖掘，结合时代背景与作者的思想倾向，领会文本内容涉及的深层含义、关键词语、句子或段落的弦外之音，领悟作

者对文本语言处理、谋篇布局和手法选择的独具匠心。

维度三：赏析性理解问题。即从"这样写好/不好在哪里"的角度对文章进行解读，调动学习者自己的知识积累、阅读积累和生活积累，展开丰富的想象和联想，对文本中的人、事、景、物等艺术形象，文章的结构安排、线索设计，以及语言、修辞、表现技巧等艺术手法进行感受、体验、欣赏和鉴别。

维度四：洞察性理解问题。即从"我同意/不同意作者的观点"的角度对文章进行解读，能够用批判的眼光审视文章主旨，通过作者对人物命运的安排、意境的营造等体会作者的意图、风格或偏见，洞悉作者在文章中表现出的潜在价值观，对作者的观点及看法加以质疑，以现代眼光、现实意义或从另外的角度审视文章涉及的主题，提出个人的见解。

维度五：移情性理解问题。即从"如果我是作者/文中人物"的角度对文章进行解读，就是放下自己的参照系，深度进入他人的情感和世界观内部，尝试用作者或作品中人物的眼光来观察、思考问题，设身处地为他人着想，深入体会其感情和观点的发生与由来，感受作者通过笔下具体形象所展示的内心世界，从那些或许与自己不相容的人或事中体会到其中的意义。

维度六：自省性理解问题。即从"对我有什么启示"的角度对文章进行解读，将文章主题融入自己的生活和内心世界，从"做什么样的人，拥有什么样的人生"出发反思个人的价值观与处世原则，思考富有哲理的人生内涵，领悟生命的终极价值。

六个维度的问题事实上也蕴涵了阅读理解的基本层次，只是它更强调从不同的角度去整体感知，在具体教学的过程中，不强调线性的安排，可以根据文本理解的特点与学生生成的问题灵活地组织。

2. 根据阅读的不同阶段，层层推进，形成问题链

上述六个维度的问题也可以在阅读的不同阶段，形成层层推进的问题链。应该说，有经验的教师在教学设计时，都会预设问题，问题与问题之间也都会有一定的层次。问题链的设计更符合预设性强的课堂，主线清楚，问题的解决比较聚焦，效率比较高，体现了教师的强势引导。但同时，如果对于问题链的设计太过强调教师的主导，也会因此忽略了学生的主体性。

3. 围绕核心问题的开放式解决，形成问题网

这在阅读教学中，也是非常常见的。核心的问题可以由教师在一开始提出，然后围绕这个一下子无法解决的比较有深度的通常指向文本内涵的问题，教师带着学生一起寻找线索，从不同的路径去引导发现很多子问题，将它们有机地组织在一起，随着子问题的逐步解决，最终实现核心问题的终极理解。这是一种自上而下的做法，还有一种做法是自下而上的，它更体现以学生的问题为起点。那就是教师在一开始不轻易抛出核心问题是什么，而是让学生根据课文进行质疑，提出问题，在不断的交互过程中，教师逐步把大家的问题聚焦到核心问题上。因此这个核心问题或许直接由学生提出并获得大家的认同，也可以在这个过程中由教师归纳产生，总之一切要看学生的情况与教学的具体进程来决定。

围绕核心问题的开放式解决，是一种探究的学习方式，对教师的要求较高，教师需要在课前做比较充分的备课。一是要仔细分析课文，把握好课文的核心问题与主干问题，思考最终如何将它们组织在一起形成有机的整体。因为任何一篇好的选文，无论从哪一个角度切入，事实上都可以回归到它的核心问题上，只是看你有没有摸清它的路径，理清它的脉络而已。二是要充分预估学生的生成问题，在这个基础上进一步预想自己的回应策略。建议老师可以自己做一张思维导图，就是问题系统图，走进教室的时候就会胸有成竹，在学生提出问题时，马上就能明白他是从哪个角度提出的，自己可以从哪个路径去引导他向核心问题聚焦。

4. 根据目标层次与问题类型，编列问题矩阵系统

如第六章第三节案例习作指导"月亮"一课所呈现的，有关目标取向的问题系统，教师可以根据教学的进程设计好问题，然后将它们放置到两维表中检测其目标达成度，实际上是一个用于教学实施的双向细目表。有经验的老师也可以直接运用两维表设计问题，因为过程通常就在他们的心中。目标的层次可以拿语文教学的目标分类作依据（在第五章中有阐述，这里就不展开介绍了）。问题的类型在语文中较常见的有"是何"、"为何"、"如何"、"若何"、"由何"、"奈何"、"缘何"等问题。

5. 围绕写作的主题/命题/话题，形成波纹状的问题推演圈

在原生态的写作中，我们的脑子里都会有问题，有些问题是显性的、有些则是隐性的，但这些问题通常呈弥散性，是否有深度，是否有广度，按照怎样的线索将它们联系在一起，能不能在关键问题上再推进一步，通常需要有一个酝酿的过程。前面已经讲述过，我们对于问题系统优化学习过程的思考，正是基于对结构化知识、建构性认知以提高学生学习效率和效果的思考。于是就需要我们探索如何围绕写作的主题，如何进行问题化扩展，从而使我们的思想更深刻、情感更丰富、意境更深远。

围绕一个主题，可以有很多扩展的思路，通用的如"几何式"（是何、为何、如何、若何、由何、奈何、缘何等问题）。如果是记叙文，最粗浅的应该是何时、何地、何人、何因、何果等。如果是议论性散文，在物象类作文中，如"大海"可以根据它的功能、细节、现象、场景等角度，用"几何"的方式扩展出有关具体的景观聚焦点的问题，这是波纹的第一圈。然后再根据"物象或场景的特征有哪些？"追问到"该特征所蕴涵的事理？"在进一步问到"事理中的人生哲理？"最后提出"对我们的启示"等问题，这一基本问题路径，形成了波纹状的问题推演圈。

6. 按照课程的进程，推演主题—专题—问题的树状问题系统

这在主题单元教学设计与综合学习活动设计中比较常见，通常"主题"是由课程决定的，但是学习与研究的"专题"可以由教师与学生协商确定，"问题"则体现了学生的生成性问题与教师的推进性问题交互进行的态势。比如语文综合学习活动中，课程中规定的活动主题是"说山道水"，教师和学生一起研究，提出了"诗中山水"、"画中名胜"、"文化山水"三个研究专题。具体的问题则有"为什么古今中外有那么多人钟情于山水？在诗中你寻找到哪些山水，他们是怎样描述山水特点及采用什么方法抒发情怀的？在画中你寻找到哪些名胜，它们又带给我们怎样的美感与灵性？"等等。主题—专题—问题模式比较能够兼顾课程内容与学生兴趣，教师预设与学生生成之间的平衡，也比较适合研究性学习。

三、问题化阅读

全日制义务教育语文课程标准指出："阅读教学是学生、教师、文本之间对话的过程。""阅读是学生个体化行为，不应以教师的分析来代替学生的阅读实践。应让学生在主动积极的思维与情感活动中，加深理解与体验，有所感悟和思考，并受到情感熏陶，享受审美乐趣。"普通高中语文课程标准也同样指出："阅读教学是学生、教师、教科书编者和文本之间的多重对话，是思想碰撞和心灵交流的动态过程。""教师要为学生的阅读实践创造良好环境，提供有利条件。"

为了使阅读教学成为对话与交流的过程，首先就要培养起问题意识，即对问题具有自觉的敏感性。这是因为只有把问题作为阅读教学中对话与交流的纽带，只有把对问题的思考贯穿于阅读教学的始终，才能体现出两个课标中对阅读教学所做的界定和要求，才可能获得阅读教学的成功。

1. 通识性问题设计

任何一篇文章都是由词构成句，由句构成段，由段构成篇，因此词句段篇四要素及它们之间的关系是问题设计的基本点。

①篇中可有的问题。

课文题目的问题：如"课题的含义是什么？课题中的关键词能否交换顺序？课题中的某个词语能否删去？能否用其他词或短语替换题目？"等。

课文中心内容的问题：强调三部分"内容是什么，文章怎么样，作者怎么样"。如"课文写了什么？文章的内涵是什么？时代背景如何？作者的写作意图如何？有着什么样的思想倾向？是否同意作者的观点？对我有着什么样的启示？"等。

课文结构的问题：如"文章按照什么样的线索展开？表达的顺序如何？"等。

语言赏析的问题：品味课文的语言特色等。

②段中可有的问题。

"段"是一个灵活的概念，其中包括自然段与逻辑段。可有的问题如"本段文字的主要内容是什么？与上下文之间有何关系？该段落内容能否删去？能否用其他内容替换？段在结构或内容上起什么作用？运用了哪些描写？有什么作用？用了什么表现手法？"等。

③句中可有的问题。

比如：本句采用了什么修辞手法，说说它的表达作用；联系上下文说说本句的含义；找出文中与之相呼应的句子；前后句有何关系；能否交换顺序；能否改变本句的句式，为什么？本句在所在的段落中起到什么作用；联系全文，说说本句的作用。

④词中可有的问题。

如"本词在文中的具体指代的内容是什么？本词的含义是什么？词序能否变换？本词语能否增删替换？上下文相照应的词句是什么？词在句段篇中的作用是什么？"等。

2. 各种文体的基本问题

①记叙文可围绕以下方面设计问题：文章中心（人物思想感情、性格品质、揭示的道理）；记叙顺序；人物之间的关系；材料之间的关系；主要的写作手法及作用；语言的生动性形象性；鉴赏评价等。

②说明文可围绕以下方面设计问题：说明对象及特征、说明方法、说明顺序、说明语言的准确性科学性等。

③议论文可围绕以下方面设计问题：证明什么（论题论点）、用什么证明（论据论证）、怎样证明（论证顺序）；议论语言的严密性等。

3. 单篇问题化阅读的操作要点

①分析课文内容的主要问题与本单元在阅读能力培养方面的基本问题。
②可让学生预习，并提出自己的问题。
③根据学科基本问题与学生起点问题，提炼课堂核心问题。设计学习过程与推进性问题，形成课时的问题系统。
④在问题化的课堂中，要及时对学生的解答或提出的问题进行反馈与评价。

4. 主题单元与问题系统阅读的操作要点

基于问题系统优化的主题单元阅读就是将同一主题的几篇课文放在一

起进行阅读、分析、比较、思考、鉴赏，这种整合式的单元阅读比单篇课文阅读能促使学生有更为广泛的思考空间和更为深入的思想挖掘。体现系统整体的功能大于各个孤立部分之和。

由于单元的主题（如"有家真好"）是确定的，所以我们可以在这个主题的基础上拟订一个单元学习的人文性主问题，并在此基础上根据学生的学习实际和认知规律，通过感知、移情、内省、领悟、鉴赏几个层面来构筑系列问题，启发和引导学生在更丰富的体验中参与主题单元的学习。这是一个维度的问题系列，还有一个维度就是根据本单元语文知识与能力方面的基本要求，结合各篇课文，组织问题系列。然后就需要考虑两个维度的整合，形成整合功能更好的问题。人文性与工具性双轨并行，实现最大的系统优化。

关于具体的实施中，单元整体教学的精髓主要是：①实现内容的整合与优化。②实现学习过程的最优化。因此，在语文主题单元的问题化阅读中，可以安排四个阶段的学习。

步骤一：预习。提炼出单元的主问题，如"家对我们每个人意味着什么？"课前布置学生预习四篇课文，提出自己的问题，或概括各篇的主要内容，并在此基础上思考主问题。

意图：①让学生初步感知课文内容，教师从学生提出的问题或概括的大意中发现学生在理解文本上存在的问题。②将主问题在单元学习的一开始就给学生，促使他们围绕单元主题进行思考。

步骤二：初读。对学生预习作业进行分析，根据学生提出的问题或概括的大意，教师提出课堂的感知性问题，组织课堂教学，四篇课文的初读可在一课时完成。

意图：①能够充分体现以学生的问题为起点。②通过步骤一的学习讨论过程，学生初步掌握了课文的主要内容，这是我们深入文本，比较文本主题和进行单元主题讨论的基础。

步骤三：比较阅读（研读）。让学生对课文内容进行再次的自主提问，教师筛选问题，然后组织课堂讨论，将四篇课文串联起来，导入对单元主题的思考。

意图：教师可以筛选问题，对一些上阶段没有解决的感知性问题进一步明确，然后捕捉学生提出的一些移情、内省、领悟性问题，同时导入教师预设的问题，试图引领学生将四篇课文放在同一主题下进行比较阅读和思考。通过选择学生提问和教师的追问，从单篇的内容理解逐渐过渡到整个单元主题的思考，为下一步骤进行主问题的课堂讨论打好基础。

步骤四：总结。在主问题的引领下，先从本单元课文中涉及的内容进行综合评析，再结合学生自己的感受，提升对主问题的认识。

意图：作为单元学习的结束，再次用一个内省性问题作为对于主问题的深化。

四、问题化作文

有人要问，在阅读中需要问题，那写作中需不需要问题呢？这就首先要探讨写作的本质是什么？从本质上考察，写作是人的一种生命实践形式[①]，写作作为人的一种存在方式，是人的思维本质、语言本质和社会本质的必然体现[②]。我思故我在，所以人在写作时，不可能没有问题。

但是很少有人去研究作文中基于问题的学习，这是一个不小的忽略。问题不仅仅具有认识论与方法论的意义，而且也具有本体论与生存论的意义。因为写作是生命实践的形式，更是思维情感的表达，问题可以很好地实现思维的发展，获得情感的体验与人生的思考。

我们曾与一个网友，江苏省盐城市师专附中的陈礼林老师探讨过作文中是否需要问题，他谈过这涉及作文的核心是什么，以下是当时的记录。

问：中国学生作文的最大缺陷是什么？

答：缺乏问题思维，即作文不是围绕某个问题展开的（更谈不上富有层次地展开），它表达的是一种飘浮不定的情绪，没有性情，没有智慧，没有资料，没有研究，述而不作，审美而不判断，始终处在"半昏迷状态"写作。这也是中外学生作文的最大区别所在。

问：一定要有问题吗？

---

① 杨邦俊. 从写作的本质看作文教学的改革 [J]. 语文教学与研究，2006（6）.
② 张杰. 关于写作本质的哲学追问——我们为什么需要写作 [J]. 襄樊学院学报，2006（7）.

答：没有问题，就没有思考；没有思考，就没有智慧；没有智慧，就没有价值。而没有价值、没有智慧、没有思考、没有问题的情感是不美的、不深刻的、不动人的。所以溯本求源，问题应该是作文的核心。

他的谈话给我们很大启发，他把作文中需要思考、需要研究、需要价值判断的缺失点都提出来了。我们培养孩子写作文，不仅要培养他在语言上实现顺利的表达，更要培养他成为一个善于思考、有智慧的人，有思想、有价值判断的人。要让他们学会关注社会，关注内心，善于思辨，能发现问题，也能提出观点。

无论是写议论文还是记叙文，都是有问题的。议论文是逻辑论证的抽象思维问题，记叙文是表达一种审美感情的形象思维问题。就生活作文而言，问题从发现而来；就考场作文而言，问题应该从审题而来。关键不在于有没有问题，因为那是肯定的。关键在于需要什么样的问题，不仅包括"是什么"，还包括"应该是什么"，"为什么是这样"，"意味着什么"等等，所以更应该是一种经验，是一种情感，是一种精神与价值。比如说写"牵挂"，有人写我牵挂过哪些人，我是怎样牵挂的；而有人写成牵挂是一种关怀，是一种忧愁，是一种幸福。显然，前者没有认真研究"牵挂是什么"这个问题，也就谈不上对这个问题的独特发现。

1. 问题化作文，就是一个围绕中心问题的创作活动

无论是记叙文还是议论文写作，或是散文、议论性散文写作；无论是命题作文，还是半命题作文，或是话题作文、材料作文，写作总是一种"基于一个中心问题的创作活动"。这个中心问题，就是文章的立意，即"为什么而写"、"要告诉人们一些什么"，整个写作过程随之为解决这个问题而展开。

例如："秋天的景色"，作为一个全命题的作文，我们可以从"我想体现秋天的一种什么感觉？"这个"问题"入手，可以是丰收，可以是美丽，可以是瑟瑟秋意，然后再围绕自己的这个感觉组织材料，梳理，选择，去"解决问题"。于是，"体现的感觉"就成为整个写作的"中心问题"。当然，写作过程中的中心问题，可以根据具体情况具体需要进行考虑，选取不同的重点，对于命题文章也可以侧重在文章立意的讨论上，可以体现师

生的一种选择。

由此看来，在问题化写作中，"问题"的表现形式是一个"中心问题"与"辅助问题"的问题网络。围绕这个中心问题，形成一个扩展、深化的问题化波纹圈，就像一个漂亮的水漂，充满理性的张力与感性的动力。那个旋涡的中心是你思考的起点，围绕这个起点，你的思绪不断在问题化联想的波纹中荡漾，于是就有了更宽广的触角、更深刻的思考、更丰富的体会，于是回归那个旋涡的中心，你又在灵魂深处的终极点上领会了生命的本质与意义。

2. 支架策略——提供问题推进的路径与线索

至于问题化作文如何扩展，就涉及一个支架搭设的问题。这里需要进一步说明的是教师要探索不同的作文类型，问题推进路径与线索有什么基本规律，因为这样才会给学生启发，泛泛的是什么，为什么，怎么样，并不能给学生实质性的帮助。前面我们已说过物象类作文的问题推演路径，那么如果命题是一个概念呢？比如，关于命题作文《魅力》①审题构思的问题化设计中，推演路径又是如何展开的呢？什么的魅力？比如说微笑的魅力。那么微笑的魅力是什么？设境遇问题：在什么样的情况下微笑的魅力是什么？设相近点：微笑的魅力不仅是什么，更是什么？设对立面：微笑的魅力不是什么，而是什么？设原因：因为什么，所以微笑的魅力是什么？设选择：与其说微笑的魅力是什么，不如说是什么？设假设：如果说＿＿＿，那么微笑的魅力就是什么？设转折：虽然说＿＿＿＿，但微笑的魅力是什么？

3. 教师指导的共性问题与学生生成的个性问题

在问题化推演的过程中，需要教师指导的共性问题，也需要学生生成的个性问题。教师指导的共性问题就可以是支架性问题，也可以是抛砖引玉的问题。如小学生作文中围绕一个节目表演场景的细节描写，教师搭设的共性问题是：前因、是什么、做什么、像什么、为什么。学生可以在这个基本框架下设计个性的问题。如一个学生是这样编列自己的作文问题的：

---

①　设计者：课题组成员（语文组），上海市宝山区通河中学，李苟楼。

①原由：在什么地方？干什么？谁？天气如何？是什么日子？我们心情如何？②是什么：穿什么衣服？神气如何？左手如何？右手如何？身体姿态如何？手里拿什么？观众有什么反应？③像什么：眼神似乎在传递什么？给了我们什么感觉？手的动作像什么？姿态像什么？联想到什么？动作代表什么？她心里在想什么？观众看了心里想什么？④为什么：节目意义何在？这样就使得这些问题成为了他写作的思维路径。他在写这个片段的时候就根据这些问题去思考和写作，使得场面描写更具象化。当然，有了问题之后写作的顺序如何，可以更灵活的处理，否则会破坏语感。

4. 运用聪明软件——思维导图

在问题化作文的教学过程中，由于需要更为立体地从多维度、多层次呈现问题扩展的路径，因此运用思维导图可以使思维更显性、交流更容易、图式更易获得。如图式化建构部分所详述的，在共性问题呈现时，教师可以把思维导图作为教的辅助工具，让学生在思考的过程中获得支架式帮助。在个性问题扩展时，学生也可以把思维导图作为学的认知工具，帮助梳理自己的思路，将问题逻辑化。同时也方便同学之间相互交流，获得启发。无论是作为审题立意的发散图，还是制作文章的结构示意图，书写写作的提纲，思维导图就像一个聪明软件让你更便捷地描述自己的思考，它是你思维延伸的有效工具。

5. 问题化作文的价值

问题化作文的价值，就在于它不是简单地教授写作的知识与技巧，而是通过问题直接指向学习者的思考与体验。要明白这个道理并不困难，就如前所述，问题不仅具有认识论与方法论的意义，还具有本体论与生存论的意义。问题可以很好地整合写作知识、作者情感与思维，因此不能把问题理解为仅仅是发展思维。例如"在你的灵魂深处，这件事曾经给你带来怎样的思考与感动？"可以说，人文领域的问题，通常是情感与思维的复合体。而一篇好的文章，可以通过问题的深化、扩展，从而获得更深刻的思想与更丰富的情感。

问题化作文还可以在一定程度上解决作文课上要么不指导，要么指导以后就雷同甚至连语言都一样的尴尬。这是由于师生们讨论的是问题，比如说"时尚就是时髦吗？如果不是，那又是什么？"甚至还从思考方法上去引导"旁人眼里的时尚是什么？他们是从哪个角度和层面看待问题的？你同意他们的观点吗？为什么？"因为大家相互给出的是问题，而不是既定的答案，因此每个人都可以有自己的思考，自己的观点，因此不会形成内容趋同的作文。而共性问题与个性问题，教师的支架式问题与学生的生成性问题，都可以使我们的写作在效率、效能与效果上，实现最佳的平衡。

当然，我们需要探索的东西还很多，比如不同的作文类型，学生不同的认知风格，需要我们用什么样的问题化扩展路径去引导他们，启发他们，这都是需要积极研究的内容。

五、问题化综合学习

语文综合学习在不同的地方有不同的名称，有叫语文综合活动，也有叫语文综合实践活动，上教版小学语文教材中则称呼为语言实践活动。语文综合学习的提出，是基础教育课程改革和发展的必然要求。首先，它是为了适应课程的综合化趋势而产生的；其次，它是语文课程自身改革和发展的必然产物；再次，它是研究性学习和语文实践活动相结合的产物。语文综合学习注重学生的自主选择和主动探究，培养问题意识，发展个性特长；注重拓展学习空间，丰富学生的体验，培养其实践能力；强调合作。因此，语文综合学习具有学习目标、学习内容与学习活动的综合性、生成性，学习过程的实践性，以及学习方式的自主性与合作性特点。

1. 问题化综合学习的基本结构

主题、专题、问题可以是问题化语文综合学习活动的基本结构。主题的内容是教材中给定的。在新课程的内容编排中，通常每个单元都会有一个综合学习活动。如人教版语文七年级下册的综合学习内容就包括："成长的烦恼"、"黄河，母亲河"、"我也追'星'"、"戏曲大舞台"、"漫画探险"、"马的世界"。高中语文第五册的综合学习则有"我说鲁迅"、"感受儒家文化"。

专题是指教师和学生围绕这个主题协商确定的学习内容。比如，"怎样的人生最精彩"主题中，可以开发的专题有很多，如"为什么说奋斗的人生最精彩"、"为什么说诚实的人生最精彩"、"为什么说有经历的人生最精彩"、"为什么说有作为有贡献的人生最精彩"。专题的设置可以是并列的，通常由一个小组合作共同研究一个专题；如果是教师主导的学习，专题也可以是递进的，如"感受儒家文化"，可分设"了解孔孟"、"儒学经典"、"我思我想"三个递进式的学习专题。

问题是指具体开展每个专题学习的时候，由教师引导或学生自己策划的问题。如在研究专题——奋斗的人生最精彩中，学生自己规划的问题是"怎样定义精彩（人生）的内涵"、"人生的长短是否能定义精彩"、"是否为人所知的人生历程才算精彩"、"人生的精彩包括哪几个方面"。

2. 问题化综合学习的实施过程

语文综合学习本质上是一种侧重语文实践的研究性学习活动。因此不要把它看成一节课就能完成的学习活动。它通常需要一个酝酿问题、提出问题、规划问题、解决问题、表达交流的完整过程。既然要研究，就需要一个周期。既然要实践，就可能涉及课内与课外。通常一个语文综合学习活动从策划到产出，可根据任务的难易程度合理安排时间，可以是一到两周，可长可短，自行调配。但不宜在单元教学结束后草草安排一节课甚至更短的时间让学生交流交流就完事。这对提升学生的语文实践能力没有太大的帮助，包括发现问题解决问题的能力，包括听说读写语言综合能力都没有什么帮助。有些老师可能会抱怨课时紧，一个综合学习就要安排2到3课时，觉得教学负担太重，来不及完成。我们在实践中觉得有两个策略可以协调好这个矛盾。一是有详有略的进行，也就是每个学期选择1到2个综合学习活动作为长作业模式，即需要两周时间完成的研究性活动，其他则作为短作业，即课前或课后的功课加1课时的全班交流。二是不一定要等单元教学全部结束后再去进行综合学习活动，可以贯穿在单元学习的过程中。下面给大家介绍一下如何基于问题进行语文综合学习活动。

①主题理解阶段：这个阶段引导学生理解教材中综合学习的主题。如"雨的述说"，从主题的内容上、内涵上，研究主题的角度上、层次上拓展学生思路与视野，激活学生的经验与体验，为师生协商产生专题作准备。主题理解可以是一个教学说明，只要安排一个教学片段使学生获得启发即可。但也可以是一个精心准备的情境活动，教师创设问题情境，准备丰富

的学习资源，以提供给学生启示与链接。

②专题形成阶段：师生协商确定需要研究的具体专题。学生根据对主题的理解思考自己对什么更有兴趣？选择怎样一个切入点进行研究？寻找谁做我的伙伴？教师可以思考学生选择的这个专题是否重要？学生为什么关注它、探究它？它对语文学习的意义何在？如何引导学生围绕专题展开建立合作小组？这些可以通过课后协商活动的方式完成。

③专题规划阶段：小组形成后，就需要在一起规划专题如何研究，策划专题研究的具体问题。教师则需要提供问题路径，如在"怎样的人生最精彩"主题中，教师的问题化启发可以是"你认为怎样的人生最精彩？""为什么？能否举出具体的例子，说明具体的理由"、"有没有反例，小组同学中需要有一个同学寻找反例，因为这是辩证思维的启蒙"、"结合自己的人生规划，你的进一步思考是什么？"等等，并确定需要完成的任务，如写一个专题小论文、完成 PPT 制作。学生可以在教师的支架问题下规划自己专题的个性化问题，围绕这些问题，小组成员可以分工合作，撰写计划与方案。这些活动建议在课堂上完成，因为它需要集中讨论的时间，包括教师启发、小组拟定、各小组课堂交流、师生互评问题等。

④专题实施阶段：根据研讨的方案，以及教师推荐的学习资源，可在课后进行研究与学习。在这个过程中，需要教师及时了解小组的进展并给予必要的帮助。

⑤汇报交流阶段：小组完成自己的研究后，应该安排集中的课时进行一次课堂交流汇报活动。如果说专题规划的时候主要是就提出的问题进行研讨，现在就是对问题的思考与结论进行研讨。互相点评的时候也可以继续提出问题，激发进一步的思考。如在"奋斗的人生最精彩"小组汇报完之后，其他同学提出："作为中学生的我们又该怎样去奋斗呢？""我们怎样做才能丰富伯乐人生的内涵？""被称为伯乐的人生是否永远只为他人付出呢？"因为这可以激活课堂、激发更深入的思考，为后面的引申写作做准备。

⑥引申写作阶段：到汇报交流，一个语文综合学习活动也可以算是告一段落。但如果要更好地提高学生的写作能力，也可以再安排一个延伸学习，就是引申写作。这是每一个同学都需要做的，但为了不增加学生的负担，教师需要考虑跟这个学期的作文教学与习作安排结合起来。

3. 问题化综合学习的实践价值

以问题化的方式进行语文综合学习，可以培养学生对事物的探究意识、问题意识，使学生更善于思考，并具有规划与反省的能力。问题化学习给语文综合学习打开了一扇窗，找到了深入实践的切入点。"主题—专题—问题"教学模式，找到了语文综合实践活动的一种切实可行的操作模式，是一种较为优化的课程结构，给学生学习语文提供了一套预期的学习目标，在这个过程中也可以提高教师自主设计课程框架的能力。由于具体的内容问题是与学生互动产生的，问题化学习使教师在语文教学中更耐心的倾听并理解学生的思维发展过程，真正与学生一起成长。在课堂中，对汇报者以提问的方式进行评定来传递对成果的反馈信息，再详细阐述反馈问题以及学生评定的问题，能促使师生的思维互动产生新问题，学习不断深入，超越预期目标。最后，教会学生问题化的思维方式能使学生形成更好的心智模式。

第三节 数学课程中的问题化学习

荷兰数学教育家范希勒夫妇提出了学习的五个阶段，数学学习的过程可以按照范希勒的五个阶段加以说明，其五个阶段如下。

阶段一：查询。教师让学生谈学习的对象，了解学生如何解释问题，让他们对所学专题有所了解，运用专题的有关语言和对象提出问题，做出观察，并计划进一步学习的步骤。

阶段二：受指导的定向。教师要仔细地安排学生探究活动，使学生一开始就认识到学习方向是什么，并熟悉其特定的结构。这个阶段的许多活动是完成一个步骤就能找到答案的简单任务。

阶段三：明了。学生在教师的促动下，根据以往的经验，运用确切的词汇来表达对结构的看法。这个阶段不能理解为"说明"，因为不是从教师那里接受知识，而是要有学生去主动观察。

阶段四：自由定向。在这一阶段中，学生遇到了多步骤的问题和用不同方法去解决的问题。他们自己寻找方法并解决问题，以积累经验。通过一定范围内的自我定向，将学习对象之间的许多关系理清楚。

阶段五：综合。学生讨论自己的方法，形成总体看法，进行思考活动。教师向学生提供知识的总体评述，对学生进行适当的帮助。

以上理论给我们的启发：学生的数学学习过程应是连续的，应该是学生主动探究一系列问题的过程。所以我们将数学学习看成是问题解决的过程，通过一系列问题的提出、解决，不仅习得知识，还历经解决问题的过程与方法，提高数学素养。

数学学习中的问题具有不同层次、不同类型。我们认为数学课程的特点是知识结构比较系统，知识的前后连续性、关联性强，通常旧的知识是新知识产生的前提。于是，我们将问题贯穿于数学学习的全过程，关注不同认知发展水平的数学问题的分类研究。影响问题解决的因素也是多方面的，比如问题本身的潜在联系性、学习者对问题的理解、问题学习过程的推理、针对问题学习过程的反思概括等，因此我们将关注数学问题化学习的教学实践，并探询与研究其中教师的作用。

一、数学课程中的问题类型

1. 从"现有问题"和"发现问题"角度分类

盖泽尔斯（Getzels，1987）从"现有问题"和"发现问题"角度区分了A、B、C三种数学问题类型：在A型问题中，问题的形式、解法和答案已经确定，但学生在学习时不知如何解决。例如学生已经学习了乘法分配律，但面对问题99×134的简便运算解答，一开始可能会遇到困难（没有想到利用拆数后进行乘法分配律）。B型问题也是给出现成问题，但学生不知道解答方法。例如"三角形面积"教学一开始，要求学生比较两个三角形的大小，学生意识到必须知道它们的面积。"怎样求三角形面积？"这一问题是现成的，但它需要学生自己通过已有知识去解决。C型问题是没有现成问题，必须自己去发现问题，任何人既不知道问题也不知道解答方法。比如在黑板上画一个正方形，并问学生"关于这一正方形能提出哪些问题呢？"在这里问题本身成为目标，它需要学习者去发现和创造问题。这类问题常常会成为数学家创造性工作的基础。

2. 按知识类型分类

按知识分类的观点来看，问题可以分为：陈述性知识的问题、程序性知识的问题和策略性知识的问题。

陈述性数学知识主要是关于一些数学概念、命题、公式、法则、定理、公理等方面的知识。陈述性知识的问题主要产生于运用数学概念、命题以及它们之间的关系。例如：什么样的图形叫三角形？三角形的特征是什么？

程序性数学知识主要是关于数学运算、算法之类的操作性知识。程序性知识的问题主要产生于运用数学概念、规则等进行推理及其推理后产生的认知操作。例如：96×125 运用乘法分配律怎样进行简便运算？还可以运用哪种方法使它简便？

策略性数学知识是关于如何获取数学知识的知识。它侧重于知识学习过程中内在的数学思想方法。策略性数学知识的问题核心是引导学生具有反思技能。例如：想一想刚才我们是如何获得三角形面积公式的？

3. 按学习内容分类

按数学课程标准，数学学习的全部内容由基本内容、拓展内容、专题研究与实践内容组成。

根据学习内容的组织可以产生问题。例如"年、月、日"。关于基础内容的问题有：联系生活实际，能说说年、月、日及其进率吗？相关拓展内容的问题有：你能根据信息，推算出几月几日是星期几吗？相关研究与实践内容的问题有：你知道年、月、日规定的由来吗？为何有"四年一闰、百年不闰"的说法？

4. 按认知水平分类

数学课程标准将学生的认知水平划分为：记忆水平、解释性理解水平、探究性理解水平。

记忆水平是指：能识别或记住有关的数学事实材料，使之再认或再现；能在标准的情境中作简单的套用，或按照示例进行模仿。用于表述的行为动词为：知道、了解、认识、感知、识别、初步体会、初步学会。据此要求提出的问题例如：你知道长方形的特征吗？

解释性理解水平：明了知识的来龙去脉，领会知识的本质，能用自己的语言或转换方式正确表达知识内容；在一定的变式情境中能区分知识的本质属性与非本质属性，会把简单变式转换为标准式，并解决有关的问题。用于表述的行为动词有：说明、表达、解释、理解、懂得、领会、归纳、比较、推测、判断、转换、初步掌握、初步会用。据此要求提出的问题例如：你能从特征的角度比较长方形、正方形的异同点并进行归纳吗？

探究性理解水平：能把握知识的本质及其内容、形式变化；能从实际问题中抽象出数学模型或作归纳假设进行探索，能把具体现象上升为本质联系，从而解决问题；会对数学内容进行扩展或对数学问题进行延伸，会对解决问题过程的合理性、完整性、简捷性的评价和追求作有效的思考。用于表述的行为动词为：掌握、推导、证明、研究、讨论、选择、决策、解决问题、会用、总结、设计评价。据此要求提出的问题例如：利用商不变性质你能探索出小数除法的计算方法吗？

5. 按教学探究的过程分类

驱动性问题：通常有教师设计的情境化问题，跟学生的生活经验有一定联系，帮助导入正题。驱动性问题一定是符合学生兴趣并且有一定挑战性的问题，这样才能驱动他们进行自主探究，从而激发学生发现问题。如在学习"小数的加减法巧算"时，教师创设到超市购物的情景，选用物品的单价（物品的单价设定具有可巧算的数据特点）汇总，需要用到小数加法的计算；付款找零需要用到小数减法的计算。当以小组为单位进行核价、计算比赛时，由竞赛的特点所引发的学生学习积极性被调动起来；而竞赛的结果，也就是小组计算时间上的差距，成为一个极具挑战性的问题，为何有的小组在计算中能在速度上胜出。于是通过自主探究、互相借鉴，由这个驱动性问题自然引发到本节课的主要内容——小数加减法巧算的学习。这样的探究驱动性问题的提出，为学生做好充足的学习准备打下了很好的基础。

探究核心问题：是整个探究活动最重要的问题，是与教学目标、教学重点相适切的。如在"三角形面积"教学中，教师一开始就提出课堂探究的核心："三角形面积怎样求？"通过学生自己动手探究，利用已有知识得到计算方法。

次级问题：围绕核心问题探究而形成的问题。例如上述"三角形面积"教学中，围绕核心问题学生分别探究："直角三角形面积是如何计算的？""锐角三角形、钝角三角形面积又是如何计算的？"当这三个问题解决后就完整地得到三角形面积公式。

二、教学中的问题系统组织

1. 根据知识（概念、定理、计算规则等）的内在要素或相互关系，形成问题集合

（1）按照概念的内在要素形成问题集合。从信息的处理方式和结果来看，概念是一种静态的、相对不变的事实性知识。概念之间各种复杂的组合构成了不同的属性，如果两个概念有共同成分，就可以通过这种共同成分，将概念彼此联系起来，组成网络。这个网络是一种具有层次性的结构，在这个结构网络里，不同知识的概括水平不同，在每一个概括水平上储存了可以用来区分其水平的属性。概念连接在一起就能形成问题集合。（例如："等腰三角形"教学中，将三角形和等腰三角形、直角三角形、对称等概念连接在一个网络里。通过这些概念之间的联结，就可建构一个内容丰富的问题集合。我们可以提出下面的问题：什么样的三角形是等腰三角形？三角形与等腰三角形之间有什么关系？等腰三角形与其他三角形的区别是什么？等腰直角三角形有什么特殊的性质？等腰三角形与直角三角形的区别是什么？）在这个问题集合里，当一个概念被加工时，该概念结点就会激活与之联系的各个概念形成新问题。教师在利用概念之间的关系形成问题集合时，一定要加强网络的层次性、概括性和结构性，加强各个层次之间知识结点的联结，使联系能够在这个网络中自动而快速地传递形成一个个新问题。

（2）根据定律的相互关系，形成问题集合。梅森（J. Mason）将解题过程划分为"进入"、"着手"、"回顾"三个阶段，同时强调探索（猜想和检验，包括对猜想进行改进）在整个解题过程中的核心地位。

进入：所已知的是什么？所要求的是什么？受阻时能够引进的是什么？

着手：什么？（进行猜测，对猜测进行明确的表述）为什么？（就所有已知的情况进行猜测）

回顾：可能有反例驳倒猜测吗？弄清楚猜测为什么是真的或如何对它进行改进？

按照梅森所提出的理论，我们在教学中可以形成问题化学习的问题集合。例如："能被 3 整除数的特点"的教学中，教师在课一开始就让学生回忆：能被 2、5 整除数的特点。接着提问：我们是怎样得到这些特点的？使学生回忆得到规律的一般方法：举例—寻找规律—验证。随后教师提出："能被 3 整除数的特点是什么？"教师试图为学生提供与有关知识内在的逻辑结构交融在一起的、一以贯之的、比较稳定的教学情境、思维方式和解决问题的策略，引导学生学会并主动进行知识、技能和策略的迁移。学生进行猜测：能被 3 整除数的特点可能是这个自然数的末尾是 3、6、9。于是学生根据自己的猜测进行举例验证结果发现规律并不存在。这时老师进一步提问：当举例—寻找规律无法验证原有的猜测时，我们必须及时调整猜测，那么能被 3 整除数的特点还可能有哪些呢？于是学生可能出现"能被 3 整除数的特点可能是各个数位上的数字相加的和是 3 的倍数"这一猜测，于是新的一轮举例—寻找规律—验证又开始了，而列举的大量例子证明了这一特点的存在。

2. 根据解决同类系列问题的学习进展（解决老问题、解决新问题、解决疑难题、发现新问题），形成问题链

在麦卡锡（McCarthy）的 4MAT 模式中，采用"四何"问题分类法，即"是何、为何、如何、若何"。①是何：通常是 What，Who，When，Where 为引导，指向一些表示事实性内容的问题。这类问题的解决通常对应着获取事实性的知识。②为何：通常是以 Why 为引导，指向一些表示目的、理由、原理、法则、定律和逻辑推理的问题。这类问题的解决通常对应着获取原理性的知识。③如何：通常是以 How 为引导，指向一些表示方法、途径与状态的问题。这类问题的解决通常对应着获取策略性的知识。④若何：通常是以 what...if... 为引导，指向一些表示条件发生变化，可以产生新结果的问题。根据数学课程的特点，数学学习应该是为学生提供能够反映所要学的知识、又能够与学生现有知识经验相关联的问题，而这些问题都涵盖在"四何"之中。

在数学学习中，通过学生运用自己已有的知识基础、能力基础、生活基础，用数学思维充分地进行问题的解决，这样能使学生对数学知识形成深刻的、结构化的理解，形成自己的、可以迁移的问题解决策略，而且对数学形成更为积极的兴趣、态度和信念。在问题解决的过程中，需要经过多次的反复和深化，必然有一个发展、改进的过程，必然包含一个交流、反思、改进、协调的过程。因此，我们认为问题化的学习是一个循环往复、持续发展的过程，必然是解决老问题、解决新问题、解决疑难题、发现新问题的循环过程。

在问题化学习中，教师的问题设计、学生的问题产生与解决，两者交织在一起最终形成了问题化学习链。

根据"四何"问题分类，上述关于"解决老问题——解决新问题——解决疑难题——发现新问题"的问题化学习链设计不是一成不变的，它有以下几种问题链设计。

①单式完全循环。单式完全循环是指问题化学习链可以从任何一种问题作为教学切入点。教学中，不一定按照"解决老问题——解决新问题——解决疑难题——发现新问题"的顺序进行，链中的每一环可以随意组合，但它含有"解决老问题、解决新问题、解决疑难题、发现新问题"四类问题。

示例：在函数 $y=A\sin(\omega \cdot x+\phi)$，$(A>0, \omega>0)$[①] 的教学中，通过引领学生亲身经历"分解难点、归纳抽象、各个击破、综合研究"等这样一个教学过程，使学生通过系列问题的解决，学会研究问题的一般方法，从而培养和提高学生分析问题、探索研究问题和解决问题的能力。在学过了正弦函数 $y=\sin x$ 的图像与性质后，在生产实际中某些发生周期性变化的现象往往可以用函数 $y=A\sin(\omega \cdot x+\phi)$ 来表示，把函数 $y=A\sin(\omega \cdot x+\phi)$ 与函数 $y=\sin x$ 对比一下可以看到：这里多了三个量 A、ω、ϕ，那么要研究 $y=A\sin(\omega \cdot x+\phi)$ 的图像，首先应该知道这三个量 A、ω、ϕ 分别在图像变化中所起的作用。这个问题该如何解决呢？我们可以引领学生利用已有知识，从具体到抽象、从易到难，逐个解决问题。

（1）解决老问题：研究函数 $y=\sin(x+\phi)$ 与函数 $y=\sin x$ 的图像之间

① 设计者：课题组成员（数学组），上海大学附属中学，李昉．

的关系（在一个周期内）。我们可以从具体到一般，首先研究函数 $y=\sin\left(x+\dfrac{\pi}{6}\right)$，$y=\sin\left(x-\dfrac{\pi}{6}\right)$ 与函数 $y=\sin x$ 在一个周期内的图像之间的关系。你得到的一般结论是什么？

（2）解决新问题：①研究函数 $y=A\sin x$（$A>0$）与函数 $y=\sin x$ 的图像之间的关系（在一个周期内）。我们从具体到一般，用五点法首先研究函数 $y=2\sin x$，$y=\dfrac{1}{2}\sin x$ 与函数 $y=\sin x$ 在一个周期内的图像之间的关系。你得到的一般结论是什么？②研究函数 $y=\sin\omega\cdot x$（$\omega>0$）与函数 $y=\sin x$ 的图像之间的关系。用五点法首先研究函数 $y=\sin 2x$，$y=\sin\dfrac{1}{2}x$ 与函数 $y=\sin x$ 在一个周期内的图像之间的关系。作图取点时我们应如何做？进一步思考这是为什么？你得到的一般结论是什么？

（3）解决疑难题：研究函数 $y=A\sin(\omega\cdot x+\phi)$，（$A>0$，$\omega>0$）的图像（在一个周期内）。①这里 A 是振幅，ω 是角频率，$-\dfrac{\phi}{\omega}$ 是相位移。这个函数中的三个量在图像的变化中同时起着各自的作用，应该比前面我们研究的问题更复杂些。我们还是从具体到一般，用五点法首先研究函数 $y=2\sin\left(\dfrac{x}{2}+\dfrac{\pi}{4}\right)$ 在一个周期内的图像，那么在作图取点时我们应如何做？②我们从这个函数图像上看到了三个量都起了作用，即图像的位置、图像的横坐标与纵坐标都有了一定的变化，那么这三个量到底发生了怎样的变化，才使函数由 $y=\sin x$ 的图像变到了函数 $y=2\sin\left(\dfrac{x}{2}+\dfrac{\pi}{4}\right)$ 的图像呢？③你能根据已有的函数 $y=2\sin\left(\dfrac{x}{2}+\dfrac{\pi}{4}\right)$ 图像，说出该函数的图像是由函数 $y=\sin x$ 的图像如何经过第一种变化得到的吗？④你能根据已有的函数 $y=2\sin\left(\dfrac{x}{2}+\dfrac{\pi}{4}\right)$ 图像，说出该函数的图像是由函数 $y=\sin x$ 的图像如何经过第二种变化得到的吗？

（4）发现新问题：我们今天研究的仅仅是函数 $y=A\sin(\omega\cdot x+\phi)$ 当 $A>0,\omega>0$ 时的图像，这里还有很多问题可以继续研究下去，你们看看还有哪些问题可以继续研究呢？

②单式不完全循环。单式不完全循环是指问题化学习链可以从任何一种问题作为教学切入点，可以从解决老问题开始，也可以从解决新问题或者解决疑难题开始，甚至从发现新问题开始。而且它根据实际情况，并不是"解决老问题、解决新问题、解决疑难题、发现新问题"四种问题都存在，只含有其中几种问题。

③复式循环。复式循环是指问题化学习链可以从任何一种问题作为教学切入点，它含有"解决老问题、解决新问题、解决疑难题、发现新问题"四种问题，链中的每一环可以随意组合。此种循环多见于单元教学设计中。

例如："勾股定理及其应用"的单元学习。其涉及的重要概念、定理是"勾股定理"；学习的重、难点是"应用勾股定理及其逆定理，解决简单的生活问题；勾股定理及其逆定理的证明"；整个授导解疑过程主线为"发现新问题（直角三角形边与边之间存在怎样的联系？）——解决新问题（已知直角三角形的两边，那么怎么求第三条边？）——解决疑难题（直角坐标平面内，如何确定两点间的距离？）——发现新问题（能把一米长的一根木条加工成一副直角三角板吗？）——解决新问题（三条线段，能构成直角三角形吗？）——解决疑难题（如何构造出直角三角形并解决有关边角问题？）——发现新问题（立体图形中如何构造出直角三角形并解决边角问题？）"。

3. 围绕学习的核心问题，师生互动不断生成一个个新问题，而这些问题通过学生探究、交流得到解决，小问题之间、小问题与核心问题之间的联结、推进、引导过程汇织成网，形成问题网

围绕核心问题进行学习探究的关键是要求学生运用数学概念、规则等进行推理，在思考中能够产生大量的"条件—动作"一系列问题来回应所面临的数学情境。

学生经过一定量的学习后，他们积累的数学知识与技能，头脑中储存了大量的"如果—那么"的规则，心理学称之为产生式规则。"如果"指明了规则运用的条件，"那么"是行为，不仅包括外显行为，还包括内在的心理活动或运算。

面对核心问题的问题情境，学生遇到符合规则的条件，规则就会被激活，产生大量的条件产生性规则，此时学生从大脑中提取出与任务有关的知识，并发出某些动作的指令，从而促进学生解决一个个相关问题。简单的产生式只能完成单一的活动，当需要的任务是一连串的活动时，就需要把许多简单的产生式联合起来，通过控制流而相互形成联系，组合成复杂的产生式系统，形成问题网。例如：在"植树问题"教学中，围绕核心问题"棵数与段数间的关系"，教师提出："长 12 米的道路一旁，每隔 3 米种一棵树，需要几棵树？"你能不能通过画简图的方式进行解答。于是，学生以个体的形式进行画图解答，汇总后发现有 3 种情况都符合核心问题所提出的要求，分别是两头都种的情况下是 5 棵树（棵数＝段数＋1），一头种一头不种的情况下是 4 棵树（棵数＝段数），两头都不种的情况下是 3 棵树（棵数＝段数-1）。至此，关于植树问题下的三种情况的雏形均已出现。这时，老师围绕着核心问题提出，总长或段长发生变化时，是不是以上的规律还存在，于是学生对以上的三种情况分别进行图示举例证明，得出规律。这时，一个产生于学生的问题出现了：如果这条路是环形的，棵数与段数间的关系又是怎样的？老师面对这样的生成性问题，再次引导学生从核心问题的解决中寻找规则运用的条件，也就是"是从小数据中举例，还是从画图入手，来发现规律"。结果学生通过画图很快地发现：原来在环形道路情况下，关于核心问题的解答就是"棵数＝段数"。有了这样的过程学习之后，有关于植树问题的各种变式，如"道路两旁种树"、"走楼梯问题"等等都可以化归为核心问题，学生在从"特殊推广到一般"的学习过程中，体验了方法学习的过程，提高了解决问题的能力。

三、课堂操作要点

1. 创设问题

要通过问题化学习使学生获得知识、方法、思维上的全面发展，首先要有一个"好"问题，因为学生的数学素质是通过这些问题以及对这些问题的主动探究、主动解决中发展起来的。我们认为问题应贯穿学习的全过程，问题要能有效地引发学生的思考，促进其探究，使其主动建构知识。因此，问题情境的创设就显得尤为重要。要设计好的问题情境，需要注意以下几点。

①生活性。问题源于生活，问题要以学生的生活经验为基础，要适合学生思维水平，也就是说要创设的是联系学生生活实际的数学问题。问题不仅要具有真实性，而且应有一定思考探索的价值，要与学习的数学内容之间有着本质的内在联系。当学生面对问题时，能自觉激活学生已有的数学知识与生活经验，调动学生对数学知识与解决问题之间的联系进行主动地思考，探索问题解决的方法。例如：在"巧算体积"教学中，提出一个问题：猜测两个橡皮泥作品哪个体积大？并说明理由。物体谁大谁小，是学生生活中都会遇到的问题。面对此问题，学生积极调动积累的各种知识、策略，进行动手操作，引发学生思考：物体的形状改变了，它所占空间的大小是不会改变的。即可以把容易变形的不规则物体转化成规则物体，从而计算出它们的体积。

由此可见，问题一旦与学生的生活实际相结合，就能有效地调动学生已有的知识经验，促进学生思考、解答。

②趣味性。设计一些具有趣味性的问题情境，使学生在一种愉悦的氛围中，对问题产生兴趣，有效地调动学生的学习积极性，引发学生去探究。

③开放性。设计开放性问题，即问题有相当的思考空间，解题的思路灵活多样，答案不一定唯一，有多种不同的解或有多种可能的解答方案。开放性问题冲破问题都只有唯一的"标准"解法和唯一"标准"答案的传统观念，这对于学生思维的灵活性和创新性的培养是有益处的。

④生成性。教师创设一种情境，其中隐含的数学问题由学生自己提出，通过他们的思考、分析，得到解答。这对于学生而言，是一种自主创造、自主探索。例如：在"长方体、正方体体积"教学中，当学生知晓如何求长方体、正方体体积后，有学生指出：石块的体积怎么求？为顺应学生的问题，我们对以往此单元的教学设计进行了调整，紧接着就进行"不规则物体体积"的教学。

2. 梳理问题

数学学习应该是学生通过运用自己已有的知识，用数学思维去发现问题，在一系列问题的指引下，自主地激活内在的各种因素去尝试解决问题。

①进行学习任务分析。学生建构数学知识是有前后关联的，任何一个新知的获得都是以已有知识为基础的。作为教学内容，这些知识之间尤其

有知识链的关系，那么学生主动学习的过程中就有一系列问题。为此，我们在教学前，结合学生的认知特点、学科知识特点，分析和研究学生的学习任务。学习任务的分析从两个维度进行：学习者分析、教学目标分析。从分析中才能将可能提出的问题进行梳理，以便在教学中提出有效问题，培养学生解决问题的能力。

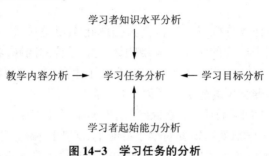

图 14-3　学习任务的分析

示例：在"长方体、正方体体积"单元教学中，我们进行了这样的问题化学习任务分析尝试。

1. 教学内容分析

本单元内容包括：长方体、正方体的认识，长方体、正方体的表面积、体积单位的认识；长方体、正方体体积计算。这些是小学阶段学习的最后一部分几何知识，通过教学进一步发展学生的空间观念，为进一步学习打下基础。

2. 学习目标分析

①认识长方体、正方体等立体图形的特征。

②理解和掌握长方体、正方体表面积的计算方法，并能具体应用，解决一些实际问题。

③理解体积和容积的意义，对常用的体积单位的大小有比较明确的观念，掌握这些单位之间进率和单位名数的变换。

④理解和掌握求长方体、正方体体积的计算公式，能运用公式计算体积、容积，解决一些实际问题。

3. 学习者知识水平分析

学生已学过面积的概念，知道如何计算长方形、正方形的面积，积累了一定平面几何的知识。在现实生活中，学生又大量的接触长方体、正方体物体，有一定的空间概念。

4. 学习者起始能力分析

学生已经历了面积概念的学习过程，自主探究出如何计算长方形、正方形的面积。经历了"联系已知——提出猜想——试验验证——得出结论"这一探究过程，初步具有探究的策略。

在进行学习任务分析后，进行有关问题化学习链设计，让问题贯穿成一条主线串于整个单元的教学。围绕问题化学习链的问题层层设计教学环节，有针对性的为学生提出问题、解决问题提供可能，有利于学生思维能力的培养，为培养学生的想象力开创了一个良好空间。

②学生生成性问题的预估。在课堂纷杂的问题化学习中，为了能使学生聚焦学习目标，在教学前就一定要对学生可能生成的问题做充分的预估。例如：在"减法和除法的运算性质"教学中，授课前按表14-2所示进行设计。

表14-2　"减法和除法的运算性质"学生问题预估

活　动	任　务	学生可能产生的问题
1. 猜想	观察黑板上我们整理的运算定律，你有什么想法？	我想知道除法和减法有没有运算定律？ 我想知道我们以前学习的运算定律会不会帮我们发现新的规律？ 我想知道……
2. 减法运算性质的推导	减法里会不会有运算定律？如果有应该是怎样的一种形式？	我在想会不会有减法交换律？ 我在想会不会有减法结合律？ …… 减法里是不是不存在运算定律？
3. 减法运算性质的运用	我们为什么要学习减法运算性质？	我该怎样告诉别人减法运算性质很有用呢？ 减法运算规律一定要用吗？
4. 模型建构	观察黑板上的运算定律和运算性质，你有什么想法？	这些运算定律和运算性质我都要一一记忆吗？ 它们之间有什么联系呢？ 用一个怎样的知识网络图表示呢？ ……

根据不同的活动任务，教师对学生的经验基础与可能产生的问题，关注方向/角度进行充分的估计。这种细腻的学情分析，有利于教师在课堂中把握聚焦核心问题的有效回应。

3. 课堂实施

①对问题条件的筛选。当我们把提问的权利下放给学生，让学生真的提问题，提真的问题，让他们带着自己的问题来学习时，就可能会遇到：学生提出的问题涉及的范围太过宽泛，或提出的问题不得要领，没有什么探究的价值，甚至没有思考的必要，此时教师就要引导学生"筛选问题"。

例如：在"我们的郊游"课例教学中，有这样一个片段。

师：我们乘车来到了锦江乐园（出示：图片）。

师：看，有哪些你喜欢的游玩项目？

（生举例）

师：这里还有一份乘坐费单，看了这份乘坐费单你能不能来提个问题？

教师发给每位学生一张问题纸，要求学生把问题填在问题纸上（让学生提问的过程不仅是激发学生主动学习、质疑问难的过程，同时也是了解学生的过程）。果然不出所料，学生的问题很多，有的出乎意料，有的与数学知识毫无关联，如何筛选问题既能不伤害某些学生的积极性又能得到主题与学习内容相关的问题？教师当时的做法是：让学生自己从"怎样可以玩得又开心又合算"的角度在小组内筛选整理问题，先试着讨论解决自己提出的问题，然后对不能解决的问题或合并同类项，或去粗存精，或直接提取主干问题，最后教师引导学生聚焦问题、自主提出问题。

师：谁愿意把你的问题说给我们听一听？

生1：观光缆车比小船贵几元？

师：谁会列式计算？

生2：20-10=10（元）

师：对不对？

师：谁还来把你的问题说一说？

…… ……

师：有25元钱，你怎样可以玩的又开心又合算？请小组合作，然后我们来交流。

生1：我选小船和旋转木马，10+5＝15（元）。

生2：这样不合算，还剩10元。

师：那你设计的方案是怎样的呢？

生2：我选观光缆车和旋转木马，20+5＝25（元）。

生3：也不合算，我选了快速滑行车、小船和猴子火车三个项目，10+10+5＝25（元）。

…… ……

师：想了那么多方案，小朋友真爱动脑筋。

②对问题生成的调控。教学过程是一个极具变化发展的、动态生成的过程，期间必然存在许多非预期性的因素。而这些稍纵即逝的、非预期性的因素和问题的孕育产生往往拥有无穷的教育价值，利用好这些即时的生成性因素、生成性问题，教学的过程才是极富创造性的、极具智慧的。这时需要教师拥有一双慧眼，能体察、关注生成性问题的产生，并及时地做出正确的应对。而作为课堂教学的组织者——教师必须做好以下三个方面：体察问题的产生；关注问题的变化；在体察、关注的基础上进行生成性问题的调控。

例如：在"轴对称图形"教学中，当学生了解了轴对称图形概念后，教师让学生动手操作、加深认识。学生通过折一折得知：正方形、长方形、等腰三角形、等腰梯形和圆形都是轴对称图形。此时有位学生提出：平行四边形也是轴对称图形。因为把它沿着对角线对折，剪开后旋转，两边完全重合，所以说它是轴对称图形。面对这个生成性问题，教师顺着学生的思维，当场用剪刀照学生的意见做了：剪开—旋转—重叠—重合。教师观察着学生的变化，只是提了一个问题："这位同学的想法对吗？为什么？"有学生慢慢地举出小手。我并没有直接请学生回答，而是要求小组讨论。随后交流讨论意见。一位学生说道："轴对称图形是指如果一个图形沿着一条直线对折，两侧的图形能够完全重合的图形。现在他把平行四边形剪下来后旋转才重合不符合轴对称图形的概念，所以不对。"教师问刚才提问的同学是否赞同同伴的想法，他点点头。随后教师说道："你不用动手剪拼就能想象，说明你的空间想象能力丰富，非常聪明。平行四边形也是一种对称图形——中心对称图形，这将在中学学习。"这样既保护了这位同学的积极性，又使其他同学在观察中动口、动眼、动脑中自主解决问题。

第四节　科学领域的问题化学习

科学领域的课程主要指义务教育阶段及高中科学领域的学科课程。其中包括小学科学（自然），初中带有综合性质的科学课程，高中综合理科，以及初中和高中的物理、生物与化学分科课程。

与其他学科的问题化学习相同，科学领域的问题化学习注重三位一体的问题学习，追求在发现问题中解决问题，又在解决问题中发现问题。注重基于问题系统优化知识结构、优化学习过程。但要特别说明的是，由于科学以探究为核心，而有探究价值的问题应符合以下几个基本要求。

1. 切实可行的：学生能够设计和实施探究回答这个问题；教师和学生容易获得资源和材料来完成回答问题所必需的探究；问题适合于学生的发展水平；问题可以分解成学生能够提出和回答的若干次级问题。

2. 有科学价值的：主要取决于问题是否包含了丰富的科学内容或科学概念；问题有助于学生联系科学概念。

3. 情境化有意义的：问题是否置于真实的情境中；问题对学生有比较重要的现实意义；问题涉及的现象对于学生来说是有趣的。

4. 尊重生命与生态的：研究的问题不能危害生命体与生态环境。

5. 可持续性：能够使学生较长时间参与问题的解决；问题是否能够产生更多的问题。

当然，在科学领域的学习中，探究不是唯一的方式。因此，围绕问题的学习也可以存在多种方式。从预备状态的启发式提问，到以教师预设为主的问题化教学，再到追求学生发现问题的开放式探究，都可以根据学习内容的特点，学生的实际情况，做出适当的选择与调整。

一、科学探究中的问题类型

与许多学科相似，科学领域最通识的问题包括是什么（what）的问题，也包括为什么（why），怎么样（how），假如（if）的问题。从问题结构、知识类型、认知层次、探究过程和教学推进的策略看，以探究为核心的科学问题包括多种类型。

1. 按问题结构来分

问题可以分为良构问题和劣构问题两大类型。良构问题是指限定性条件的问题，它具有明确的已知条件，并在已知条件范围内运用若干规则和原理来获得同一性的解决方法（例如根据密度差计算浮力和排开水的体积）。劣构问题的特点是具有多种解决方法、解决途径和少量确定性的条件。这些条件不仅不易操作，而且包括某些不确定性因素（例如根据空气的特性自制一种飞行器）。

2. 按思维类型来分

以思维探索问题答案的方向划分，可以把问题分为聚合思维（又称求同思维、辐合思维）的问题与发散思维（又称求异思维、辐射思维）的问题。

聚合思维是把问题所提供的各种信息聚合起来得出一个正确的或最好的答案的思维。聚合思维的问题指的是表现对接受性或记忆性信息进行分析与综合的那些问题，它可以引导你得出一个预期的结果或答案。提出与回答这些问题所包含的思维过程通常涉及的是解释、陈述相互关系以及比较与对照。集中思维问题通常由这些词开始：为何、如何、用何种方法……如"地球引力与静电吸力有何区别?"

发散思维是从一个目标出发，沿着各种不同途径寻求各种答案的思维。发散思维问题指的是表现在自由形成独立概念中的智力活动，或者对已有主题有一个新的思考方向或持新的观点的那些问题。提出与回答这些问题所包含的思维过程通常涉及的是预测、猜想、推断或重建。代表发散思维的问题通常由这些词或句子开始：想象、假定、预测、假如……那么……、如果可能、一些可能的结果是什么，如"如果可能，你觉得牙签还可以用来做什么？"科学探究过程中"发现和提出问题"需要发散思维。只有不依常规和求异才能"发现和提出问题"，才能对探究结果的可靠性进行"反思与评价"，才能对问题可能的答案做出大胆的"猜想与假想"。

3. 按知识类型来分

一是代表陈述性知识的问题：如木本植物有哪些类型，植物是如何进行光合作用的？

二是代表程序性知识的问题：如在实验中如何确定实验组和对照组，如何设计一个实验验证摩擦力大小与相互移动两平面光滑程度的关系？

三是代表元认知的问题：包括策略性知识、认知任务的知识与自我知识的问题。如用概念图的方式记忆概念对我来说是否有效？我最擅长用什么样的方法表达研究的结果？

4. 按认知层次来分

较低水平的问题：主要是记忆层次的问题，通过再认和回忆提取问题的答案。

中等水平的问题：主要是理解层次的问题，通过解释、阐明、翻译、举例、分类、概括、归纳、推断、结论、对比来解答问题。比如，描述当时发生了什么，解释是什么原因造成的等等。

较高水平的问题：主要是运用、分析、评价、创造层面的问题。运用的问题如：利用……的信息；开展一个实验表明……；执行一个程序表明你如何……;应用你所学的知识……。分析的问题如：辨别两者之间……,细节如何分解；通过比较与对比，你发现……；考虑另一种方法，有可能是……。评价的问题如：决定你是否……；对这个设计你如何评论；对这环境你如何判断；对这个情况你如何评价等。创造的问题如：能否发明另一种方法……；能否设计一个实验……；能否提出一种新的途径……。

5. 按探究过程来分

观察的问题：能从"这是什么""为什么会这样"等角度对周围事物提出问题。还需要进一步思考这个现象是有规律的还是偶然的？还伴随着什么现象？为什么会有这种现象？

假设的问题：能够根据观察中发现的问题与已有的科学知识相联系，尝试提出可检验的猜想和假设。对现象的原因提出可能的假设，推测可能是什么原因引起这样的现象？前人是否有关类似的发现，他们用什么方法、怎么解释这个问题？

验证的问题：能在实验中使用仪器进行一系列观察、比较和测量，会记录和处理观察、测量的结果，并从中选择相关的信息。用什么可以证明假设？为什么这样设计？能不能换种方式？等。

分析解释的问题：将证据与科学知识建立联系，得出基本符合证据的解释；能注意与预想结果不一致的现象，并做出简单的解释。为什么这个因素与现象具有因果关系？更深层次的机理是什么？这个结论若换个对象是否仍然成立？有没有例外，为什么会例外？这个规律有何应用价值？

6. 按探究的推进策略来分

驱动性问题：通常教师设计的情境化问题，跟学生的生活经验有一定联系，帮助导入正题。驱动性问题一定是符合学生兴趣并且有一定挑战性的问题，这样才能驱动他们进行自主探究，从而激发学生发现问题。如在小学自然课"磁铁"教学中，教学重点是通过自行设计实验探究和实验验证，发现磁铁的不同部位磁性有强弱，两端的最强。教学一开始的驱动性问题是："怎样用一块磁铁让它能拖动装有重物的小车？"教师设计了一个磁铁拉小车的游戏，引发学生注意观察可以用磁铁的不同部位去拉小车，结果是不一样的。引导学生通过多次尝试、比较，感悟磁铁不同部位磁性是有强弱的，初步发现问题。从另外一个角度讲，驱动性问题也是帮助学生发现问题的问题，是聚焦前的发散。

探究的核心问题：是整个探究活动最重要的问题，一定是具有科学价值的问题，与最主要的教学目标、教学重点相联系。如上述"磁铁"的教学中，当学生初步感知并发现磁铁各部位磁性有强弱后，就进入了课堂探究的核心："你能设计实验进一步证明磁铁的不同部位磁性是有强弱的吗？"通过用不同材料自行设计实验验证磁铁的不同部位磁性强弱是不同的。不过，如果课堂的导入开门见山，或者教师觉得没有必要安排初始的感知活动，而直接进入实质性的探究，则很有可能驱动性问题就是探究的核心问题。

推进问题（次级问题）：与语文的弥散性问题不同，科学领域中围绕核心问题的次级问题或推进问题之间，更是一种连环式的逻辑推理过程。体现了一定的次序与因果推论的过程。

二、基于问题集学习的课堂教学操作

1. 概念、原理的获得与问题集

在科学领域的学习中，发现、理解、掌握应用一个科学概念、科学原理，可以通过一个问题集的学习提高教学效率。

比如说在科学概念学习过程中，布鲁纳认为"一切成套的概念都是一些同类的思维过程，而且获取任何概念的方法基本上也是相同的。"而概念的形成就是形成新范畴的活动，所有的范畴分类活动，无非是在根据某些线索而舍去其他线索的基础上，鉴别事件并将事件归类。概念获得的教学结构序列如下。

阶段一：资料的呈现和概念的得出。①教师呈现有标记的例证；②学生比较肯定和否定例证的属性；③学生提出并验证假设；④学生根据基本属性阐述定义。

阶段二：概念获得的验证。①学生确认补充的未加标记的例证为"是"或"否"；②教师证实假设、命名概念，并根据基本属性重述定义。

阶段三：思维策略的分析。①学生描述思维过程；②学生讨论假设和属性的作用；③学生讨论假设的类型和数目、假设检验的方法。

以定义性概念两栖动物为例，为了让学生更有效地记忆与理解两栖动物一系列的特征，就可以用问题化的方式进行组织（参见第三章示例）。

问题化的组织可以帮助学生在概念获得阶段进行有针对性的辨别，也可以帮助学生在思维策略分析阶段，运用概念图的方式对两栖动物的全部属性作出整体性假设（一般认为整体性假设更为有效）。

2. 科学探究的基本过程与问题集

根据科学探究的基本过程，也可以通过问题化的组织支持探究的整个过程。

①提出问题：从提供的信息中你已经知道了什么？你发现了什么？你

有疑惑吗？你想知道什么？

②猜想与假设：根据你的经验，猜想一下会是怎样的结果呢？请你思考一下，这会是什么原因呢？

③制定计划：你准备做什么？怎么去做？你能列出实验的内容与步骤吗？你需要帮助吗？假如需要与人合作，你们会怎么分工呢？

④观察实验制作：在做实验时你会考虑用怎样的器材和工具呢？怎么操作呢？实验时需要注意什么？实验时应该记录什么？怎样记录呢？你能否设计一张实验记录的表格？

⑤搜集整理信息：你观察到什么？这意味着什么？你准备用什么模型去分析这些数据呢？

⑥思考与争论：你得到的数据支持原来的假设吗？根据得到的数据你发现了什么？怎样根据数据来解释现象呢？

⑦表达与交流：你能用最擅长的方式表达探究的结果吗？（语言、文字、图表、模型等）在探究的过程中你有什么感受与体会？你倾听了别人的探究结果有没有好的建议？

3. 知识单元的整理与问题集

问题集还可以用来整理单元知识，如细胞知识专题中，围绕什么是细胞：①细胞内有什么物质？②细胞是如何构成生物体的？（其中包括，在结构方面，细胞如何构成生物体？在数量上，细胞如何构成生物体？没有细胞结构的生物体有吗？有没有只有一个细胞构成的生物体？）③细胞有哪些基本结构？（其中包括，动物细胞与植物细胞在结构上有什么区别？各结构的功能如何？）④细胞有多大？（其中包括，怎样才能看到细胞？细胞是如何被发现的？）

问题集可以帮助组块知识的形成，对整体性的记忆与理解有较大的帮助。

三、基于问题链学习的课堂教学操作

1. 变式学习与学习迁移：解决老问题、解决新问题、解决疑难题、发现新问题

学生在教师指导下将概念和原理应用于变化的情境，即进行"变式学习"。所谓"变式"就概念来说是其正例的变化，就原理而言是适合它解释情境的变化。概念和原理在变式的情境中应用的过程是加深概念和原理理解的过程。这时，学生还应该从概念和原理应用中体会到概念和原理应用的条件。而学习者能将习得的概念和原理应用于未练习过的新情境，这也就是学习的迁移。

对概念与原理进行灵活的应用，可以采用解决老问题、解决新问题、解决疑难题与发现新问题的问题链模式进行教学，以促进知识的掌握与迁移。

示例： 探索空气[①]

学习环节	学习行为	问题类型
趣味实验1——体验实验旅程：瓶子能"吃"鸡蛋	通过观察体验、合作完成"瓶子能'吃'鸡蛋"的实验过程，理解空气热胀冷缩的特性。	解决新问题
趣味实验2——自主实验，探究结论：有孔的瓶子不漏水	第一层实验，转换一个问题情境，在教师的带领下，师生共同解决"有孔的瓶子不漏水"的实验。让学生进一步体验空气占据空间、大气有压力、热胀冷缩的科学原理。	解决老问题
	第二层实验，让学生根据相关知识，自主合作，自行设计、解决几个新问题：你能把瓶内的气球变大吗？变大后你能控制它往小变化吗？你能让水槽中的水按要求进入烧瓶里吗？	解决新问题
	第三层实验，给出改变原来问题情境中的实验条件，寻求新的解决方法，进行问题的变式学习。	解决新问题

---

① 设计者：课题组成员（综合组），上海市宝山区青少年指导站，须文娟.

续表

学习环节	学习行为	问题类型
趣味实验3——对照实验，数据统计，探究结论：苹果汁变色与空气	1. 苹果汁变色可能是由于苹果果汁发生变质所引起的。 2. 苹果汁变色与空气的关系。 3. 影响苹果汁变色的是空气的哪种成分。 4. 建议思考：如何防止苹果汁变色，有哪些新招、绝招。	解决疑难题
综合实践、创造解决	你能根据空气的特性自制一种飞行器吗？	解决疑难题
探求问题、自主解决	你能发现空气中的其他问题吗？	发现新问题

解决老问题时，由于这类问题的问题情境呈现过或类似，答案是明确的或可以预见的。因此在问题解决的过程中，可通过信息的收集、整理或回忆，直接使用相同或类似问题情境中的方法与规则解答问题。

解决新问题时，由于要求学生对已有的信息进行分析和综合，提供一个或几个确定的答案。此类问题需要大量的思考，但一经思考，答案往往是固定的，属于较狭窄的问题。这就需要唤醒学生的知识经验，产生困惑，从不同方面、不同角度进行分析与综合，并形成认知冲突，从而进行经验重组。

解决疑难问题时，由于要求学生超越对知识的简单回忆，运用自己的想象力和创造性思维对原有知识和经验进行重新组合，产生一种独特、新奇的答案。它往往没有确定的标准答案，属于较开放的问题。这类问题的探究策略是体验困惑——问题发现——猜想假设——实施验证——分析解释——总结结论。

发现新问题时，这是学生自己在新的问题情境中发现新的问题条件，这类问题更注重批判、质疑和反思。需要综合应用探究策略，把新形成的思维技巧应用于新问题的解决。

2. 认知的程序、推理的过程与问题链

科学的思维样式可以分为两大类：一类是线性思维，它按一种逻辑通道一条线进行思维，即一个原因决定一个结果，结果又决定下一个原因。抽象思维（即逻辑思维）、聚合思维属于线性思维；另一类是非线性思维，它打破逻辑框框，利用发散、形象、直觉等方式进行思维，原因决定结果，结果又反过来决定原因。发散思维、形象思维和直觉思维属于非线性思维。科学探究过程中思维的基本特征是灵活运用线性思维和非线性思维。

严密的逻辑推理，主要是一种线性的思维。线性思维的过程具有连续性，每一步都按逻辑规则和规定的程序进行。线性思维的方向具有单一性，即单向思维，它从一个方向思考问题得到一个结论。线性的问题组合在一起，就是问题链的形式。

线性思维的结果具有唯一性，追求标准答案，满足于得到一个正确的结论和一种满意的解释。在科学探究过程中仍然要以线性思维作为基本的思维样式，对所获得的事实与证据进行归纳，得出正确的结论。这在实验探究与分析中是常见的，如"怎样使橡皮泥浮起来"实验中的问题链①。

- 猜测——可以把橡皮泥捏成什么形状，让它浮起来呢？
- 联想（联系生活）——为什么会想到这种形状？
- 疑问——这些办法有效吗？
- 实验——我们通过怎样的实验来验证？
- 发现——哪些形状能使橡皮泥浮起来？
- 分析——为什么捏成_____形状的橡皮泥容易浮起来呢？
- 比较——碗状的橡皮泥与原来的这块橡皮泥比，发生了什么变化？
- 疑问——你怎么知道它体积变大了呢？你有什么办法来证明呢？
- 讨论、归纳——为什么碗状的橡皮泥容易浮起来？
- 实践——造一艘碗状的橡皮泥船。载重的材料是回形针，比一比，

_____

① 设计者：课题组成员（科学组），上海市宝山区月浦新村小学，赵金.

哪组的船载重量最大？

- 知识运用——有什么办法让橡皮泥船承重稳定性更好？
- 新问题——物体的沉浮除了与它在水中的体积有关，还可能与哪些因素有关呢？

四、基于问题网学习的课堂教学操作

在科学探究过程中，我们要在培养学生线性思维的基础上进一步培养非线性思维。通过比较、分类、归纳、概括等方法认识知识之间的联系，形成合理的认知结构；通过形象思维、发散思维的训练大胆地"猜想与假设"。开放式的探究通常具有立体思维的特点，一般围绕一个核心问题，从不同的方向发现问题、提出问题、猜想假设。围绕核心问题的开放式探究，可形成核心问题与次级问题，次级问题与次级问题之间的探究网络。如围绕"怎样使沉的物体浮起来？""摩擦力的大小跟什么有关？""物体的承重能力和什么有关？"这些问题，引导学生发散思维，大胆猜想。可以引发很多探究的次级问题，如"是否改变形状就能使沉的物体浮起来？""改变液体的浓度呢？""借助'浮'的物体能使'沉的物体'浮起来吗？"等等。

围绕核心问题的开放式探究需要注意以下几个方面。

①创设安全的心理环境，鼓励学生大胆提问。当前课堂教学中学生不敢主动提问，许多学生担心：我提的问题太简单了，老师和同学会嘲笑我吗？如果我提的问题跟今天的课没有关系老师会批评吗？如果提出的问题连老师也答不了，老师以后还会让我发言吗？如果……好多学生往往不敢提问，生怕老师批评或反感，生怕问题浅了引得同学嘲笑，要克服学生的紧张心理、害羞心理，打消学生的心理疑虑，让学生的心灵获得宽松自由的环境。教师在教学中要营造宽松的教学环境，允许学生自由提问，允许学生提出幼稚可笑的问题。因为只有学生在心理上感到安全时，才不会害怕表现和发展他的发散性思维，从而让学生充分表露灵性，展现个性。

②聚焦核心问题：科学探究围绕着有价值的问题进行探究，在教师创设情境引导下，学生提出的问题太多时，怎么办？如果这些问题都在课堂

中解决，那么课堂学习就是低效的学习，我们就从一个极端走向了另一个极端。而且学生提的有些问题不得要领，没有什么探究的价值，甚至没有思考的必要。因此"筛选问题"是当务之急，可以根据切实可行的、有科学价值的这两个基本标准引导学生评议筛选。

③安排问题讨论，解答疑惑，促进观点交流。讨论问题是一个重要的环节，它体现学生思维的火花，也可能反映出新的问题和疑惑。在讨论中，学生自由大胆地汇报自己的想法，教师通过鼓励学生真正的尝试，支持那些大胆但讲不出明确想法的学生。要告诉学生解决问题的方法不是唯一的，经过实践、交流和思维的加工，获取到自己认为有科学依据的方法，这就是我们学习过程的一个重要部分。

④设置结构性的研究材料，激发质疑兴趣。学生是学习活动的主体。他们对周围的世界具有强烈的好奇心和积极的感知能力，教师是学生学习活动的组织者、引领者和亲密的伙伴，材料的结构性程度如何，直接影响学生发现和探究问题的效果。教师要选择提供足够的有结构的材料，使学生自主的天地更广阔，机会和时间更多，参与程度更高。教师平时还要深入学生，具体了解他们在学习上的认知特点和思维方式，因势利导地把握好问题空间，促使学生在一定的问题情境中产生"是什么""为什么""怎么办"的求知欲望，从而激发质疑兴趣，以趣生疑，有疑引思，促使学生不断发现问题，提出问题。

五、基于问题二维架构下的课堂教学操作

在科学领域的问题化学习中，比较适合的有两种二维表。一种是围绕是何/为何/如何/若何，与解决老问题/解决新问题/解决疑难题/发现新问题形成的二维表，它比较适合于情境变化中的变式学习，并尝试着用不同的问题类型即是什么、为什么、怎么样、假如去丰富思考的角度（如表3-3）。另一种是围绕何/为何/如何/若何，与布卢姆的六级认知分类形成的二维表，它更适合于指向目标的教学（如表3-5）。

科学探究中如何让学生科学地表述问题也非常重要，需要教给学生提问的方法。表述问题是指把在科学观察和探究中产生的问题用言语表达出来，它是一个由思维向语言转化的过程。首先，教师在创设情境后，要给

学生一定的思考时间。问题表述能力的培养训练了学生的思维能力，培养了学生的语言表达能力。学生有了问题，碰到疑难，要会用简洁明了的语言表述出来。其次，教师应该尽量让学生自己提出问题，并针对学生提出问题的情况进行指导。学生提出问题的过程是锻炼学生问题意识的重要阶段。在学生提出问题的过程中，可以看出学生是否真正把握了问题的特征，学生不能正确表述问题的原因是什么，然后针对学生出现的问题进行指导。对学生的指导应该处于元认知水平或者认知水平上，即应该对学生提出"为什么这样认为"或者"如果……那么……"的问题。通过这样的提问让学生明白自己对问题的表述是否正确，并进一步思考如何正确表述问题。在学生正确表述问题、提出问题后，教师应该对问题进行解释说明，即指出问题的初始状态、目标状态及两者之间的障碍，让学生在总体上准确把握问题。教会学生善于表述问题方法。

①教师的课堂提问起到示范作用：教师的课堂提问要简洁明了，不拖泥带水、模棱两可。直接提问，不拐弯抹角，不故弄玄虚，问题清晰，表达完整。这样，对学生问题表述起到很好的示范作用。

②教师对学生的提问适当加以修改：教师可根据实际情况对学生的问题加以修改，使问题的表述更合理、更确切。

第五节　综合领域的问题化学习

综合学习有七个特征①：①重视实际体验；②重视学习与生活的需要；③重视与自然、文化、社区人士的接触；④重视儿童自主的探究活动及其过程；⑤综合学习的内容具有发展性，能不断衍生其他各式各样的学习活动；⑥整个学习过程都贯穿着中心的主题；⑦综合学习重视与他人的合作。

根据学习内容的综合程度，综合领域的学习可以分为多学科综合，跨学科综合与超学科综合。

多学科综合：指不打破学科界限，只是在教学必要时通过共同的知识背景、基本原理、价值观念等来实现不同学科之间的沟通，严格意义上它

---

① 刘启迪. 论综合课程的学习活动方式 ［J］. 课程·教材·教法，2000（4）.

是一种拼盘式的多学科综合学习。

跨学科综合：是指围绕某一主题，将学科知识教学与学生生活结合起来的学习。这一模式包括两种组织方式：第一种是以某一学科为主开展跨学科的学习活动；第二种是围绕一个共同主题开展跨学科学习活动①。跨学科学习通常包括组织各种活动，但它不同于传统的儿童中心的活动，并不排斥学科教学，而是通过活动将各学科知识联系起来。从课程的角度上说，体现为综合课程与学科课程、学科课程与活动课程的有机统一。

超学科综合：是一种超越或忽视学科的以经验为中心无学科痕迹的课程。一种是经验课程，从儿童兴趣出发，围绕各种具体生动的活动或问题情境组织活动或展开问题解决过程。比如建立一个乌托邦式的社区，或建造一个游乐场。而另一种是核心课程，是以重大社会问题为中心的学习。围绕某些困扰当代社会的关键性且有争议的问题，如冲突和暴力为核心，然后引出几个学科的内容来研讨这个问题，鼓励学生批判性地研究社会问题，发展创造性思维。

还有一种综合学习是建立在融合课程与广域课程基础上的。融合课程更强调各学科间的联系，把部分学科统合兼并于范围较广的新科目中。它就是将同一领域的或不同领域的某些学科加以合并，编制成为新的学科。在融合课程中，每门组成的学科都要丧失它们各自的特性，从而形成一种新的联合。如美国的地球科学，就是主要将地理学和物理学的某些领域加以合并而成的一门新的学科课程。广域课程与融合课程相比，只是在综合范围上的差别，广域课程比融合课程更为宽泛，往往包含某一完整的知识分支或知识领域，将相关学科的知识或原理从整体的角度考虑，从更广阔的知识范围内重新组织课程内容，容易形成独立的学科，设计成一种有机的整体性的课程。最显著的例子是日本的综合理科课程与美国加利福尼亚新的社会学科课程。

国内开展的研究性学习（在上海称研究性学习或探究性学习，其他地区则称为综合实践活动），是以课题研究作为主要学习方式的校本化的综合实践活动课程。它可以是学科知识的拓展研究，也可以是运用各门学科知识综合研究社会和自然中的一些问题，还可以是主题性的问题探究活

---

① 王洁. 综合课程开发与案例 [M]. 上海：文汇出版社，2002：21.

动。它是学生根据自己的实际，自主选择研究课题，综合运用所学知识，进行研究性学习。因此，它是一种比较灵活的可能涉及不同综合类型的实践活动。

综合领域的课程设计有三个基本取向，即学科本位取向、儿童本位取向与社会本位取向。内容的组织方式可有以概念为中心的组织、主题/问题为中心的组织及方法为中心的组织。问题为中心的课程学习与问题化的综合学习有一定的联系，都是通过问题来组织课程与学习，都注重学习的过程与学习者的自主参与，都注重通过问题整合学科知识与学生经验，学术问题与现实问题，从而使学科本位、儿童本位、社会本位的课程趋向理性平衡。不同的地方在于，问题化学习更强调通过问题系统的组织，来优化学习内容与学习过程，以形成一种合理的序列与结构，从而克服传统的问题中心课程忽略学习系统性、顺序性，以及学习材料逻辑性不足的缺陷，进而实现一种既有效能（注重能力提升）又有效率的学习（注重知识的体系性获得）。

综合领域的问题化学习可能拥有的问题类型，并不像特定的学科那样具有明显的背景性知识特征与学科教学目标倾向，它可能更为灵活、通识，可能会涉及先前所述的诸多问题类型。由于其学习的综合性、扩展性，问题系统的组织模式则更多地表现为围绕一个大问题/主题/课题而展开。至于如何展开，展开之后形成何种类型的问题系统，则取决于综合学习的课程类型、基本取向、内容结构、组织线索，以及学习的过程与方式。

在综合学习中，无论具体的学习过程如何展开，其学习的源问题（主题/问题/课题）通常可以根据内容的综合程度与来源取向，分为学科学习中的拓展问题、跨学科的共同主题、真实情境中的复杂问题等。

一、基于跨学科共同主题的问题化扩展学习

跨学科共同主题的学习，就是围绕同一个主题，如"生活中的精灵——0.618"，运用不同的学科知识解决同一个问题，或是同一个问题在不同学习领域中的解决与迁移。共同主题是综合领域的一个术语，目的是通过跨学科学习，理解共同的主题和共通的原理。自然和社会中存在着一

些共通的规律和法则，通过跨学科的学习，可以加深对它们的理解，并有助于形成对普遍规律的认识和实践能力。

主题的选择：①主题的选择很重要，通常以学生的兴趣为起点，但却不能以满足学生的兴趣为终点，因为它不同于超学科学习更多以儿童的经验为本，它还需要学科的学习目标。深入"兴趣"，则可以进一步把兴趣转化为问题，如"生活中有哪些黄金分割？"②主题选择的另一个重要标准，必须是内涵丰富有价值的。就是在不同的学习领域都可以找到主题的内涵，这样才具有综合的价值。如"节奏"就可以作为一个跨学科学习的共同主题。首先，我们可以说明什么是节奏，即某种可比因素有规律的反复。然后，我们可以从不同角度认识节奏现象。从自然学习的角度，认识四季的更迭、昼夜的交替、花开花谢、潮起潮落等节奏现象。从体育学习的角度，认识人的呼吸、脉搏，人体的运动变化等节奏现象。从音乐学习的角度，认识节奏在音乐中所具有的重要作用（旋律、和声、节奏构成音乐的三要素），认识节奏是形成不同音乐风格的重要因素之一。从语文学习的角度，认识段落的疏密、文学作品中情节的变化所体现的节奏感。从美术学习的角度，可以认识线条的虚实疏密、明暗和色彩的呼应、构图的聚合所形成的节奏变化，并在美术创作和设计中自觉地运用节奏规律，达到更好的艺术效果。

那么，在选取主题之后，如何进行问题化的扩展呢？通常要做到以下几个教学要点。

①确定共同主题，创设问题情境。共同主题具有跨学科的特点，但总要有一个学习的切入点，比如"节奏"，我们可以选择学生最熟悉的音乐中的节奏，或朗读中的节奏，然后创设更多的通感情境，让学生发现在不同的情境中都可以找到节奏的感觉。

②选择合适的渗透与扩展领域，提供丰富的学习资源。如果选取的主题是丰富有价值的，就可以在不同的领域找到它的内涵。要帮助学生寻找到关于这个主题在不同学习领域的共同价值，就需要提供充足的学习资源。

③师生互动产生子问题。如示例"生活中的精灵——0.618"中所呈现的学生可能产生的问题、教师的引领性问题等。

④问题优先度考虑，编列合理的问题系统。如老问题、新问题、疑难

题等，也可以按照其他方式编列。学生可以选择自己喜欢的子问题与他人合作研究。

⑤根据子问题设计具体的学习任务。如运用0.618原理将所给的图片进行重新构图，设计具体的学习过程与对结果的评价。

示例：生活中的精灵——0.618[①]

设计思路：黄金分割原理在美术中被大量地应用，在生活中也被人们所广泛应用。对于初中生来说，黄金分割的概念要在初三的数学中学到，同时学生也只是简单理解为数学概念或数字，并不能够真正体会出黄金分割背后所体现的艺术美感。因此我们是从平面的艺术作品开始讨论，第一课时是简单的黄金分割概念的引出；第二课时是着重在立体的范畴内讨论、分析黄金分割；第三课时是在音乐和表演的综合领域内讨论黄金分割；第四课时是在生活中的其他领域，如饮食、统筹、财经、体育等领域内进行分析。在教学设计中由浅入深，由表及里，层层深入（如下图所示）。

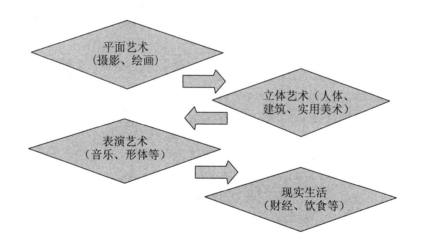

---

① 设计者：课题组成员（综合组），上海市宝山区虎林中学，周卓群、施珏。

问题链（主线）：

引出主题：

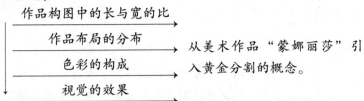

学生可能产生的问题：①从什么角度评价美术作品？②大部分美术作品是否也从这几方面去看？③黄金分割是什么？④黄金分割具体解决什么问题？⑤怎么理解黄金分割？⑥黄金分割与美术作品有怎样的联系？

教师的引领性问题：①"蒙娜丽莎"的经典之处？②构图的长与宽有什么特别？③布局上、色彩上、视觉效果上又如何？④从"蒙娜丽莎"中你得到怎样的启发？⑤什么是黄金分割？⑥黄金分割是怎么来的？⑦黄金分割数又是什么？

组队的要求：个体学习——→个体发现——→小组讨论——→小组创作

解决老问题：

学生可能产生的问题：①如何将黄金分割与实际的美术联系起来？②操作时要注意些什么？

教师的引领性问题：①黄金分割在"蒙娜丽莎"中有所体现，那么在绘画中呢？②建筑中是否也有黄金分割呢？③其他美术方面呢？

解决新问题：

摄影
形象设计
建筑
戏剧

→ 除了在美术作品中应用黄金分割，也在相类似领域中去应用。

学生可能产生的问题：①在与美术相近的领域中，哪些可以应用黄金分割？②如何由之前的知识延伸到摄影、形象设计、建筑、戏剧表演呢？

教师的引领性问题：①摄影与美术相类似，是否也可以从构图、定位、布局等方面思考。②能利用黄金分割思想雕刻"东方明珠"的模型吗？③能否利用黄金分割的思想使用所给的橡皮泥来设计一个茶壶，从茶壶的形状、茶壶的容积等方面去考虑。

解决疑难题、发现新问题：

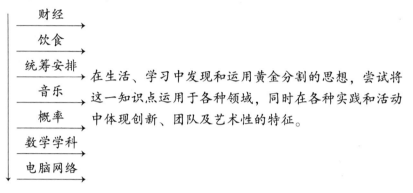

财经

饮食

统筹安排

音乐

概率

数学学科

电脑网络

在生活、学习中发现和运用黄金分割的思想，尝试将这一知识点运用于各种领域，同时在各种实践和活动中体现创新、团队及艺术性的特征。

　　学生可能产生的问题：①在实际生活中有多少"黄金分割"？②如何把"黄金分割"升华？

　　教师的引领性问题：①找寻一下生活中渗透"黄金分割"的问题或现象。②电脑网络与黄金分割的联系？③如何在各个领域中真正使用黄金分割？④能利用黄金分割进行怎样的创新？

二、超学科问题化学习

　　超学科学习中的主题/问题/课题，通常是一个真实世界中的开放性任务。如设计一则广告，表演一个幽默故事，设计一个高效率的桐木结构等。超学科学习中比较常见的有"基于问题的学习"（PBL 模式，Problem Based Learning），是指把学习设置于复杂的、有意义的问题情境中，通过让学生以小组合作的形式共同解决复杂的、实际的或真实性的问题，来学习隐含于问题背后的科学知识，以促进解决问题、自主学习和终生学习能力的发展。问题情境、学生、教师是"基于问题的学习"三大基本要素：问题情境是课程的组织核心，学生是致力于解决问题的人，教师是学生解决问题时的工作伙伴、指导者。

　　超学科学习中，问题具有真实性、劣构性、挑战性。问题解决则需要灵活性、创造性。教师在指导此类问题解决时，可以建构阶梯性的问题例案，循序渐进、由易到难，搭建支架，帮助解决最终的问题；也可以采用头脑风暴的方式引导解构问题，分解任务，最终解决问题。

1. 建构阶梯性的问题链

通过类比问题跨领域的延伸扩展，在系列问题的解决过程中呈现阶梯性。综合领域的问题解决对学习者的要求很高，一般需要创造性解决，很多教师深有体会。"解决老问题——解决新问题——解决疑难题——发现新问题"的阶梯性学习链，以降低综合学习的难度，提高学习效率。

比如，在"广告的启迪"[①]这一超学科的学习中，学习最终的任务是设计游艺秀创作与宣传。于是，教师设计了三个阶段的学习。第一个阶段是体验广告宣传的方法。问题1：你将应聘成为 Omer 广告公司的职员，如何为自己作介绍和宣传呢？问题2：你知道哪些广告宣传的方法？问题3：你能为一只普通灯泡做即兴的广告宣传吗？问题4：通过刚才的活动，你对自己有哪些新的认识？第二个阶段是能用所给的材料做一个即兴的广告。问题1：你手中有一个打了结的绳圈，你能用它创造出哪些物品的商标？问题2：用圆形裁剪成的纸片，你能创造出哪些东西？问题3：用橡皮泥和吸管，你能创造出哪些东西？问题4：小组合作，用所有这些材料创造一件物品，用小品（故事）表演的形式进行商业广告。问题5：通过刚才的活动，你对自己有哪些新的认识？第三个阶段创造一个俗语并进行游艺秀创作与宣传。问题1：小组合作，用所给的材料做一项富有创意的帽子，想一想，创造一个俗语怎样宣传使它更有吸引力？问题2：用所给的材料，创造一个乐器并进行表演。

2. 挑战性劣构问题的解决

挑战性的劣构问题，一般一上来就是一个疑难题，然而我们应当最大限度的保留问题的原始情境，在学习的过程中由学习者自己逐步分解，教师进行适时的帮助、指导。

如"幽默故事的表演"[②]案例中所呈现的，一般的学习流程包括：

①呈现疑难题情境：如何来创作并表演一个幽默的故事？（要求：队员要分别扮演一个木偶、一个搞笑者、一个肖像和它的影子，表演包括一个

---

①②　设计者：课题组成员（综合组），上海市宝山区实验小学，朱文琴.

喜剧性的事件，事件发生的结果要比通常快得多，表演中参赛队还要自创两个角色。）这时，学生可能产生的问题有：幽默故事的表演有时间限制吗？哪些是得分的关键？可以添加角色吗？如何来确定幽默故事的主题呢？

②头脑风暴：围绕问题任务的要求，请你任意想象和设计，比一比谁想出的答案多？谁的设计更富有创造性和幽默感？这时，学生可能产生的问题有：编幽默故事；设计你喜欢的木偶形象；设计一个肖像和它的影子的不同情况和形式；搞笑者是个什么样的人？编喜剧性的事件；设计任意两个角色。

③任务分解：这个任务解决分哪些方面？每个方面的实施步骤是怎样的？编写剧本；主题和故事；采用的形式；基本角色；激动人心的舞台动作和台词。设计服装、背景和道具并计划使用的材料；使用的各种材料，最好是废弃材料；寻找、收集材料；服装、背景和道具的制作。

④综合运用：你考虑过怎样利用音乐吗？是否能自然得体的将表演从一个片段转向另一个片段？细节推敲；舞台动作；队员化妆；道具上的装饰。

⑤评价：整体表演是一个幽默故事吗？短剧的主题是否有激动人心的幽默效果？表演是否在规定时间内结束？是否背出台词完整地完成了表演？是否能让人听清每一句话？声音效果和音乐能否让人听清楚？有哪些动作降低了表演效果，影响了舞台形象？

三、以某一学科为主的拓展性学习

以某一学科为主的拓展学习，问题通常来源于学科，如信息技术课程中 Excel 的运用，在此基础上以问题来组织跨学科的拓展学习。问题组织的跨学科拓展学习通常需要实现三个不同维度的学习目标。第一个维度是阶梯性的问题解决学习目标，第二个维度是主要学科的学习目标，第三个维度是其他学科的辅助性目标。

示例：　让我们吃出健康来——Excel 在生活中的应用①

在信息科技方面主要让学生掌握电子数据表格软件处理数据的基本方法；营养学方面是让学生了解饮食营养相关知识，知道科学饮食与人体健康的关系。在解决老问题阶段，可以让学生利用信息技术对事实性的信息进行搜索、整理以及简单分析。具体的任务，如可利用资源网站回答有关营养学问题，填写食物所含营养成分表，列举营养素，反映其他功效等，设计制作出一张表格。在此阶段了解营养学有关知识。在解决新问题、疑难题阶段，可利用信息技术对信息进行深层次加工后，综合分析生活中的问题和现象。具体的任务，如记录过去 24 小时所吃食物，计算填写其营养成分，综合计算处理表格内的数据，制作图表分析其合理性，设计一日三餐食谱，分析处理且评估其合理性、科学性，将其信息发布。在此阶段学习掌握营养学知识评估、设计饮食。在发现新问题阶段，主要是学会如何将信息技术应用到其他更多学科或日常生活中去，可进行头脑风暴发现并提出更多的问题。

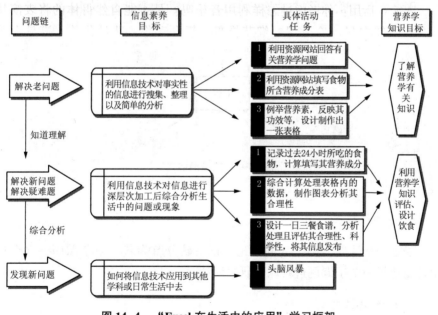

图 14-4　"Excel 在生活中的应用"学习框架

---

①　设计者：课题组成员（综合组），上海市宝山区淞谊中学，杨月.

四、研究性学习中问题化扩展的几种模式

研究性学习可能涉及多种类型的综合学习，以主题性问题探究为主的研究性学习，在问题的生成与组织方面，可以有以下几种基本的模式。

1. 主题深化式

课题围绕一个主题，通过若干递进的课题研究，将主题逐步推进、深化。

主题——课题1—— 深化主题——课题2 ——揭示主题，如蔬菜无土栽培——黄瓜的无土栽培研究——土壤栽培与无土栽培的蔬菜营养比较——土壤栽培与无土栽培的黄瓜的营养比较研究。

2. 主题离散式

围绕一个主题，开展与主题相关的不同角度的课题研究，如图14-5所示。

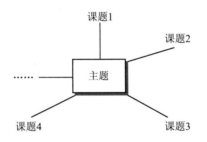

图14-5　主题离散式

3. 主题分解式

确定一个课题，师生共同讨论，把主题分解为若干个子课题，学生从中自由选择一个子课题进行课题研究活动。

4. 思维风暴式

美国奥斯本创造的技法，要求通过特殊的会议，使参加者相互启迪，引起创造性设想的连锁反应。

小　结

　　在科学与人文之间寻求各自的学习规律，并不是为了人为割裂科学与人文的纽带，而是为了在遵循各自独特性的同时，懂得用不同的视角，借鉴对方问题解决的方法与方法论。这种借鉴为学科的综合学习（如语文综合学习）与综合领域的跨学科学习提供营养。

　　在学科中探索问题化学习的实践模式，一直是我们进行教学研究最主流的工作。但由于篇幅的局限，我们就一些主要的学科、主要的课程板块，提供粗浅的经验与实践的示例。

　　带有学科特色的问题类型与问题系统会有哪些，我们的建议非常有限，也无法穷尽。但这种抛砖引玉或许能让更多有识之士参与到有效的问题化学习的学科实践中去。从而共同探讨带有学科学习规律的问题化学习如何进行，会有哪些典型的实践模式。这无疑会给千千万万的中小学教师带来更多的实践智慧。

　　我们仍然会执著地扎根于问题化学习的学科实践研究。

踏歌而行——七年实践行动追忆

在这里和读者一起分享我们对研究与实践的回味与思考。这里凝聚了我们在探索历程中的行动与反思、耕耘与收获，以及研究小组共同的经验与智慧。岁月如歌。在丛林探索的岁月，在求索过程中每一个令人欣喜的发现，每一份令人欣慰的感悟，和每一份共同成长的快乐，都让人难以忘怀。

一、为学而教

1. 理想与信念——从有效的教到有效的学

我想每一个做老师的都曾经思考过这样的问题，那就是如何使自己的教学更为有效。也许您也曾思考过什么是有效的教学，对于这个问题，你将如何回答？然而我更关心的是，我们有没有站在学生的角度去思考，思考什么是有效的学习？也许我们整天沉浸在琐碎繁重的教学任务中，很少从根源上去思考这个问题。然而还是需要不停地问自己，教育的本质是什么？是否为了更好的生活，是否为了适应社会发展的需要。所以我们必须追求一种理想，那就是我们的教是为了将来的不教；必须坚持一种信念，那就是一定要使我们的关注点从有效的教转变到有效的学，从有效的学中再去反思教得是否有效，才更有意义。也就是为学而教、以学设教、以学评教。

对于有效学习，你的答案会是什么？

● 有效学习是充满兴趣的，乐此不疲的，积极主动的。

●有效学习是建构的。学习者不是被动的接受信息，而是根据自己的先前知识对当前知识进行的积极建构。

●有效学习是轻松而有效率的，是在认知上形成结构优良的心理模型，从而促进知识的结构化、整合性与有意义联结。

●有效学习是有效能的，表现在具有触类旁通、举一反三的迁移能力。

●有效学习是自我调节的。学习者知道自己学什么、怎么学，学得怎么样，学习如何改进等。

●有效学习是合作性的。在互动的过程中使学生能够超越自己的认识，形成对知识更加丰富的理解。

●有效学习是基于情境的。如果能使学习发生在适当情境中，就有可能促进学习的有效迁移。

…………

所以，有效学习是在效率、效果与效能之间统筹兼顾，实现全面协调可持续的发展。

2. 收获与感悟——实践问题化、图式化、信息化的思考

问题化、图式化、信息化是我们实践有效学习的着力点。问题化为自主的、建构的、合作的学习提供条件；问题系统的优化、图式的可视化与精致化则促进了结构优良的认知与学习的有效迁移；信息化则为基于情境的合作学习提供更为丰富的信息、环境、工具与人力资源。

看看老师们在行动中的体验，如果你积极地实践问题化、图式化、信息化，一定会感同身受。

李文英：最初我一直认为我们所要研究的是从教的角度出发去策划教学问题，经过课题组的学习和不断的讨论，最终才明白要把关注点放在学生思维发展过程上，要把落脚点放在学生最终能够进行问题化学习。

赵金：只有教师问题意识的提升，才能做到如何引导学生去发现与提出问题。

朱文琴：问题化学习是对教师课堂应对的极大挑战，它逼着我必须更充分地备课，更充分地预估学生可能具有的问题，更充分地预设可能的回应策略。有效的教必须为有效的学所服务。

王天蓉：问题化学习的课堂价值取向，就是以学科问题为基础，学生问题为起点，教师问题为引导。三位一体设计问题，是有效课堂的保障。

邱汛：解决一个问题，我们获得了知识；解决系列问题，我们催生了智慧。

沈文文：我们追求永恒动态的课堂形态，即学习的过程是在发现问题中解决问题，在解决问题中发现问题。

唐秋明：思考的深度和内涵往往取决于学生心中的这条问题链；思考的视角与广度往往取决于学生心中勾画的这个问题集；问题之间的逻辑分析则往往取决于学生心中生成的问题网。

赵金：让学生形成结构良好的图式就像让他们拥有一张路径清晰的思维地图一样，这样的学习一定会事半功倍。

王小明：技术在这里，不再是简单的媒介，而是思维与认知的工具。

赵金：思维导图展现了学生问题解决的思维发展过程，可视化工具不仅从一定程度上解开了思维的密码，还分享了彼此的智慧。

王天蓉：信息化、网络化生存已成为现代人类的生活方式，在信息化背景下思考有效学习是显得那样不可或缺。信息化让你拥有一个全新的学习环境，在那里你可以获得丰富的信息资源、广泛的人际交流、别样的情境体验。用全新的视野去观察，你一定会有新的发现。

3. 行动与坚持——可能的困惑与历程

我们对有效学习理想境界的追求并不是一蹴而就的，在具体行动的过程中，往往要经历几个阶段的努力。如问题化学习，一种基于问题系统优化的学习，并不是一开始就能达到最佳的状态。思维导图的应用，也并非从一开始就可以成为学生有用的学习工具，总是从教师的引导开始。信息化环境下的学习，从整齐划一、以演示与讲授为主的集体教学，到精心设计的小步调个别化学习，再到丰富资源下开放式合作探究，都需要根据学习内容合理选择，根据学生情况循序渐进地展开。

在问题化学习的实施过程中，无论是老师还是学生，都需要有一个发展的过程。如对于老师来说，首先是要具有较高质量的提问设计能力。因为在问题化学习中，我们并不排斥提问教学，并且这种以教师问题为引导的设计是三位一体问题形成的重要保障之一，只有老师具有了问题意识与问题规划的能力，才有可能有效地引导学生发现问题、提出问题与提出有质量的问题。教师在问题设计方面的能力发展可能需要经历这样几个阶段，首先是根据课程教材把握重点问题，其次是能够根据学生的实际情况设计驱动性问题与推进性问题，最后是能够根据学与教的过程系统地组织问题。从学生学的角度讲，他们进行问题化学习的能力也是逐步发展起来的。首先是在教师的呵护下勇于发现问题、敢于提出问题，也就是逐步具有问题的意识。其次是能够在互动交流中反思、评估自己的问题，知道什么是重要的问题，什么是好的问题。最后是在教师的引导下知道从哪些角度、哪些层次提出问题，懂得系统地思考问题，包括对问题要素的整体把握，也包括对问题与问题之间关系的系统把握，最终能在知识结构上、认知策略上形成问题系统的图式，为终生学习打下坚实的基础。

4. 理性与思辨——辩证地对待每一个问题

对于有效学习来说，问题化不是唯一的方式。在评估学习是否有效方面，除了价值取向的不同，也就是评价标准的不同之外，学与教的方式也是丰富多元的。我们只是为有效学习提供一种可供参考行动方式，但它并不是唯一的。在课堂教学中，我们仍然要有兼容并蓄的思想，仍然需要读书、讨论、谈话与讲授，需要观察、演示与实验。问题化学习是通过与这些教学方法的有机融合获得效益的最大化。况且，并不是所有的学习都通过问题来学习，问题化学习不适合纯语言（外语）的学习，不适合动作技能的习得，对艺术审美的学习也有很大的局限性。

还要记住，技术永远只是工具。虽然它可以很好地为我们的思维服务，帮助我们更好地思考，但它永远不可能成为思维。再智能化的系统、再高级的认知工具，它也还只是工具，它不能完全代替我们的大脑。

对于追求有效率的、有效果的和有效能的学习而言，学生自主学习与教师积极引导都是不可或缺的。无论是在问题化学习，还是在信息化环境中，我们最终的目的是让学生学会学习。所以从一开始我们就应该让学生积极主动的探索，也许刚开始的时候需要牺牲一点速度，但可以在将来获得一个可喜的加速度。我们有许许多多的老师在课堂上总是觉得来不及讲，总怕自己讲得不够，但却很少关心学生听进去了多少，懂得了多少，记住了多少。所以我们要让学生自己提出问题、解决问题。但是现实不允许你在探索的道路上走得太远，所以老师就要积极的引导，积极的优化，让他们在最短的时间内学到最有价值的内容。最有价值的内容不仅包括事实性的知识，还包括原理、方法、策略与反省的能力。

所以说，在追求学习效率的时候，我们不能以牺牲有机体的学习生态为代价。这种学习生态就是自主的学习、积极的探索、愉快的合作，就是学习的拓展、知识的应用与问题的创新，就是自我的反思、自我的规划与灵活的策略。这些方面，将在更远期的目标中影响学习的效果与效能。在学与教的过程中辩证地看待每一个方面，处理好每一对矛盾，才可能在实际教学中更好地实现有效学习。

二、区域教育实验的行动纪实

1. 实践背景

● 课题背景。2002 年，祝智庭教授主持通过全国教育科学"十五"规划国家重点课题"教育信息化的理论与实践模式研究"课题，在全国十一个省市百余所学校开展问题化教学试验。他邀请我们参加该课题，利用我们具有一线教研实践的优势，在中小学开展问题化教学实验。

在问题化教学思想的指引下，我们进行了先期的探索性实践。之后在祝教授的指导下，申报了课题"基于网络的问题化学习"，并于 2003 年被立项为全国教育科学"十五"规划青年基金课题（批准号：CCA030047）。课题研究立足于实践新课程改革、推动信息化教学，追求有效的教与有效的学。历经 7 年多的实践，通过华东师范大学，上海市宝山区教师进修学院和宝山区中小学骨干教师三个层次的专业队伍，引领宝山区 30 所学校，100 多位教师进行了大量基于课例的校本研究。

● 区域背景。当前我国基础教育站在了一个新的历史起点上，既面临着难得的机遇，也面临严峻挑战，要以科学发展观为指导，推动基础教育尽快转移到注重内涵、提高质量上来，以改革创新精神推动基础教育快速发展。

上海市宝山区从人口到占地都算得上是上海的大区之一，目前基础教育阶段中、小、幼共有230多个单位，有超过40%的教师是30岁以下的年轻教师。与上海其他大部分区县、全国发达地区的大部分城市一样，在新课程改革的全面实施阶段，宝山区同样面临着进一步提升内涵、提高质量的教育要求。

基于这样的背景，我们所面临的中小学教学创新的实践问题就是：如何从有效的教走向有效的学；如何从知识掌握走向智慧生成；如何从书本化走向人本化、生活化、信息化；如何从课堂、课时走向课程；如何从强调有效率，到统筹有效益、有效果、有效能；如何走向全面的质量观……

教学的创新必须实现教学的转型和教师的转型，在这个转型中需要我们做很多实质性的转变。这些转变包括教学方式、学习方式的转变，学生主体地位的真正落实，教学评价的转变等等。改革中需要创新的理念，更需要有智慧的行动。所以行动不是一句口号，需要从现实中寻找突破口，由小见大，以点及面，先立后破，坚定不移，坚持不懈，最终才能到达成功的彼岸。

从教师专业发展的策略看，宝山区教师进修学院提出实践"有效教研、有效科研、有效培训"的工作要求。本课题正是基于三有效的工作目标，结合问题化学习课题研究，将教研、科研、教师培训紧密结合在一起，用一种整合的工作思路，最终实现学生的发展、教师的成长与教学效益的提升。

●参与学校与教师。课题参与学校（若无特殊说明，均为上海宝山区学校）——中学：宝钢第三中学、泗塘中学、宝山区青少年指导站、吴淞中学、上海大学附属中学、罗店中学、淞谊中学、虎林中学、泗塘二中、海滨二中、和衷高级中学、民办和衷中学、宝钢新世纪学校、吴淞实验学校、浦东新区高行中学等。小学：实验小学、第一中心小学、月浦新村小学、高境二小、罗南中心校、罗店中心校、祁连二小（原）、同达小学、虎林小学、通河三小、通河四小、广育小学、宝林二小（原）、大场镇小学、红星小学、大华小学、金山区临潮小学（原）等。

课题参与教师——语文组主要成员：唐秋明（吴淞中学）、黄月娟（泗塘中学）、李琛乔（泗塘二中）、李文英（虎林小学）、蔡玉锐（淞谊中学）、张嬿（金山区临潮小学）、顾丽华（同达小学）、李荀楼（通河中学）、陈静燕（淞谊中学）、王巍峰（淞谊中学）、廖颖（罗店中学）、陈霞

（宝钢第三中学）、汪慕（高境三中）等。数学组主要成员：冯吉（教师进修学院）、杨志萍（吴淞实验学校）、周卓群（宝钢新世纪学校）、顾峻崎（通河四小）、何萍（第一中心小学）、周吉（实验小学）、张殷殷（通河三小）、徐晓蔚（宝林二小）、李昉（上海大学附属中学）、严康（宝钢第三中学）、张丽艳（红星小学）等。科学组主要成员：张治（上海大学附属中学）、唐宛漪（浦东新区高行中学）、朱文琴（实验小学）、赵金（月浦新村小学）、周斌（实验小学）、陈乐莹（实验小学）、雍华（大华小学）、王斐（民办和衷中学）、沈文文（同达小学）等。课题组主要成员：须文娟（宝山区青少年指导站）、周卓群（宝钢新世纪学校）、朱文琴（实验小学）、赵金（月浦新村小学）、周斌（实验小学）、施珏（虎林中学）、杨月（淞谊中学）、王琰萍（通河新村小学）等。

（排名不分先后）

●学科范围。我们的研究主要涉及小学、初中、高中各个学段的语文、数学、科学与综合领域的课程教学。语文包括阅读、作文与综合学习活动；数学涉及各个板块；科学则涵盖了义务教育阶段及高中科学领域的学科课程；综合领域主要涉及研究型课程、拓展型课程或综合实践活动中的学习。

此外，根据现有的研究力量，我们在中小学各学科、各学段确立了开发性研究的侧重点（相关子课题）。

如语文课程中：小学，"记叙文写作中通适性问题系统优化的教学设计"、"单篇散文问题化阅读课堂教学模式的研究"；初中，"基于问题网络的主题单元阅读教学研究"、"综合学习活动中问题化扩展的设计与实施"；高中，"议论性散文的类型与问题化作文教学研究"等。

如科学课程中：小学自然，"基于目标的单元整体问题化学习研究"、"学科问题、学生问题、教师问题三位一体的设计与课堂评估"；初中理化生，"重点单元中运用思维导图进行知识梳理与问题系统优化的设计"；高中生物，"教学问题生活化、生活问题课题化的教学研究"等。

如数学课程中：小学、初中，"概念获得的问题化组织"、"目标分类学与知识单元的问题系统设计"；高中，"问题链组织的有效教学设计"等。

如综合领域中："跨学科共同主题促进学习迁移的问题链设计"、"开放性问题解决——问题化头脑风暴与问题系统的逻辑生成"、"研究性学习中基于问题系统优化的学习模式"等。

2. 实践策略

- "做中学"。由于教育研究的能力不能通过简单的传授而获得，所以我们通过教师参与课题研究，亲历课题研究的过程，分享课题研究的成果，使广大教师成为实践研究的主体，培养他们成为研究型的教师。

- "三级导师制"。采用三级导师制度进行研修：高校负责基础理论的引领、文献推荐及研究方向的把握；区教师进修学院负责应用理论的梳理、研究框架的建构，其中包括子课题的分解，实践操作模式的提炼；聘请基层具有研究基础与学科教学经验的优秀教师，负责前期典型课例的开发与实践操作经验的总结。三级导师分别在研究过程中进行集中培训，分组培训与个别辅导，保证研究培训工作层层落实。

- "基于课例的校本研究"。由于实践者大部分是一线的学科教师，我们通过理论引领的实践课例研究进行。专业研究人员与学员教师紧密互动，导师带领学员选择研究小课题，负责跟踪研究课的教学实施与课例分析，以及鼓励与辅导学员在本校开展推广性实践。在此过程中研究人员与学员共同成长。

- 具体研究方法。首先是以文献研究与理论梳理为基础，并贯穿始终。其次，强调以行动研究为主线，通过文献研究与行动研究中获得的基本经验，作为研究假设提出，然后再用实证的方式，包括质的研究、量的研究与经验研究三方获得的信息得出结论。得出的初步结论如果发现新问题，还可以再进行基于案例（课例）的行动研究（具体流程如下图所示）。再次，以课例为载体的校本化的行动研究对于基层教师来说是适合的，因为这比较符合他们的教学实践。在这个过程中，开发代表不同风格的典型课例也非常有必要，因为这对操作模式的提炼与应用推广提供了基础。最后，得出科学结论需要质的研究、量的研究与经验研究三角互证。虽然后续的研究还需要逐步深入，但课题已在这些方面做了积极尝试。比如，通过自然实验法验证"解决老问题、解决新问题、解决疑难题与发现新问题"的变式学习，对学生在新情境中解决问题的促进作用，等等。

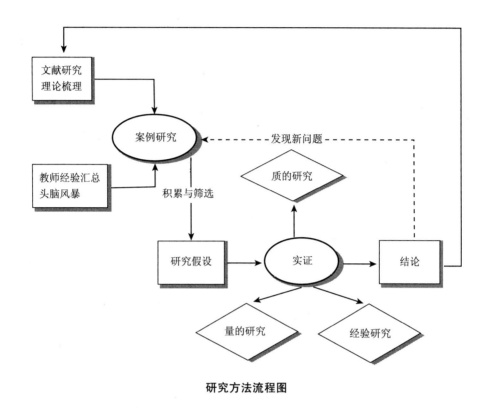

研究方法流程图

3. 实践过程

2003 年，理论研究与第一轮探索性实践：这个阶段我们完成文献研究与理论假设，制定了课题研究指南；作为研究假设提出的问题序列与集合主要涉及"解决老问题/解决新问题/解决疑难题/发现新问题"、"是何/为何/如何/若何/由何"，以此作为实证研究的框架进行了子课题分解，在数学、语文、科学、综合学科领域进行了初步探索，完成第一批典型课例的开发研究。

2004 年，第二轮分领域实践：上半年进行了课题培训，并进行了第二轮分学科分组研究（中学组、小学组并进），注重研究与培训结合，完成典型课例 30 多个，侧重完成各学科领域问题化学习的基本教学思路，必要整合了一些技术支持模式；针对"思维导图在问题化学习中的支持作用"，完成了部分研究内容，包括图式理论的应用假设，对软件进行汉化与技术培训，及典型范例的实践与开发。

2005 年，中期总结：主要就"什么是问题与问题化学习"、"为什么需要'问题化学习'"、"关于问题的类型"、"问题化学习与问题解决、PBL之比较研究"、"不同学习领域的实践与案例"、"信息技术支撑的问题化学习"，包括利用认知工具支持问题表征的显性可视化、利用网络多媒体支持问题的情境体验、基于网络的问题化课程设计，进行了全面的反思与总结，完成中期报告。

2006 年：完成综合领域的问题化学习平台（www. bsom. cn）研制；完成支持协作的网络问题化学习头脑风暴工具的研制；子课题（数学）进行开放培训式推广再研究；语文学科进行了人文感悟型问题的突破性研究。

2007 年：首先进一步确定了问题化学习的性质与特点，将问题化学习定义为广义的系列化问题的解决，拓展了问题集合的内涵与方式，其表现形态可以有线状的问题链、坐标状的二维框架以及三维或放射状的问题网；其次，在这个阶段进行了数学学科实效验证研究；最后，对研究框架进行梳理，完成书稿提纲以及整理迁移研究成果，完成研究网站建设。

2008 年：随着课题组成员在课堂的实践日渐深入，积累的实践经验日益丰富，在不同的学科组研究日益自主。如数学组在冯吉老师的带领下，进行了问题化学习研究月的课堂观察研究。同样的教学内容，大家选择不同的问题化模式进行课堂实践，然后比较观察。语文组则在问题化阅读、问题化作文、问题化综合学习活动、主题单元问题化学习等各个板块实践中，逐步清晰了课堂操作模式。科学组则就围绕核心问题的开放式探究，进行了深入的课堂实践。

这些扎实的行动最终建构了问题化学习的设计、问题化学习的课堂实施及问题化学习的评价三个方面的实践框架。网络头脑风暴工具则分别在研究性学习与 OM 活动中进行了实践应用。唐宛漪老师汉化了 Inspiration 与 Kids Inspiration 的升级版，以及 MindMap 等工具，这些工具都为课题研究提供了技术支持。

三、成长的故事

1. 源点：问题化学习的教育猜想

记得是 2002 年的秋天，我去祝智庭教授那儿汇报几个信息化教育基地的研究进展，在他的办公室里，他给我看了他在宝山实验小学听课的记录，是一位数学老师（周吉）设计的"有趣的余数"（详见第十三章第一节）案例，教学过程的设计是一个从解决老问题到解决新问题，再到解决疑难题的闯关游戏。他跟我解释，这是他看到的关于自己"问题化教学"猜想的实践例证。接着他补充，如果最后让学生自己编题目则更好，也许还会发现新的问题。

我问他什么是问题化学习，为什么要研究问题化学习。他跟我讲了一段故事，是关于李政道向邓小平建议在国内办博士后流动站的谈话纪实。祝教授从中得到启发，提炼出通过问题化教学突破创新教育瓶颈的实践方法。他说创新教育需要大量实践来验证，目前他的想法只能算是一个猜想，他建议我们在中小学各个学科开展问题化教学实验。

后来，他又打开笔记本电脑，让我看了他的关于"五何"（是何、为何、如何、若何、由何）问题与"基于问题的创新教育模式"的图示，以及这两个思考角度形成的问题设计两维表。他建议我能否以此为基本的框架在基础教育领域实践这样一种构想。

2. 困惑——什么才算是问题与问题解决？

当时我的脑子里没有多少关于问题解决学习的认知背景。唯一的印象，就是关于加涅的累积学习理论中关于智慧技能的类型：辨别、概念、规则、问题解决（高级规则）的学习。于是，我回去进一步查阅了学习理论中关于问题解决的定义，发现与祝教授所谈的"解决老问题、解决新问题、解决疑难题、发现新问题"里的问题解决在内涵上有很大的差异。再说，诸如"是什么"、"为什么"这类的问题也许还没有涉及学习论中的问题解决。"是什么"的问题也许只涉及事实性的知识，还不涉及思维的高级层次，即问题解决。

由于受到这个问题的困扰，我并没有马上开展实践。祝教授后来解释说：可以将"解答问题"视作是一种广义的问题解决。

3. 解惑——基本模式的构建与问题链的提出

我开始寻求研究的伙伴，我问他们在教学中是否思考过这些问题，他们说没有刻意地想过，但可能碰到过，我建议他们做教学设计。

我先做了一份问题类型的基本说明，包括是什么？为什么？怎么样？假如？由何？问题的说明，还附了案例。以及如何区别老问题、新问题与疑难题呢？分类的依据是什么？有的老师说根据教材，有的老师说根据学生的认知。

顾小清博士当时给我们的建议是倾向于依据课程教材：

（1）解决老问题：相当于教科书上面的基本知识，是已经解决了的问题及其答案。教学的时候可以沿袭传统，让学生掌握一些基本的概念和方法。

（2）解决新问题：相当于知识的迁移，比如情境改变了，但基本的问题及其解决方法没有改变。

（3）解决疑难题：难度的概念可能是多方面的，一个方面当然是问题情境的复杂（条件过多，需要筛选有用的条件），也可能是解决问题所需要的条件不足，需要设法寻找条件，或者需要综合地运用方法和规则。

（4）发现新问题：发现了无法用原有的方法与规则解答新出现的问题（事实上如果依据教材标准是很难有发现新问题这种情况发生的）。

但课题组的老师讨论下来觉得还是根据学生的认知基础作为衡量依据更合理，因为这符合问题化学习以学习为中心的本意。2002年的冬天，我们在月浦新村小学一个温暖的会议室中进行了问题化学习的第一次研讨，在分析了"有余数的除法"、"铺地板的学问"、"三角形内角和"、"坐井观天"、"赵州桥"等几个案例之后，基本确立了以"解决老问题——解决新问题——解决疑难题——发现新问题"为学习链的设计模式。冯吉老师还做了一个"三角形内角和"的课例分析，对每一个学生学习过程中的问题进行剖析，在这个基础上，我们根据问题的条件、解决方法与答案的不同，区别了对学习者来说，什么是老问题，什么是新问题，什么是疑难题，什么才算是发现新问题。后来发现这三个依据就是问题在心理学上的三个要素。

在这个基础上，我们还就祝教授提出的"解决老问题——解决新问题——解决疑难题——发现新问题"与"是何/为何/如何/若何/由何"两维设计表的认知依据提出了具体内容，以方便教师从事具体的教学设计。

2003年12月，在祝教授的指导下，我们申报了课题"基于网络的问题化学习"，结果被立项为全国教育科学"十五"规划青年基金课题。之后在研究过程中，我们意识到先研究问题化学习本身可能比技术条件下的应用更为关键，因为那是一个研究的基础，只有先把问题化学习本身研究清楚了，才能进一步研究它在信息化环境中的状态。而且我们在研究中越来越意识到问题化学习在教学中的意义。再就是我们发现网络作为技术条件是非常有限的，所以我们把技术条件进行了扩展。

4. 弹性：实践中的变式

然而在课堂中，我们发现教学模式并不是一成不变的，问题链的设计也不是一成不变的：①可以将任何一链作为学习切入点，可以从解决老问题开始，也可以从解决新问题或者解决疑难题开始，甚至从发现新问题开始。有的时候学习需要更加稳健，而有时则需要一些悬念，激发学生的探究欲望。这完全要根据学生的情况、教学内容的特点而定。②学习中，不一定按照"解决老问题——解决新问题——解决疑难题——发现新问题"的顺序进行，链中的每一环不是固定不变的，可以随意组合。③问题化学习链不一定是完整的，一堂课或一个教学单元，不一定包含解决老问题、解决新问题、解决疑难题、发现新问题这些所有的学习类型，要根据具体教学而定。

由此在数学课堂的实践中发现了单式完全循环、单式不完全循环和复式循环几种变式。而在OM综合领域，我们按照开放性程度把问题化的框架梳理成预设型、生成型与折中型三种变式。

而且我们还发现另一个问题，对于这个学生来说是老问题，而对于另一个学生却是新问题，所有的这些实际情况都需要教师在教学中灵活处理，需要用更弹性的艺术去应用基本模式，用变通的方式创造教学中的变式。我想，这就是实践给我们带来的智慧。

5. 意外：实践中的意外发现

每个人解决问题的风格都不尽相同，有的更理性，逻辑严密，有的直觉敏锐，灵动而富有创造力。我们研究组的老师也是如此，经常自我表扬，强调我们的团队是一个良好的生态群落，大家在讨论问题时比较宽松，经常观点各异，激情澎湃。但有一点，作为大家的召集人我却很霸道，那就是强调行动。有时候大家会为了一个问题争论不休，我们通常的做法是拿几个案例来说明问题。有时候是无从下手，不知道从哪做起，我通常的建议是先做了再说，我们的做就是进行教学设计、进行课堂实践。因为在这个过程中，大家的想法与研究点就自然而然产生了。也正因为大家的共同认识，我们的研究一直在假设之外有新的收获，而这种假设之外的研究通常还会带来新的突破。

比如，一个数学老师上一节概念课，整堂课就是让学生探究一个新问题。我们后来意识到，问题链的学习设计更适合一个知识单元的综合考虑。再比如，在科学学习中，围绕一个核心问题的探究往往上来就是结构不良的问题，学习中的问题化扩展是不确定的，更像是一个不断生成的问题网。而且，用图式图来表征问题网络，有利于学习者理解问题与系统思考……这些意外的发现，都是我们在实践中的收获，从而也成为我们在课题中新的研究点。

6. 发现：人文感悟型问题的提出

经过一定的学科实践与文献研究，我们就问题的类型有了较大的拓展，从原来的解决老问题、解决新问题、解决疑难题与发现新问题，以及是何、为何、如何、若何、由何，扩展到由布鲁姆六个认知层次所涉及的问题层次等等。但所有的这些努力在人文领域譬如语文学科依然碰到很大的困难，举一个例子，"你认为鲁迅是一个什么样的人"，这样一个问题，你说对学生而言是老问题，还是新问题，是一个简单的"是什么"的问题，还是"怎么样"的问题。都不是！就算是同文本的学习，学生随着阅读的深入，他对鲁迅的认识也会越来越深入，由起初的感觉到他的严厉，到后来认识到他是一个斗士，是一个文化英雄。这种认识是循序渐进的，不会一步到位。好像是个老问题，但同一个老问题却不断地深化，每一个阶段又都是新问题。从语言学的表现形式看，这是一个"什么样"的问题，但要解答清楚这个问题，却要思考"为什么"的问题，为什么他严厉，为什么他要呐喊，只有了解了那个时代，才能了解鲁迅的内心，也才能感悟到他是一个什么样的人。

我们翻阅了现有关于问题解决的学习研究，一些实证研究的例证，大多是数学与物理领域的，几乎所有的研究成果，对人文领域的问题解决缺乏指导意义。后来，在我的建议下，泗塘中学提出就人文领域的感悟型问题与科学领域的探究型问题进行学习比较研究，并申报立项了上海市教育科研规划课题。就问题解决的学习内容、学习过程和方法、学习目标等方面进行差异性研究。

有一次，我们在讨论问题化作文的时候，蔡玉锐老师问我：有的专家研究写作是侧重写作知识这个角度，有的专家是侧重思维训练这个角度，我们的问题化作文是否也是侧重思维这个角度？大家都说：应该主要是思维吧。我回去仔细想想，又觉得不大对头，语文中的问题强调人文感悟，而人文感悟的问题解决方式通过神入、内省获得领悟，最终实现评价与审美。神入、内省、领悟、评价、审美，这些不仅仅涉及认知（思维）的层面，也涉及情感与价值判断的层面，还有元认知的层面。所以我想说明的是，语文中的问题，不管是阅读中的问题，还是作文中的问题，都是思维、情感的混合体。我想，李文英所呈现的问题化作文框架，应该是侧重写作知识，而唐秋明老师的几何方式，目前看起来有点像思维训练，但我觉得不完全，她的奈何、缘何就有情感的成分。

7. 扎根：研究如何进行

我们在实践中发现新教师往往对课程内容缺乏整体把握，对知识的前后联系不甚明了，因此也不善于将学习活动建立前后的联系，以帮助学生建立系统的知识观。这与他们对课程的熟识程度有关，也与他们的教学经历有关。为了尽快地缩短这个专业化的过程，我们在第一阶段进行的问题化学习设计框架时，着力解决老师在这方面的困难。

老师们通过实践意识到，这样一种连续性、结构化、可扩展的系列问题设计框架，有利于对知识单元的整体学习，有助于实现知识的连续建构和学习的有效迁移。

但是，事情并没有像预期的那样一帆风顺。有一次，赵金老师在培训活动中喃喃自语："并不是所有的课堂都适合这样的教学"。这引起了我的重视。

还有一次，张晓枫老师在听完陈乐莹老师的关于磁性的科学课后说："如果是我上，也许一上来就会让学生探究——你用什么办法可以判断磁铁的南北极？而不是先学习磁铁同性相斥异性相吸的原理。这些原理可以让学生在开放式的探究过程中获得。"

我突然意识到，我们忽略了那些更有创造性的老师，局限了大家的思路。我们需要用更宽广的视野去审思我们的问题化学习，也许我们永远无法穷尽，但我们需要更多的思考，即便无法穷尽，至少要说明我们的设计思路适合怎样的教学情况。

于是，大家又重新在一起进行头脑风暴。我问大家，目前老师们在实践中究竟有哪些重要的问题需要解决？

周斌："对学生的思维关注不够，学生提不出有价值的问题。"

王天蓉："不同的问题，对应的学习目标并不是特别清晰。"

朱文琴："不同的问题，是否可以设计更合适的活动类型呢？"

张治："系列问题的解决缺乏持续性的评价。"

"学生兴许解决了这个问题，但他无法归纳出解决此类问题的普遍规律与方法，因此也无法判断以后他是否还能解决类似的问题。"

"概念学习、实验设计、综合探究学习，问题化的设计思路有区别吗？"

…………

于是我们决定：

- 将问题与课程标准建立联系。
- 更多的站在学生的角度设计，制作学案。
- 问题化学习的进程中，关注科学学习活动类型的设计。
- 考虑问题化学习的持续性评价。
- 学习（包括发现、理解、掌握应用）一个科学概念、科学原理，设计一个科学实验等，需要考虑的问题集（系统），也就是帮助学生形成组块式的专家认知模式。

我们进一步确定我们研究的侧重点：

- 建立系统的问题观，根据课程特点形成多元的问题系统模式。
- 关注课堂实施与评价。
- 用脑图来梳理问题系统。

再来看看我们是如何研究课堂的：

- 头脑风暴我们可能的研究点。如探询式问题与驱动性问题的设计；问题扩展模式；如何构建对问题初始理解图与解决思路图；关注学生的思维——"我是怎么想的"；怎样让学生自己提出问题、自己发现问题；问题情境的创设；如何组织围绕核心问题进行探究；不同问题的探究策略有哪些；围绕系列问题的解决如何进行持续性的评价。
- 麻雀解剖：围绕一个老师的教学设计开始做全程跟踪。
- 分工合作：协作组的每一位成员选择一个研究点进行观察与诊断，听完课后再进行集体研讨。
- 智慧共享，归纳总结。

我们后来发现我们的协作组充满了活力，因为我们采取了一些有生命力的做法，比如：及时的反思；在搭建研究框架时采用头脑风暴；在选择研究点上招标式认领；在课堂观察中采用交叉式研究，等等。

我想，所有的这些都可以成为我们对研究本身的一种认识，也算是一种教育科研的元认知吧。这当然不是课题研究的主要任务，但却是研究团队中每个人很重要的收获。

8. 启迪：梅克的"问题连续体"

一次偶然的机会，我在网上求购到陈爱苾学者著的《课程改革与问题解决教学》一书，作者借鉴了美国亚利桑那大学梅克和斯基夫等学者关于问题连续体的研究，按问题解决所需的创造性程度，即随着问题结构的递减来划分等级。从教师和学生两方面，就问题本身、解决问题的方法、问题的结论这三个维度的已知或未知状况，或从问题的答案是唯一的、系列的还是开放的这些不同层次，构成问题的连续体矩阵。随着问题从第一类到第五类推进，认知水平也随着相应的提升，包括了事实水平、概念水平、概括化水平、理论水平、自主探究与创造水平。看了这个分类，我突然有一种茅塞顿开的感觉，我们在苦苦追求的问题化学习，与一般意义上的问题解决的学习、基于问题的学习，除了在范围上确定是广义之外，最显著的特征就是我们探索系列问题的解决，探索连续的问题解决行为，追求学习的有效迁移，实现知识的连续建构，思考角度异曲同工。

首先，问题化学习就是通过问题来建构自主学习过程的活动，它要求学习活动以问题的发现与提出为开端，用问题主线来贯穿学习过程和整合各种知识，并把对问题的思考、解决、感悟，作为对学习目标的追求与对学习结果的检验。其次，问题化学习强调学习行为的持续性，通过系列问题的解决，追求学习的有效迁移，实现知识的连续建构，它侧重研究一连串问题解决的学习行为，探索一连串问题之间的相互关系，研究由一连串问题形成的问题化学习链的学习规律、教学策略、评价方式等（2005）。最后，从研究范围看，问题化学习中的问题涉及事实性问题、经验性概括问题、创造性问题等，因此是一种广义的问题解决。

9. 出游：寻求更宽广的视野——离开教育学

一个人对专业思考的质量，不仅仅取决于他的职业态度，他的职业水平，而是能否在他的职业之外，有一种超越自己职业的反省精神与开阔视野。

一次，和一位哲学界的朋友畅谈他的"活力论"。他说他将从多个角度去阐释关于活力的内涵，从人类思想史、科学发现史，从心理学、社会学，从管理学去思考。然后从三个功能层次去研究活力，微观的是研究有活力的个体，中观的是研究有活力的团队，宏观的是研究有活力的国家。他的谈论给我很大的启发与思考，第一个启发是我必须从哲学的高度去思考我们的问题化学习，第二个启发是进一步去学习各个领域（不仅仅是教育领域）对问题解决的研究，第三个启发是进一步思考问题化学习的功能层次，然后分阶段实施研究。之后，我还分别看了做企业培训的思维教练袁劲松学者著的《思维脑图》，看了张掌然教授著的《问题的哲学思考》，都给我莫大的启发。书告诉我，我在研究什么，我还可以用什么方法去研究。

10. 登高：问题的哲学思考

问题的特征可以从微观（单个问题）、中观（问题系统或一个问题域）和宏观（问题全域或问题总体或问题网络）三个层面来考察。

我突然明白，以往逻辑学、心理学、学习理论中涉及问题解决研究，更多是从问题的微观特征着手的，他们研究什么是真问题、问题的结构、问题的条件、问题的解决过程、问题的答案、如何来表述问题、谁来解决问题等等，却忽略从中观与宏观的视野去思考问题与问题解决。《问题的哲学研究》中就问题的中观特征有几个经典的例子，如德国哲学家福尔迈把认识论问题改为以下七个：认识是什么？我们如何认识？我们认识什么？认识能达到多远？我们为什么恰好这样认识？我们的认识有多大的确定性？认识之确定性的根据何在？这七个问题构成一个认识论问题系统。这个问题不仅有其内部结构关系，而且还与本体论问题系统和其他哲学问题构成一个哲学问题域。

而一个问题系统内部，又有不同的关系：时序关系、空间关系、逻辑关系；而逻辑关系又包含了并列关系、层次关系、递进关系、延伸关系、平行关系、包含关系、表里关系。了解问题系统内部问题间的关系有助于问题的解决。而问题的宏观特征是指每一科学、每一领域自成的问题系统，以及不同科学、不同领域之间相互联结，而形成更大的问题域。

基于这样的考虑，我们对学习问题的思考有了更宽广的视野，我们对问题化学习进行了又一次的定义："问题化学习"就是通过系列的问题来建构持续性学习行为的活动，它要求学习活动以问题的发现与提出为开端，用有层次、结构化、可扩展、可持续的问题连续体贯穿学习过程和整合各种知识，通过系列问题的解决，追求学习的有效迁移，实现知识的连续建构。

于是，我们的研究，不仅从别人那里照了一下镜子，更加明了自己是谁，从而也得到启发，知道自己如何再拓展，根据实践的需要丰富自己的研究。

11. 脑图：思维显性化

现在也想不起来具体是什么时候，可能是 2003 年吧，我突然被概念图所吸引。最先接触的是 Inspiration，就如同它的名称一样，这个软件让人充满了灵感。我的好朋友唐宛漪老师为了让更多的人使用灵感软件，就开始了他辛劳的汉化工作。他跟我说，他发现这个软件支持中文输入，其他很多软件都不支持。当我兴奋地从他那里得到汉化补丁软件时，就里里外外将其翻了个透，发现里面有很多精彩的案例和模板。我高兴地推荐给我先生，请求他将里面的案例与模板都翻译成中文，提供给教师作参考。我先生不辞辛劳将案例都翻译成中文，而唐宛漪老师更是神速地将软件使用的培训教材写好了。我心里暗暗佩服他的聪明才智与无私精神。于是，我们开始进行教师培训，先是在我的课题组进行培训，然后到唐宛漪老师的学校培训，后来再到我先生的学校培训，老师们都很欢迎，有的用来进行教学设计，有的则做成课件支持教学。那时候我们的主要想法就是支持教学用，还没有认真地思考让学生作为问题解决的思维工具用，因此就急着将教师培训教材系统化。顾小清、唐宛漪还有我，当时就进行了初步分工，小清负责理论，宛漪负责技术，我负责实践案例，准备整理一本书稿出版。后来由于宛漪与我都发生了健康上的意外，因此这个计划就搁浅了。我们后来在《信息技术教育》杂志上发表了一组文章，有关概念图的理论、技术与案例。

　　同时，我们还通过文献研究，发现概念图与思维导图在初始意义上是不同的。概念图的创始人约瑟夫·诺瓦克，基于的理论基础是奥苏伯尔的有意义学习。它更多的用来表征知识，描述概念之间的相互关系，强调左脑逻辑推理，用 Inspiration 更容易制作。而思维导图的创始人东尼·博赞，建立的理论基础是脑科学的放射性思维。它更多的用来组织思想，激发灵感，围绕一个中心主题，进行放射性的思考，更多的是一种右脑思考的方式，用 Mind-Mapper 更容易制作。唐秋明的关于"听"的问题化作文脑图就是放射状的，它给人的感觉就是永远充满灵感。而黄月娟的关于团圆的阅读分析脑图则是强调关系描述。但更多的老师在使用的时候，是混在一起的，叫法上也比较随意，有的称概念图，有的称思维导图。在理论上分清最初的概念图与思维导图有什么不同，有助于我们把握各自的优势。但在具体的应用过程中，就没有必要分得那么清楚，通常构图的人总是根据需要自觉与不自觉地在两者之间做着选择，也会在构图过程中将两者有机的结合起来。

　　正如黎加厚教授所说：人类使用的一切用来表达自己思想的图示方法都是"概念图"。"思维导图"的称呼直接说明这是引导人们思维的图，把这种图示方法的意义挑明了，我认为这个说法也很好。考虑到思维导图的称呼更直接地说明是在解决问题中的作用，一般基层教师更能够理解与接受，在具体的实践中，我们就把概念图和思维导图，包括思维脑图，称之为广义的思维导图。

使用这样的工具表达自己对问题的理解，其思维显性化的功效是显而易见的。但这种表征方式对学生问题解决时的图式建构是否有促进作用，如何促进，却需要我们做深入的研究。当然，要做这个实证，也是有难度的。既然老师们的实践体会是有效果的，我们还是希望先做大量的实践应用，而不是仅仅为了求证。因为那对于基层教师而言，可能更有实践的价值与现实的意义。

12. 技术：如何带来实质性的突破

在课堂中，我们发现，学生提出问题后，需要对问题有一个筛选的过程，有价值的问题要积淀下来。在这个过程中，需要对问题进行分类，并解释问题与问题之间存在的关系，这就需要我们有一个思维工具整理思路、记录信息，并展现自己的思考结果与过程。

于是，我们决定开发一个网络版的思维导图工具，也称网络问题化头脑风暴工具。我找到了宝山区青少年指导站，因为我曾在那里工作过三年，知道科技项目的学习是非常需要这种类型的工具。吴强站长很支持这项技术开发，我和我的老同事，也是我的好朋友须文娟老师——宝山区 OM 项目的总教练，共同设计了应用需求的方案，蓝易思公司的软件工程师魏意胜，帮我们实现了这个梦想。

我们首先站在学习者的立场，思考问题化学习的一般过程（当然这可能只是一种模式），当有一个共同的议题（或大主题）出现时，大家开始头脑风暴，提出自己的想法，这种想法可能是问题，也可能是具体的解题思路或观点。于是，它将围绕一个问题形成诸个要素，或是形成一个大问题下面的子问题系统。我们发现，围绕大问题提出具体的问题或是各种解题思路，对于协作学习来说并不困难，困难的是将要素进行逻辑关系化处理，因为这将决定你解决问题的次序、方法、切入点和中心及焦点。在协作学习中，进行头脑风暴的思维发散并不困难，困难的是如何聚焦与理清关系、确定问题解决的程序等等。于是我们将开发的平台按照问题解决的三个阶段分成三大模块，即问题大发散——提交问题条（其功能类似于 BBS）、问题大聚焦——问题的分类与管理（其功能类似于资源管理器）、问题图式（其功能类似于思维导图）。其技术的关键在于，三者之间信息是互通的，它实现了显性的思维、优化的结构与共享的智慧。可以这样说，它是网络版的思维导图，支持集体协作的问题解决。

祝智庭教授与黎加厚教授都认为，应该尽快地将其共享给全国的教师用。但我们知道它还有很多地方不尽如人意：比如信息太多后，初始化的脑图过于繁杂不利于学习者进行编辑；脑图界面不够美观，缺乏插图，因此不像单机版的 Inspiration 构图时让人心动并能激发灵感；网络平台还缺乏足够的持续性评价与激励。这些都需要我们尽快地去做、去完善。

13. 难题：教育研究如何求证

在做了很多的课堂探索之后，我们的研究却碰到了困难。困难不在于如何去做，因为按照教师的实践智慧，通常都知道如何去做，也感觉得到效果。但却很难将他们的做法与效果之间建立清晰的因果关系，因为具体做法的内在机理并不像提出假设那样简单，它还有其他的因素在起作用。

为了追求研究的科学性，我们在数学学科就实施问题链学习模式对学生解决新问题的能力做过一些实验研究。在做的过程中，对样本的科学性，命题的准确性，统计方法的取舍，都提出过质疑。但问题是，即便是同样的实验方案，不同的老师对于同等水平的学生，做出来的效果也不尽相同，况且是否选择的就是同等水平的学生，也是要打问号的。

蔡维静老师的看法：从统计学的角度，那些数据对于教师来说并没太大意义，因为你选择不同的统计方法，其结果有可能是截然不同的。这种所谓的科学性也许只是为了装点门面，只要老师们感觉上觉得有效就可以了。

祝智庭老师：教育中的问题大多是开放性问题，因此教育研究大多是理念驱使的，首先提出一个假设，根据假设去进行实践尝试，不但需要长期努力，而且无法完全证实，也无法完全证伪。

王洁老师：老师们要对自己的研究成果有信心，因为你们是通过实践总结出来的。

我想，我们不拒绝量的研究，但它必须恰当的用。当那些学习行为可以明确测量并可控时，科学的求证也许是有效的。但我们的课题大多涉及高级思维，其内在的条件本身就很复杂，做量的求证一定要非常小心。顾泠沅老师的建议是双管齐下，可以适当地做一些实证报告，但在无法求证的情况下，可以用大量的事实进行描述性说明，因为那更符合基层教师的特点。

14. 展望：研究永无止境

我想与大家一起分享的体会是：研究仿佛无法结束，因为每一位老师都在他的课堂中发现了新的研究点，他们（她们）在不断探索的过程中倍感欣慰。像语文组的蔡玉锐老师与唐秋明老师，当她们看到课堂里学生积极提问时，它所激活的生命的涌动与智慧的生长，让人觉得是那样的生生不息。而数学组的顾峻崎老师，会在电话那头带着一份冲动告诉我们，他希望有一种新的尝试，希望课题组的老师一起过去听他的课，和他一起"争论"。科学组朱文琴老师的公开研究课，意外地让更多的人来报名参加研究……我想，也许大家喜欢的是这样一种智慧的碰撞，这样一种实实在在的课堂实践，这样一个民主的活力团队……当所有的这些都变成一种自发行为的时候，也许超越了教育研究本身。

在那个难以忘却的激情燃烧的岁月，为了共同的旨趣与理想，我们相聚在共同求索的道路上。行动与探索，情感与信念，我们一起快乐而充满力量地成长。交流与碰撞催生了更多的智慧，协作拓展了我们专业的视野，互助则让自己拥有更多的归属感，而做中学，则是最好的行动方式与学习法则。

回味求索之路，我们感慨地发现：如果我们只看重研究的结果，那么这种结果很难催生出新的探索；如果我们更关注探索的历程，那么这种历程会让我们在启示与顿悟中找到新的实践之路。

在探索中获得启迪是人生的体验，也因此丰富了自己对人生的感受。科学求真，人文求善，艺术求美。这就是行动的力量，因为我们追求教育实践的艺术人生。

研究永无止境，就好比我们的问题化学习，永远在发现问题中解决问题，又在解决问题中发现问题。引用英国哲学家波普尔的话，我们的探索永远始于问题，终于问题，越来越深入的问题，越来越能启发新问题的问题。

参 考 文 献

［1］S. I. 罗伯逊. 问题解决心理学［M］. 张奇，等，译. 北京：中国轻工业出版社，2004.

［2］M. P. 德里斯科尔. 学习心理学——面向教学的取向［M］. 王小明，等，译. 上海：华东师范大学出版社，2008.

［3］安德森. 学习，教学和评估的分类学（布卢姆教育目标分类学修订版）［M］. 皮连生，主译. 上海：华东师范大学出版社，2007.

［4］W. 迪克，L. 凯瑞，J. 凯瑞. 系统化教学设计（第6版）［M］. 庞维国，等，译. 上海：华东师范大学出版社，2007.

［5］戴维·梅里尔. 首要教学原理［M］//现代教学原理，策略与设计. 盛群力，马兰，译. 杭州：浙江教育出版社，2006.

［6］约翰·D. 布兰斯福特. 人是如何学习的——大脑，心理，经验及学校［M］. 程可拉，孙亚玲，王旭卿，译；高文，审校. 上海：华东师范大学出版社，2002.

［7］吉纳·伯克哈特，谢里尔·莱姆基. 21世纪的能力：数字时代的基本素养［M］//现代教学原理，策略与设计. 盛群力，褚献华，编译. 杭州：浙江教育出版社，2006.

［8］小威廉姆·E. 多尔. 后现代课程观［M］. 王红宇，译. 北京：教育科学出版社，2000.

［9］Grant Wiggins & Jay McTighe. 理解力培养与课程设计——一种教学和评价的新实践［M］. 么加利，译. 北京：中国轻工业出版社，2003.

［10］Linda Torp，Sara Sage. 基于问题的学习——让学习变得轻松而有趣［M］. 刘孝群，李小平，译. 北京：中国轻工业出版社，2004.

［11］Beau Fly Jones，Claudette M. Rasmussen，Mary C. Moffitt. 问题解决的教与学——一种跨学科协作学习的方法［M］. 北京：中国轻工业出版社，2004.

［12］克拉耶克，等. 中小学科学教学——基于项目的方法与策略［M］. 王磊，等，译. 北京：中国轻工业出版社，2004.

［13］Marylou Dantonio，Paul C. Beisenherz. 课堂提问的艺术——发展教师的有效提

问技能 [M]. 北京：中国轻工业出版社，2006.

[14] 约翰·D. 布兰思福特，安·L. 布朗，罗德尼·R. 科金，等. 人是如何学习的 [M]. 程可拉，孙亚玲，王旭卿，译；高文，审校. 上海：华东师范大学出版社，2002.

[15] 奥苏伯尔，等. 教育心理学—认知观点 [M]. 余星南，等，译. 北京：人民教育出版社，1994.

[16] 戴维·H. 乔纳森. 学习环境的理论基础 [M]. 郑太年，等，译. 上海：华东师范大学出版社，2002.

[17] R. M. 加涅，W. W. 韦杰，K. C. 戈勒斯，J. M. 凯勒. 教学设计原理（第五版） [M]. 王小明，庞维国，陈保华，汪亚利，译. 上海：华东师范大学出版社，2007.

[18] R. M. 加涅. 学习的条件和教学论 [M]. 皮连生，王映学，郑葳，等，译. 上海：华东师范大学出版，1999.

[19] Ralph W. Tyler. 课程与教学的基本原理 [M]. 罗康，张阅，译. 北京：中国轻工业出版社，2008.

[20] 理查德·E. 梅耶. 学习与教学概说 [M] //现代教学原理，策略与设计. 马兰，程昉，编译. 杭州：浙江教育出版社，2006.

[21] 马西·P. 德里斯科尔. 认识如何学习的——兼谈技术在学习中的作用 [M] //现代教学原理，策略与设计. 胡平洲，译. 杭州：浙江教育出版社，2006.

[22] 21 世纪技能联盟. 21 世纪的学习 [M] //现代教学原理，策略与设计. 王耐，马兰，编译. 杭州：浙江教育出版社，2006.

[23] 皮亚杰. 儿童心理学 [M]. 孙佳历，等，译. 台北：五洲出版社，1986.

[24] 康德. 纯粹理性批判 [M]. 蓝公武，译. 北京：商务印书馆，1982.

[25] 汉斯·波赛尔. 科学：什么是科学 [M]. 李文潮，译. 上海：上海三联书店，2000.

[26] 佐藤正夫. 教学原理 [M]. 钟启泉，译. 北京：教育科学出版社，2001.

[27] 斯特拉·沃斯尼亚. 学生如何学习 [M] //现代教学原理，策略与设计. 盛群力，译. 杭州：浙江教育出版社，2006.

[28] 张掌然. 问题的哲学研究 [M]. 北京：人民出版社，2005.

[29] 施良方. 学习论 [M]. 北京：人民教育出版社，2001.

[30] 辛自强. 问题解决与知识建构 [M]. 北京：教育科学出版社，2005.

[31] 陈爱苾. 课程改革与问题解决教学 [M]. 北京：首都师范大学出版社，2004.

[32] 王洁. 综合课程开发与案例 [M]. 上海：文汇出版社，2002.

[33] 盛群力，等. 教学设计 [M]. 北京：高等教育出版社，2005.

［34］祝智庭. 现代教育技术——走进信息化教育［M］. 北京：高等教育出版社，2001.

［35］祝智庭，钟志贤. 现代教育技术——促进多元智能发展［M］. 上海：华东师范大学出版社，2003.

［36］祝智庭. 网络教育应用教程［M］. 北京：北京师范大学出版社，2001.

［37］祝智庭，沈书生，顾小清. 实用教育技术——面向信息化教育［M］. 北京：教育科学出版社，2008.

［38］胡小勇. 问题化教学设计——信息技术促进教学变革［M］. 北京：教育科学出版社，2006.

［39］袁劲松. 思维脑图训练［M］. 北京：企业管理出版社，2007.

［40］卢家楣，魏庆安，李其维. 心理学［M］. 上海：上海教育出版社，1998.

［41］辞海编辑委员会. 辞海［M］. 上海：上海辞书出版社，1999.

［42］沈德立. 脑功能开发的理论与实践［M］. 北京：教育科学出版社，2001.

［43］丁念金. 新课程课堂教学探索系列——问题教学［M］. 福建：福建教育出版社，2005.

［44］孙春成. 语文课堂问题教学策略［M］. 南宁：广西教育出版社，2003.

［45］朱绍禹. 中学语文课程与教学论［M］. 北京：高等教育出版社，2005.

［46］彭蜀晋，林长春. 科学课程与教学论［M］. 北京：高等教育出版社，2005.

［47］韩军. 韩军与新语文教育［M］. 北京：北京师范大学出版社，2006.

［48］叶浩生. 西方心理学的历史与体系［M］. 北京：人民教育出版社，1998.

［49］李晓文，王莹. 教学策略［M］. 北京：高等教育出版社，2000.

［50］彭蜀晋，林长春. 国家科学课程与教学论［M］. 北京：高等教育出版社，2005.

［51］陈玉琨，沈玉顺，代蕊华，戚业国. 课程改革与课程评价［M］. 上海：教育科学出版社，2001.

［52］陈玉琨. 教育评价学［M］. 北京：人民教育出版社，1999.

［53］傅道春. 教师的成长与发展［M］. 北京：教育科学出版社，2001.

［54］侯光文. 教育评价概论［M］. 石家庄：河北教育出版社，1996.

［55］黄显华，朱嘉颖，等. 课程领导与校本课程发展［M］. 北京：教育科学出版社，2005.

［56］季苹，刘淑明，王秀云. 学校发展自我诊断［M］. 北京：教育科学出版社，2004.

［57］金娣，王钢. 教育评价与测量（第二版）［M］. 北京：教育科学出版社，2007.

［58］黎奇. 新课程背景下的有效课堂教学策略［M］. 北京：首都师范大学出版社，2006.

［59］吕世虎，刘玉莲. 新课程与教学研究［M］. 北京：首都师范大学出版社，2003.

［60］瞿葆奎. 教育学文集·教育评价［M］. 北京：人民教育出版社，1989.

［61］任长松. 课程的反思与重建——我们需要什么样的课程观［M］. 北京：北京大学出版社，2002.

［62］施良方，崔允漷. 教学理论：课堂教学的原理、策略和研究［M］. 上海：华东师范大学出版社，1999.

［63］涂艳国. 教育评价［M］. 北京：高等教育出版社，2007.

［64］王斌华. 发展性教师评价制度［M］. 上海：华东师范大学出版社，1998.

［65］吴钢. 现代教育评价基础（修订版）［M］. 上海：学林出版社，2004.

［66］熊梅. 当代综合课程的新范式：综合学习的理论和实践［M］. 北京：教育科学出版社，2001.

［67］许建钺，等. 简明国际教育百科全书·教育测量与评价［M］. 北京：教育科学出版社，1992.

［68］张华. 课程与教学论［M］. 上海：上海教育出版社，2000：137.

［69］钟启泉. 对话教育——国际视野与本土行动［M］. 上海：华东师范大学出版社，2006.

［70］美国温特贝尔特大学"认知与技术小组". 美国课程与教学案例透视——贾斯珀系列（第二版）［M］. 王文静，乔连全，等，译. 上海：华东师范大学出版社，2003.

［71］路·冯·贝塔朗菲. 普通系统论的历史和现状［J］. 王兴成，译. 国外社会科学，1978（2）.

［72］Richard E. Mayer. 为意义建构学习设计教学——学习与教学概说［J］. 马兰，盛群力，编译. 远程教育杂志，2006（1）.

［73］胡庆芳，程可拉. 问题解决过程中教师的作用探寻［J］. 上海教育科研，2003（11）.

［74］邓铸. 专门知识与学科问题表征［J］. 上海教育科研，2002（5）.

［75］邓铸，姜子云. 问题图式获得理论及其在教学中的应用［J］. 南京师大学报（社会科学版），2006（7）.

［76］王国钧. 促进问题图式形成的教学策略［J］. 大连教育学院学报，2003（6）.

［77］梁宁建. 专家和新手问题解决认知活动特征的研究［J］. 心理科学，1997（20）.

[78] 张向葵，徐国庆. 有关类比推理过程中的图式归纳研究综述 [J]. 心理科学，2003（5）.

[79] 赵国庆，陆志坚. "概念图" 与 "思维导图" 辨析 [J]. 中国电化教育，2004（8）.

[80] 齐伟. 与黎加厚教授谈概念图 [J]. 信息技术教育，2003（8）.

[81] 朱亚莉. 智能主体——一种新型的认知工具 [J]. 现代教育技术，2002（4）.

[82] 潘旭伟，顾新建，邱进冬，仇元福. 知识管理工具 [J]. 中国机械工程，2003（5）.

[83] 王子熙，沈治宏. 我国 2000—2006 年知识管理工具研究综述 [J]. 当代图书馆，2007（6）.

[84] 杨邦俊. 从写作的本质看作文教学的改革 [J]. 语文教学与研究（教研天地），2006（6）.

[85] 张杰. 关于写作本质的哲学追问——我们为什么需要写作 [J]. 襄樊学院学报，2006（7）.

[86] 刘启迪. 论综合课程的学习活动方式 [J]. 课程·教材·教法，2000（4）.

[87] 王天蓉. WebQuest 教学设计之探究 [J]. 中小学信息技术，2002（1）.

[88] 王天蓉. 基于网络应用的研究性学习评价思考 [J]. 网络科技时代（教师版），2001（11）.

[89] 彭光宇. 论语文教育目标分类体系 [J]. 湖南教育学院学报，2000（8）.

[90] 唐剑岚，胡建兵. 自主学习模式下的网络环境设计 [J]. 现代教育技术，2003（6）.

[91] 吴刚. 网络时代的课程理念和课程改革 [J]. 全球教育展望，2001（1）.

[92] R. Ballentyne et al. Researching university teaching in Australia [J]. Studies in Higher Education，1999，24（2）：237-257. 转引自姚利民. 论有效教学的多样性 [J]. 大学教育科学，2005（2）.

[93] 斯滕伯格，等. 专家型教师教学的原型观 [J]. 华东师范大学学报（教育科学版），1997（1）.

[94] 郭元祥. 教师的课程意识及其生成 [J]. 教育研究，2003（6）.

[95] 程红，张天宝. 论教学的有效性及其提高策略 [J]. 中国教育学刊，1998（5）.

[96] 魏红，申继亮. 高校教师有效教学的特征分析 [J]. 西南师范大学学报（人文社会科学报），2002（3）.

[97] 李清臣. 从模仿到变革：教学范式的转型 [J]. 教育理论与实践，2007（8）.

[98] 刘志军. 课程评价的问题与展望 [J]. 课程·教材·教法，2007（1）.

［99］肖龙海，郑锡灯. 共享学习的权利——关于协商式学习的研究［J］. 教育发展研究，2003（11）.

［100］陈月茹. 美国主题单元外语教学改革管窥［J］. 现代中小学教育，2002（5）.

［101］丁朝蓬，梁国立，Tom L. Sharpe. 我国课堂教育评价研究的问题与设想［J］. 教育科学研究，2006（12）.

［102］闫凤云. 怎样确定责任主题的单元教学目标——我的困惑与探索［J］. 基础教育课程，2005（12）.

［103］孙海航. 如何上好微型课［J］. 教学与管理，2005（9）.

［104］爱陶. 什么叫微型课程［J］. 教育探索，1985（1）.

［105］杨玉东，刘丹. 教学目标测量的依据和工具［J］. 上海教育科研，2007（10）.

［106］杨连明. 回归课堂：提升校长课程领导力的有效途径［J］. 上海教育科研，2008（3）.

［107］邢强孟，卫青. 论有效性学习与教学环境的设计［J］. 教育研究，2001（6）.

［108］黄正元. 认识系统与系统认识——谈系统论视域下的认识论［J］. 兰州学刊，2009（4）.

［109］栾树权，高令旭. 注重教学的"中观"设计完善课程的二次开发［J］. 辽宁教育研究，2004（5）.

［110］李静，何巧艳. 论教师文化与教师专业发展［J］. 辽宁教育研究，2008（4）.

［111］杜少娟. 初中语文综合性学习的主题设计［J］. 广西教育，2005（12）.

［112］叶名坚. 从传统的评课转向现代的课堂教学诊断［J］. 宁夏教育，2006（6）.

［113］唐红樱. 教师的课程意识与培养［J］. 南方论刊，2008（3）.

［114］徐彦辉. 教学改革面临的困难与对策——基于教师的视角［J］. 素质教育大参考（文摘版），2008（2B）.

［115］陈玉琨. 教学领导力与学校文化建设［J］. 素质教育大参考，2008（2A）.

［116］姜淑颖. 对有效教学的理性反思［J］. 中国科教创新导刊，2008（3）.

［117］陈秀梅. 教师专业发展的内在影响因素［J］. 天中学刊，2008（4）.

［118］丁伟明. 让所有学生分享运动的快乐——由小学体育主题单元教学研究引发的思考［J］. 中国学校体育，2007（4）.

［119］陈宝生，王霭霞. 小学体育主题单元教学研究的理性思考和实践反思［J］. 中国学校体育，2007（4）.

［120］李慎柱，李云. 试论以促进师生共同成长为目标的课堂教学评价［J］. 职业教育研究，2008（1）.

［121］A. COCKBURN, S. GREENBERG. The design and evolution of TurboTurtle, a collaborative microworld for exploring Newtonian physics ［J］. International Journal of Human Computer Studies，1998.

［122］吕立杰. 课程设计的范式与方法 ［D］. 东北师范大学 2004 年博士论文.

［123］李宝庆. 协商课程研究 ［D］. 西南师范大学 2006 年博士论文.

［124］张志泉. 论教师专业发展的反思性道路 ［D］. 华东师范大学 2007 年博士论文.

［125］祝新宇. 中学多样化课堂教学诊断模式研究 ［D］. 华东师范大学 2007 年博士论文.

［126］满国华. 新课程理念下课堂教学评价的研究 ［D］. 东北师范大学 2002 年硕士论文.

［127］李友明. 中学教师评价存在的若干问题及对策研究 ［D］. 江西师范大学 2003 年硕士论文.

［128］李顺. 课程整合的主题学习模式 ［D］. 南京师范大学 2004 年硕士论文.

［129］刘须群. 信息化背景下的案例教学设计研究 ［D］. 华东师范大学 2005 年硕士论文.

［130］郭萍. 促进教师发展的课堂教学评价 ［D］. 山东师范大学 2005 年研究生硕士论文.

［131］肖平. 基于主题教学的教学设计应用研究 ［D］. 华东师范大学 2006 年硕士论文.

［132］钟智. 构建学校课程领导共同体之研究 ［D］. 华东师范大学 2006 届研究生硕士论文.

［133］赵同友. 变异学习理论视角下《品德与社会》主题单元设计研究 ［D］. 东北师范大学 2007 年硕士论文.

［134］赵春. 基于 Ajax 主题单元建构工具的设计与开发 ［D］. 华东师范大学 2007 年硕士论文.

［135］何孔潮. 中学教师课堂教学行为评价研究 ［D］. 西南大学 2007 年硕士论文.

［136］王丽霞. 支持建构主义学习环境的概念图的设计与应用研究 ［D］. 华东师范大学 2001 年硕士论文.

［137］赵金波. 概念图工具在小学语文写作教学中的应用研究——上海市闵行实验小学五年级个案研究 ［D］. 上海师范大学 2004 年硕士论文.

［138］陈春生. 概念地图支持的教学研究 ［D］. 江西师范大学 2004 年硕士论文.

［139］朱亚莉. 促进"反思"的概念构图教学研究 ［D］. 华东师范大学 2003 年硕士论文.

［140］韩冽. 基于概念构图的网络协作学习环境研究与设计 ［D］. 东北师范大学

2004 年硕士论文.

[141] 吴剑. "概念构图"对高中生逻辑推理能力的影响 [D]. 广西师范大学 2004 年硕士论文.

[142] 车伟坚, 徐晓东. 概念图与思维导图及其应用中的异同辨析 [C]. 教育技术的创新、发展与服务——第五届教育技术国际论坛论文集（上册），2006.

[143] 张基成, 岳修平, 吴明德, 等. 微世界学习环境 [C]. 第八届国际电脑辅助教学研讨会大会论文, 1988.

[144] 中华人民共和国教育部. 普通高中物理课程标准（实验稿）[S]. 北京：人民教育出版社, 2003.

[145] 中华人民共和国教育部. 全日制义务教育数学课程标准（实验稿）[S]. 北京：北京师范大学出版社, 2001.

[146] 国家中小学科学新课程标准 [S/OL]. http：//www. pep. com. cn/xxkx/xxkxjs/kbjd/xkkcbz/200703/t20070329_ 380726. html.

[147] Inspiration Examples, Language Arts, greekmyth. Inspiration 软件工具包 [CP/DK].

[148] 陆璟. 探究性学习 [DB/OL]. http：//www. edu. cn/20020521/3026270_ 2. html.

[149] The Big6 [DB/OL]. http：//www. big6. com/index. php, 2003.

[150] 问题工具包 [DB/OL]. 徐谊、王天蓉, 编译. http：//fno. org/nov97/toolkit. html.

[151] 国外概念图制作工具的分析 [DB/OL]. 上海教育资源库, http：//www. sherc. net/sherc/application/31. jsp.

[152] 美国教育技术电子杂志 [J/OL]. http：//fno. org/nov97/toolkit. html.

[153] 转型领导 [DB/OL]. [2006-08-29]. 小学教研网, http：//www. fxhj. net/science/teachnoun/200608/1338. html.

后　记

　　编著此书的过程，也是对七年实践的回顾、总结与提炼的过程。对于我们这些行走在理论与实践中间地带的人来说，书不仅仅是写出来的，更是理性思考、实践积累与行动研究的结晶。书，是"做研究"最终的表达形式。当然，写作的过程也很重要，它可以帮助自己对实践进行梳理、归纳与提炼，它本身也是研究的一部分。基础教育阶段的实践性教育科研不是一个简单验证的过程，而是带着理性思考，在实践中积累经验、增长智慧的过程，是在复杂的过程中摸索规律、小心求证的过程。当然，我们扎根在实践的土壤中，却需要不断在理论中汲取养分，从而实现双向互动的发展。

　　做课题，是研究与思索的过程，也是拜师与求学的过程，更是研究团队专业成长的过程。而在求索的过程中所收获的，无论是智慧的启迪、热情的支持、真诚的鼓励还是坦诚的批评，都汇聚成了深深的感恩之情。

　　首先要恩谢华东师范大学祝智庭教授，是您把我们带进了问题化学与教的大门，从2003年始我们追随祝氏"创新教育猜想"，已经有了7年实践行动的历程。从一开始选择方向、明确课题、建立团队、实践规划，到最终总结成果、撰稿成书、结集出版，您都给了我们最悉心的指导。您对基层教师的耐心与鼓励、引领与期待、宽容与豁达……给了我们巨大的研究勇气和实践热情。

　　其次，要特别感谢我们的研究团队，我们共同探索与成长的岁月是那样弥足珍贵。尤其是各个学科组的组长，如语文组黄月娟老师、唐秋明老师，数学组冯吉老师，科学组张治老师、朱文琴老师和沈文文老师，综合组须文娟老师。由于你们在学科教学中的宝贵经验与努力探索才使我们的实践更有价值，也由于你们对区域学科研修组的管理工作，才使我们的实践扎根于更广阔的土壤。另外，还要感谢所有参与课题的实践老师，那一个个鲜活生动的案例，是你们辛勤实践的成果，也是本书活力的源泉、立足的土壤。也特别感谢我们远在金山的张嬿老师，你在我们最初的研究中，给予了大量的实践支持。我们知道，老师们最大的愿望就是我们的研究能够继续。所以，我们在本书中也做一个承诺，我们的研究一定会继续。

还要特别感谢我们的好朋友花匠（唐宛漪，上海市浦东新区高行中学），你在技术上给了我们大量无私的帮助，包括为我们提供汉化的思维导图工具，义务为我们的基地学校、实践教师进行技术培训。正是有了你无私的帮助，我们的研究才得以顺利进行。感谢我们最亲密的研究伙伴、同事冯吉老师。在风雨同舟的七年奋战中，你给了我们最大的情感支持，与我们一起克服困难、分享快乐。你与唐秋明、张治老师一起，在我们教师培训手册的撰写中发挥了重要作用。

感谢"伯"（这是我们之间约定的称呼），您一直教导我们要站在哲学的高度思考问题。感谢邱汛老师，是您用最深沉的关爱与期待，默默地支持与引导，您告诉我们问题化学习的价值就在于解决系列的问题，才让我们豁然开朗。感谢陈明敏主任，您的真诚与无私帮助，使得课题在最后的阶段取得了成果。也感谢其他的同事——周龙兴、蔡维静、罗青香、杨金凤。

感谢上海市教育科学研究院的顾泠沅教授、蒋鸣和教授、潘国庆特级教师、王洁博士，华东师范大学王小明博士，上海师范大学的黎加厚教授、夏正江副教授，在课题开题、成果论证中所给予的宝贵意见。同时，还要感谢徐崇文老师，上海双名工程教心基地的主持人，以及教心基地所有的导师与学友，你们在研究方法上给予的指点。

感谢华东师范大学的好友顾小清博士，您及时为我们的研究提供相应的文献。还有华东师范大学魏志春教授、杨全印博士，在我们研究学习过程中给予的启发与教益。也特别感谢华南师范大学胡小勇博士，能够在百忙之中抽出时间，审读我们的书稿，并提出非常精辟且有针对性的修改意见，没有您的指点与帮助，书稿将会有太多的缺憾。

　　感谢宝山区教育局、宝山区教师进修学院和宝钢三中给了我们足够的空间与支持，让我们开拓思路、扎实实践。

　　还要特别感谢我们双方的父母，是你们最无私的付出使我们夫妇得以腾出时间、潜心研究。

　　最后，还要由衷地感谢教育科学出版社的韦禾老师、葛都老师，为本书的出版给予了极大的帮助和指导，付出了辛勤的劳动。对于导师、同事、朋友的帮助，恐怕也是挂一漏万。感恩之余，还有很多遗憾与歉意。由于才疏学浅、精力有限，谬误疏漏在所难免，还恳请广大读者对于书中可能存在的问题，不吝赐教，勿忌斧正。

王天蓉　徐谊
2009 年 11 月 8 日

责任编辑　周益群
版式设计　孙欢欢
责任校对　张　珍
责任印制　叶小峰

图书在版编目（CIP）数据

有效学习设计：问题化、图式化、信息化/王天蓉，徐谊编著 . —北京：教育科学出版社，2010.7（2020.9 重印）
（信息化教育丛书 /祝智庭主编）
ISBN 978 - 7 - 5041 - 5008 - 0

Ⅰ.①有…　Ⅱ.①王…②徐…　Ⅲ.①中小学—计算机辅助教学—教学研究　Ⅳ.①G434

中国版本图书馆 CIP 数据核字（2010）第 072690 号

出版发行	**教育科学出版社**			
社　　址	北京·朝阳区安慧北里安园甲 9 号	**市场部电话**	010-64989009	
邮　　编	100101	**编辑部电话**	010-64981280	
传　　真	010-64891796	**网　　址**	http://www.esph.com.cn	
经　　销	各地新华书店			
制　　作	北京金奥都图文制作中心			
印　　刷	北京玺诚印务有限公司			
开　　本	720 毫米×1020 毫米　1/16	版　　次	2010 年 7 月第 1 版	
印　　张	27	印　　次	2020 年 9 月第 7 次印刷	
字　　数	420 千	定　　价	72.00 元	